浙江文化艺术发展基金资助项目

PROJECTS SUPPORTED BY ZHEJIANG CULTURE
AND ARTS DEVELOPMENT FUND

本书由浙江省哲学社会科学重点研究基地"浙江大学中华译学馆"资助

中华译学倡立德与

以中华为根 译与学并重

弘扬优秀文化 促进中外交流

拓展精神疆域 驱动思想创新

丁酉年冬月 许钧撰 罗卫东书

"十四五"时期国家重点出版物出版专项规划项目

中華譯學館·中华翻译研究文库

许　钧◎总主编

浙江当代文学译家
访谈录

郭国良　杜　磊◎主编

ZHEJIANG UNIVERSITY PRESS

浙江大学出版社

·杭州·

总　序

　　改革开放前后的一个时期,中国译界学人对翻译的思考大多基于对中国历史上出现的数次翻译高潮的考量与探讨。简言之,主要是对佛学译介、西学东渐与文学译介的主体、活动及结果的探索。

　　20 世纪 80 年代兴起的文化转向,让我们不断拓宽视野,对影响译介活动的诸要素及翻译之为有了更加深入的认识。考察一国以往翻译之活动,必与该国的文化语境、民族兴亡和社会发展等诸维度相联系。三十多年来,国内译学界对清末民初的西学东渐与"五四"前后的文学译介的研究已取得相当丰硕的成果。但进入 21 世纪以来,随着中国国力的增强,中国的影响力不断扩大,中西古今关系发生了变化,其态势从总体上看,可以说与"五四"前后的情形完全相反:中西古今关系之变化在一定意义上,可以说是根本性的变化。在民族复兴的语境中,新世纪的中西关系,出现了以"中国文化走向世界"诉求中的文化自觉与文化输出为特征的新态势;而古今之变,则在民族复兴的语境中对中华民族的五千年文化传统与精华有了新的认识,完全不同于"五四"前后与"旧世界"和文化传统的彻底决裂与革命。于是,就我们译学界而言,对翻译的思考语境发生了根本性的变化,我们对翻译思考的路径和维度也不可能不发生变化。

变化之一,涉及中西,便是由西学东渐转向中国文化"走出去",呈东学西传之趋势。变化之二,涉及古今,便是从与"旧世界"的根本决裂转向对中国传统文化、中华民族价值观的重新认识与发扬。这两个根本性的转变给译学界提出了新的大问题:翻译在此转变中应承担怎样的责任?翻译在此转变中如何定位?翻译研究者应持有怎样的翻译观念?以研究"外译中"翻译历史与活动为基础的中国译学研究是否要与时俱进,把目光投向"中译外"的活动?中国文化"走出去",中国要向世界展示的是什么样的"中国文化"?当中国一改"五四"前后的"革命"与"决裂"态势,将中国传统文化推向世界,在世界各地创建孔子学院、推广中国文化之时,"翻译什么"与"如何翻译"这双重之问也是我们译学界必须思考与回答的。

综观中华文化发展史,翻译发挥了不可忽视的作用,一如季羡林先生所言,"中华文化之所以能永葆青春","翻译之为用大矣哉"。翻译的社会价值、文化价值、语言价值、创造价值和历史价值在中国文化的形成与发展中表现尤为突出。从文化角度来考察翻译,我们可以看到,翻译活动在人类历史上一直存在,其形式与内涵在不断丰富,且与社会、经济、文化发展相联系,这种联系不是被动的联系,而是一种互动的关系、一种建构性的力量。因此,从这个意义上来说,翻译是推动世界文化发展的一种重大力量,我们应站在跨文化交流的高度对翻译活动进行思考,以维护文化多样性为目标来考察翻译活动的丰富性、复杂性与创造性。

基于这样的认识，也基于对翻译的重新定位和思考，浙江大学于2018年正式设立了"浙江大学中华译学馆"，旨在"传承文化之脉，发挥翻译之用，促进中外交流，拓展思想疆域，驱动思想创新"。中华译学馆的任务主要体现在三个层面：在译的层面，推出包括文学、历史、哲学、社会科学的系列译丛，"译入"与"译出"互动，积极参与国家战略性的出版工程；在学的层面，就翻译活动所涉及的重大问题展开思考与探索，出版系列翻译研究丛书，举办翻译学术会议；在中外文化交流层面，举办具有社会影响力的翻译家论坛，思想家、作家与翻译家对话等，以翻译与文学为核心开展系列活动。正是在这样的发展思路下，我们与浙江大学出版社合作，集合全国译学界的力量，推出具有学术性与开拓性的"中华翻译研究文库"。

积累与创新是学问之道，也将是本文库坚持的发展路径。本文库为开放性文库，不拘形式，以思想性与学术性为其衡量标准。我们对专著和论文（集）的遴选原则主要有四：一是研究的独创性，要有新意和价值，对整体翻译研究或翻译研究的某个领域有深入的思考，有自己的学术洞见；二是研究的系统性，围绕某一研究话题或领域，有强烈的问题意识、合理的研究方法、有说服力的研究结论以及较大的后续研究空间；三是研究的社会性，鼓励密切关注社会现实的选题与研究，如中国文学与文化"走出去"研究、语言服务行业与译者的职业发展研究、中国典籍对外译介与影响研究、翻译教育改革研究等；四是研究的（跨）学科性，鼓励深入系统地探索翻译学领域的任一分支领域,如元翻译理论研究、翻译史研究、翻译批评研究、翻译教学研究、翻译技术研究等,同时鼓励从跨学科视角探索翻译的规律与奥秘。

青年学者是学科发展的希望,我们特别欢迎青年翻译学者向本文库积极投稿,我们将及时遴选有价值的著作予以出版,集中展现青年学者的学术面貌。在青年学者和资深学者的共同支持下,我们有信心把"中华翻译研究文库"打造成翻译研究领域的精品丛书。

许 钧

2018 年春

前　言

天光云影，绿水青山。地处东南之滨的浙江古来便经济发达，文化繁荣，思想活跃，人文积淀深厚。在近代"别求新声于异邦"的时代背景下，"浙派翻译"拉开了其历史帷幕。以鲁迅、朱生豪、夏衍、郑振铎、茅盾、徐志摩、戴望舒等为代表的一大批浙派文学翻译家掀起了一股强劲有力的"浙译风潮"，使浙江迅速成为中外文化碰撞与激荡的前沿阵地、先进思想肇始与传播的中心，由是奠定了浙江文学翻译的优良传统。

改革开放以来，浙江始终坚定地在开放中谋新篇，求发展。近五十年来，浙派译家在继承前辈译家精神的基础上，以巨大的翻译热忱与高超的翻译水平，孜孜以求，辛苦耕耘，源源不断地向国内文学界、知识界与思想界输送高质量的外国文学译作菁华，推动着中国文学翻译事业的进步与发展，架设起了中国与外国人民相遇相知的文化桥梁，其成果形成了一幅中外文化与文明交流互鉴的壮美画卷。

早在20世纪90年代翻译学蹒跚起步之际，就有如韦努蒂这样的学者道出了译者"隐身"的论解。然而，译者永远是翻译活动的核心。随着近年来对译家精神的追怀，无论是学界还是坊间，回归译者的呼声渐强。在我们看来，研究译者有两个方面的基础工作是必须笃定坚持的。其一是坚持对译本的细读。译者以其译而立其身。通过对译者语言文字的细读，我们可以充分体认译者在面对不同语言选择时的智慧与创造，感受译者为国家、社会以及时代文化发展付出的艰辛的语言劳动，进一步吸收译者苦心孤诣"拿来"的外国优秀思想文化的精髓。其二是坚持听译者"自己的声音"。译者以其声示其思。我们已经习惯于用形态各异的理论阐释翻译，从不同的视角管窥译者，但这些理论与视角永远都是外围的，它们绝不应该也绝无可能取代译者自身对翻译活动或抽象或具体的思考，而要忠实地记录下这些思考，最为可靠的方式就是访谈。

为了呈现当代浙江当代文学译家的风貌，也为了勾勒近半个世纪以来浙江文学翻译走过的非凡历程，我们组织浙江大学翻译专业的硕士、博士研究生，部分教师，以及校外人士编写了这本访谈录，有针对性地与三十七位活跃在浙江译坛的当代文学译家展开对谈。译事之要莫过于赓续相传。这三十七位当中，有译著等身的翻译名家、大家，也不乏"担大任""挑大梁"的中生代译家，以及译势喜人、译作已颇能"拿得出手"的青年译家，由是足显"浙派翻译"老、中、青三代译家同台联袂的发展格局。

译者，向译而生，从译而行。译者访谈肩负着向公众呈现最为真实的浙江翻译文化生态的重要使命。对于身居幕后的译者来说，某种意义上，我们是把他们从常坐的书斋里面"请"出来的，是把他们从每日讲课的教室里面"喊"出来的。通过访谈这样"接地气"的方式，这些平时隐身难现的译家畅谈文学翻译的经验、体会与见解。同时，我们深知，除了学术性外，访谈还应坚守其区别于其他文体的人文品格——译者访谈乃是译者的精神家园，是译者独抒性灵的讲叙空间。对于我们的读者而言，这 37 位"浙派译家"无不是以各自大大小小的译事为读者标示各自多姿多彩的人生译途。通过访谈，读者不仅能收获丰富深刻的学术启迪、可鉴可行的实践经验，更能"亲眼"看到那因译溅起的浪花、掀起的波澜、打开的世界。

国家改革开放的大局决定着浙江必须深入推进翻译与中外文化交流事业。厚积淀以促新局，相信本书必能为守护浙江文学翻译的精神火种发挥应有的作用，为浙江擘画新时代中外文学交流互鉴的画卷添翼增力。

郭国良　杜磊

2023 年 5 月于杭州

目　录

风格至上

——飞白访谈录

高淑贤　飞　白

受访者简介：飞白（1929—　），本名汪飞白，浙江杭州人。著名多语种诗歌翻译家、学者，浙江大学文学院教授、博士生导师，浙江省比较文学与外国文学学会名誉会长。眼界广阔，译介诗歌遍寰球，被誉为"诗海水手""探海者"，有《诗海——世界诗歌史纲》（漓江出版社，1989）、《诗海游踪——中西诗比较讲稿》（浙江工商大学出版社，

2011)、《古罗马诗选》(花城出版社,2001)、《译诗漫笔》(外语教学与研究出版社,2016)等专著或译著28部。主编《世界诗库》(花城出版社,1994)、《世界名诗鉴赏辞典》(漓江出版社,1990)等18部。曾获中国图书奖一等奖、全国优秀外国文学图书奖特别奖等多个奖项。2001年,获中国翻译协会"资深翻译家"荣誉称号。2024年,获中国翻译协会"翻译文化终身成就奖"。

访谈者简介:高淑贤,山西师范大学外国语学院讲师,研究方向为文学翻译。

本次访谈时间为2020年10月21日15:30—17:30,地点为浙江杭州飞白老师的家中。访谈主要围绕"风格译"的衍进历程、译诗策略与译诗接受这三大主题展开。访谈者后期又采用电话问答形式,分多次完成了全部访谈内容。飞白老师不厌其烦地陆续接受了多次访谈,在最后整理成文阶段又给予了耐心的指点和帮助,谨此表示由衷的谢意。

一、衍进历程: 从"风格译"到《译诗漫笔》

高淑贤:飞白老师您好!非常感谢您破例接受我的采访。您出生于诗人家庭,父亲是"湖畔派"著名诗人汪静之,但您没有"子承父业",成为一名诗人,而是投笔从戎,转了一个大弯。从事军事工作几十年,最终却在诗歌翻译方面取得了巨大成就。您的多语种诗歌翻译实践堪称我国诗歌翻译史上的一个奇观。在访谈的开端,我还是想问,您最初从事诗歌翻译的动机是什么?您认为诗歌翻译的目的和功用是什么?

飞白:首先,我译诗算不上"子承父业",我父亲不会外语。事实上,是父亲命我"立志做诗人"引起了我的强烈逆反,立志"决不做诗人",我走上译诗道路可说是违拗父命的结果。你提的问题,我好像无法概括回答,而展开和讲清这么大的问题呢,我能力也不足。对于类似问题,我在《诗刊》访谈中已用一万字做过回答,但还是讲不清,那也只好如此,不再重复了。还是谈些不太重复的吧。

高淑贤: 这次访谈，我希望围绕您的翻译思想进行。翻译思想的形成不是一蹴而就的，您从 1955 年开始从事诗歌翻译时就有自己的翻译主张，但还未对其做明确概括，偶尔还会使用"传神"之类的笼统说法，到 20 世纪 80 年代末 90 年代初才明确地把自己的翻译主张归纳为"风格译"。您能具体谈谈您翻译思想的动态演进和嬗变历程吗？

飞白: 关于我的翻译思想，可以说"演进"，但似乎不能说"嬗变"。嬗变指带转向性质的蜕变，奈达从结构主义转向信息论，再转向社会语言学就是一例，而我的"风格译"主张从朦胧到成形，主张始终是一贯的，没发生过转向。理论成形当然需要时间，这历程持续了六十年之久，其间可分三个阶段。

第一阶段可以称为萌芽生发期。我 1955 年正式翻译苏联卫国战争诗歌名著《瓦西里·焦尔金》，一开始我就有自己的追求，在翻译中自觉或不自觉地力求逼近和重现原诗风格。《瓦西里·焦尔金》的风格十分鲜明，我深深感到：它要求译诗呈现像原作一样的战士语言、战士情怀、战士气派，若走了样就会不伦不类。但我当时一心专注的是风格化译诗的推敲实践，而在理论上则处于朦胧状态，无法明确表述自己翻译实践背后的道理。这可以代表我第一阶段的情况。

高淑贤: 第一阶段就是您专注于译诗实践的阶段了，这个阶段持续到了什么时候呢？

飞白: 20 世纪 50 年代和 60 年代一直如此，那时我译诗凭直觉，虽然每逢撰写译作前言、后记谈到翻译问题时，都会感到说不清译诗主张的压力，却还没做认真研究翻译理论的打算。因为文学实践和理论研究的思维方式是两样的，不容易转轨。直到 80 年代初期，在新形势的推动下，我才开启了第二阶段，即自觉探索期。

高淑贤: 那时的学术氛围十分浓厚，新创刊的《外国文学研究》约您撰写了《马雅可夫斯基诗的音韵和意境》一文，那是您"译诗漫笔"系列的第一篇。该文刊出后得到了诗人翻译家卞之琳等人的热情赞誉和支持，卞之琳还评论该文标志着中国"译诗艺术的成年"；但卞之琳的评论随即也引发异议，主张直译的翻译家们纷纷发文反对您的译诗主张。是不是这场争论引发了您对翻译理论的兴趣？

飞白： 可以说，是那时活跃的学术氛围倒逼我学习理论。一方面，前辈诗人卞之琳的鼓励使我备受鼓舞的同时也备感惶恐和压力，促使我去窥探译诗艺术这个"黑匣子"；另一方面，直译派声势颇大的批评也逼着我不得不在学术上做出答辩。

例如，他们批评我的译文"不忠实"，含有不少"大胆的意译，有的地方简直像是改写"。然而，我深知：尽管译诗在文字上不完全对应原文，但我追求的是忠实和逼近，绝非大胆的意译。他们坚持要求"如实"翻译原文的"白纸黑字"，认为译诗与其他翻译并无不同，诗中真有"神"的话，也一定包含在诗的文字之中，只要把原诗的文字如实地译过来，"神"不也就跟着过来了吗。然而，我深知，原文的"白纸黑字"是外文，并不等同于中文，而且译诗与译科技文本肯定不同，把外文的一个个"黑字"照译过来，诗意或所谓的"神"肯定不会"跟着过来"。所有这些，全都要求我说出我的理由。这样，来自正反两方面的压力，迫使本来不太关注理论的我进行理论思考。这就开始了翻译思想发展的第二阶段。

高淑贤： 这一阶段应该就是您在大学任教（1980—1994）的十多年间。在此阶段，您陆续发表了一系列论文来阐明自己的观点，而1995年的《论"风格译"——谈译者的透明度》（简称《论"风格译"》）一文是其中集大成者。该文正式提出了您"风格译"的翻译主张及定义、目的和内涵。这应该是您翻译思想成熟的标志吧？

飞白： 中国译协委托浙江译协组织第二次全国文学翻译研讨会，我提交了论文《论"风格译"》，首次明确系统地申述了我"风格译"的主张，然而这远不能说是"成熟"。像这样申述主张并不能使我自己满意。在此阶段，撰写有关论文使我深深感到自己理论准备的不足。翻译，尤其是诗的翻译，涉及的理论问题太多，需要做更系统深入的探讨。有感于此，我趁1991—1992年赴美交流和任教的机会，与国外同行做了一些交流讨论，还搜集了有关现当代翻译学的研究资料，做了回国开设翻译学课程的准备。

1994年，我到云南大学外语学院任教，特意开设了翻译学课程，以使我的思想进一步成熟深化，也是从这个时候起，我的翻译思想进入了第三阶段。为利于探讨，我的课采用 seminar（研讨课）形式，深入研讨20世纪世界各家翻译学理论。这门课程直到2011年结束，在十六年授课研讨积累的基础上，我对翻译思想进行梳理总结，写成了《译诗漫笔》一书。

二、译诗策略：风格—言筌—留白

高淑贤：《译诗漫笔》虽然采用散文随笔形式，但其理论内容丰富，且与实践结合紧密，如郜菊就在对该书的书评中指出，书中包括了翻译总论、"风格译"的内涵、"风格译"的形式、"风格译"的发展轨迹等四个部分，不仅系统梳理了诗的翻译理论和实践的种种难题，而且对翻译学理论研究和其他各种形式的翻译实践也富有启示意义。您是早在新中国成立初期就开始"风格译"探索的，而当时诗歌翻译的语言普遍呈现出刻板化与一般化的倾向，那么我想问，从某种意义上说，您于1955年思索"风格译"的译诗方针，是否可视为一种对当时状况的有意反拨？

飞白：不论是我译诗的早期，还是之后的年代，我专注的都是所译诗歌的风格和语言，希望能把原诗风姿展现给读者。读别人的译作呢，我或赞赏或不赞赏，遵循的也是同样的尺度。偶尔，假如读到译作风格与原诗全然不像，觉得简直不是那么回事时，我也可能为一首好诗抱屈，从而产生重译的强烈冲动。但对当时诗歌翻译的普遍状况我没太关注，故也缺乏综合判断。

高淑贤：我觉得《译诗漫笔》的主要贡献，一是把诗的翻译（广义上说是艺术型翻译）和其他各种形式的翻译明确区分开来，并且层层剖析，理清区分的依据；二是融会贯通中国传统诗歌美学和现代翻译学。

这二者乍看遥不可及，而您却找到了它们之间的关系。

飞白：你看到了问题的关键。《译诗漫笔》这本书，基本构架是翻译"三分法"，中心线索是"风格译"，核心元素则基本源自中国诗歌美学，如言筌和留白。

高淑贤：我注意到您在书中反复强调诗中留白的重要性，在阅读您的译诗时，我也发现您对加注等补偿手段的运用非常有限，看来这与您对诗歌中留白的重视有关。这是不是您重要的译诗策略？

飞白：我对留白的重视从我的名字就能看出来："飞白"也就是留白。正如作诗需要留白一样，我主张译诗也需要留白。留白远不止是一种策略或技巧，我认为留白是诗的本质属性。所以留白和言筌也成了《译诗漫笔》的核心元素。在诗歌文本与其他各型文本间，或在诗歌翻译与其他各型翻译间，留白是一个最显著的不同之点，却偏偏是最遭忽视之点。

诗是空灵的，简洁含蓄是诗歌语言的重要特点，翻译诗歌应珍惜诗中的空白，不能过度填充，否则会弄巧成拙。但诗的译文通常又是最容易拖泥带水的，由于翻译要跨语言、跨文化，译诗加解释许多时候都不可避免；再加上译诗者又常有填充空白的倾向和爱好，使得译诗往往"掺水"过多而有了散文的味道。

因此，对加注等手段，我也持谨慎态度。对诗的接受，最大的特征就是直接性，加注却是间接性的，是人为添加的"蛇足"。注释对读者体悟诗歌所起的作用其实也相当有限，加注背景知识常常是不得已而为之的，但对读诗总还是有干扰。

高淑贤：您在《译诗漫笔》里把译诗者比作制筌者，从中国诗学中的"言筌"说化出了新意，请问您所说的"言筌"与严羽所说的有何不同？

飞白：我和严羽说的"言筌"实质上并无不同，都是制筌者（诗的作者或译者）精心编织的词语形式。但是谈论的角度不同：严羽是在提醒制筌者要做到"无迹可求"，不可露出"言筌"的形迹，原因很清楚："言筌"若露了形迹，那鱼儿还会进去吗？而我则是在提醒制筌者不要忘掉：要靠精心建构不露形迹的"言筌"，你才有可能获鱼。假如译者忘了自己制筌者的任务，而只把原诗作者编织的"言筌"拆解成一堆断竹残片交到读者手中，那还有什么用呢？

我要强调这一点，是因为凡优秀诗人都是制筌高手，而一般译者对"言筌"的精妙结构却不甚了了，甚至不屑一顾。《译诗漫笔》里谈论"言筌"的虽然仅一篇《制筌者说》，这却是全书的"点睛"之笔。

高淑贤：那么，言筌和留白二者之间又是什么关系呢？

飞白：筌本是捕鱼篓，言筌则是捕捉诗意的结构，它们都是中空的，这个中空的空间就叫留白。制筌人精心留出空间，以待诗意之鱼来临。我们谈的全部译诗艺术，几乎都是围绕这一"获鱼"机制而展开的。

高淑贤：您的"言筌"说和"留白"说，可谓您对译诗艺术的点化，但它们又是怎样组合进"风格译"译诗方针的呢？

飞白：其实这不需要组合，它们本来就是一体的。我们知道，每一位优秀的诗人都有他独创的、独到的"制筌手艺"。我讲风格译，主张的就是你若要译他的诗，就该学他的独门绝活。风格译者不同于信息译者的就是：面对一个待译文本，风格译者看到的是诗，是精心结构的言筌和其中的留白，而信息译者看到的只是"白纸黑字"（即断竹残片），断定只需译出白纸上的黑字就算完成任务，却不知道黑字之间的那点儿"白"才是价值连城。面对一座古建筑，风格译者看到的是七级浮屠；而信息译者看到的只是砖块，因此在翻译时把建筑拆解成砖块而毫不为之可惜。

三、译诗接受：作者—译者—读者

高淑贤：下面我想请教的问题，是您"风格译"体系中译者与作者、读者的关系。翻译的第一步是译者对作者的选择。您译过的诗歌为数众多，在《诗海——世界诗歌史纲》（简称《诗海》）和《世界诗库》里，您全景式地介绍了世界诗歌，致力于填补外国诗歌翻译中的大量空白，为受冷落的伟大诗人们恢复一席之地，译介规模之宏大可谓空前。面对古今中外海量的诗人和诗作，选择哪些来翻译绝非一件简单的事，您遵循的是哪些选材原则呢？

飞白：翻译学研究领域包括翻译内部研究和外部研究两部分，这可比作翻译的"生理研究"和"生态研究"。你提的翻译选材问题属于翻译生态研究，一个译者处身于当代的文化生态中，基本要受制于生态环境，不管主观如何，他的选材自由和他对整个生态的影响都是十分有限的。

与其他译者比，我译诗的特点是眼界开阔，译介面广。一般译家多专注于一个或几个作者，也可能把眼界扩大到国别文学，如王佐良译《英国诗选》和著《英国诗史》。做学问本当如此，可我不是"做学问"的，我是业余的诗海漫游者，但这也只在改革开放的年代才成为可能。

虽然有了漫游诗海的可能，但选译哪位诗人、哪些诗作，仍不是译者能"说了算"的。据操纵学派的分析，这得由意识形态、赞助人和诗学诸要素综合决定。我译诗，若不是自娱独赏，而要与人共赏，就必须谋求出版，就必须进入文化互动体系和操纵机制。我几十年来的选题正是多种因素的合力形成的，不是个人之力所为。

从客观方面说，最重要的因素是时代背景的制约。因此，在 20 世纪 70 年代以前，我的译介以俄苏诗为主，而且可译题材被不断收窄。改革开放后，文学翻译面向全球了，《诗海》作为时代需求的产物应运而生，得到社会热烈反响，结果又引出《世界诗库》这一大工程，不管我情不情愿都得硬加在我肩上。这是因为专家们各有自己的"偏爱"，唯我不是专家而较能"博爱"，使得前辈学者鼎力举荐，叫我无法推卸。这副重担，又迫使我为填补空白而探访艰险海途，如为填补古罗马诗这个重要缺口而硬着头皮去啃拉丁古文，这很违背了我原本"诗海漫游"的逍遥理想。

高淑贤：除客观因素之外，您的"风格译"理论应该也会在选材上有所体现吧？例如，您认为诗人自己的标志性风格是其最重要的特质，这种理念应该也会渗透到您的选材中。您是否会有意选择风格鲜明的作者呢？其他，如诗人的社会出身和倾向、其诗作主题与时代思潮的契合等因素，应当也是您考虑的因素吧？

飞白：你说得不错，具体到每个诗人及诗作，当然我也会有自己的选择乃至自己的"偏爱"，不过我不会"偏"到排斥其余的程度。

我选译的多是世界名诗，这与其说是个人选择，还不如说是时间和历史的选择，"风格鲜明"与其说是我的偏爱，还不如说是诗人的标志。因为凡是真的诗人，都必有其可辨认的独特风格；凡是经典名作，都是大批无创意、无特色的泥沙被时间淘洗干净后存留下来的。

我前面提到操纵学派的文化互动理论。操纵学派主要关注的是翻译的"生态研究"，而"风格译"主要关注的是翻译的"生理研究"，二者侧重不同，可以互补，但也有观点相左之处。如对作者和作品，操纵学派持消解的态度，因为他们强调翻译是在话语权力操纵下对原作品的重写和改写，故刻意淡化原作者的作用，否认原作品的权威。而我提出的"风格译"主要涉及诗的翻译，而我译的又多是世界名作，故我虽肯定"翻译必是重写"的观点，但同时对原作者的作用和原作品的权威又十分重视。操纵学派从文化互动的客观生态出发解构翻译的"忠实"概念，而我在《译诗漫笔》中却为"忠实""不忠实"都做辩护，阐释其辩证统一的存在。

高淑贤：您承认自己也有偏爱，我注意到您重点译介在中国长期遭冷遇的英国诗人罗伯特·勃朗宁，请问他是您偏爱的诗人吗？

飞白：也不能光从翻译数量和出版次数来判断个人的喜好，有许多生态因素介入其中。我是诗海漫游者，随着改革开放，我有志于打开窗户，加以又在高等学校任教，故选译作品时尽量兼容并蓄，以展现诗歌花园的丰富性，避免厚此薄彼的偏狭性。

从主观方面说，我对诗和艺术的趣味本来就广，能感受到各家优秀诗作的独特吸引力，不会先入为主，产生排斥。我游荡诗海如水手搏风击浪，能自得其乐，即便是啃拉丁古文硬骨头我也自觉享受。像译勃朗宁这种因特别另类且艰涩难懂而长期受冷落的诗人，虽然违拗我们对诗的期待和欣赏习惯，但我也能深感诗人的睿智，叹服其心理分析之微妙，并从他的布局留白和多层意味中感受诗的真谛，从而乐意去做"第一个吃螃蟹的人"。

风格译者好比性格演员。演员有本色演员和性格演员之分：本色演员固守自己的路数，演什么角色都像他自己；而性格演员则能化入所演角色，做到演什么角色像什么角色。我愿做一名性格演员，因为译者译诗并不是演自己的角色，演的正是每一位作者的角色。

高淑贤：熟悉您的人都认为您个性淡然，您这种谦和淡泊的个性对您的翻译选材乃至翻译策略有影响吗？

飞白：人的性格是复杂的，说我个性"平和"不错，但平和不能涵盖整个情感世界，否则你就必须把波涛激荡的"诗海"规定得波平如镜才行。假如把"平和恬淡"理解为我的取向，那恐怕会离题万里了。

你对我的个性和"偏爱"很感兴趣，我可以向你透露：论喜好，我也不是无差别地对一切诗，确有与我更契合的诗人，有令我更心动的诗歌。回顾漫漫来路，在我出版的近五十本书里，这样的书可以挑出两本，而这恰巧是我译的第一本诗歌和最后一本诗歌。

第一本诗歌《瓦西里·焦尔金》，以其抒写的战士情怀和人性的真实，深深触动了长期生活在军中的我，促使我动笔译诗，开启了我的诗海之旅；最后一本诗歌《哈代诗选》，因与我心绪的默契，令我在已决定封笔不接任何稿约的晚年，又情不自禁地破了例。

在我选译的短诗中，我也能马上给你数出许多篇目，如海亚姆的《鲁拜集》、哈菲兹的加泽尔体诗、彭斯的苏格兰山歌、雨果的《既然我的唇触到了你满满的杯》、丘特切夫的《沉默》、波德莱尔的《魂》、涅克拉索夫的《盐之歌》、阿诺德的《再致玛格丽特》、普吕多姆的《银河》、哈代的《凤凰之舞》、马拉美的《海风》、吉皮乌斯的《干杯》、瓦雷里的《脚步》、托伦斯的《亚当辞世》、马查多的《走路的人》、阿赫玛托娃的《祖国土》等，这些都可列于我的"最爱"之列。可以看出，我并无门户之见，喜爱的诗多姿多彩，包括各家各派，不以自己个性划界。

不过凑巧的是，这些诗可以说全站在了"平和恬淡"的对立面。顺便提一句，收入《诗海》里的并不都是我喜爱的诗，有不少只是为讲解思潮流派而选入的。本来我曾期望，如有机会把《诗海》更新一番，我就放弃按思潮流派讲解的框架，以免受其束缚。

高淑贤：说到读者接受的问题，鲁迅曾将译文读者分为"很受了教育的""略能识字的"和"识字无几的"三类，主张对不同的读者群体采取不同的翻译策略。[①]您的翻译思想受到过鲁迅的影响，那么在您的翻译中有没有一个比较明确的目标读者群呢？

飞白：我的目标群体就是爱诗的读者，这既包括诗人、学者，也包括"引车卖浆者流"。我译特瓦尔多夫斯基、涅克拉索夫等比较亲民的诗人时，曾十分认真地学习和吸取丰富的民间语言并收到了成效，这是为了补强我原本的薄弱环节。20世纪80年代出版的《诗海》系列，尽管其基础是我为研究生讲世界诗歌史的讲稿，但形式上也算比较亲民，不是高头讲章，出版后受到了从学者教授到边防战士的各层次读者的普遍欢迎。河南农村的一位贫困少年，为攒钱买我的书而每个星期天都干苦力，"拉板车跑县城，来回十几个小时45公里，每趟只能赚到5元钱"。《诗海》系列每本售价30元，他这样靠拉货攒钱，要拉车五六百公里才够买一本。得知此情况，我立即给他寄赠了一本《世界名诗鉴赏辞典》。

高淑贤：您的译诗，得到了卞之琳、王佐良、谢冕等诸多专家学者的认可。不过，有普通读者对您译诗中多变的风格表示过困惑。也有学者曾以狄金森的诗为例，对比分析余光中、江枫和您的译文，认为余光中以诗人的敏感译诗，译文可读性强，具有广泛的号召性，而江译和飞译紧扣原文，在专业读者中会更有市场。对这些不同的评价，您怎么看待？这是否说明您面对不同层次读者会采取不同的翻译策略？

飞白：我没有"不同策略"。我译诗依据的不是读者的层次，而是原

---

① 鲁迅.鲁迅和瞿秋白关于翻译的通信// 罗新璋，陈应年.翻译论集（修订本）.北京：商务印书馆，2009：346.

作者的风格，我译的诗中有古有今，有雅有俗，风格和语言本来就各有不同。"不像出自一个人的文笔"，说明我的"风格译"获得成功。能为大众接受，当然是我译诗追求的一部分。你要注意到，现时代中国读者的教育水平比鲁迅当年已有了极显著的提高，这是我们的幸运，现在拉板车的少年已不再"识字无几"了。我愿给读者推介各种不同风格的好诗，而读者有权选择自己适合的和喜爱的作品。

高淑贤：我觉得您对待读者的态度可称为"读者培育观"。您认同歌德提出的"第三种译法"，主张译文与原文求同，尊重"他者"，逼近原作的形式。这当然会对读者提出更高的要求，"群众的口味必须逐渐提高和适应，才能接受"。您还认为中外差异造成的"拧巴"，能在"不断扩大的文化交流中渐渐磨合"。这些观点在 20 世纪 50 年代至 90 年代乃至现在都颇具前瞻性。您能具体谈谈您的"读者培育观"是如何形成的吗？

飞白：你说的"读者培育观"，我看应是"文化互动观"，因为这不是什么人在做的培育推广，而是教育普及和文化互动的普遍进程。作为译者，当然也得汇入其中。我一直相信，中外间的文化鸿沟并非不可逾越，文化交流也并非水火难容。乍遇异质文化，读者难以接受，渐渐熟悉了就不再以为怪，在全球化时代，这一过程正在加速。例如，改革开放之初，出版译诗时，出版社曾坚持要对"维纳斯"之类的词语加注，我很不赞成，争辩说：假以时日，这种注释很快将变成蛇足。后来证明我的判断没错。

如今，世界文化交流日益频繁，歌德提出的"世界文学"概念也从一个乌托邦式的空想变成了现实，当代读者的知识面和接受能力与三十年前已不可同日而语。这都使我们对文化交流磨合信心倍增。

高淑贤：我拜读您所译的诗歌时，不时会感到中国古典诗的文化积淀，说明您有很好的中国古典诗歌素养。但是您并不纯粹用古汉语来译诗，哪怕是翻译外国古诗，也几乎清一色地采用了现代汉语白话文。这是为什么呢？

飞白：译者和读者都立足于当代，现代汉语是译者和读者的联系频段。由于语言与观念都在发展演变，翻译也得与时俱进。本雅明曾说，当文学巨著的要旨和意义在世纪之流中完全改变时，译者的语言也在发生改变。最伟大的译作也要被语言发展所更新。例如，我们立足当代来译古罗马诗，假如把它译成两千年前的古汉语的话，翻译之桥就不是通向当代读者了。但若原作呈现的是"古雅风格"时，我的翻译也就可能在现代汉语框架内，适当吸收古雅词句和传统诗词韵律来模拟其风格特色，但不会用得过多。

高淑贤：读《诗海游踪》和《译诗漫笔》，得知您曾把许多中国古典和现代诗译为英语，在美国任教时，因教学需要还曾把许多原文非英语的外国诗也译为英语。可惜您的这些英译诗我们难以见到，不可不谓一大损失。能把您的英译诗汇编成集与读者分享吗？我还想问，您的汉诗英译与英诗汉译是否遵循同样的原则？

飞白：这些英译诗有些在刊物发表过，有些未发表，本有编入《诗海》英汉对照版的计划，作为《诗海》更新系列中的一种。但因要取得尚在保护期内的原文诗授权非常麻烦，《诗海》更新计划一直迟迟未能推进。说话间青山犹在人已老，我1949年春夏之交参加革命，到2011年春夏之交在云南大学"下课"，已连续工作六十二年，再加之"下课"后的十年我继续写作、译诗、整理讲稿出版（这在院校称为"做科研"），至今工作了七十二年。现今视力和体能难以为继，就此告一段落。与你的这次长谈，就算作对广大读者和译界朋友的致谢和告别辞吧。

至于汉诗英译和英诗汉译，以及多语种外国诗英译和汉译，难点虽各有不同，但本质都是诗的翻译，我翻译时也遵循同样的原则：努力逼近其"呈现意味的样式"。如穆旦的诗，因他在西南联大曾师从威廉·燕卜荪，在创作理念和形式上与英诗较为接近且有明显的格律性，我译穆旦诗就基本纳入英诗格律，译成抑扬格五音步，如把《森林之魅》译成blank verse（素体诗）体裁，同时也参考了燕卜荪的诗风。

高淑贤：您值此高龄还不辞劳累，带病回答了我这么多问题，令我感动不已。您的谈话内容十分丰富，为未来研究者提供了宝贵资料。再次谢谢飞白老师！

我事业的成就是爱好的结晶

——朱炯强访谈录

许 颜 陈安祺 丁晔雯 朱炯强

受访者简介: 朱炯强（1933—2023），浙江海宁人，浙江大学外国语学院教授。毕业于复旦大学英文系，原杭州大学欧洲研究中心副主任、英语国家文学和澳大利亚文学研究中心主任。曾任浙江省外国文学研究会会长、浙江省政协委员、中国外国文学学会理事、中国澳大利亚研究会理事、中国 T. S.艾略特和 E.庞德研究会副会长、中国人民对外友好协会特邀理事、中国-大洋洲友好协会理事、全国政协委员等。已出版作品总字数 1000 余万。著有《哈代——跨世纪的文学巨人》（杭州大学出版社，1994）等 5 部。译有（包括合译）《风暴眼》（漓江出版社，1986 等）、《英美著名诗人传》（光明日报出版社，1987）等 18 部。在国内外发表学术论文 100 余篇。2010 年，获中国翻译协会"资深翻译家"荣誉称号。

访谈者简介：许颜、陈安祺、丁晔雯（时为《嘉兴日报》记者）。

朱炯强教授生前因病无法接受采访，故而对他的访谈计划未能实现，留下了无尽的遗憾。经过反复考量，本书特选了 2015 年 12 月 4 日《嘉兴日报》对朱炯强教授的采访全文，文末附朱教授生前为其论文集《花间掠影》撰写的前言（浙江教育出版社，2006）。① 这两篇文章较为完整地回顾了朱教授在外国文学研究与翻译方面的工作，希冀读者能由此领略老一辈翻译家研译不辍，以及淳朴、踏实与勤恳的风范。

朱炯强教授身板真挺，一头白发。

他住在浙江大学西溪校区的一处教工楼房中。在他自成一统的书房里，举目可见之处都是书籍和报刊，一沓沓的《世界文学》《译林》《江南》，以及《普天之外》（英文）等中外杂志码得齐齐整整，窗外就是屹立的保俶塔。

"我一生唯一的爱好就是读书。"

他的新作《当代澳大利亚小说选》，是国内第一部介绍二战后澳大利亚主要文学流派的代表作，其中既有诺贝尔文学奖获得者的名家名作，也有"80 后"华裔新秀的新作。

三十多年，朱炯强一直没有停止对澳大利亚文学的关注。

书橱里，澳大利亚文学作品《风暴眼》就有好几个版本。1981 年，漓江出版社邀他参与翻译"获诺贝尔文学奖作家丛书"，出于对澳大利亚文学的喜欢，他选择了澳大利亚作家帕特里克·怀特的《风暴眼》。

---

① 本书对这两篇文章略做了调整。

在他成为一个教授、一个译者之前，他的人生经历了不少磨难。

"我十六岁就参加革命了。"1949年，他十六岁，和同学到浙江省实业厅报到，如果顺风顺水，他将会是一名行政干部。可是，时代的境遇和个人的性情，让他走上了另外一条人生道路——20世纪50年代，他这个原嘉兴专员公署的税务干部，考上复旦大学，学的是那时被讥为"卖国"的英美文学。

朱炯强是海宁盐官人，在他出生时，盐官还是海宁的县城。母亲上过大学，和漫画家米谷是同学，当过很多年的小学校长。父亲毕业于商校，抗战后在《申报》工作。朱家当年也是当地的大户人家，他家的祖屋就在盐官观潮宝塔后，后毁于战火。

少年时候受家庭影响，他喜欢读书，喜欢诗词。孩提时他就会背古典诗词，也会背诵老乡徐志摩的《再别康桥》，还梦想有一天能到徐志摩游学过的剑桥大学学习。

1996年，他应邀来到剑桥大学。在剑桥大学国王学院为他举行的欢迎宴会上，他献上的一件礼物就是朗诵英文版《再别康桥》。

"我的一生是跟着兴趣走的，事业的成就是爱好的结晶。"而在他人生的一些阶段，翻译成了他给自己找的避风港。

从20世纪80年代开始，朱炯强多次出国讲学，如在奥地利克拉根福大学开设"当代澳大利亚小说"课程，连续讲课三年。在欧洲讲授澳大利亚文学，他可能是第一位中国学者。

他说，他只是澳研领域里的一名"散兵游勇"，因为他学的、教的都是英美文学。当年引发他对澳大利亚文学兴趣的是彼得·科恩编的一本《短篇小说·景色》。1972年，解除隔离审查后的朱炯强感受到了这本小说的别有洞天，他对澳大利亚文学的兴趣和关注也由此产生。而萌发向中国读者介绍澳大利亚文学的念头，是在翻译《风暴眼》（*The Eye of the Storm*）后，那时他在杭州大学负责"英语国家文学和澳大利亚研究中心"①。

身为大学教授，他桃李满天下；而他情有独钟的、作为兴趣的翻译

---

① 1998年，杭州大学并入浙江大学。

工作，也为学术界和翻译界称道。

他翻译的美国作家威廉·福克纳的《公道》（*A Justice*），被诺贝尔文学奖得主莫言收入其自编的《影响我的 10 部短篇小说：锁孔里的房间》。而作为一个澳大利亚文学的译者，他被誉为"文学交流的友好使者"，受到澳大利亚总督的三次接见。

尽管热爱翻译工作，朱炯强也有过把翻译工作往外推的经历。

有一次，有人请他翻译一本书，书里有不少的"不入流"描写，翻译出来非常赚钱。但朱炯强拒绝了，"这违反我的原则，这不是我希望翻译的作品"。

朱炯强也是第三、四届鲁迅文学奖的评委。如今翻译界参差不齐的现状，也让他叹息。"现在社会上过于商业化的翻译现象，我觉得是需要去改进的。"

"搞翻译真的是苦的，要有乐在其中的一种感情。"

记者： 挑选作家作品翻译时，您选择的眼光聚集在哪里？

朱炯强： 我这个人有一个特点：坚持我自己的原则。我喜欢，我就要翻译，这是我的第一个原则。比如说劳伦斯，我很喜欢劳伦斯的短篇小说，对于他的作品，我是精心翻译的。他的散文真的是文字优美，是我的一个喜好。

再如，美国女作家薇拉·凯瑟。这位作家很少有人介绍，我是第一个介绍她的人，在 20 世纪 80 年代初，我就介绍她了，还翻译出版了《波西米亚女郎——维拉·凯瑟中短篇小说选》。她的作品好在什么地方呢？我把她评价为"在美国物质文明积累过程中精神美的捍卫者"。她开始时写了描述大量美国开拓者艰苦生活的作品。但是当他们赢得了一定量的物质财富之后，精神上就开始变化了。而她就担忧这种东西。这个对中国来说也是值得思考的地方。

又比如说杨必先生翻译的《名利场》。《名利场》别人曾叫我翻译，但是我不翻。杨必是我的老师，是杨绛先生的妹妹，也是这本书的原翻译者。她的文笔非常好，我超不过她。我翻译的话，一定要能够超过原译，否则没有任何意义。这是我的第二个原则。人民文学出版社曾经叫我翻译《苔丝》。原来的翻译者是张谷若先生，是北大的教授，老教授已经去世了。张译《苔丝》中有很多地区的方言，他用山东方言来翻译。他是我师辈的人，我觉得他已经翻译得很好了，所以我把这本书推出去了。

记者： 您在 1989 年与澳大利亚诺贝尔文学奖获得者帕特里克·怀特见面，对他的印象是什么样的呢？

朱炯强： 怀特老先生在澳大利亚被称为"半个人半个神"，很受澳大利亚人民的尊重。怀特先生非常严肃，也不大爱说话，所以别人对他都有点敬而远之。当我想去采访他的时候，澳大利亚的一些作家跟我讲他很可能不会见我。在他（怀特）的房间里，书房接近门口的位置有一个手指状的画。这是什么意思呢，就是他在接见你之后，到了 10 分钟，他手一指那个位置，就是叫你走了。不过我还是很大胆地去见了他，而且长谈了半个多小时。见了他以后，起先我还是很拘谨的，但是后来我发现他是一个很有思想的人。当时我送给他一对玉石印章，一个上面刻着"文坛巨人"，还有一个刻着"寿比南山"，他就问我："这个印章我可不可以像你们中国人一样，在写信的时候，盖在信尾呢？"我就解释说，那是另外一种印章，可以等以后有机会再送。接下来，我又解释这两个词是什么意思，"文坛巨人"还比较好解释，那"寿比南山"呢，我就翻译说："Wish you a long life as long as the green mountains." "南山"在英文里很难翻译出来，所以就讲青山恒在。他一听就笑说："人总是要死的。"后来他又问我为什么要翻译《风暴眼》，我就说，很坦率地讲，从内容上来说，这本书没有什么特别的地方，就是围绕金钱的尔虞我诈，但是其中的写作技巧与手法与众不同，这点上可以供我们的作家参考。这些话讲完以后，他点点头。他又说："我们澳大利亚现在有很多年轻人写作都很有特色，我希望你将来有机会也介绍他们。"这使我非常感动，正是由于这个原因，我回来以后，编了一本《当代澳大利亚中短篇小说选》，是《当代澳大利亚小说选》这本的"姐姐"。

记者： 您从事翻译工作也快四十年了，有什么经验能与搞翻译的年轻人分享吗？

朱炯强： 现在年轻人比我们那时候的条件好多了，所以年轻人肯定是可以超过我们这一辈的，这是第一点。第二点，我们这个社会现在正处于转型期，"转型"两个字可以从很多方面来解释。在这个时期，各种各样的东西都有，各种各样的东西都可以出现，国外好的坏的东西都会引进来。但是在这样的环境下，我们还是要坚持学习，不受影响，不要太急功近利，要踏踏实实地做好学问。第三点，要做好翻译，除了要多学习多看书，也要出去走走。"读万卷书，行万里路"还是有道理的，都是增加知识，要有广博的知识面。第四点就是，不管什么样的工作，都有苦处和难处，搞翻译真的是苦的，有时候一个对应的词找不到，是真的会哭出来的啊，所以真的要有一种坚韧不拔的精神，要有乐在其中的一种感情。这些都是我自己的一些看法，也是仅供参考。

记者：您认为应该如何成为一个好的译者呢？

朱炯强：我的翻译是通过反复阅读和修改来完善的。我的第一稿可能和最终稿几乎完全不一样，会被我改得面目全非。翻译一篇文章，我总会反反复复地抄好多遍，到现在我依旧是手抄。就我而言，翻译原则还是最基本的三个字——"信达雅"，这三个字最高度、最宽广地概括了翻译的原则。第一，翻译作品，你要看得懂，正确理解。第二，你看懂了又要怎么翻译呢，要求恰当表达，就是汉语要好，没有好的汉语水平就没有好的翻译作品。第三，比如有一篇很好的文章，但是你却用普普通通的词汇来表达，那就失去了原有的意境，这就要看你的博学程度，书看得多不多。就这三点，一定要汉语、英语都精通，同时各方面的知识都要知道和了解。

记者：您是第三、四届鲁迅文学奖的评委，有几年鲁迅文学奖文学翻译奖都是空缺的，现在中国翻译的现状也是很有争议的，您怎么看呢？

朱炯强：第一个，现在存在太多过于急功近利的现象。第二个，有关政策不妥。按理说，翻译应该是很艰苦的再生产，但是在大学里评职称，光有翻译作品是不行的。我有个学生把一个外国作家几乎所有作品都翻译出来了，但是没有自己的文章，职称就评不上，我觉得这是很不应该的。所以有很多人翻译都是为了赚钱，但是纯文学翻译是赚不了钱的。现在社会上过于商业化的翻译现象我觉得是需要改变的。

记者： 您从 20 世纪 80 年代就开始从事翻译工作了，对于您来说，翻译的收入高么？

朱炯强： 1949 年以前，郑晓沧先生翻译了一部《小妇人》，用稿费就买了一幢西湖边的住宅，说明翻译是很受重视的。现在翻译的收入不敢恭维，尤其是纯文学的东西。如果说我纯粹从事翻译工作不搞其他的（工作），那是不可想象的，可以说是无法生存的，所以我们应该在翻译事业与从事翻译工作的报酬之间找到一个平衡点。

附：

古稀之年，我总算走下了我深爱的讲台——整整站了四十二年又饱经风雨的神圣讲台。

常言道：雁过留声，人过留影。一向多愁善感的我，在此时刻，难免频频回首，追忆往事，心潮起伏中萌生了梳理一下笔墨的念头，打算先把我散发在国内外报刊上的文字，按其内容，汇编成册，拟出书三本；然后再写些回忆性文章。

第一本是文论选。选取发表在国内一级及核心期刊上的论文及一些序、跋等文章，共 32 篇，约 30 万字。书名也许有些俗：《花间掠影》。在我心目中，文学就是一个让人心旷神怡的大花园，其间繁花似锦，芳草萋萋，每一位作家，每一篇佳作都是光彩夺目、香飘四溢的奇葩异草，只要进入其中，一种目不暇接和美不胜收之感就会油然而生。而我的这些文章只是我信步其间、流连忘返时的些许感受，仅是浮光掠影，故以此名之。

第二本是译文选。学界不少同仁是从我的译文知道我的。对文学翻译，我情有独钟。从《世界文学》等期刊上发表的短篇译作，到《风暴眼》等长篇小说，译了好几百万字。而这本选集只选录部分已发表的诗歌、散文和短篇小说，拟 50 万—60 万字。

第三本是英文选。选取我在国外期刊上发表的论文，以及国外讲学和参加国际学术会议上的讲稿，约 15 万—20 万字。

这三本书共约 100 万字。当然，第二、三本书要等第一本问世后再整理。

萌生这一想法，缘由很多，这里简述两点。

一是回顾一下自己执教四十二年在科研方面的努力，有个交代。学海浩瀚，我的这些文字充其量也只是其中的一滴水，但希望从中能折射出我们外语学院英语国家文学研究史上的一鳞半爪，毕竟我曾是这一学科的带头人。

二是希望借此表达一点我对已故的复旦恩师们的缅怀之情。饮水思源，人之大本。没有杨岂深、徐燕谋、葛传椝、林同济等老师当年的坦诚传授，我哪能写出、译出这些文字。同时，也借此感谢众多的前辈、学长和亲朋好友长期以来风里雨里对我的关怀、鼓励和帮助。

我写文章、搞翻译，大多结合教学，如把英文讲稿变成汉语，也有不少是自娱自乐，乃至自我慰藉的产物。寻根溯源，离不开我和我家的经历和遭遇。这里恕我赘言几句。

我初到人世，即遭日寇侵华，家乡沦陷，家业毁于战火，全家四散逃命。父母带我离乡背井，颠沛流离，避祸他乡。母亲上过大学（她的一位老师——已故的虞尔昌教授是台湾大学著名学者，原台湾莎士比亚研究会会长），为了糊口，开始了乡间执教。父母教诲中最让我刻骨铭心的是："我家已上无片瓦，下无寸土，只有读好书，才有你今后的立足之地。"可能正是这句言简意赅的话，以及当时全家食不果腹、衣不蔽体的景况，使我一生别无他好，只爱看书。从小学到中学，尽管在班上我年龄最小、个子最矮，但学业成绩，尤其是文、史，经常名列前茅，并爱好翻阅众多的文史经典乃至野史轶事，虽然一知半解、似懂非懂（这要感谢我们逃难他乡时的房东，他家藏书甚丰，并准我在他的书房里夜读）。母亲带我接触的第一位词人是南唐后主李煜，凄凄切切的"问君能有几多愁，恰似一江春水向东流"，从小就流淌进了我的心田；而父亲在我初一国文课本扉页上所写的"勤、思、谦、诚乃立身之本"也始终镂刻在我的脑壁。这都影响了我此后的性格。

1949 年，家乡解放，正值我高中即将毕业之时，我跟随全班同学，怀着模糊的激情，报考了华东军政大学（参军）。由于我长期营养不良，身体瘦弱，个子矮小，十六岁的人尚是孩子模样，未被录取，直到 1949 年 9 月才由浙江省实业厅收录，被派到浙江省干部学校学习，在那里欢庆了新中国的诞生。

从浙江省干部学校毕业后,我先后在嘉兴专员公署等单位工作。1956年,为了响应"向科学进军"的号召,又受在上海执教英语的姨母影响,我考上了复旦大学外文系英国文学专业,重新开始了学生生涯。当年复旦外文系名师荟萃,除上面提到过的外,教过我的还有戚叔含、杨必、刘德中、杨巩祚等大家。在这些名师的熏陶下,我阅读了大量的英美文学作品,五年的大学生活,把我引进了英美文学的百花丛中,我与它结下了不解之缘,以此为乐,并从此以之为生。我的大学毕业论文写了我当时最喜爱的浪漫主义诗人拜伦。

当然,我的爱好文学也深受两位同乡前辈的影响。徐志摩的《再别康桥》等诗篇令我欣然陶醉;而王国维的《人间词话》则教我如何玩味意境。他们实际上也是我踏上文学之旅的引路人。

但我出的第一本书却是一本与文学毫无关系的语法书:商务印书馆出版的《简明英语语法表解》。

1961年,我大学毕业,由于当时社会环境的影响,心理上对教师这一职业又爱又怕,我没有留下来读研,而是去了中国科学院拉丁美洲研究所,寻求当时心目中的安全港——文字翻译。但没有几天,我便被调去了中国科学技术大学。我心里明白,我母亲当时正蒙受着不白之冤,海外关系又复杂,不适宜在这样的研究机构任职。就这样,我还是当上了教师,而且是在北京。

当时的中国科学技术大学直属中国科学院,是一所新型的大学。科学院的研究所与中科大各系的完美结合是它的最大特色和优势。许多系主任都由相关研究所的所长担任,研究员和教师、教学与科研,融成了一体,而且学生的素质也特别好,知识全面,勤奋好学,他们的英语水平与外语院校的同年级学生相比,也难分上下。由于他们是学科学的,逻辑思维的能力远胜一般学生。每次我去上课,既感动,又感到有压力,因为我学的是文学,主宰它的是形象思维。为了满足同学们的求知欲望,我针对他们的特点,读了大量的国内外语法书,试用逻辑思维,比较、综合、归纳语言现象,用公式化的形式,化解英语语法,并写成详细的、一目了然的教案,以求学生触类旁通,便于阅读、理解。

如此，收效甚好，得到了学生和学校领导双方的赞扬和重视。于是我和同在中科大任教的复旦老同学邹国凡合作，在教案的基础上，夜以继日地编写了后来由商务印书馆出版的《简明英语语法表解》。这本原定在 1966 年出版的书，由于"文革"的开始，尘封了十四年，直到 1981 年才破尘而出，一版再版，还成了当时一些大学的英语语法教材或参考书。

在中科大的两年是难忘的两年，与学生亲密相处，教师间热诚共事，教学、科研带来的成就感，使我真正爱上了教师这一神圣的职业。

1963 年，我依依不舍地告别中科大，告别北京，调来了杭州。蒙郑晓沧先生厚爱，在浙江师范学院（现浙江师范大学）外语系任职。两年后，浙师院外语系与杭州大学外语系合并，我便从此开始了在杭州大学及四校合并后的浙江大学执教的漫长生涯。

一到杭州，我就任教英语专业高年级的精读课。每篇课文几乎都是文学名篇，我既熟悉，又喜欢。为了显示自己的所好、所长，上课时，我总是旁征博引，从字里行间评析作者匠心独具的遣词造句，探究其修辞技巧，解读作品价值；从阐述其时代背景和作者当时的经历与构思，挖掘其深奥内涵，启发学生对文学的爱好，学生也确实欢迎这种做法。而我为每篇课文所写的教案都很详细（这些教案我至今还保存着，整整一纸箱）。同时，我又根据讲稿，抒发讲台上未尽之语，用中文写下了多篇文章。但当时只是兴之所至，有感而发，信笔写来，自娱自乐，写完就堆放案头，空闲时，看一看，改一下，每改一个字，都会乐不可支，根本没有投稿发表的念头。

正当我步入这座文苑，以形象思维的乐趣开始仔细观察这些名花奇草，刚要发出感叹、赞美之声时，"文革"开始了。作为一名任教于大学的知识分子，我势所必然地被卷入其中。被卷入之初，我虔诚地接受了"走白专道路"之类对我的批判。随着"文革"的深入，对我的揭发批判也逐步升级，直至"国民党的潜伏特务"。因此，批斗、抄家、隔离审查等等都让我经历了。当然，我交代不出问题。这样折腾了一段时间后，不了了之地放我回自己宿舍"写交代"，在宿舍里也写不出材料，我就干脆埋头书堆，看书、翻译，写写心得体会，借此自娱自乐，自我安慰。

因此，"文革"结束后，我在 20 世纪 80 年代初发表的文章和译文大多是那时所写的草稿，如关于济慈和海明威的文章和译文。可惜的是，"文革"前所写的一些，两次抄家后都已不知去向，再也无法回到我身边了。

"四人帮"粉碎，标志着"文革"的结束。我和我母亲都及时得到了平反。曾两度自杀未遂的母亲，得以安度晚年，终年 93 岁。母亲的平反也多少告慰了因母亲的冤案而自杀身亡的外祖母和当时年仅十六岁的妹妹的在天之灵。

"文革"后，我继续任教英语专业本科四年级的精读课、英美文学作品选读等课程。教学之余，继续忙于看书、写文章、搞翻译，也组织一些同事、学生和研究生参与些翻译等项目。从"文革"后到今天，我在国内外发表了八十余篇文章，写了《跨世纪的文学巨人——哈代》等四部专著，译了（包括与徐人望等好友合译）《风暴眼》《英美著名诗人传》《民主——一部关于美国的小说》等六部长篇小说，编译了《当代澳大利亚中短篇小说选》《哈代精选集》《康拉德精选集》《薇拉·凯瑟精选集》《飞行组曲》等八部译文集。而散发在文学报刊上的诗歌、散文、游记、短篇小说等多达约七十多篇。我还为《新编二十世纪外国文学大词典》《外国文学名著赏析词典》等辞书写了数百条的作家和作品介绍。

1986 年，杭州大学成立了由我负责的英语国家文学研究中心，目的是进一步拓展英美文学的研究领域，把澳大利亚、加拿大等讲英语国家的文学也涵盖进来，使研究更富特色，也更吻合一些国际学术团体和高等学府的研究现状，并借此把学术研究与国际交流联系起来。中心成立以后，先后与国外四十余所大学及学术团体建立了交流关系，有的还发展成了校际关系，接待了相当数量的来访学者。我也十余次应邀出访、讲学，以文会友，如我对 1973 年诺贝尔文学奖得主帕特里克·怀特的研究和对他作品的翻译介绍，引起了研究澳大利亚的学术界的关注。澳大利亚最权威的文学杂志《澳大利亚图书评论》（*Australian Book Review*）对我做了专访，并在 1991 年第 8 期发表了对我的约稿《一种正在兴起的亚太文化——谈怀特和当代澳大利亚文学创作》。我不仅会见了怀特本人，还受到澳大利亚前总督尼尼安·斯蒂芬爵士的三次接见。

20 世纪 80 年代后期开始，我主要为研究生开设"英美诗歌""20 世纪英美小说"和"英美文学名篇赏析与翻译"等课程，曾计划编一套按体裁分册的教材《英语国家文学作品选读》，包括诗歌、散文、戏剧、传记、短篇小说和长篇小说（节选），共六卷八册，但种种难言之苦，令它中途夭折，成了我一大憾事。

1996 年，杭州大学又建成了欧洲研究中心，以便全方位地开展对欧洲各国的政治、经济、文化、教育方面的研究，特别是与"欧共体"（"欧盟"的前身）建立实质性的联系。中心主任由时任杭大副校长徐辉教授兼任，相关院、系的领导参与，我被任命为副主任，主持工作。这一中心本可大有作为，其与"欧共体"有关官员建立了直接联系，且"欧共体"即将投入资金，把杭大列入该机构在中国建立的欧洲研究基地中的一个。然而，由于一些特殊的主客观原因，计划胎死腹中。这样的中心不同于上面提到的文学研究中心，没有资金，就难于运作、难有作为了，这也是我在杭大工作中的另一憾事。

进入 20 世纪 90 年代不久，直到 2003 年，我先后担任了浙江省和全国的政协委员。这是组织上对我的信任，我内心非常感动，决心按政治协商、民主监督、参政议政的宗旨履行好职责。我除了认真参加各种会议，积极发表意见外，还把"上情下达"和"下情上达"作为一名委员的具体任务，特别是后者。因此，我把自己定位在努力反映社情民意上，按照党和国家的政策及建立和谐社会的高度，除了准备好每年政协会议上的提案，还写了相当数量的反映社情民意的具体材料，以求得到有关部门和领导的重视和关注，如对教育体制改革、城市里的农民工、海外侨团及留学生工作，以及综合开发利用及保护海洋资源等方面，均有所涉及。这些提案和材料有的被新闻媒体转发，有的得到了包括浙江省原省长及其他有关领导的批示，成了相关部门决策时的参考。因此，我从 1997 年始，连续六年荣获浙江省政协颁发的"反映社情民意积极分子"等称号。

要尽到一名政协委员的职责，确也不易。以反映社情民意为例，首先要有心谛听民声，把平时的所见所闻和周围人群的所思所想及他们关心的焦点、热点，进行思考、梳理和筛选，做些调查研究，再提出改进或实施的建议和设想，写成经过推敲的文字。只有这样，才能起到参政议政、民主监督的作用。这些工作势必要花费我平时用于科研的时光，减少科研成果，但我认为这是值得的，也是应该的。

现在，再谈一下《花间掠影》。

上面提到，书中的许多文章是结合教学的产物，或是出于我对这些作家或作品的爱好而写，没有压力。

我始终认为，对文学研究，首先要怀着浓厚的兴趣。"强扭的瓜不甜"，没有强烈的爱好，难有执着的追求；没有执着的追求，也难于结出丰硕的成果。一位哲人说过，有感而发，才会抒发真情，才可能有真知灼见。当然，在学术上也不乏"无心插柳柳成荫"这样的美事，但毕竟是少的。

这本书分五个部分。第一、二、三部分，分别是关于英国、美国和澳大利亚文学的论文。第四部分则是我为其他学者的论著所写的序。最后部分选收了几篇回忆性文章，如采访著名英籍华裔作家韩素音女士的报道。各部分也配了一些相关照片、印证文字，留些履痕，愿它们能为本书增添些色彩和气氛。

这三十二篇文章及所附译文，此次成书，未加修改，以存原貌，并按发表的时间次序排列；最早的发表于1981年，最晚的是2005年，时间跨度是四分之一个世纪。这二十五年中，外国文学界里的一个特点是，各种各样的文艺理论风起云涌，被冠以"主义"的就举不胜举。这是一个文艺思想特别活跃的时期。优秀的文艺理论能从各种角度深化对文学作品、文艺思潮和社会现象的认识。亚里士多德的《诗学》曾独领风骚，千百年来让无数文人学士得益。但现在的某些文章似有点太厚今薄古，大量出现的是新主义、新名词，有些还真让人摸不着头脑，不知所云，"主义"来"主义"去，却很少触及作品本身。我一向认为，学好文艺理论能高瞻远瞩，不就事论事，见木不见林，但必须依托作品，以其为基础。同时，学好理论，要的是融会贯通，而非满贴标签，否则，"主义"再多，出现的频率再大，也会牵强附会、无的放矢。这当然是我个人之见，是对是错，请行家正之。所写的这些文章都是业余之作，甚至是兴发所至，浅薄、谬误之处，也请同行学者批评、指教。

时光飞逝，人生苦短；枯荣沉浮，冷暖炎凉，飞短流长，实属常事。

惟自强不息，乃存身之道；而寄语笔墨，抒情言志，笑谈沧桑，似胜默然其生。前言之末，随感附笔，愿非画蛇添足，以博一粲。

朱炯强

草就于 2005 年国庆长假

坚守翻译实践，拓展翻译研究

——郭建中访谈录

朱含汐　郭建中

受访者简介：郭建中（1938— ），浙江大学外国语学院教授、浙江省翻译协会名誉会长。曾任中国翻译协会理事兼翻译理论与翻译教学委员会副主任、浙江省翻译协会会长、浙江省作家协会外国文学委员会副主任等职。著有《科普与科幻翻译：理论、技巧与实践》（中国对外翻译出版公司，2004）、《翻译：理论、实践与教学——郭建中翻译研究论文选》（浙江大学出版社，2010）和《郭建中讲笛福》（北京大学出版社，2013）等。译有《鲁滨孙漂流记》（浙江少年儿童出版社，2009 等）、《摩尔·弗兰德斯》（译林出版社，2003）、《今天过得怎么样》（浙江文艺出版社，2003）等。其中，与美国科幻大师詹姆斯·冈恩联袂推出的中文版六大卷《科幻之路》（福建少年儿童出版社，1997 等）被誉为"科幻宝典"。此外，主编并翻译了"外国科幻小说译丛"50 余册，主编了《文化与翻译》论文选（中国对外翻译出版公司，2000）。1991 年，获世界科幻小说协会颁发的"恰佩克翻译奖"，是中国至今唯一获此殊荣者；1997年，获北京国际科幻大会科幻小说翻译奖——"金桥奖"；2010 年，获中国翻译协会"资深翻译家"荣誉称号。

访谈者简介：朱含汐，浙江大学外国语学院硕士研究生，研究方向为翻译学。

本次访谈时间为 2022 年 5 月至 6 月，形式为电话及电子邮件沟通。本次访谈主要围绕"教译研三位一体"和"科幻小说翻译的名与实"两方面展开。

一、切合中国需要的"教译研三位一体"

朱含汐：您的翻译研究始终立足中国现实：从最早的微观研究，到中期的宏观研究，再到后来的应用翻译研究，您一直对当下的翻译市场和教学所需做出积极的反应。关于您的翻译教学、翻译实践与翻译研究，我有如下问题：

您曾多次提到您的学术生涯是"教译研三位一体"，并且按照"教学—翻译—研究"进行排序，请问您现在的观点是否发生了变化？您认为翻译实践和研究的关系是什么呢？学界对您的称呼有"翻译家""学者型翻译家""实践型翻译理论家""翻译教师"等，您最喜欢哪个称呼呢？

郭建中：我是一个教师，一个教翻译的教师。因此，我最喜欢的称呼是"翻译教师"，因为教师是我的职业。做好教学工作，培养学生是教师的首要职责！我的"教译研三位一体"的观点至今没有变化。为了做好翻译教师，我必须有翻译实践，才能有自己的翻译经验，这是"不言自明"的道理！因为教翻译实践，就不仅要教"英译汉"，还得教"汉译英"。因此，我必须做英汉 / 汉英双向的翻译实践，以获得两方面的翻译经验。

没有翻译实践经验的翻译教师，不可能是一个称职的翻译教师。但作为翻译教师，尤其是教研究生的翻译教师，光有翻译的实践经验是不够的。我们不仅要教学生怎么译，还要给学生讲清楚为什么这么译。不仅要让学生"知其然"，而且要让他们"知其所以然"。所以，作为翻译教师，还得总结自己的翻译实践经验，把实践经验上升到理论的高度，将其教给学生，指导学生的实践。这样，学生才能举一反三，触类旁通。

除此之外，作为翻译教师，应该关注国内外翻译理论的现状和发展，关注西方翻译理论的研究和中国传统译论的研究，让学生了解中外译学界翻译研究的最新成果，培养他们对翻译实践和翻译理论的独立思考能力，形成自己的翻译观。我的《翻译：理论、实践与教学——郭建中翻译研究论文选》中还有不少文章，力图把翻译的理论概念融入应用翻译的研究领域，与中国传统翻译理论的观点相结合，以指导翻译实践。

另外，我还得强调一点：没有翻译实践的经验，也不可能深刻领会翻译理论。只有在阅读中西方翻译理论的过程中，结合自己的翻译实践经验，才可能对理论有深刻的理解。韦努蒂就曾亲自对我说过，他翻译了五本书之后，才开始接触翻译理论。记得我在做学生时，因为对翻译和翻译理论感兴趣，读了当时苏联翻译理论著作的中文版，如安德烈·费道罗夫的《翻译理论概要》和其他苏联翻译理论家的《文学翻译》等著作，读得云里雾里，一知半解。后来，有了几年翻译教学和翻译实践经验之后，重新阅读这些著作，不仅能读懂领会，还能自己分析，也能与西方译论和中国传统译论进行比较，获得较深刻的理解。

朱含汐：出于制度和考核的压力，如今许多高校青年教师忙于科研，忽视教学，也不太有精力带学生做翻译实践，很多老师都出现了"有心无力"之感。您是如何看待这种情况的呢？

郭建中：我退休后脱离高校教学工作已很多年了，对现在高校的情况不太了解。但我要强调的一点是：教学、翻译实践和科研，不但不互相矛盾，而且是相互促进的。这里我愿意谈谈自己的体会。

作为一名翻译教师，我必须有英汉/汉英双向翻译的实践经验。20世纪70年代末，我参与了联合国文件的翻译工作，并应约开始翻译科普文章。80年代后，我有了更多的翻译实践机遇。我参与了"浙江省改革开放专刊"、《文化交流》双语季刊等刊物的英语翻译和主编工作。

后来，我又参与了浙江电视台英语新闻节目开创之初的英语主译和主审工作，翻译和审校了大量有关浙江省历史、经济、文化、人物等方方面面的文章。许多翻译的材料，先是作为翻译实践课的教材，后来详加注释后发表在《中国翻译》《上海翻译》的汉译英专栏上。我既积累了翻译经验，又把自己翻译实践的材料作为教材用于课堂教学。由于材料是自己翻译的，我就能给学生讲解自己的翻译体会。这样，授课生动，深入浅出，学生也容易领会和接受。

出于对文学的爱好，我也开始翻译现当代英、美经典文学作品。先是翻译一些短篇小说，如辛格的短篇小说。后来，我翻译了笛福的《鲁滨孙漂流记》和《摩尔·弗兰德斯》与美国犹太作家、诺贝尔文学奖获得者贝娄的著名中篇小说《今天过得怎么样》等长篇和中篇小说。我往往一边翻译，一边做笔记，把自己认为翻译得满意的句子记下来。同时也把遇到的难题，经过艰辛思考和考证后得到满意解决的句子或段落记下来。这些都成为我后来授课和写论文的素材。

如前所述，我把翻译的实践经验总结起来，提高到理论的高度，用于讲课，用于写论文，用于指导翻译实践，做到了教学、实践和科研的相互促进和自然结合。实践和科研是教学的后盾，教学又促进了实践和科研。我许多论文的课题是从教学和翻译实践中来的；还有一些论文的课题是在阅读中遇到的问题，经过探索研究，结合实践，写成论文的。这些论文又成为我翻译理论课授课的教材。

朱含汐：我非常赞同您所说的"教学、翻译和科研相互促进"的观点，但如果您处于现在的高校体制内，您还会坚守自己的初心吗？您能否给如今的青年学生和学者一些建议？

郭建中：我不喜欢说漂亮话。实事求是，我的回答是"我自己也不知道"。因为，我对当前高校的实际情况并不了解。要说给青年学生和青年学者提一些建议的话，我想谈一谈教学、翻译和翻译研究的兴趣问题。我在大学求学时期，就对做教师有兴趣。所以，我热爱教学，并全身心地投入教学工作。我曾提到过，科幻小说是我的 side interest。那么，什么是我的 prime interest 呢？那就是文学翻译和翻译理论研究。上面也谈到，我读本科时，就对翻译和翻译理论感兴趣。上翻译课时我特别专注，在认真完成老师布置的翻译作业后，还经常自己找额外的材料，做一些翻译练习。此外，也似懂非懂地读了一些翻译理论书。因为有兴趣，后来做大量的翻译实践和理论研究工作时，我一点也不觉得辛苦，反而乐在其中！

爱因斯坦曾经说过，他对哲学永远充满兴趣，但只是从属性的。对自然科学的兴趣永远集中在基本原理问题上，关于他所做的和放弃的，可以由此得到最好的解释。我说的兴趣，当然是一个人自然形成的。但兴趣也是可以培养的。如果你长期专注于某项工作，你就会对这项工作感兴趣。所以，如果你本来对翻译和翻译理论研究感兴趣，那就很好！如果兴趣不大，但你要是长期专注于翻译实践和翻译理论研究，你也会培养起兴趣！那时，你不是为了翻译而翻译，也不是为了科研而科研——为了评级而翻译或科研！如果因有兴趣而翻译或科研，其成果质量肯定较高，评级也就水到渠成了！

朱含汐：您曾在一次采访中说："在今天以市场经济为导向的社会背景下，翻译家翻译什么，在很大程度上取决于出版社市场销售和利润的考虑，而不是翻译家个人的选择。"我猜想，在您的翻译经历中，肯定翻译过您不感兴趣的作品，也翻译过您热爱的作品，可以结合具体的例子谈一谈翻译过程中有趣的或者无奈的事情吗？

郭建中：我的汉译英工作，大多是应约翻译，而且原文大多内容枯燥，没有什么文采。虽然我没有很大的兴趣，但这是翻译工作者的社会责任，我也认真完成了一项又一项的翻译任务。比如，关于计划生育的材料、关于足球体育场馆设施等的材料，你能说这些材料很有趣吗？当然，作为翻译工作者，我们不能因为没有兴趣就不做，因为我们还肩负着社会责任！还有一些英译汉的原作，开始时我也并没有太大的兴趣，但后来做起来，兴趣就渐渐来了。例如，我应约翻译美国犹太作家、诺贝尔文学奖获得者贝娄的著名中篇小说《今天过得怎么样》。这部小说，内容并不怎么引人，且涉及西方现当代的文化历史，有人评论说，这部小说"可以比作一部西方的文化百科全书"。这些西方文化，一般中国读者都不熟悉，需要做大量的注释；小说语言也非常晦涩难懂，翻译起来既吃力，又需要做大量的考证。但我还是拿下来了。

　　有些我特别感兴趣的小说，翻译起来特别顺畅。例如，美国犹太作家、诺贝尔文学奖获得者辛格的短篇小说和著名美国科幻作家哈里森的科幻小说，我特别喜欢。他们两人的小说，节奏迅疾，犹如电影的动作片；句子简短，语言流畅，有海明威的语言风格。我翻译了四五篇辛格的短篇小说和哈里森的长篇名著《不锈钢老鼠历险记》。对我来说，翻译过程是阅读故事和使用语言的一次享受。我曾经很想翻译更多的辛格短篇小说（辛格以短篇小说见长），但没有出版社需要。我也想把哈里森的"不锈钢老鼠系列"（共六部）全部翻译出来，可惜没有出版社赏识。这里有编辑眼界和水平问题，也有我说的"市场经济"问题。这对译者来说是很无奈的事。再比如说，笛福共写了十部长篇小说，目前中译本有四部，我曾想翻译、编辑出版笛福小说全集。但我知道，这是不可能实现的愿望，因此也从未向任何出版社提议过。笛福还有许多长篇传记和纪实作品，也是很有翻译出版价值的，但由于年代的久远，也由于现代社会迅疾的节奏，今天的读者是不会感兴趣和有闲暇阅读这类作品的。

　　朱含汐：您翻译的几部名气较大的文学作品，如《鲁滨孙漂流记》和《摩尔·弗兰德斯》都不是首译。很多译者会排斥名著复译，会担心翻译得不如前人，销量不佳，被质疑雷同等情况，但您似乎并不介意这一点。您当时同意复译名著时有没有犹豫，是如何考虑的呢？在翻译过程中，您有想过如何让自己的译本在众多译本中脱颖而出吗？会有意突出自己的独特性或者翻译风格吗？

郭建中：我复译或说重译《鲁滨孙漂流记》时，在第一版译序中明确说明："重译文学名著，有其有利的一面，也有其不利的一面。有利的是有前人的译本可参照，在理解和表达上，均可有所借鉴；不利的是前人恰到好处的译文难以改进。若为显示与前人不同而硬作新译，则反而会弄巧成拙；若沿用前人译文，又有抄袭之嫌。重译者就处于这种进退维谷的境地。就这一点而言，不利甚于有利。但重译文学名著是时代的需要。理由有二：一是译入语的语言在发展。所以，学界一般认为，文学名著一般间隔十年至二十年应该重译一次，以使语言更具现代感，更通俗易懂，适合当代读者阅读。二是随着时间的流逝，对原作和原作者的研究，出现了进一步的深入的理解，对原作语言的研究也不断产生新的成果。这些新的理解和成果，应反映到新的译作之中。因此，复译本应纠正前译本中疏漏和误译的地方。"

由于我重译前做了这些思想上和材料上的准备，我相信在语言现代化和对原作内容和风格的理解方面，我可以比前人做得更好一些。但我在第一版译序中也指出："作为重译者，纠正前译本中的一些误译，并不一定说明重译者比前译者高明多少。因为随着时代的前进，不论对英语语言本身的研究，还是对有关作者和作品的研究，都进一步深入了。在这方面，重译者处于比前辈更有利的位置。他有更多、更完善的工具书和参考书可以查阅。因此，重译者的任务除了使语言现代化之外，还要利用前辈和当代学者的研究成果，改善前译本。这也就是为什么文学名著在不同时代均需要不断重译，才能日趋完美。"

另外，我研读过大部分前人的有影响的译本，我认为，我可以译出与前人不同的译本，且可以译得更简洁流畅、通俗易懂，重现笛福原著的平铺直叙的叙事风格，以及简洁有力、通俗易懂的语言风格，而这也正是我自己一贯追求的翻译风格——叙事流畅、译文通顺而又通俗易懂。因此，我的译作出版后，深受出版界和学界的好评，也深受读者大众的欢迎；自1996年初版至今，其间经过三次修订，每年多次重印。

朱含汐：您的翻译观十分明确，即在忠实于原文意思的前提下，译文必须通顺易懂。您常说，"不通顺的译文不可能是忠实的译文"。我有一个疑问，您所说的"忠实"的对象是什么呢，是意义忠实还是审美忠实呢？

郭建中：我认为首先要忠实于原文的意义，其次要忠实于原文的风格。这个风格，也可以说是原文的审美意义。小说风格可刚健、可柔婉、可平直、可奇特……语言风格可精炼、可迅疾、可滞婉、可明快、可含蓄、可质朴……在小说翻译中，一般意义是第一位的，风格是第二位的。这一点，不论是语言学派的翻译家和翻译理论家，还是文艺学派的翻译家和翻译理论家，都是这样认为的。在忠于原作意义和内容的基础上，译作应该尽可能体现原作的风格，做到既忠于原作的意义，也忠于原作的风格（审美意义）。

朱含汐：在文学翻译中，原作经常是"难懂的""不通顺的"，这也正是文学作品的文学性所在，所以很多译者主张对原文"亦步亦趋"地翻译。如果翻译时，有意调整原文以求通顺，是否会导致对原作艺术性的不忠呢？您如何看待"创造性叛逆和忠实的关系"呢？

郭建中：我对所谓文学性是"难懂的""不通顺的"，颇有不同的看法。有些作品，确实是很"难懂的"：语言表达艰涩，即不流畅，且内容隐晦不易理解，如《尤利西斯》。连著名翻译家董乐山都感叹说："译作看不懂，原著也看不懂。"我认为，这样的作品是作者写给自己看的，是自我欣赏的东西。现代派的评论家把这些作品吹得天花乱坠，我怀疑他们是否真正读懂了作者的意图。当然，我这么说只是我一家之言，不足道哉！但语言表达艰涩或晦涩，不等于不通顺，那只是一种语言风格而已。

我想强调的是，真正的艺术作品，借用王国维评论词的话来说，应该是"不隔"的。他说："凡是能直接给人一种鲜明、生动、真切感受的则为'不隔'，所谓'语语都在目前，便是不隔'，也就是'其言情也必沁人心脾，其写景也必豁人耳目。其辞脱口而出，无矫揉妆束之态'。反之，若在创作时感情虚浮矫饰，遣词过于做作……以致或强或弱地破坏了作品的意象的真切性，这就难免使读者欣赏时犹如雾里看花，产生了'隔'或'稍隔'的感觉。"这是从读者审美感受方面来说的。

这个"不隔"的理论，也适用于翻译。译文也不应该给人"隔"的感觉，也应该"直接给人一种鲜明、生动、真切的感受"，应该"语语都在目前。……其辞脱口而出，无矫揉妆束之态。"要做到这一点，我们必须"译意"，必须"重写"。汉英两种语言分别属于不同的语系：汉语属汉藏语系，英语属印欧语系，在文化、语言、历史、生活方式、社会风俗和习惯，以及政治、经济、权力、意识形态等方面，都存在着巨大的差异。英译汉或汉译英都是跨语系翻译。因此，在英汉/汉英翻译过程中，必须在语言、文化等方面进行转换，才能使译文通顺易懂。

我曾应邀在《上海翻译》编辑部 2005 年举办的暑期翻译研习班上授课，做了"汉英/英汉翻译：理念与方法"的报告；后在此基础上修改后发表在《上海翻译》2005 年第 4 期和 2006 年第 1 期上。我在这篇文章中试图对汉英、英汉翻译的实践做出理论上的解释，并提出了汉英、英汉翻译中意义和形式转换的五个理念和方法。1）词语的翻译：译意；2）短语的翻译：替代；3）句子的翻译：重构；4）段落的翻译：重组；5）篇章的翻译：重写。这五个理念和方法，总结起来说，就是"译意"（translating meaning）和"重写"（re-writing）或"重新表达"（re-expression）。我相信，如能运用这五种翻译方法，至少能使自己的译文逐步接近"通顺易懂"的标准。随着自己翻译水平的提高，也许有一天能翻译出"创造性的作品"。

至于"很多译者主张对原文亦步亦趋地翻译"，那也是一种翻译方法。傅雷曾经说过："照字直译，也可以视为一种翻译技巧，或翻译窍门；但是妙语原文离形得似，技巧上要求就更高。"而认为对原文"亦步亦趋"地翻译，能重现原文的风格，对跨语系语言之间的翻译，那更是一种误解。卡特福德关于以"词"为翻译单位的理论，以及伯顿·拉夫尔谈到散文翻译艺术时所主张的"散文翻译只有尽可能重现原作的句法结构，才能重现原作的风格"的理论，都是在同一语系的语言之间的翻译得出的结论，如英法/法英、英德/德英、或法德/德法之间的翻译，并不完全适用于跨语系之间的汉英/英汉翻译实践。因为是同一语系，在词汇、句法和历史文化传统等方面，都有不少相同或相通之处，在不少情况下，"亦步亦趋"的翻译是可能的。但是，即使在同一语系的语言之间进行翻译，大部分情况下还是需要"译意"和"重写"或"重新表达"的。就拿泰特勒的翻译理论来说，他的翻译三原则其中的一条，就讲到，译作要像原创作品一样流畅。要达到这一目标，不"译意"和"重写"（或曰"重新表达"）是不可能的。只有"译意"和"重写"（或曰"重新表达"），译作才能达到像原创作品一样，才能真正重现原作的"风格"。我们翻译应在总体的"风格"的层面上重现原作的风格，而不是在句法的层面上，"亦步亦趋"地模仿原作的句法，反而会破坏原作的风格。

当然，话得说回来，即使是跨语系的语言之间，在词语表达上和句法结构上，也会有相似甚至相同之处，那就会给译者模仿的良机，何乐而不为呢？再则，语言是发展的。以各个时代的畅销小说所使用的英语为例，18世纪笛福作品中的英语、19世纪柯南·道尔作品中的英语、20世纪阿加莎·克里斯蒂作品中的英语，以及当代丹·布朗作品中的英语，我阅读后就发觉有很大的区别。以句法结构变化为例，句子由长而复杂的结构（从句套从句）变得越来越短，结构也越来越简单（很少出现从句套从句），连接词也用得越来越少了。有的语言学家说，英语正越来越向汉语靠近——多用短句和意合句法；同时，汉语也在变化，句子变得越来越长了，连接词也用得多了。英汉两种语言似乎在互相靠近，这给当代的译者提供了更多相互模仿的机会，使他们有更大的可能去模仿原作的句法，重现原作的风格。但是，英语和汉语的基本特征没有大变，如汉语的流水句结构和意合句法，英语的树形枝杈结构和形合句法。所以，在英汉/汉英互译时，要使译文通顺地道，合乎译入语的习惯用法，词语的译意和句型结构的转换，往往还是基本的、必要的。

至于"创造性叛逆和忠实的关系"，我认为，翻译本来就是"叛逆"，即意大利谚语所谓的"Traduttore, traditore."（英文为"Translator is a traitor."）因此，创造性翻译，毫无疑问，就是"创造性叛逆"。其实，"叛逆"本身，就是创造性的！中外翻译家和翻译理论家均认为"翻译，尤其是文学翻译，是一门艺术"。这一点不需要我在这里再做什么论证。

凡是艺术，就必须有创造性。也就是说，创造性是艺术之真谛！因此，翻译有"再创作"或"二度创作"之说。综合中西方翻译家和翻译理论家的阐述，创造性翻译的标准，就是译者应把文学翻译提高到艺术创作的高度，把翻译作品提高到文学作品的水平。创造性翻译的方法是"译意"和"重写"，或如法国释意学派所说的"重新表达"。只有通过"译意"和"重写"，译文才能达到"原文作者用译语创作"这一标准。

二、科幻小说翻译的名与实

朱含汐：您在《翻译：理论、实践与教学》中提到，您的业余爱好是"科普与科幻的翻译和研究"，并将它视作 side interest。在我看来，您的小小爱好早已发展成您和中国翻译界的代表性成果。您编写的《科普与科幻翻译：理论、技巧与实践》是国内目前唯一一部系统阐述科幻小说翻译理论与实践的学术专著，国内也有很多翻译学者用您的理论去研究科幻小说的翻译。那么，关于科幻小说的翻译和研究我有几个问题。我认为您是"兴趣驱动型"学者，请问您是什么时候对科幻小说产生兴趣的？是因为读过某部作品而成为"科幻迷"的吗？

郭建中：您说得不错，我的翻译或研究大都是"兴趣驱动"的。我不记得我读的第一本科幻小说是什么，但我在读初中时，就开始接触苏联科幻小说。大学攻读英语时，老师布置的课外读物中，就有玛丽·雪莱的《弗兰肯斯坦》。从此，我便一直对科幻小说很感兴趣，并成了一个"科幻迷"。20世纪70年代末和80年代初，我试着翻译一些科幻小说。一次偶然的机会，我应詹姆斯·冈恩教授的邀请，参加他每年夏季在堪萨斯大学主办的"科幻小说讲习班"，教材就是他的四卷（当时还只出版了四卷）《科幻之路》（*The Road to Science Fiction*）。这是我正式系统研究和翻译科幻小说的开始。当我俩决定把这部作品翻译成中文出版时，冈恩教授已经在准备出版五、六两卷了。他把这两卷的打印稿寄给了我，并为中文版写了序言。

朱含汐：新中国成立以来，科幻小说在中国几起几落。您从事科幻小说翻译时，国内读者对科幻小说的热情远不如现在高涨。您是如何有勇气与美国科幻大师詹姆斯·冈恩联袂推出《科幻之路》这丛书的？准备过程中有没有担心它会在中国爆冷？

郭建中：如您所说，科幻小说在中国几起几落。但我对科幻小说必然会在中国兴起充满了信心，尤其是在参加了冈恩教授的"科幻小说讲习班"之后，我对西方科幻小说发展的历史及其在我国发展的前途，有了更理性的认识。

纵观西方科幻小说发展史，可以看到，科幻小说是随着科学技术的发展而兴盛的；同时，它也反过来推动了科技的发展。这两者的关系是互动的。科幻小说这一文学样式起源于 18 世纪下半叶的欧洲。工业革命孕育了法国的凡尔纳和英国的威尔斯两位伟大的科幻小说先驱。至 20 世纪，工业革命的重点转移到新大陆，促进了新大陆科幻小说的兴旺，并反过来进一步推动了新大陆科学技术的迅猛发展。

我国要成为世界科技强国，发展科学技术是必由之路，科幻小说也必然会随之兴旺，这是不言而喻的！我和冈恩教授准备翻译出版他的六大卷《科幻之路》之时，正是改革开放初期，中国"科幻小说热"正处于酝酿期。因此，当时我并没有担心它会在中国爆冷。后来证明，它不仅没有爆冷，反而"爆热"。再后来，北大出版社重印了这部六卷本的《科幻之路》，可见其受读者欢迎的程度。今天，中国科幻小说已经走向世界，这是我预见到的，但我没有预见到会这么快，真是令人欣慰！

朱含汐：您一直呼吁译介国外科幻小说，以振兴民族想象力，认为科幻小说是中国青少年成长的重要的精神养料。如今，随着网络小说等新兴文学形式的发展，出现了很多贴着"科幻小说"标签的文学作品，这类作品"科学"的部分越来越少，"虚构"的内容越来越多，您是如何看待这一现象的？您认为真正的科幻小说应该具备怎样的特质？是否"只要含有科学或科技元素"的小说都可称为科幻小说呢？

郭建中：首先，我要为"科幻小说"这一译名正名。因为"科幻小说"很容易引起误解，让人以为这是一种"幻想小说"，因而也在一定程度上妨碍了这一文学样式在我国的发展。这一文学样式的英语名称是

"science fiction"，翻译成汉语应该是"科学小说"。1949 年以前，鲁迅、老舍、茅盾等作家和翻译家，都用"科学小说"这一译名，来指我们现在所说的"科幻小说"。但是，新中国成立之初，我国引进和翻译了大量的苏联科学小说。而在俄文中，这一文学样式被称为"科幻小说"。在译介苏联"科学小说"的同时，也把"科幻小说"这一译名介绍进来了，代替了"科学小说"，并因此沿用下来了。

鲁迅先生视翻译科学小说为"改良思想，补助文明"之大业。他还指出当时翻译界的不良倾向："科学小说乃如麟角。智识荒隘此实一端。故苟欲弥今日译界之缺点，导中国人群以进行，必自科学小说始。"其翻译目的是让读者"获一般之智识，破遗传之迷信，改良思想，补助文明"。在鲁迅先生的翻译生涯中，科幻、科普翻译占有举足轻重的地位。尽管科幻小说并不直接承担普及科学知识的任务，但阅读科幻小说，能启迪青少年的智慧，丰富他们的想象力，引起他们对科学的兴趣和探索欲。许多中外有识之士，都大力提倡青少年阅读科幻小说，除了阿西莫夫，还有著名英籍华裔女作家韩素音（Elisabeth Comber）、主持编写《中国科学技术发展史》七大卷的世界著名科技史学家李约瑟（Joseph Needham）博士、著名物理学家杨振宁……这也就是我大力翻译介绍国外科幻小说的原因。

至于您提到的问题，这得从科幻小说的特质、科幻小说的定义说起。尽管科幻小说的定义不下数十个，但我认为，冈恩教授下的定义较为切合这一文学样式的特性。他说，科幻小说是在现实科学的基础上，推测未来科学发展的小说。优秀的科幻小说具有相当的科学性，优秀的科幻作家往往能在现实科学水平的基础上，预示科学技术的发展趋向及其对人类社会的作用和影响。凡尔纳严谨的科学幻想，预示了近代科学技术发展的道路。现代的不少发明创造，都受到了科幻小说的启发和影响。原子弹、氢弹、宇航、激光、太阳帆船、天梯、海底石油的开采、视频技术等都得益于科幻小说家、科幻作品的启发。阿西莫夫的小说中早就描写过两人通过视频对弈的情景。

当然，现代科幻小说的内容已不再局限于科学技术发展和各种"新玩意儿"的发明，它还涉及广泛的社会问题：人口爆炸、能源危机、生态危机、环境污染、气候变化、核战争，乃至星球大战等。这些问题正威胁着全人类，地球的未来并不乐观。科幻小说在这方面提出了最具震慑力的警告，同时也预示了人类在由此而引起的心理、政治、社会、经济和伦理道德等问题上将遇到的挑战。这样的小说都是优秀的科幻小说，具备了科幻小说基本的特征。

必须提到的一点是，科幻小说往往以我们人类赖以生存的星球——地球和整个宇宙为小说的背景，以地球与宇宙的关系和全人类的命运为小说主题，场景广阔，规模恢宏！如《三体》和《流浪地球》就是这样优秀的科幻小说。至于那些不怎么好的科幻小说，自然会被淘汰。毕竟，我们要相信读者的鉴赏力！

朱含汐：在科幻小说的翻译和创作领域，美籍华裔刘宇昆（Ken Liu）似乎遥遥领先。不知您是否读过刘宇昆的译文，您是如何评价的？"作家兼译者"和"美籍华裔"的身份在翻译科幻小说时是否更具优势？《三体》和《北京折叠》能够获得雨果奖是否为译者的功劳？中国科幻小说"走出去"更多的是靠故事本身的文学性还是翻译的加持？

郭建中：科幻作家兼翻译家，这是非常理想的！而"美籍华裔"的科幻作家来翻译中国的科幻作品，更是得天独厚！他们具备专业和语言两方面的优势，其译作必定上乘！可惜，我没有读过《三体》的英译文。至于中国科幻小说"走出去"更多的是靠故事本身的文学性还是翻译的加持，我认为，两者都重要。好的文学作品没有好的翻译，是不可能"走出去"的！莫言获得诺贝尔文学奖，就是一个很好的证明。有像刘宇昆这样的科幻作家兼翻译家是幸运的！

朱含汐：现在许多高校的翻译专业都强调"跨学科"的培养模式，不仅包括文史哲打通，更包括文理跨界。您深耕于科幻小说的翻译，而科幻小说正是介于文学翻译和科学翻译之间的。您是否支持这种培养模式？翻译学者应该"专"还是"广"？能否结合您的翻译经历谈一谈。

郭建中：我非常赞成高校翻译专业强调"跨学科"培养模式。我在《科普与科幻翻译：理论、技巧与实践》中也强调，翻译科普作品和科幻小说的译者必须具备的条件包括：1）有良好的英语修养；2）懂得翻译的基本原则和技巧；3）有良好的汉语写作能力；4）能懂一点科学知识，尤其是要比较熟悉自己所翻译的有关学科；5）有一定的文学修养；6）有对科学的兴趣和对科普著作的兴趣。译者在科学知识方面不一定要专，但最好要广一点，即要"know something of everything"。我在书中就上述每一点都举了实例说明。在第三章中，我做了一个综合性的案例分析：评《时间简史》的译文。因为霍金的《时间简史》是由他的弟子翻译的，专业知识应该是不成问题的，译作的问题大多出在译者的英语修养上。书中我有详细的评论，并改译了一些篇章和句子。有些错误源自对英语的理解，有些问题源自不懂翻译。即使有很好的英语修养，不懂翻译照样是译不好的。

理解英语是不容易的。这里的理解，不仅指对英语的词汇、短语、句子，乃至段落、篇章的理解能力，还指译者对英语要有敏感性和悟性，也就是我们常说的对英语的语感。这种语感不是一夜之间就能培养起来的，而是靠长期的阅读和使用养成的。

文学翻译琐谈

——沈念驹访谈录

方莞琦　沈念驹

受访者简介：沈念驹（1940— ），浙江德清人。毕业于原杭州大学外语系俄语专业，曾任浙江文艺出版社副总编、编审。翻译出版了普希金、屠格涅夫、高尔基、帕乌斯托夫斯基、契诃夫、蒲宁、彼得鲁舍夫斯卡娅等著名作家的小说、诗歌等作品，以及比安基、日特科夫、格林、爱德华、欧尼科夫等儿童文学作家的作品及伊林的科普儿童文学作品。主编了"外国文学名著精品丛书""外国著名诗人诗全集书系""世界戏剧经典全集"等大型丛书及其他众多外国文学名著，以及《普希金全集》（浙江文艺出版社，2012 等）、《果戈理全集》（河北教育出版社，2002）等。2010 年，获中国翻译协会"资深翻译家"荣誉称号。

访谈者简介：方莞琦，浙江大学外国语学院硕士研究生，研究方向为俄语翻译理论与实践。

本次访谈时间为 2022 年 6 月 22 日，地点为杭州沈念驹老师家中，形式为面对面的半结构性访谈，访谈时长约 2 小时。访谈主要围绕译者经历、翻译实践、翻译策略等主题展开。

方莞琦：沈老师您好，很荣幸有机会对您进行采访。您大学所学专业就是俄语，在毕业之后从事过中学教师和出版社副总编等工作，那么请问您是如何开始文学翻译事业的呢？

沈念驹：我尝试文学翻译是在 20 世纪 70 年代中期。1963 年秋，大学毕业后的我被分配到杭州二中任教。然而，几年之后受大中小学停课，以及中苏关系的影响，俄语作为一门课程，在浙江省中学界寿终正寝，我便教起了英语，如此一教就是十几年。在那个特殊年代，没有学生愿意认真学习，这样的工作实在令人觉得无味。我在大学时学俄语是花了一点苦功的，自认为学得还可以。我不愿意也不甘心让自己的专业就此荒疏了，总得做点事，让自己经常接触俄文。于是，我开始在业余时间翻译俄苏文学作品，最先着手的是屠格涅夫的中篇小说《春潮》（*Вешние Воды*）。当然，日常的教学工作不能因此而耽误，翻译只能在晨昏的间隙和休息日进行，熬夜更是家常便饭。堪称翻译"处女作"的《春潮》就在这样的条件下断断续续完成的。恩师冯昭玙先生得知我翻译了《春潮》，要我把书稿拿去，热情地为我对照原文逐字逐句校订。此恩没齿难忘。但是受到特殊时期的限制，我的这部处女作出版无门，只能束之高阁，直到 1994 年才被河北教育出版社收入"世界文豪书系"中的《屠格涅夫全集》，此是后话了。

《春潮》的完成并非我翻译工作的结束。1976 年左右，我又着手《比安基小说选》的翻译，后来于 1982 年由浙江人民出版社以《阿尔沙克的秘密——比扬基小说选》为书名出版。这才是我平生出版的第一部译作。我也因此在出书的前一年被调入该出版社当编辑，从此在编辑工作之余陆陆续续翻译了一些作品。2001 年退休之后，我便完全摆脱了日常编务的羁绊，时间上完全自由了，翻译的东西也多了起来。

方莞琦：我们了解到您并不是专职从事翻译的，那么您所从事过的职业，尤其是浙江文艺出版社外国文学编辑室编审这一工作对您自身的文学翻译事业产生了怎样的影响呢？

沈念驹：编辑工作十分细致，也十分琐碎，耗费的时间和精力都是相当多的，所以编辑工作者能自己从事写作和翻译的时间是极其有限的。不过编辑书稿的过程对我自己的译事还是有促进的。首先，在这个过程中接触的大量书稿，包含了不同时代、国别和语种的外国文学作品，大大拓宽了我的眼界和知识面，不同译风和技巧的译文使我在书稿加工过程中学到了许多新东西，并借鉴到自己的译事之中。其次，我在工作中结交了许多外国文学教学、研究和翻译界的人士，不少人成为我的至交挚友，对我来说，他们亦师亦友。他们为我的编辑出版和翻译工作提供了许多帮助，无论是选题的开拓决策、译者的选择，还是我在译事中遇到的疑难、原著的寻找，他们都热情相助。我的有些译作是在他们的促进或推荐下做成的。比如，发表在《苏联文学》期刊上的俄罗斯作家蒲宁的《鸟影》（Тень Птицы），就是时任该刊编辑的翻译家郑海凌向我约的稿。他既是我们社的译者，又是我的朋友，后来成为北师大教授、翻译学博士生导师。多年以后，人民文学出版社找他翻译帕乌斯托夫斯基的作品集，他当时手头的工作放不下，便向他们推荐了我；同样，湖南少儿社向他组稿俄罗斯作家亚历山大·格林的《红帆》（Алые Паруса）时，他也向他们推荐了我来翻译。所以编辑工作与自己的译事尽管在时间上会有冲突，总的来说还是相辅相成的。

方莞琦：对于许多读者来说，俄罗斯文学作品阅读起来是很吃力的，阅读原著的难度更是可想而知，请问您在翻译俄罗斯文学作品的过程中遇到过哪些困难，又是怎样克服的呢？

沈念驹：翻译中的难点既不是冷僻的单词，这可以通过查阅工具书，或向有关行家或以该语种为母语的人请教来解决；也不是结构复杂的长句，这可以在弄清楚长句中各个部分的关系以后慢慢地抽丝剥茧，把句子各部分的意思传达出来。难的是在不同的文化背景下，原文中某些特有的文化现象在译文中找不到对应的现象。这时候要准确无误地在译文中将其转达出来是很困难甚至不可能的。

比如说双关，原文中某一词与另一词发音相同或相近，作者在使用该词的时候巧妙地连带了与其发音一致的另一个词的意思，起到了双关的修辞效果。我在高莽先生翻译的契诃夫小说《药内奇》(*Ионыч*)中看到一句俏皮话："Я иду по ковру，ты идёжь，пока врёжь."这句话直译出来是："我在地毯上走，你在说谎的时候走。"如果就这样翻译出来，中国读者肯定丝毫感觉不到俏皮话的味道，甚至不知所云。原文中"по ковру"（在地毯上）与"пока вру"（在撒谎的时候）发音一致，因此和后半句对应起来便成为一句俏皮话。中文里要把这层双关的意思表达出来是很难的。高莽先生不愧为翻译大家，又是俄语通，在译文里比较巧妙地做了一定的传达："我走路踩地毯，你走路瞎扯淡。"译文虽然无法把原文俏皮话的意味完全传达出来，但至少做成了顺口溜的形式，一定程度上带有了俏皮的味道。

再一个难点是译者的知识准备不足，够不上原著涉及的知识面。我自己在翻译实践中就遇到过这样的问题。我认为我的困难不是自己掌握俄语词汇量的多少，也不是遇到的句子结构多么复杂，而是自己的知识水平达不到原作者的高度，对原作涉及的知识，诸如历史、地理、政治、经济、文化背景、风土人情等，自己有许多欠缺。举例来说。蒲宁的《鸟影》是一部游记式的小说，叙述了作者从敖德萨出发，经过黑海、博斯普鲁斯海峡到达土耳其伊斯坦布尔，再经地中海到希腊的旅行经历，涉及宗教、地理、历史、文化等多方面的众多知识。作为大家，蒲宁对目光所及的一切简直是如数家珍，信手拈来即为文章，但是对于我这个见闻极其有限的人来说，简直是遇到了一座难以逾越的大山。在翻译该作品的时候，我连国门都没有出过，知识上的欠缺可想而知，所以在阅读作品时，首先被里面提到的一些现在看来极其普通的地名、人名及文化历史背景难住了。既然受了朋友的托付，我只能硬着头皮上，翻阅各种资料和工具书，打掉一个个拦路虎。比如里面有一个地名叫"Скутарь"，在当时收录词汇量最多的商务印书馆版《俄汉大辞典》的外国地名附录里标注为阿尔巴尼亚的城市斯库台，但是手头要翻译的文章里说到的却是土耳其的地名，显然与阿尔巴尼亚的该地名无关，那我该怎么译呢？翻阅了自己手头的和能找到的所有地名工具书，最后在中国大百科全书出版社的《世界地名录》里通过将俄文的拼写转成拉丁字母的拼写，才查到系土耳其伊斯坦布尔市区某地的名称，译作"于斯屈达尔"，这就跟蒲宁作品里说到的地方相吻合了。等到所有拦路虎都被扫除干净，再动手翻译便十分顺利了。交稿以后，编辑部对译文质量做了肯定的评价。若干年以后，我与朋友们组团到埃及、土耳其游玩，到了蒲宁当年到过的地方，验证他文章里所说的内容，心想："如果现在让我来翻译《鸟影》，就没有当年捉襟见肘的狼狈相了。"可见相关知识储备有限对译者来说也是个难关。

方莞琦：那除了困难之外，在您的翻译过程中还发生过什么趣事或是让您印象深刻的事？可以和我们分享吗？

沈念驹：翻译工作从某种角度来看，是一个很辛苦甚至乏味的活儿。局外人往往不知其中的艰辛与乐趣。翻译家草婴先生在一次外国文学圈内的会上曾经调侃说："有人说有学问的人搞学术研究，有才华的人搞创作，只有既无学问又无才华的人才搞翻译，我就是这样的人，所以只能搞搞翻译。"他这句话并非故意自轻自贱，而是在回应社会上某些不了解实情又妄下结论的人对翻译工作的偏见。当一名译者将一部喜欢的外国文学作品，通过自己的努力转化成能与自己的同胞分享的形式并献给读者时，其喜悦的程度是难以言表的。这个转化的过程，需要译者做许多知识上的准备。翻译工作绝不是做"a+b=c"的代数式。其转化过程需要付出许多艰辛的劳动，也需要做符合译者母语表达习惯的再创造。说翻译工作不需要学问的人，其实是对它不了解的。相反，翻译工作者不仅需要有较高的外语和母语的修养，还需要掌握尽可能多的百科知识，和当编辑一样，翻译工作者也要努力使自己成为杂家，否则你会寸步难行。上面所举我翻译《鸟影》的例子就是一个明证。当你在翻译中解决了某个或某些疑难问题，你心中的那种如释重负的轻松和喜悦是局外人体会不到的。

我在翻译《森林报》时遇到一个植物名称"мать-и-мачеха"（字面意思是"亲娘和后娘"），辞典里对应的释义是"款冬"，译文中写上这两个字完全没有问题，但我想到了第一次接触这个单词时，莫斯科的一位农民摘下一片叶子让我体会：圆圆的大叶子正面是光滑的，贴到脸上感觉到有点凉意，另一面长满了短短的茸毛，贴到脸上有一股暖意。我立刻明白了这种植物被如此命名的原因。回到国内我就查辞典，知道它的中文名是款冬。为了让中国的小读者了解这种植物的俄语名称的有趣来历，我在翻译时特地加了一个脚注，以增加趣味性。

在翻译俄罗斯当红女作家彼得鲁舍夫斯卡娅的长篇小说《夜深时分》（Время-ночь）时，有一个情节是安娜说自己得老年痴呆症的母亲趾甲该剪剪了，长得跟魔鬼维似的。这里又有一个有关"维"的知识。"维"是乌克兰和俄罗斯民间传说中的鬼怪形象，在果戈理的小说集《密尔格拉得》中有一篇小说《维》（"Вий"），讲到了这个魔鬼的形象。由于自己读过该小说，熟悉有关内容，所以翻译时能顺利地通过加注为读者解惑。总之，作为一名翻译工作者，知识的积累是无止境的。积累得越多，工作起来拦路虎越少。

方莞琦：在您的众多译作中，《大自然里的故事：洞穴里的狼》《阿尔沙克的秘密》《比安基动物小说》等苏联儿童文学作品显得别具一格。请问您选择翻译这类文学作品的原因是什么呢？

沈念驹：我正式出版的第一部译作就是以《阿尔沙克的秘密》为书名的比安基小说选。之所以选择它来翻译，与我自己的兴趣和少年时代的记忆有关。我从小学高年级到中学毕业，一直对自然科学有着浓烈的兴趣。尤其在中学阶段，多门功课里我最感兴趣也学得比较轻松的就是数理化和外语。初中时学的动物学和植物学也是我非常喜欢的两门课。一次语文课上，我学到一篇课文《大森林的主人》，讲的是作者跟随一位老猎人到森林里打猎的经历，这个故事令我对大森林里的生活无比向往，也长久地留在我的记忆里。我们初中和高中阶段曾多次到山间露营，那种经历至今回忆起来还是甜美而激动人心的。俄文版《比安基小说选》是 1963 年我在一次逛外文书店时发现的，其内容立刻吸引了我的注意，当即买下。我在译完《春潮》后着手译比安基的小说，一则是手头有书，二则是自己被里面的故事吸引。我走上翻译这条路，除了因为在当时的环境下想避免专业的荒疏，还由于内心有一种冲动，想与不懂俄文的国人分享书里如此优美的故事。由于上述原因，我对儿童读物以及科普读物有着与成人的文学作品一样的兴趣。这就是我屡屡接受儿童文学和科普作品翻译约稿的原因。

方莞琦：19 世纪俄国著名作家果戈里曾说："理想的译者应该成为一块玻璃，透明得让读者感觉不到它的存在。"您赞同这个观点吗？您认为译者的角色和立场应该是怎样的？

沈念驹：这涉及译作水平的问题。果戈理的话道出了对译文的最理想要求。确实，一部优秀的译作，应该让读者感觉不到它是通过翻译的二手作品，其阅读时的感觉应与阅读原著是一样的。当然这是一个非常高的要求，要使译作与原著几乎难分伯仲，是非常困难的。这里除了译者本人的学养外，由于原文和译文两种语言的文化背景的差异，也是难以达到如此境界的原因（有些东西是无法翻译的）。不过任何一位严肃而优秀的译者，总在努力地向这个高峰攀登。

方莞琦：您对俄罗斯文学涉猎十分广泛，译作包含了普希金、果戈里、屠格涅夫、契诃夫、高尔基、蒲宁、帕乌斯托夫斯基等一众著名作家的作品，这些作家来自不同的时代背景，拥有鲜明的个人创作风格，请问您在具体的翻译实践中是如何把握这些区别的呢？您认为译者的风格应该随着翻译作品风格的变化而变化，还是应该保持自己的特点呢？可以结合具体译作进行说明吗？

沈念驹：这同样是一个对译者高标准的要求。我们的译者，有的专攻某一外国作家的作品，久而久之，他慢慢地熟悉并领略了该作家的风格与神韵，努力在这方面探索尝试，使自己的译作逐渐向原著靠拢，虽不能说他已经达到了原作风格的境界，至少形成了能够较好传递原著风格与神韵的译风。我们的前辈翻译家如傅雷、草婴、力冈等，都为我们这些后学树立了榜样。至于我自己，离这个境界还有相当大的差距，这也是我要不断努力的方向。

我确实接触了多位作家的作品，感受到了他们各自独特的风格。在我翻译过的作家作品里，有几位的作品翻译难度是比较大的，如帕乌斯托夫斯基，著名的文体家，辞藻华丽，重于情感的渲染；儿童文学作家格林，他的作品富于浪漫主义色彩；彼得罗舍夫斯卡娅，她的作品现代派的表现手法明显，叙事时空交错，真实场景与意识流交错，等等。我不敢说自己已经很好地传达了他们各自的风格，但至少能让读者多少感受到他们的表现风格不同于一般的地方。比如，在翻译完格林的《红帆》后，我的家人作为最先的读者，在阅读完译稿时说了一句："这部作品的语言和风格很特别，很难翻译的。"可见他们对此有所感受。具体地说，我的译作究竟是千篇一律地用中文照搬俄文的字句，还是动过一定脑筋，在传达原著风格方面做了一些努力，还是让读者去评价吧。

方莞琦：语料库研究结果显示，您的译本（如契诃夫《第六病室》）和其他几位著名翻译家的译本相比，句子数量与原文本句子数量最为接近，且平均句长较长，这是否说明您在翻译的时候更加注重与原文形式上的一致？您在翻译过程中更加倾向于直译还是意译呢？

沈念驹：直译和意译是翻译界争论已久的问题，双方各执一词，各有理由。我认为不能绝对地认为哪一种正确哪一种不可取，要具体情况具体分析。从总体上说，翻译还是有标准的，这便是前辈学者严复主张的"信达雅"，长久以来为译界所认同。三者中"信"，即忠实于原文是最基本的，脱离了对原文语义的忠实，传递给译文读者的就是错误信息，翻译的本意就失去了。"达"是明白无误，不会产生歧义的表达，唯有如此，读者才能读懂译文的意思。"雅"则是高一层的要求了，译文必须有文采，给人以阅读的愉悦感。从"信达雅"的标准来衡量，直译至少做到了忠实于原文，把原著要说的话一句不少地交给了译文读者，同时把原著里的形象，正确地再现于读者面前。有些译者在翻译时就易避难，遇到原著里的难句、长句跳过不译，自己不认识或查不到的单词、词组或跳过不译，或随意用想当然的单词或词组替代，这就严重违背了"信"这个标准。因此，我在翻译实践中，努力做老实人，绝不偷巧，但凡原文里有的字句一定照译不误。感谢有心人将我的译文与原文对照研究。

至于译文与原文句长的比较，我倒并不追求两者机械的对应，一般说，为了便于读者阅读理解，尽量在忠于原文的前提下使译文的句子避免冗长拗口，将原文的长句在译文里拆成符合汉语表达习惯的短句，以免语言的艰涩不畅。为了译文便于读者阅读理解，并且更符合中国人的语言习惯，有时译文中的字句不一定要死扣原文，只要不歪曲并减损原文语义即可，允许灵活处理个别字句，这就是意译要掌握的尺度。

我在阅读美国原克莱斯勒汽车公司总裁艾柯卡（Lee Iacocca）自传的译稿时，发现译者原杭师院首任院长黄怀仁先生对一个句子的处理非常高明，原文是"In a disposable society like ours there are no real heroes. Nobody lasts very long." 此句直译就是："在我们这样一个可以随意处置的社会里没有真正的英雄。没有人能延续很久。"可以随意处置的社会（disposable society）是什么样的社会……真正的含义不清楚。黄先生把它做了灵活处理，加了几个词，却把原文的语义正确完整地转达出来了："在我们这样的社会里，用得着的时候可以召之即来，用不着的时候，可以挥之即去，不存在真正的英雄。"第二句里的一个关键词是 lasts，这是个动词，表示延续的意思，如果照上面所举的直译法，应该说没有错，意思也明白，但没有把作者真正的意思说透，所以他改为"不存在真正的英雄"。可见意译有时候也是需要的。

方莞琦： 在您数十余年的翻译生涯中，您的翻译思想和翻译策略发生过变化吗？如果有，是怎样的契机使得其发生了转变？

沈念驹： 我没有考虑过这个问题。我在翻译实践中始终努力遵循"信达雅"的原则，把译文呈献给读者。做自己力所能及的事，坚持不要欺骗读者。

方莞琦：您不仅从事翻译工作，还主编出版了许多外国文学名著，可谓阅读过不计其数的外国文学译作。那么以您的经验看来，一部优秀的译作应该具备哪些特点呢？

沈念驹：我认为一部优秀的译作应该具备三个特点：第一，忠于原著，完整而忠实地把原著所有的信息传递给译文读者；第二，语言明白晓畅，不使读者有佶屈聱牙的感觉；第三，较好地传达原著的风格与神韵。第三点做到最不容易。

方莞琦：最后想问您的是，作为一名资深的翻译家，您对未来有志于从事文学翻译，尤其是俄罗斯文学翻译的青年译者有着怎样的忠告和期许呢？

沈念驹：为了把一部外文作品比较好地呈献给译文读者，翻译工作者必须具备两个基本条件。第一，敬业，把对读者负责作为自己的出发点。翻译的目的是与不懂外文的读者分享用外文撰写的作品，所以译者必须老老实实把原著的所有信息奉献出来，不得随意篡改、删减，更不能避难就易，跳过自己没有弄明白或不认识的词语和句子。对于自己不熟悉而原文里出现的文化现象，必须自己弄明白以后才下笔，不可打马虎眼。第二，为了胜任翻译工作，译者在知识上要有较充分的准备。关于这一点，我曾专门写过一篇文章《有关外国文学翻译与编辑业务素养的浅见》，被收入"翻译家谈翻译丛书"的"俄语文学卷"。归纳起来，我认为要当一名合格的翻译工作者，在业务上必须从以下几方面做好准备：除了较深厚的外文功底，还必须有较深厚的汉语言文学的功底；译者本人应该有较高的文学修养，他应该阅读过相当数量的古今中外文学名著，有些名篇甚至能背诵，烂熟于胸，从而使自己具有一定文采和文学鉴赏力；要受过较好的外国文学熏陶，了解东西方文学发展的概貌，了解各国别、各语种文学发展的脉络，了解和熟悉相当数量的外国文学经典名著；具有丰富的国情学知识，即掌握一个国家或地域的政治、经济、历史、地理、文化（包括文学和艺术）、掌故、风土人情等多方面的知识；具有丰富的见闻和百科知识；拥有并熟悉尽可能多的工具书，以便必要时查阅。

方莞琦：感谢您中肯的建议，也感谢您接受我的访谈！

翻译是一种精神享受

——唐珍访谈录

吴水燕　唐　珍

受访者简介： 唐珍（1945—　），毕业于北京大学西语系法语专业。浙江大学外国语学院教授、中国外国文学学会法国文学研究会会员、法国福楼拜与莫泊桑友协会会员。曾从事法语语言及文学教学，目前致力于法国人文社科类翻译与研究。译有《一生》（浙江文艺出版社，2000）、《苦儿流浪记》（光明日报出版社，2007）、《时光的旅人》（同济大学出版社，2011）、《小王子》（商务印书馆，2014）、《极限体验与书写》（华东师范大学出版社，2015）、《永恒的孩子》（人民文学出版社，2015）、《蜜月旅行》（人民文学出版社，2016）、《乡愁》（华东师范大学出版社，2018）等。在《世界文学》《外国文学》《外国文艺》等刊物发表译作和研究论文多篇。

访谈者简介：吴水燕，浙江大学外国语学院博士研究生，研究方向为当代法国文学。

本次访谈时间为 2022 年 5 月 12 日，地点为浙江大学西溪校区。在访谈中，唐珍老师回顾了自己 40 年来的翻译实践，分享了她对于法国文学复译、翻译过程和翻译原则的体验和感悟，评介了索莱尔斯和福雷斯特等法国当代作家及其作品，对于了解文学翻译和法国文学颇具借鉴意义。

吴水燕：唐老师好，非常感谢您接受这次采访。我想首先请您谈一谈您的法语学习和翻译经历。

唐珍：谢谢你。我也正好借这个机会，把我过去四十年来的翻译体会做一个小结。我是从 1961 年高一开始学习法语的。小学在北京书摊上租小人书（连环画）阅读，让我初步接触了中国的四大名著，初中和高中阅读中译本的《静静的顿河》《战争与和平》《红与黑》等世界名著又增强了我对学习一门外语的兴趣。1964 年高中毕业后，我考入北京大学西语系继续学习法语。我当时就读的高中是北京外国语大学附属中学，那是一所外语专科学校。毕业以后，我们面临几所外语高校的选择，北京外国语大学和北京大学是首选，我选择去北京大学西方语言文学系，实现了我深入探究法国语言和文学的梦想。

我真正开始进入翻译实践领域是在 1979 年调入杭州大学以后，从那时开始，我给中国外文局的《编译参考》、社科院外文所的《世界文学》和《外国文学动态》（现为《外国文学动态研究》），以及上海译文出版社的《外国文艺》等杂志翻译和编译了一些法国著名作家的短篇以及前沿动态。20 世纪 80 年代应该说是我的练笔阶段，对大部头翻译还没有把握。20 世纪 90 年代法语专业开办以来，我的教学工作开始繁重，更没有精力进行长篇翻译。那时候的法语老师少，每个老师的授课量都很大，但是我一直没有放弃给《世界文学》《译林》等刊物译介些小文，如法国流行作家罗伯-格里耶、图尼埃、杜拉斯、索莱尔斯以及乌勒贝克等人的作品。不过我还是利用闲暇与别人合译了《爱我吧》和《语言地理》两个中篇。

我的翻译经历可以分为两个阶段。退休前译了一些零星篇章和少数整部作品；退休后，开始比较密集地专心投入完整作品的翻译工作。也许在某些人看来，翻译是一件吃力不讨好的事情，退休了，更没必要去花这个力气，但是我却乐此不疲，不想停笔。充裕的时间保证了我能坐下来阅读、思考、下笔翻译及矫正译文，这些工作对我来说，是一种精神享受，满足了我了解异国风貌和人文科学发展的好奇心。在两种语言的交替中，我学习到了许多东西，而且，一想到一本好书一经翻译出版就可以面对广大读者，就非常开心，有时愉悦之情甚至胜于教学。教学时我只能面对有限的学生，翻译作品面世，受益者就多了。我感觉这样的心血付出没有白费。

吴水燕：您刚才提到，您是在退休之后开始集中从事翻译的。那您最初是如何与翻译结缘的呢，能不能请您和我们具体说说那一段翻译经历？

唐珍：我与翻译结缘要回溯到 20 世纪 80 年代。我带来了一本书，里面收录的电影剧本《我是一个黑人》和《马车夫》是我最初的翻译作品。这两篇文字的校对人徐昭老先生可以说是我在翻译路上的引路人。徐昭是我父亲的好朋友，推荐我父亲翻译了《电影通史》，又在数年后，为我推荐了那两部电影剧本的翻译，他的校对让我弄懂了一些电影学的专业术语，也教我领悟了些许语言转换的技巧。我一直很感谢他。由此，我便与翻译结下了不解之缘，陆陆续续译了一些小文。20 世纪 80年代，我发表的作品有：《阿兰·罗伯-格里耶的晚年创作思想及著作》《法国小说及现状》。

20 世纪 90 年代，我又在《外国文学动态》发表了《文学领域的禁区》。那段时间，我还翻译了一些短篇小说，如图尼埃的五篇短篇小说，杜拉斯的两篇短篇作品①。

2000 年后，我又译了乌勒贝克的《生存》等短篇、索莱尔斯的散文《文学或精神之战》，节译了他的长篇小说《恋之星》，在同期上还发表了索莱尔斯"为纪念拉康而作"的两篇散文。我感觉，这些作品篇幅虽然不长，但思想比较前沿，对我们的文学研究具有启示作用。

我是 2005 年退休的，自那之后一直到现在，我一直坚持埋头翻译。但是短篇翻译得少了，大部头的复译和新译作品多了起来。比如，《蒙田随笔》《一生》《爱恋时光》，以及《小王子》《苦儿流浪记》等，这里面也包括了退休前译的作品。《小王子》《苦儿流浪记》及《蒙田随笔》都属于法国文学精品，经过了多家出版社的数次印刷。关于复译，译界的争论很多，很多人是不主张这么做的。

吴水燕：正如您所说，译界有观点不主张复译，而且许多经典作品的不同译本也会经常被拿出来比较。您在复译的时候对此有过顾虑吗？您在翻译时会参考其他已有的中译本吗？能不能请您谈谈在文学作品复译中的体会？

唐珍：顾虑比较少，因为编辑既然来找我复译，说明编辑对我的复译结果有所期待，我也感谢编辑的信任，尽量争取译得好一些。鲁迅先生认为，击退乱译的过程，可以是复译，因为言语是在变化的。我赞同这个观点。因为随着语言和文化的进步，早期的译作，比如 20 世纪上半叶的译品，或者 19 世纪末林纾那个时期的译作，现在拿出来给大家读，肯定会难以接受。至于在翻译过程中要不要拿旧译本来对照，我感觉是必须的。但这个对照绝不是去抄袭，而是在这个过程中去发现别人译得好的地方，以及需要改进的地方，译者在这个基础上，再把自己的翻译风格体现出来。在我所有的复译作品中，只有《小王子》没有参照其他译本，因为国内《小王子》的版本太多了，有几十个，在这种情况

---

① 分别为《坐在走廊里的男人》和《大西洋的男人》。详见：杜拉斯. 死亡的疾病. 唐珍，等译. 北京：作家出版社，1999.

下，我就干脆不参照了。一方面，参照太多容易被带偏；另一方面，《小王子》的语言本身虽然比较简单，但是可以引导你开发更多的想象。

其他的复译作品，如《爱恋时光》（ *Le temps des amours* ），是法国著名作家帕尼奥尔四部曲中的一部，我参照的是 20 世纪 60 年代的一个译本。那个译本的语言比较陈旧，所以我在复译时尽量让语言变得通俗活泼，使年轻人容易接受。翻译是语言的转换，也是文化的注脚，必要时要有注释，这是一个非常重要的环节。因为法国文化和我们的文化有许多差异，很多东西对我们中国读者来说是陌生的。比如，我在复译《爱恋时光》时有一个小插曲。书中提到法国的一个艺人在街头表演，发出了类似于放屁的声响。原译本没有加注，我读到这里时感到奇怪。后经查证，原来这个艺人是法国当时有名的街头艺人，他是专门表演这项技能的。类似的，属于法国文化的某些方面，包括时代背景、人物、典故等，原作者没有注释的地方，读者可能不太了解，所以必须加注说明。我译《时光的旅人》（ *Les voyageurs du temps* ）时，也发现了多处介绍法国文化背景的语句，因此给它加了两百多条注释。

吴水燕：除了复译的作品，您还有许多新译的图书，类型也比较多样，有文学类、哲学类，还有科学类的，面对不同题材和不同风格的文本，您总的翻译原则是什么？您有没有自己的翻译标准？

唐珍：中国的法国文学研究会曾经有过一个关于翻译的研讨会：作为文学翻译的译者要不要接触其他题材？能不能接触其他题材？能不能翻译得好？当时有学者曾提出批评，认为文学译者不应该去接触过多的题材。但是我个人却非常愿意接受不同题材的文本。在不同的题材中，最接近文学作品的就是具有思辨性的哲学类作品了。我对思想性比较强的人文科学类作品很感兴趣。在翻译了索莱尔斯的《时光的旅人》《极限体验与书写》，以及《十八世纪的自由》和法国著名哲学家、法兰西学术院院士芭芭拉·卡森的《乡愁》之后，体会更加深了一步。第一本是同济大学出版社出的，后三本属华东师范大学出版社六点分社的"轻与重"文丛。

"信达雅"是翻译的铁打不动的定律。根据很多名家的说法，"雅"

字是针对文学作品的，我也认同这一点。"雅"不仅要译出意思，还要能译出味道。"信"和"达"是翻译的根本标准，尤其是在翻译学术著作时。翻译要首先注意尊重原文。有的文学翻译家比较注重修饰，朴素的原文被转译成中文后，修饰得过于华丽，即"过雅"，我不太习惯；有的老先生则主张翻译文字不应该是华丽的，而应该是朴实的。我觉得必须根据原文来定，原文的华丽辞藻不能贬低了，朴实的文风不该夸大了。"信"是最重要的，在"信"的基础上再去实现"达"，然后才是"雅"。"雅"是一个非常有学问的字，如果做不到"信"和"达"，就根本无法达到"雅"。要做到"雅"字，就必须有很好的中文和中华文化的素养；还有，要多看书，多看艺术、文学、哲学方面的书籍，尽量融会贯通。

吴水燕：许多翻译家都说翻译难，甚至比创作还难，您觉得在翻译中主要存在哪些困难？应该如何解决和克服呢？

唐珍：我也始终认为翻译比写作难。因为在翻译中，译者不能随意编造，原文是这样写的，就要这样译，想办法将其变成好的中文，而不能篡改原文的核心。我写过一些东西，写作如果参照外文，只要把原文意思把握住了，就可以自由发挥。翻译却有非常严格的限制，语言的也好，文化的也好，选词的也好，都要尽量遵循原文的意图。茅盾曾说过："翻译的困难，实在不下于创作，或且难过创作。"① 我觉得困难主要体现在两个方面：一个是对文化背景的了解，作为译者，必须熟悉背景知识；另一个是对语言的理解。

我刚才说到"达"，但是要做到"达"，里面也有很多问题，包括语言结构、对原作者的背景文化的了解等。我举三个语言理解上的例子：第一个例子是长句变短句。在法语中有 dont 这个关系代词，如果作为定语去翻译，那就要放在名词前面，但是中国人的语言习惯是不喜欢很长的定语，所以必须把它拆开表达。第二个例子是时态。在法语中，表示过去的时态有复合过去时（passé composé）、未完成过去时（imparfait）、

① 茅盾．"媒婆"与"处女"//罗新璋，陈应年．翻译论集（修订本）．北京：商务印书馆，2009：421.

简单过去时（passé simple）等，在翻译成中文时，无须表示得这么清楚，如果照原样翻译读起来会很奇怪，所以要结合上下文，或者加一个"曾经"，或者说明"有过"之类。第三个很重要的例子是找主语。法语中有些句子是很长的，可能叠加了很多的动词或补语，有时候主语就隐藏了，但是中文的习惯则是必须让主语一目了然，一旦主语被忽略，整个表达就乱套了。"达"和"雅"的标准最终要落实到语言的表达上，所以在了解文化背景后，就要思考如何把中文表达清楚了。

吴水燕： 您刚才提到了对索莱尔斯的译介，您当时是在什么样的契机下翻译了他的几部作品呢？我记得您在《时光的旅人》译序中谈到了一些缘由，能不能请您具体和我们分享一下？

唐珍： 我一共翻译了索莱尔斯的三本书。还有一篇《恋之星》（L'étoile des amants）是节译，发表在了《世界文学》上；2010 年，我在《外国文艺》上译介了一篇他的散文《文学或精神之战》；2011 年，我又写了一篇介绍他的文章，发表在《中国社会科学报》上。这些都是在他的作品《恋之星》的启发下完成的。这部小说思想开阔，描述了一对恋人仰望星空，贴近宇宙万物的感悟，骨骼从而拥有了血脉无从感知的力量。人和大自然的交融形成小说的核心，也让主人公浮想联翩，引用了许多文学篇章，这个风格和他的《时光的旅人》非常一致，男女恋情只是一根引线，讲述丰富多彩的故事和想法，才是真谛。这本书的出版得到了法国外交部和法国驻华使馆的傅雷出版资助计划的资助，我也得到了在法国伽利玛出版社与索莱尔斯本人见面的机会，这次见面使我进一步了解到了他的创作风格和他对中国文化的痴迷，并得到他的箴言"请照你理解的去翻译"。后来，我又接下了索莱尔斯的《极限体验与书写》和《十八世纪的自由》（合译）两本书的翻译。我花了比较多的时间去理解和翻译《极限体验与书写》，并写了一篇译者序，简述了他关于写作的新思维，这本书汇集的六篇文章，代表了法国 20 世纪 60 年代文学革命的思潮。

吴水燕： 除了索莱尔斯，您还翻译了福雷斯特的（L'enfant éternel）。

我们知道，福雷斯特是索莱尔斯的追随者之一，他撰写了多篇评论索莱尔斯的文章，还将其博士论文《菲利普·索莱尔斯的小说》整理成了《菲利普·索莱尔斯》一书出版。在您看来，作为前辈的索莱尔斯对福雷斯特的文学创作是否产生了一定影响？

唐珍： 是有影响的。比如，福雷斯特的处女作《永恒的孩子》（获法国费米娜处女作奖）和索莱尔斯的《时光的旅人》在风格上是很相像的。小说《永恒的孩子》讲的是福雷斯特的女儿患骨癌之后的经历，看似是真实事件，但作者又在叙事中穿插了很多文学典故，比如有关博尔赫斯、但丁、莎士比亚等人的文本。尽管这些内容和他女儿的故事有关联，但是插入太多，容易给人以卖弄知识的印象。我也和作者本人交流过这个问题。后来我意识到，这种写作风格确实受到了索莱尔斯的影响。索莱尔斯在《时光的旅人》中也谈到了很多文学典故。相比较而言，可能福雷斯特的语句更通顺一些，索莱尔斯的切分句很多，读起来有些拗口，我在翻译《极限体验与书写》时，强烈感受到了这一点，便更加注重理顺和表达清晰。另外，《永恒的孩子》是一部文学作品还是传记作品？是虚构还是真实？这个很难说，作者自己也不愿意多谈。这一点也和索莱尔斯一脉相承。索莱尔斯的创作理念就是不愿意把自己的作品框定在某种特定的思维方式中，比如《时光的旅人》，既可以理解为一段恋爱史，也可以是文学评论。索莱尔斯创办的用以替代《如是》（*Tel quel*）的《无限》（*L'infini*）杂志，就是以解放思想为宗旨，不受某个框架之限制，发挥自由想象。索莱尔斯在法国文坛上的地位不可忽视，起到了承上启下的作用，助推了福雷斯特等后人的成长和文学创作。

吴水燕： 现在随着机器翻译的不断发展，很多译者在翻译时都会借助机器翻译，翻译效率提高很多。您在 20 世纪 80 年代就开始了翻译，当年您都是如何翻译的呢？能否谈谈您当年的翻译工具？还有，您能和我们分享一下您的翻译方法和翻译过程吗？

唐珍： 我非常反对借助机器翻译，至今也不用机器翻译。我觉得机器造福人类的一个最大成果是解放了劳动力，即体力劳动，而不是脑力劳动，也就是说，机器不能替代人的思维。因为机器本来就是人设计的，让它来控制我的思维，给出一堆半通不通的文字去纠正，你说累不累？有人说，你干吗那么累呀，在那里吭哧吭哧一字一句地打字。我的感觉却是，只有这样才能通过思维去挖掘原作的真实思想，要是借助了机器翻译，自己就会因为惰性而失智，变傻瓜了。他还说，你不是可以纠正吗，我说是可以纠正，但是我为什么让机器翻译去搅乱思维，而不是自主思考去表达原意呢？也许我第一遍表达得不好，但是经过大脑修正几次，就会变成比较有把握的译句。所以直到今天我都坚决排斥机器翻译。

在 20 世纪八九十年代，我不会使用电脑时，译文全靠手写，赋予的感情更为亲近；之后还会形成一稿、二稿，甚至三稿、四稿，边抄写边修正，带来的乐趣也是无穷的。福楼拜在 19 世纪的创作中，全凭手写，他抵制把手稿印刷成文字，成为笑谈，这也是出自他对手写文字的依恋情感。法国有手迹学专家，中国也非常珍重名家留下的笔迹，这是文化遗产的一部分。手写还可以经常做记号，查词典，注释生词。不过，时代在发展，科学在进步，故步自封总会落伍，所以还是要学会电脑操作、上网，在网上查询单词，比如借助"法语助手"，翻译速度提高了，修改起来也方便许多。

至于翻译过程，很多人都说要先把原著从头到尾读透，然后再动笔翻译。我一般是从头到尾做粗略浏览，遇到难解的篇章会事先注明，但不会很下功夫地在译之前去细读原文。我感觉对法语原文的理解只有在翻译成中文的时候才能深入进去。因为在译成中文的过程中，必须精细地去品读原文。精细的阅读过程可以在动笔翻译前完成，但主要还是在语言转换过程中完成的。所以我的翻译习惯是：精读一段，翻译一段，以此类推，最后通读，寻找上下文的逻辑关系，再加润色。

吴水燕：文学和翻译现在已经基本分属两个不同的学科，但似乎又有着千丝万缕的联系，在您看来，文学和翻译的关系是怎么样的？

唐珍：我感觉研究文学的人如果没有两部文学翻译作品，是说不过去的。社科院的柳鸣九老先生是研究文学的，他写了很多关于文学研究的专著，同时他的翻译作品也很多。社科院文学所的很多前辈都是两条腿走路，一边撰写文学研究专著，一边翻译文学名著。翻译和研究二者不可分割。因为很多作品的法文原文在阅读时并不一定能理解透彻，只有在精读中翻译成中文了，才能注意到更多的细节。所以在我看来，研究和翻译文学作品是相互促进的。

吴水燕：唐老师目前还有什么翻译计划吗，能不能和我们分享一下？

唐珍：我目前有两本译著待出版，这两本译著涉及法国历史和古法语。书中的许多问题，都得到了浙江大学外国语学院法语所外教洛朗·布罗什先生的满意解答，顺致谢意。在翻译过程中遇到疑惑难解时，良师的指导是很重要的。记得在翻译《永恒的孩子》时，我也常常与作者本人沟通，不断在作者的启示中受益。

今后计划研究《无限》杂志里的论文，从中选取一些好的文章翻译。当然，如果遇到翻译文学作品的机遇，我也不会错过的。

吴水燕：在您翻译的作品中，您最满意的译本是哪一种？

唐珍：一直没有最满意的译本。相对来说，《爱恋时光》也许是我比较满意的一本译作吧。我欣赏巴金曾经说过的话："我虽然译过十几本书，可是我觉得自己并不是一个好的翻译工作者。"[1] 换言之，翻译是永远没有止境的。傅雷也说过："艺术的境界无穷，个人的才能有限。"[2] 我非常认同这句话，所以要让我说哪一本最满意，真的很难说。另外一本相对满意的译作是诺贝尔文学奖获得者莫迪亚诺的《蜜月旅行》，原作内容有趣，文字流畅，中文表达起来也比较方便。译小说有种身临其境的享受。

吴水燕：最后，能不能请唐老师对广大青年译者说一说在翻译中应

① 巴金. 一点感想//罗新璋，陈应年. 翻译论集（修订本）. 北京：商务印书馆，2009：615.
② 傅雷.《高老头》重译本序//罗新璋，陈应年. 翻译论集（修订本）. 北京：商务印书馆，2009：624.

该注意哪些问题?

唐珍: 我想向广大青年译者推荐一本书: 罗新璋和陈应年主编的《翻译论集》。这本书介绍了从古至今各位名家和不同类型的翻译实践和体会。如果自己没有实践,这本书还是很难理解的,因为书中收录的全部都是翻译大家们在实践当中感悟到并总结出来的东西。翻译的基础在于实践,没有翻译实践,遑论翻译研究。所以,对年轻译者而言,最好先踏踏实实翻译几篇小文,先要自己满意,自己读起来顺畅。经过一段时间的小文翻译,翻译技巧会得到提高,这是需要自身在实践过程中慢慢领悟到的提高。

译艺永恒，生命不止，求索不已

——刘新民访谈录

祝芳亚　刘新民

受访者简介： 刘新民（1946 — ），浙江工商大学外国语学院教授、浙江省作家协会会员、浙江省翻译协会理事、浙江省之江诗社社员、中国莎士比亚学会会员。已出版专著、译著、编著 10 余部，包括《狄更斯全集·第 11 卷·小杜丽》（浙江工商大学出版社，2012）、《鹿苑》（江苏凤凰文艺出版社，2015）、《哈代诗选》（四川文艺出版社，2018）、《艾

米莉·勃朗特诗全集》（四川文艺出版社，2021）等。在《外语教学与研究》《中国翻译》《外国文学》和《国外文学》等核心期刊上发表论文20余篇，收录于论文集《朝圣的足迹——外国文学论集》（浙江工商大学出版社，2016）之中。

访谈者简介：祝芳亚，浙江大学外国语学院硕士研究生，研究方向为翻译学。

本次访谈时间为2022年9月6日上午9:00—10:00，地点为刘新民老师家中，形式为面对面的半结构性访谈。访谈主要围绕译者生涯、翻译实践以及翻译经验感悟三个方面展开。

祝芳亚：刘老师您好，很荣幸能够采访您！您曾在《朝圣的足迹——外国文学论集》一书中，谈到自己从中学时代便萌发了文学梦，接下来的十多年里也进行了大量的文学创作，其间似乎从未涉及过翻译。请问您是在怎样的契机下踏上文学翻译之路的？

刘新民：记得在中学时代的一次作文比赛中，我无意中获得了头等奖，受到了表彰，从此便萌发了人生的文学梦。高中三年，我渐渐偏科，对语文情有独钟，因此高考选择了文科考试。但之后由于考试失利，没能够进入中文系，转而选择了学外语。从中学到大学，我一直担任校刊主笔。大学毕业后在中学任教，写了许多文章，之后又调入县委宣传部和广播站做编辑，成为地方政府的笔杆子。十几年间，我不仅写诗、写散文、写小说，还写剧本，可以说各类体裁都有所涉及。但奈何本人才气不足，也未曾写出什么名堂。1979年，我被调入高校，成了一名英语教师，开始一边教大学生英语，一边试笔文学翻译，自此与翻译结缘。

祝芳亚：可供选择的文学体裁众多，有人爱译小说，也有人偏爱戏剧。老师能结合自身经历，谈谈您为什么对诗歌和诗歌翻译情有独钟吗？

刘新民：前面提到，我爱读文学，最爱的其实还是诗，而且我也爱写诗。到现在，不知不觉我也已经写诗五十余年了。小时候家境贫寒，读书不多，更不知道什么是诗。进入高中没几天，心头却忽然会冒出一两首来，也许便是英国诗人华兹华斯所说的，"强烈感情的自然流露"吧。但高一那年，确实是我人生的一个重要起点。入学不久后的一次作文比赛，我居然得了地区第一名，在全校大会上受到了表彰，年底又在省报上发了两篇小文章。于是有些飘飘然，萌发了人生的文学梦。

我的文学梦是从涂鸦开始的。涂得最多的是新诗。二十多年中，积诗有数百首，却很少发表；成规模的尝试有《九大放歌》《十月抒怀》等多首；1990 年则写有九言新绝句三百余首，题为《庚午杂诗》。现在再读，除了抒发忧愤之怀的《庚午杂诗》，剩下的大多不足惜也。

诗言志，是我华夏诗国几千年的传统。从《诗经》《楚辞》开始，历代不乏忧时感事之作，对后世影响最大的，也往往是这些"为时而著，为事而作"的篇章。诗固然可风花雪月，流连光景，然既言志，目光和诗思便不能囿于个人小天地，而应该将时、世、史囊括于内，诗以载道，为民立言。诗无达诂，诗亦无禁区。雪莱曾说，"在一个伟大民族觉醒起来，为实现思想上或制度上的有益改革而奋斗当中，诗人是最可靠的先驱、伙伴和追随者"。封建专制时代的诗人尚且敢于讽刺、讽喻，甚至暴露和抨击，更何况在百年之后的今日呢？我的诗虽稚拙，但它们绝不摧眉折腰，奴颜媚色，而是直面现实，敢于担当，呼唤着自由之思想，独立之精神。我诗做我在，愿我的诗比我的生命更久久地留存于世。

关于译诗，20 世纪 80 年代后，我转而研读外国诗歌。又过了二十余年，终于对英、美、澳诗歌比较熟悉，对俄、德、意、法等各国诗歌也有所涉猎。其间不仅发表了多篇论文，还先后出版了五本译诗集。其中《哈代诗选》和《艾米莉·勃朗特诗全集》均已再版，与学生合译的《豪斯曼诗全集》获得了徐志摩翻译奖，《澳大利亚名诗一百首》则是当时国内第一部系统介绍澳大利亚诗歌的译本。另有较多译诗得以收入各种选本或发表。我写诗多年无果，译诗则耕耘必有获。真是"失之东隅，收之桑榆"，或许我的青春诗梦，都是为日后译诗作的练笔？

我译诗最早的试笔是 1988 年初，在澳大利亚所译的《〈尼尔逊诗选〉序》，连同尼尔逊诗八首近两百行，托人带回国，没想到竟在《外国文学》（1989）发表了。归国后写了介绍佩特森及其《来自雪河的人》的文章，该刊很快又采用。当时很受鼓舞，于是连写了多篇，从此走上译诗之路。

祝芳亚： 可以看出，是对文学和诗歌的探索促成您走上了翻译道路。请问您在决定从事文学翻译后，是如何进一步培养语言和翻译能力的？

刘新民： 首先是进入高校后，我开始着力提升自己的英文水平，用心攻读外国文学，阅读了大量的外国小说和诗歌。除了阅读，我在 20 世纪 90 年代写了多篇文章谈英语诗，兼及中英诗比较。另外，20 世纪 80 年代出版的外国诗歌译本越来越多，几乎每个月我都去书店购买最新出版的诗集，看见新出的诗歌译本就买回家，积累下来也买了几百本，例如湖南文艺出版社 "诗苑译林" 系列、上海译文出版社的 "外国诗歌丛书" 和人民文学出版社出版的外国诗歌选集等。在阅读诗歌译本的过程中，我发现有些诗歌译文很值得学习借鉴，比如，刚开始着手诗歌翻译时，我十分欣赏查良铮先生、杨德豫先生等人的译笔，将他们视作自己学习的楷模和榜样，同时细细品读了大量的名家译作，例如顾子欣的《英诗 300 首》等。但是在这过程中，我也发现有些诗歌译文翻得不尽如人意。我会在自己觉得翻译得不够好的译文旁写上批注，提些建议。比如我曾写文章赏析和批评了周煦良翻译的《西罗普郡少年》，认为这个译文译得还不够好。就这样，经过 20 世纪 80 年代近十年的苦读积累和长期的译诗鉴赏，我的语言和翻译能力都得到了些许进步。

祝芳亚： 您已经顺利出版了众多诗集，请问您在选择诗歌进行翻译出版时，有没有较为固定的标准？在翻译这些不同风格与不同题材的诗歌时，您是否遵循某种总的翻译原则？

刘新民： 其实我在选材方面，并没有特别固定的标准。多是收到出版社邀约之后，我再选择质量上乘的诗歌进行翻译。比如《哈代诗选》是人民文学出版社主动向我约译（后来收入其八卷本《哈代文集》之中），《艾米莉·勃朗特诗全集》则是应四川文艺出版社之邀。

关于翻译标准，我所掌握的原则大致是"信达雅兼顾，意音形并重"，以诗译诗，讲求神韵，尤重语言锤炼，遣词用字务求精当而不失诗味。此外，在韵律韵式上，除极个别地方为了不因韵害意，无法兼顾外，尽量依遵原诗。但是，据说诗就是翻译中失去的东西。谁敢保证自己的译品，在读者眼中，不是雾里看花，甚至见到的只是土耳其挂毯的反面？要真正领略原诗的神采丰韵，唯有阅读原文。因此，我在翻译时也只能尽自己所能，争取扮演好"媒婆"这一角色，希望能够让读者领略到原诗的风采和神韵。

祝芳亚：请问您是否会关注读者的评论？您对这些评论怎么看？我注意到，早些时候您曾收到过读者的来信和周围人对您译作的评价，包括现在网络上也有读者对您的译作进行了评价。有读者对您的译笔赞赏有加，也有读者给您的译作挑错。请问您对翻译评论有何看法？您一般对这些评论持有怎样的态度呢？

刘新民：翻译对于一国文学的繁荣和文化的发达影响极大，而翻译评论对于提高文学翻译作品的质量十分重要。从古至今，国内外翻译评论相互促进的例子多得数不胜数。但译事之难，常非局内人不易察觉。其实，许多作家兼译家的，都有翻译难的切身体会。脍炙人口、永葆魅力的文学名著，要用另一种截然不同的文字"信达雅"地译出，谈何容易？况且文学是以整个社会、整个人类为对象的，自然会牵涉到政治、经济、哲学、科学、历史、宗教、文化，乃至天文地理、风土人情、民俗俚语，真正无所不包，要忠实地译出原著内容，就着实不容易，何况要传达出原著的风格、文采、神韵。连一些学贯中西、语言功底极深的文学大师的译著，也常常会有些误译败笔，更不用说大量的一般译者。从这个意义上说，加强文学翻译的评论，也是极其必要的。

和一般意义的文学评论不同，我认为文学翻译评论的主要目的不是分析探讨作品的主题、结构、人物、表现手法等，而是侧重于对比原著和译本，评论在意义、语言、风格等方面的等值与否及长短得失。这就要求评论者具有相当深厚的中外文语言修养，又有严谨踏实的学风。

但现实中译者收到的评论大多都来自普通读者，他们可能会写信或者在网站上对译作进行评价。就个人而言，我很高兴自己能收到外界对译作的评论，也愿意回应这些评价。因为作为一名译者，能够收到读者的反馈是一件值得高兴的事情。比如，1998 年寒假，我翻译的《埃维塔》刊登在《译林》上之后，就收到了读者的来信，这让我十分欣喜。只要是读者真心实意的评论，不论是褒奖还是批评，对我来说都很重要。但实际上因为我一直都很忙，又不会电脑，不怎么上网，等好不容易退休了，有时间翻译和回应评论的时候，眼睛又不行了。所以对于读者对我译作的反应，我知道的很少很少，也没法沟通和交流，这确实是非常遗憾的，不是我不愿意，而是没有这个能力，如果能够听到意见，我是非常高兴的。

祝芳亚：退休后，您的许多作品都曾经再版，您觉得促使这些译作再版的最主要原因是什么？如果时间和精力允许的话，您会对再版的译作进行修改吗？为什么？

刘新民：关于译作再版，其实我自己从来没有主动向出版社推荐或者要求过。可能由于现在图书出版主要还是以市场为导向，出版社从各方反应知道我的某一本译作再版仍然还有市场，所以想再版译作。但我接受译作再版的初衷是想借此进一步完善自己的译本。前面已经提到，我很高兴能够收到来自读者的批评，而再版恰好就是一个很好的机会，让我能够借助初版译作收到的评价，对译作再次进行修改，为读者提供质量更高、更完善的译本。但可能是我一开始想得太简单了，实际操作起来十分困难。一方面，出版社似乎不太愿意对译作进行长时间、大范围的校改，这样做无疑会增加成本，而且似乎他们认为初版译作已经得到了市场认可，所以只要能卖得出去就不需要再进行反复修改了。另一方面就是我自己的原因，译作再版的时候，我已经没有足够的时间和精力听取意见，并对初版译作进行校改，这让我觉得非常遗憾，也非常无奈，我非常希望再版时能够进一步完善自己的译作。

祝芳亚：虽然您得到了权威出版社的约译，诗集出版后又在读者群中收获了大量好评，但您的译路似乎也并不算顺畅，请问您在此过程中遇到最大的困难是什么?

刘新民: 主要还是病痛导致我不得不在极其有限的时间里尽可能地完成翻译工作。其实在接到《哈代诗选》的翻译邀请时,我已经患上青光眼许久,且手术后仍每况愈下,视力严重受损,实际上已经难于承担译事。但毕竟这是托马斯·哈代的诗歌,这是人民文学出版社,人生能有几次这样的机会?数年来病情几度反复,我几乎大半时间被迫辍笔,即便能够继续工作时,也是先读记几行,闭眼酝酿后,再盲写出译稿。虽然这期间也曾几次动摇,但终于坚持下来。经过近一年的艰辛努力,《哈代诗选》终于交稿了。在如释重负、略感欣慰之余,我也不免感到几分愧疚和遗憾。愧疚的是未能向读者提供更为完善的译本,而想到在一向喜爱的翻译之路上几乎刚刚起步,便不得不画上这么个算不得圆满的句号,心头也不由得充满了遗憾。其间的犹豫、苦恼、憾恨,实一言难尽。我知道自己在付出什么代价,心头时时充满与命运抗争的悲壮,但始终不后悔自己将有限的时间投入了翻译事业。

祝芳亚: 您对文学翻译的热爱和奉献精神永远值得学生学习。聊完了您在译路中遇到的困难,请问您能否跟我们分享几段印象深刻的翻译经历?

刘新民: 那我就说一件吧。我从20世纪80年代开始就有心翻译豪斯曼的诗歌,但一直拖到了我教研究生翻译课的时候才完成。其实,在此期间我也断断续续地翻译了几篇,自我感觉这几篇翻译得比哈代和艾米莉·勃朗特诗歌选集中的译作还要好些,但由于身体原因,无法继续,于是请我的学生杨晓波接着翻译豪斯曼的诗歌。自己的学生能够有如此高的诗歌翻译水平,我觉得非常开心。

晓波先是通过努力自学考上了英语专业,毕业后在浙江树人大学(现浙江树人学院)教了几年书,然后考上了我们学校的研究生。当时他给我看了以前自己写的散文和诗歌,水平相当不错。他不仅爱看书和买书,也相当惜书。有一次,他在书店里看见中国台湾诗人郑愁予的诗歌选集,心想这么好的诗居然在折价出售,于是一口气买了好多套,送了我一套。我一读,发现郑愁予的诗歌确实写得不错,这说明晓波很有眼光，有很高的诗歌欣赏水平。因此，之后晓波对翻译豪斯曼的诗歌跃跃欲试，我也就放心让他翻译，果然他翻译得相当不错。经过这次合作翻译之后，我再收到出版社的约稿，就会将一些译邀转交给晓波，结果出版社也十分认可他的译作，我感到十分高兴。我的最后一本诗集是和学生合作完成的，而且这位学生真的称得上是"青出于蓝"，以后他的翻译道路将会相当广阔，这让我倍感欣慰。

祝芳亚：您不仅发表文章赞美诗歌，还历时二十余年编译了《诗篇中的诗人》一书，高度赞扬诗人为人类文明做出的伟大贡献，但您似乎很少提及译者在诗歌传播过程中所做的贡献。请问您认为译者在翻译诗歌时，应该扮演什么样的角色？译者需要做出怎样的努力才能更好地译介诗歌？

刘新民：我认为翻译对诗歌的传播来说非常重要。比如说，我曾经写了一篇文章，文中粗略地概括了中国译诗的百年历程。我在文中提到中国新诗的兴起和诗歌翻译是分不开的。先有了译诗，后来慢慢兴起了中国的新诗。换句话说，中国新诗的产生与外国诗歌的译介是息息相关的。中国新诗产生于新文化运动时期，与学习借鉴外国诗歌密切相关。我读了大量的外国诗歌，包括法国、英国、俄国和澳大利亚诗歌等，其中程曾厚教授翻译的《法国诗选》、王佐良先生翻译的《英国诗选》等译品不仅内容十分全面，译文质量也非常高，让我获益匪浅。

我认为译者在翻译时应该要扮演好"介绍人"的角色。因为如果有读者想要真正领略原诗的神采丰韵，最好的途径就是直接阅读原文。要是我们的译本能够把读者引向原作，便能让我们倍感欣慰。举个例子，我在校订英汉对照的艾米莉抒情诗选时花费了极大心力，争取当好"媒婆"。当时唯一的愿望，是希望每位读者在阅读了原文，与诗人"直接见面"后，能够成为她的知音，成为深情相伴的挚友。对于译者来说，译诗的过程，几乎可以说是作者和译者在语言造诣和能力上的一场角逐。功力稍有不逮，译作便难以与原诗媲美。因此诗歌语言的比较、研究、学习和锤炼，对于译诗者，是一种终生须苦练，既是诗内亦可称诗外的功夫。

祝芳亚：回顾您的翻译历程，如果请您用几个词或者一句话来概括自己在整个翻译生涯中的心路历程，您会如何评价呢？

刘新民：可惜、遗憾，甚至有些悔恨。20世纪90年代，正是我翻译得最顺手的时候，但当时也是我教学任务最重、管理工作最忙的时期。我曾多次提交辞呈，希望能够腾出更多的时间做些翻译，产出自己的译作，但一直没能成功。直到过了将近十年，我终于从教学和管理岗位上退下来，有了足够的时间专心从事翻译工作。而且第二年我还搬进了单位分的房子，有了一间敞亮的书房，可谓"天时地利"俱备，有望产出五六本高质量的译作。可是没想到就在这个时候，我的眼睛坏掉了，视力急转直下，只能强撑着翻译完《哈代诗选》。自此，只能无奈搁笔，不再译诗。

为什么说有些悔恨呢？因为如果我早知道会几乎完全失明，在能够进行翻译工作的最后几年不应该过多透支自己仅存的视力。那时我知道自己的身体每况愈下，因此马不停蹄地进行翻译，其间几乎没有一天休息过，不想浪费一分一秒，却丝毫不懂得"细水长流"的道理，以致用眼过度，最后只能告别了自己的翻译生涯。然而，虽然没能产出自己理想数量的译作，但留下了几本质量比较高的作品，收获了一些好评，取得了一定成果，也算在文学翻译的路上留下了一点足迹。总而言之，"Art is long, and time is fleeting"，能将人生有限的时日，献于永恒的译艺，当是一难得机遇和无限福分。

"逆流而上"，深耕在英国早期文学

——陈才宇访谈录

程　琳　陈才宇

受访者简介：陈才宇（1952— ），浙江磐安人。古英语文学专家。1973 年毕业于杭州大学外语系；1998 年赴剑桥大学留学，专修古英语及中古英语文学；1999 年回国后任浙江大学外国语学院教师，2000 年晋升为教授；2003 年作为引进人才任教于绍兴文理学院人文学院。已出版著作 40 余种，发表论文 40 余篇。译有《金色笔记》（译林出版社，

2000、2014）、《失乐园》（吉林出版集团有限责任公司，2014）、《英国早期文学经典文本》（浙江大学出版社，2007）、《莎士比亚全集》（浙江工商大学出版社，2015）等。译作《莎士比亚全集》获2016年第25届浙江树人出版奖；专著《古英语与中古英语文学通论》（商务印书馆，2007）获2009年教育部高等学校科学研究优秀成果奖三等奖。

访谈者简介：程琳，浙江大学外国语学院硕士研究生，研究方向为翻译学。

本次访谈时间为2022年9月18日，形式为线上访谈。访谈围绕翻译缘起、翻译经历、翻译与研究、展望未来四大主题展开。

一、翻译缘起

程琳：陈老师您好！我了解到您在从事翻译事业之前曾有过一段图书馆的工作经历，请问这段经历对您有什么重要意义呢？

陈才宇：我在杭州大学图书馆工作了六年，我把这六年（1973—1979）称为我"真正的大学"。我的文学知识，尤其是外国文学知识，都是在这六年中通过大量阅读获取的。掌握了一点知识，便想着与人分享。这就是我离开图书馆、走上讲坛的原因。

程琳：那您又是如何与英美文学结缘，开始文学翻译之路的呢？

陈才宇：在我从事外国文学翻译的初期，有三位师长是应该特别感念的：一位是翻译家飞白先生，一位是外籍教师杰斯基先生，还有一位是教育家许国璋先生。他们是我的老师，更是我的文学引路人。

飞白先生是当今翻译界的一面旗帜，一个用灵魂传播诗歌的学者。我有幸旁听过他的诗歌课，虽然无缘成为他的入室弟子，但我一直把他当作我的恩师：从他的诗歌课中学到的东西使我受用终生。后来我自己也上诗歌课，翻译英美诗歌，还编过一本双语教材《英美诗歌名篇选读》，但我的那点诗歌修养和译诗的本事，是他启蒙的。

外籍教师杰斯基是美国人，英文全名是罗伯特·杰斯基（Robert

Jeske），他是 1981 年上半年我参加的那期青年教师培训班的外教。他每周给外语系师生做一次英美诗歌的讲座，听的人很多，大教室坐不下，许多人只好搬凳子坐过道。杰斯基的诗歌课使我游历于缪斯的殿堂。培训班共十六名学员，我的英语水平属于垫底，但杰斯基并没有因此而小视我，反而说我是班上最优秀的学生。1981 年的五一劳动节，我陪同他游览了南京，从此成了好朋友。他年长我十二岁，按我国的生肖，他自称白龙，叫我红龙。回国前他送了我一部《诺顿诗选》（ *The Norton Anthology of Poetry: Revised Shorter Edition* ），书页上还题了字——"For Hong Long from Bai Long with Admiration and Friendship"。

翻开杰斯基送给我的那本《诺顿诗选》，我注意到了 15 世纪的英国民间谣曲，决定先在这些民间诗歌上试试自己的译笔。从此，我便与文学翻译结下不解之缘。1985 年前后，我译出三十首谣曲，可以印成一本册子了。但我一个无名小辈，没有出版的门径。外语系负责科研的副主任许高渝老师了解我的情况后，给许国璋先生写了一封信，希望这位在外语界执牛耳的前辈提携我这个晚辈后学。许先生错爱我的文笔，当即为我写了一封推荐信，说我的译文"韵节合度，读起来很有歌谣味道，值得出版"，出版社如蒙接受，他则"感同身受矣"。我的谣曲译文后来由中国民间文艺出版社出版，那本小小的译著，是我最早的翻译成果。

程琳： 您为什么想要翻译与研究古英语与中古英语文学呢？

陈才宇： 从民间谣曲入手研究英国文学，你会发现，民间谣曲产生的年代正是中古英语与现代英语的分野期。英国文学在这里分出"贫"与"富"：逆流而上，文人作家只有 14 世纪的乔叟、兰格伦等少数几位。再往上探寻，直至 5 世纪的盎格鲁-撒克逊时期，较重要的文学作品只有一些民间诗歌和一部史诗《贝奥武甫》（ *Beowulf* ）。但顺流而下，情况就大不一样，那是一片群星璀璨的星空：莎士比亚、斯宾塞、弥尔顿、斯威夫特、菲尔丁、彭斯、华兹华斯、雪莱、狄更斯、勃朗蒂姐妹、王尔德、劳伦斯、艾略特……这一长串名字，随便哪一个都是如雷贯耳！

对于文学研究，我想确立自己的特色，塑造属于自己的学术人格。基于这样的认识，我开始了"逆流而上"的文化之旅。20 世纪 90 年代初，我发表了好几篇关于英国民间谣曲的论文，学界有人说我填补了英国文学研究的一项空白。我打算继续开拓那片处女地，将填补"空白"的工作进行到底。这样，不自量力的我便把英国早期文学作为我的研究方向。

2007 年，浙江大学出版社出版了我的译著《英国早期文学经典文本》。古英语时期代表性的文学作品，包括史诗《贝奥武甫》、战歌、诀术歌、谜语诗，这部译著里都有了。中古英语时期的罗曼斯、莱歌、辩论诗、法布罗、动物故事诗，这里也有。同年 12 月，商务印书馆出版了我的著作《古英语与中古英语文学通论》，这部论述英国早期文学的著作还获得了教育部颁发的高等学校科学研究优秀成果奖。平心而论，作为文学批评论著，我的这部著作是比较肤浅的，只简单地描述了英国早期文学的基本面貌。至于有深度的研究，还有待于有志于此领域的后起之秀们去完成。

二、翻译经历

程琳：古英语和中古英语与现代英语有很大的差异，您在翻译时有没有遇到障碍或者挑战，能否与我们分享一下？

陈才宇：我是借助现代英语研究古英语文学的。1998 年，我作为访问学者，去过剑桥大学的古英语系，这个系的全称是西撒克逊语、斯堪的纳维亚语、凯尔特语系（Department of West-Saxon, Norse and Celtic）。我在那里旁听了几节课。剑桥之行使我大致懂得西撒克逊语是一种什么样的语言，其与现代英语在方法上有多大的差异。我的古英语水平，仅此而已。

你说的障碍与挑战，对于我倒是不存在的。我觉得，借助现代英语译介古英语文献，是我们可以走的一条捷径。古英语文献并不多，现存的那点文献早已被英国人自己阐释得明明白白。比如史诗《贝奥武甫》，我手头就有一本古英语与现代英语逐字对照的译本，我用它来翻译史诗，理解上是不会有问题的。如果有某个自称精通古英语的国人，对原始文献做一知半解的二次解读，并自诩他是直接从古英语翻译这部文献的，我倒想问问：他对古英语文本的解读，能超过英国人自己吗？换一个角度再问问：那些汉学家，他们对我们的国学的理解，能超越陈寅恪和王国维吗？

我有自知之明。在《古英语与中古英语文学通论》中，我只简单介绍了古英语的文法。这在我的能力范围之内。至于力有不逮的领域，我没有涉及。

程琳：《金色笔记》(*The Golden Notebook*) 是您译的唯一一部现当代作品，而这部作品又于 2007 年获得了诺贝尔文学奖，这对您有没有产生什么影响？

陈才宇：小程你说得不错，我一生致力于英国的早期文学，《金色笔记》是我与英国现当代文学产生联系的唯一作品。1997 年 6 月，译林出版社嘱我译莱辛的《金色笔记》。说来惭愧，由于长期把精力投放在英国早期文学的研究与翻译上，我对英美现当代文学知之甚微。当施梓云先生约我翻译《金色笔记》时，不识货的我还与他讨价还价："老施啊，能不能让我译一本《汤姆·琼斯》那样的文学名著啊？"我特别喜欢菲尔丁的作品，他那诙谐机智的语言风格曾深深地感动过我。施先生说："《汤姆·琼斯》会给你留着的，你就先将《金色笔记》译起来吧。版权我们已经买下了。"就这样，我开始了《金色笔记》的翻译，进入角色后才知道，自己所译的正是一部旷世名著！

我们的译本是 2000 年出版的，当时书的销量并不好，首印的图书库存很多。首印本的设计也灰不溜丢的，没有人会想到它会是一部世界名著。后来我还在书店里发现一种装帧很差的精装本，封面红彤彤的，印着一个包一块花里胡哨头巾的奇怪人像。我赶紧打电话给译林出版社的施梓云先生，问他《金色笔记》是不是再版了。施先生告诉我，那不是再版，由于书卖得不好，他们将首印本的封面换了换。我当时就感叹过：可怜的《金色笔记》，你在中国被冷落了！

就是这本不为我国读者看好的书，2007 年获得了诺贝尔文学奖。作为译者，我也沾光，一夜之间成了"名人。"

我是从深圳一家报纸的记者那里得到莱辛获奖的消息的。记得那是

2007年秋天的一个晚上，我正在绍兴的住处与朋友下棋，深圳的记者打电话过来，说多丽丝·莱辛获得了诺贝尔文学奖，要我谈谈我是如何认识莱辛、如何看待《金色笔记》这部作品的。而后近两个月的时间里，那些采访不到莱辛本人的记者都把我当作莱辛在中国的代言人，一遍又一遍地问我这样那样的问题。我与莱辛的合影多次被复制；我写在译序中的一些话不断地被转载。电视台、广播台也来采访我，将我并不标准的磐安普通话放给大家听。中国人的诺贝尔奖情结此时已展示得淋漓尽致！

许多人都向我抱怨《金色笔记》不好懂，说它头绪太多，像个万花筒。这怪不得读者，《金色笔记》确实是一部不好理解的书。西方人读懂它花了半个多世纪，我们东方人与他们存在着文化差异，理解起来一定更困难些。作为这部书的译者，我觉得有责任帮助读者读懂它，因此，我利用2008年的暑假赶写了《〈金色笔记〉阅读提示与背景材料》。我将黑、红、黄、蓝四本笔记所描写的故事加以梳理，从中归纳出二十多个叙事要点。读者只要理解了这些要点，也就理解了作者的写作意图与技巧。

程琳： 翻译莎士比亚的作品不是一件易事，您是从什么时候开始翻译莎士比亚的呢，能否与我们分享一下您早期翻译莎士比亚的经历？

陈才宇： 20世纪90年代，我国的出版界炒作莎士比亚，我也卷入其中，为之折腾了两年有余。我的汗水流了不少，但收获的更多的是辛酸，不是丰收的喜悦。

莎士比亚的作品，迄今为止译得最好的，还是那个嘉兴人朱生豪。1944年是他的忌年，逐渐有了版权意识的出版界早早盯上了1994这个年份，想趁朱生豪逝世五十周年之际重印朱译本。但朱译本不是全本：六个历史剧和莎士比亚写的纯诗，他来不及译出。他所译的三十一种莎剧也多有删节，尤其是插科打诨的那一部分文字，都被他略过了。因此，校订工作变得很重要。人民文学出版社组织过方平、方重、吴兴华、杨周翰、梁宗岱等人出版过《莎士比亚全集》，那已是20世纪70年代的事，校订者都是国内外国文学界的著名学者、教授。

当浙江文艺出版社找上我这个无名小卒重订朱译本时，我真有点受宠若惊。他们交给我的任务是校订十三个喜剧。接受任务后，我便夜以继日地与古奥、艰深的英语文法进行了呕心沥血的鏖战。我说这话并不夸张：莎士比亚的文字确实不好懂，字字句句拨动你紧张的神经，考验你理性思维的敏感性。七个月过去，我完成了七个本子的校订。由于每天都要牺牲一些脑细胞，我发觉自己的身体一天天变得虚弱起来。有了切身的体会，忽然明白朱生豪为什么会英年早逝。正当我为自己的身体担忧，同时为一步步接近工作的终点而欣喜时，出版社的编辑王女士告诉我：他们获悉译林出版社也在规划出版朱译校订本。浙江文艺出版社掂量了自己的实力，不敢与译林出版社争锋，出版计划只得取消。这样，我那七个月的劳动也就付之东流了！

校订计划被迫取消后，浙江文艺出版社心有不甘，居然酝酿起一个更具挑战性的计划：新译莎剧！王女士又找到我，说他们打算组织译者用一两年时间出版莎剧新译，问我能接受几个剧本。我权衡了自己的能力，答应译四个本子。这一次我留了个心眼，特意问她计划的可靠性。王女士信誓旦旦，说这一次一定错不了，你就放心译起来吧。老实巴交的我努力了整整三个月，译出了《爱的徒劳》(*Love's Labour's Lost*)。这时，王女士又来告诉我：此前他们一直在全国各地寻找能胜任译莎的译者，去上海找人时获悉：方平先生正率领他手下的一班人翻译莎剧，而且还是诗体本！新译的计划又因撞车而流产。我可怜的《爱的徒劳》，这一回成了"译的徒劳"！

浙江文艺出版社最后决定出版一本莎士比亚的纯诗集，作为对我们无效劳动的补偿，或者说安慰。刘新民教授译了《维纳斯与阿多尼斯》，我负责译《鲁克丽丝受辱记》和一些剧中歌谣，飞白先生介绍过来的一位外地学人译十四行诗。那就是1996年出版的那本《莎士比亚诗全集》。全书由我统稿、写序。

程琳：您在编纂《莎士比亚全集》时的原则是什么，想要为读者呈现一套怎样的译著呢？

陈才宇：2003年，我离开浙江大学，作为引进人才去了绍兴文理学院。有人觉得我从"名牌大学"去了"普通大学"，是掉价。我自己不这样看。我离开浙大，是为自己创造一个更宽松、更自由的工作环境。在绍兴，我有更多的时间做我自己喜欢做的事。那部七十多万字的《亚瑟王之死》，就是在绍兴工作时完成翻译的。

还有，我始终念念不忘早年被浙江文艺出版社耽搁下来的莎剧校订稿，很想利用前期的积累把朱生豪所译的三十一种莎士比亚戏剧全部校订出来，再将朱生豪未译的部分译出，编纂一套全新的《莎士比亚全集》！这个颇具野心的工作计划也是在绍兴工作时完成的。

我编纂的《莎士比亚全集》，有别于别人的地方是：全集是根据朱生豪译莎手稿进行校订的。经我修改和补译的部分用另一字体排版，读者一目了然就能辨别著作权的归属。这样，我切实有效地维护了朱生豪译文的真实性与权威性。

我注意到，以往出版的《莎士比亚全集》，如人民文学版和译林版，都是在朱生豪译文的基础上经多位专家学者的补译和校订而完成的。由于多人参与，导致校订和补译这部分文字的风格多样化。如今校订和补译的工作全由我一人完成，还有效地保持了风格的一致性。

由于这部著作，我认识了朱生豪先生的儿子朱尚刚，跟他成了朋友。开始时我们之间还有过小误会，为了得到他的谅解和支持，在朋友的引见下，我前往嘉兴拜访了朱尚刚先生。后来还参加了纪念朱生豪诞辰一百周年的学术研讨会。当年出版的《朱生豪译莎士比亚戏剧手稿》（共十册），就是在那次研讨会上获得的。我国的翻译界应该感谢已故的宋清如女士，她将朱生豪译莎的手稿完整地保存了下来，并捐献给了嘉兴图书馆。这套资料对于我无疑是雪中送炭，使我在编纂《莎士比亚全集》时有了切实的资料保证。

三、翻译与研究

程琳：您不仅翻译了很多英国早期文学，也发表了多篇论文，您的第一篇论文就发表在《外语教学与研究》上，请问您是如何平衡翻译与翻译研究的呢？

陈才宇: 还是许国璋先生,帮我发表了我的第一篇论文。有感于国内学界对 ballad 一词的多种译法,我写了一篇题为《Ballad 译名辩正》的文章。由于缺乏信心,稿子寄给了《英语学习》,想不到《英语学习》的编辑觉得这篇文章有些学术含量,转给了《外语教学与研究》。后者可是权威级的学术刊物,当编辑部给我来信,要我按刊物所要求的格式誊写稿件时,一看原稿用朱笔批着"此稿可用"四个遒劲有力的大字,才知又是许国璋先生决定了这篇文章的命运。

评论一件文学作品,首先应吃透这件作品。走马看花式的阅读,很难吃透一部作品。翻译的过程其实就是深入理解作品的过程。在我从事古英语与中古英语文学的翻译与研究时,我总是先翻译后评述。我的那部《古英语与中古英语文学通论》,写的就是我在翻译中感悟到的一些东西。

四、展望未来

程琳: 您毕生从事古英语的翻译,这种精神难能可贵,能否请您对有志于从事古英语文学翻译或者翻译研究的译者提些建议?

陈才宇: 我国的高校里,从事外国文学研究的有两类人:一类出身于中文专业,另一类出身于外语专业。前者的强项是文艺理论知识较系统,短板是不精通外语;后者正好相反,他们有阅读外语原文的能力,但没有掌握好批评的方法。要搞好外国文学研究,强项应该发扬,短板应该补起。

至于古英语文学研究,这是一个很小众的研究方向。要沉得下心,耐得住寂寞,不要急功近利,不要好高骛远。我写的那点东西,对于尚未入门者,可以当作入门书来读;已经入门的,可以作为批评的对象、登高的跳板。

程琳: 感谢陈老师的耐心解答和建议!

翻译家的初心与追求

——许钧访谈录

枣彬吉　许　钧

受访者简介：许钧（1954— ），浙江龙游人。浙江大学文科资深教授、人文学部主任、博士生导师、中华译学馆馆长，著名翻译家、翻译理论家，教育部长江学者特聘教授。曾任中国翻译协会常务副会长。已出版著作 10 余部，翻译出版法国文学与社科名著 30 余部，译有《诉讼笔录》（上海译文出版社，2008 等）、《不能承受的生命之轻》（上海译

文出版社，2003 等)、《追忆似水年华》(卷四) (译林出版社，1990 等)
等。发表文学与翻译研究论文 300 余篇。著作《傅雷翻译研究》(译林出
版社，2016) 获 2020 年全国高等学校科学研究优秀成果奖 (人文社会
科学) 一等奖；主编教材《翻译概论》(外语教学与研究出版社，2009)
获 2021 年国家首届教材建设奖高等教育优秀教材一等奖。1999 年，获
法国政府颁发的法兰西金棕榈教育勋章；2012 年，获 "翻译事业特别贡
献奖"。

访谈者简介：枣彬吉，浙江大学外国语学院博士研究生，研究方向
为社会翻译学、语料库翻译学。

本次访谈时间为 2022 年 9 月 21 日上午 9:00—11:00，地点为浙江
杭州圆正 · 启真酒店。访谈主要围绕翻译与翻译家精神、翻译与文化交
流等内容展开。

一、翻译，从求真出发

枣彬吉：许老师，您好！您曾在多个场合讲过 "自己这一辈子，会
一直以翻译为主，做翻译、教翻译、研究翻译"。可以说，翻译已成为
您生命中不可分割的一部分。作为一位杰出的翻译家，您也多次说过
"翻译者是世界上最幸福的人"①。从 1982 年《永别了，疯妈妈》这部译著
出版算起，您与翻译结缘已有四十余年。与翻译相识多年，能否请您谈
谈对翻译的感受？翻译对您意味着什么？

许钧：我与翻译打交道，可以说既是偶然，也是必然。译道漫漫，
于我而言，这是一种求真求美的心路历程，有过思考和探索的彷徨与痛
苦，也有过顿悟和收获的惊喜与欢乐。总的来说，做翻译很苦，很孤
独，但也很幸福。这么多年过去了，我对翻译已经产生了难以割舍的感
情。我热爱翻译，因为有了它，我的精神世界变得越来越丰富，视野也

---

① 许钧. 文学翻译、文化交流与学术研究的互动——以我和勒克莱齐奥的交往为例. 外语
教学，2018 (3)：77.

越来越开阔。

说到做翻译，归根究底，要学会做人，翻译求真，以诚为本。钱锺书先生说过，翻译的最高境界是"化境"。在我看来，虽然"化"与"讹"只有一个偏旁之差，但求"化境"不能太功利，否则"化"不成，反倒有"讹"之嫌。做翻译和做人一样，能保持本色最好，原汁原味，不矫不饰，以真诚求真美。傅雷先生曾说过，"真诚是第一把艺术的'钥匙'。"① 因为怀揣一颗真心来做翻译，有了真诚，才会用心。用心了，才能真有所感，才能深入体会作家的精神世界，才能在翻译的道路上坚持求真、爱真、守真的意识。

枣彬吉：是的，我们应该用一颗真心去对待翻译。翻译是一项求真的精神活动，只有当我们以真诚的态度去面对作者，面对他者文化时，我们才能获得真正的理解，照亮自身。在《翻译论》一书中，您曾谈到译者和作者之间存在三种关系，即仰视、平视和俯视。据我所知，昆德拉先生常常对译者表示不满，曾公开指责译者："你们这些搞翻译的，别把我们又是糟蹋，又是凌辱的。"② 您曾经翻译过昆德拉的《不能承受的生命之轻》《无知》等作品，对这样一位作家，请问您是以什么样的态度去面对的？您如何看待译者和作家之间的联系？

许钧：翻译是一种相遇、相知与共存的过程。长期以来，我一直坚持以平视的态度去对待每一位作家，包括你提到的昆德拉。早在 1988 年，昆德拉的《生命中不能承受之轻》（韩少功和韩刚译本）在国内畅销，许多作家朋友们都在传阅此书。虽然我也十分好奇，但还是保持了一定的距离，甚至认为他是一个二流作家。到了 2002 年，上海译文出版社来找我重译此书时，我静下心来，仔细对比阅读了法语、英语、汉语译本，发现了一个"新"的昆德拉。在那本书里，他用诗意和哲理两套笔墨去书写，用诗意的语言表达哲理，用哲理的语言概括诗意，围绕"存在是什么"这一根本性问题，书写生命的轻与重。我真的太喜欢这本

---

① 傅雷. 傅雷家书. 北京：生活·读书·新知三联书店，2019：294.
② 刘云虹，许钧. 文学翻译模式与中国文学对外译介——关于葛浩文的翻译. 外国语，2014(3)：14.

书了，认为它还有进一步阐释的空间，于是答应重译。通过这件事，我明白了如果没有读过一个作家的书，你最好不要去评价他。对待作者，就像交朋友一样，我们要用自己的眼光去发现他、探寻他，对他负责，要保持严肃且诚恳的态度。

如果仔细阅读过我的作品，你会发现，几乎每部书翻译过程的背后都有我与作者相遇相知的故事。在与他们建立联系的过程中，我对原文和作者产生了越来越强烈的责任感和敬畏心，有时候担心自己理解不深，或传译有误，导致背叛原著的精神，有愧于作者的重托。要知道，译者不仅是原作的一个普通读者，他还肩负着作者代言人、原作阐释者的重担！至今令我印象深刻的，是翻译艾田蒲老先生的《中国之欧洲》（ L'Europe Chinoise ）。面对那样一部博大精深的文化巨著，凭我当时的精神境界、哲学视野和文化素养，好几次我都萌发过放弃翻译此书的念头。但在翻译过程中，艾老总是及时解答我的疑问，始终在精神上关注、支持和鼓励我，而那一切既化作了力量，也化作了智慧，帮助我克服种种困难，最终我和钱林森教授一起完成了这部书的翻译工作。

直到现在，我仍然清晰地记得 1993 年在巴黎奥代翁饭店与艾老会面的场景。那时他年事已高，还患有严重的心脏病，身体很虚弱，谢绝一切探访。但当我写信告诉他《中国之欧洲》的有关翻译情况，特别希望能与他见面，得到他的帮助，他欣然答应，约我两天后在巴黎见面。记得那是 8 月 11 日中午，我们俩一碰面，便开始谈起中国，聊起《中国之欧洲》。他向我细说与中国结下的不解之缘，从青年时期对中国的向往，到大学时期对中国哲学精神的仰慕，他的话里处处流露着内心深处对中华文明的欣赏与赞美。

谈话中间，艾老还非常关心我在翻译中遇到的困难，希望我毫无保留地对他的这部作品提出意见和批评。那一瞬间，我被他的那份诚恳与谦逊给深深打动了。于是，我想就书中难以理解的地方以及翻译的难点向他讨教明白，从包里掏出整整三页疑难点，请他在可能的情况下给予解答。现在回想起来，面对一个抱病的老者，我这样做真的有点太鲁莽了。但令我没想到的是，当他接过那份清单，他的眼睛顿时变得明亮有神，当场给我讲解，为我解答，还不时掏出笔，用颤抖的手写了一行行文字。再一次，我被这位大学者强大的精神力量、清晰的思维、准确的语言折服。临别时，他紧紧握着我的手说："一切拜托您了，希望能有幸在我生命之火熄灭之前，看到我这份菲薄的礼品完美地呈现在我们西方民族愧对的中华民族面前。"面对艾老的重托，我想自己一定要以尽可能准确的译文来回报这位大师对中华文明的时刻牢记与热爱。

我常说跟健在的作家建立联系非常重要，一方面，译者与作者通过互动能够形成心灵交流，进一步理解作品，同时还可以一起解决翻译中的问题，提高翻译质量；另一方面，面对面的沟通还能够促进更深一步的文化交流，推动各文明间的平等对话。我自己一直有意识地在做这件事，类似的故事还有许多。还是在 1993 年，我与勒克莱齐奥先生第一次在南京会面。在交谈中，他认真解答了我提出的关于他作品的翻译问题，并且给予了我极大的信任，对我说："你翻译我的作品，就等于参与我的创作，我给你自由。"这句话表达了一位作家对翻译的深刻理解，是对译者极大的尊重和信任。

2008 年，我再次与勒克莱齐奥先生见面。告别时，我请他给中国读者写几句话，他写道："我对中国一直怀有友好的情谊和兴趣，我也希望能不断增进我们国家之间的友好联系。我希望经常去中国，在中华文化中发现给人以希望的新的理由所在，让世上的人们看到相互理解和进行文化交流的必要性。"看到这段话时，我不禁暗自感叹，我们之所以相见，之所以对话，或许是出于对人类精神世界的好奇和探索，渴望在理解他者文化的基础上，重新构建自身的同一性，实现对自我的丰富与拓展。后来，我邀请他来南京大学授课讲学。在课堂上，他读《论语》，读《孟子》，读中国的诗歌，与学生一起翻译唐诗；课堂之外，我带他去丝绸之路的起点西安、莫言的家乡高密、施耐庵的故乡泰州等，并促成他与莫言、毕飞宇、余华等中国作家的交流对话，让他了解中国，与中国文学相遇，走入中国当代社会。

枣彬吉：原来您与那些作家交流互动的背后隐藏了如此多鲜活有趣的故事，生动地体现了译者和作者之间的信任、尊重、平等的关系，这本质上是一种伦理诉求，也直接印证了"翻译不是一种纯粹个人的活动，也不可能是一种纯粹个人的活动，因为翻译直接涉及交流的双方，它不是一种单向的行为。在这样一种事关交流双方的活动中，任何一个翻译者都或多或少地会意识到自己的责任，并对他所担负的翻译行为有一个起码的认识"①。出于那份对作者的责任，译者在译文中不断求真，以期能够不断逼近原文。这在您的翻译活动中也有所体现。

我发现，当您的译本再版时，您常常会在上面做一些修改。比如《安娜·玛丽》再版时，译后记里写道"这次获格拉塞出版社正式授权出版，由许钧教授根据原文对译文又做了部分修改，特此说明"②。勒克莱齐奥先生的 *Désert* 再版时，书名由原先的"沙漠的女儿"变成"沙漠"。《不能承受的生命之轻》《中国之欧洲》再版时，您好像也都做过一定的修改。能否请您谈谈对翻译修改的看法？

许钧：就像创造者一样，每个译者都希望自己的作品能够超越时间，获得不朽，但翻译有没有定本呢？在萨特的《什么是文学》一书中，他指出创作和阅读具有历史性，任何"逃脱历史、跃入永恒"的希望都会在不切实际的"自由幻想"中破灭，我们的创作和阅读行为时刻受到变化中的历史的影响，因而我们无法超越时间，超越我们所处的历史语境。就翻译而言，译者的理解也只是那一瞬间的历史；与作者对话，领悟文本的意义，都是历史的一种相遇，译者的阐释总是在一定的历史空间中进行的，这就体现了翻译活动的局限性。然而，这局限的背后又隐藏着无限的可能，这是因为翻译具有生成性。随着历史发展，译者对原作会产生新的理解与阐释，尝试一点点接近原作的底蕴，于是当译作有机会再版时，译者就会忍不住想要动手去修改，努力修正译错的地方，力图进一步再现原作的神采。这是一个不断"求真"的历程。

说到"求真"，就不得不讲一讲翻译忠实观。我至今仍然坚持，翻译的忠实性非常重要。忠实于原文和充分展现原文精髓，两者并不矛盾。前者并非忠实于原文单词意义和句子结构那样简单，最理想的忠实，是忠实于原文的精髓，即忠实传达原文的风格。然而，我们也应当了解，

① 许钧. 翻译论（修订本）. 南京：译林出版社，2014.
② 吕西安·博达尔. 安娜·玛丽. 许钧，钱林森，译. 南京：译林出版社，1998：438.

即使译者有良好的主观愿望，但客观地讲，要求他百分百忠实于原文是几乎不可能实现的，诚如钱锺书所言："从一种文字出发，积寸累尺地度越那许多距离，安稳到达另一种文字里，这是很艰辛的历程。一路上颠顿风尘，遭遇风险，不免有所遗失或受些损伤。"① 因此，与其说忠实是一种结果，倒不如说是一种态度、一种追求，要求译者的自我修炼与完善。

在这一点上，傅雷的翻译手稿就非常有代表性。以他翻译的《都尔的本堂神甫》为例，该书翻译手稿大致可分成初译稿、修改稿和誊正稿。初译稿密密麻麻，删改较多，有的字句反反复复，行间和空白处几乎被填满；修改稿字迹端正，但或删或添或改的字句依旧随处可见；到了誊正稿，纸上仍不乏删改字样，时有字词变动，时有句读调整。虽为三稿，但如果仔细对比阅读，你会发现，精益求精的傅雷，即使在誊抄前稿时，也绝不停止或放弃修改，而是边誊抄边思索，一路修改下来。甚至在有些地方，傅雷的修改还会回到初译上面去。傅雷翻译这部书是在1960 年，那时候他已经有了三十年的翻译经验，本就具有深厚的文学修养和过硬的语言能力。但即便如此，他在文学翻译的道路上从不懈怠，而是坚持不懈地"求真"，那种一改再改、永无止境的执着态度非常值得我们当代翻译者学习！我之所以经常修改自己的译作，其实也是在向如傅雷这样的翻译大家学习，学习他们那种不厌其改、如琢如磨的求真求美精神。

二、翻译，要重交流

枣彬吉：您对待作家的那份"求真"精神与态度真的令人感动！除了与作家积极主动地沟通交流，我发现您还非常注重与翻译家之间的交流。您曾经采访过季羡林、萧乾、许渊冲、罗新璋等数十位翻译名家，后来还出版了《文学翻译的理论与实践——翻译对话录》一书，在国内

---

① 钱锺书. 林纾的翻译. // 罗新璋，陈应年，编. 翻译论集（修订本）. 北京：商务印书馆，2009：775.

产生了很大的影响。能否请您谈谈您和翻译家之间的交流？您如何看待译者间的联系呢？

许钧： 虽然我经常说"翻译者是世界上最幸福的人"，但也讲过"翻译是一项艰苦而寂寞的事业"。有时候译者煞费苦心翻译出来的东西，可能既得不到作者的理解，又得不到读者的认可。但译者是有血有肉的人，有自己的情感和想法，倘若不表达与交流，那么译者只会在这条艰苦的道路上感到越来越孤单。这与追求开放、对话的翻译精神是相悖的。所以，作为译者，我们需要有交流的意识，它对我们每一个人的成长都十分重要。要懂得了解别人，向别人学习。只有这样，我们才能促进翻译作品的生成和翻译精神的交流。

就我的个人经验而言，首先，我们应该主动与伟大的前辈翻译家们建立联系，虽然有一些老前辈已经离我们远去，但他们以心血化作的伟大译著仍然滋养着我们的广大读者，而他们融入了深刻思考的翻译思想仍然启迪着翻译界的后辈。这就需要我们有意识地主动探索，学习他们的译作、翻译方法和翻译风格，继而从他们身上继承宝贵的翻译思想和高尚的精神追求。

在我上大学的时候，我特别欣赏傅雷翻译的《约翰·克利斯朵夫》《高老头》等法国文学作品。后来，当我开始从事翻译工作，每当遇到问题，感觉译得不好，就去读傅雷的译文。渐渐地，我开始带着"为什么要这样翻译？""怎么体现原著本来的风格？""如何处理形似与神似的关系？"等一个个问题，以傅雷为学习榜样，尝试走进傅雷译作的文本世界，思考傅雷的艺术风格和精神内核。我曾经把傅雷的十五卷译文，以及傅雷之后其他翻译家对相同作品的不同翻译的重要版本都找来，进行对比性的阅读。比如《约翰·克利斯朵夫》的第一句话，我就花了很长时间反反复复地去体会、去对比，查阅了不少资料，最后写了一万多字的研究文章。随着阅读交流的不断深入，我与傅雷的"对话"不再局限于他的那些经典译作，而是开始关注作为翻译家、艺术家、思想家的傅雷，进一步探索傅雷翻译背后所潜藏的文化与思想意义，希望发现傅雷的生命价值所在。像傅雷这样伟大的翻译家，是一座永不倒塌的丰碑，他的翻译作品、翻译思想、翻译精神会随着时代发展越来越具有当代意义。他的丰富实践、探索思考以及不懈追求，于我而言，是一份取之不尽、用之不竭的宝贵遗产，值得我们一代代人去继承、发扬。因此，我们要抓住机会，如果有可能，要用文字整理记录老一辈翻译家的经验和体会，为新时代翻译工作者提供珍贵的学习资料。

其次，我们应该积极与志同道合的译界同行交流互动。早在 1986 年，那时我还是个青年讲师，就牵头成立了南京青年翻译家协会，希望青年学者相互交流，一块学习，一起成长。在 1995 年，中国翻译界曾围绕《红与黑》多个汉译本的出版展开了一次范围很广的讨论，我积极参与了整个讨论，在某些环节上还起到了组织、沟通的作用。但当时有朋友过来劝我，说搞文学翻译的人，最好不要去搞文学翻译批评，更不要去搞什么研究，不然会引火上身，惹出是非来。然而，在我看来，那个时候的自己在文学翻译的道路上刚刚起步，功力不到，献给读者的一些作品多有不足之处，如果能通过自己的批评实践和理论探讨，赢得一些"反批评"，得到前辈和同仁的指教，从而更清楚地认识自己的缺陷，岂不是求之不得的好事？

关于那场讨论，翻译家罗国林先生曾在文章中这样评价道："去年 7 月在北京参加亚洲翻译家论坛会议之余，许钧约我去许渊冲教授家聚会，参加者还有罗新璋和施康强。这是一次不寻常的聚会，因为许钧公开批评过罗新璋、许渊冲教授所译的《红与黑》，尤其撰专文批评过罗新璋的译本，而这一次他又是带着尚未发表的新批评文章来的，请许、罗二位过目，当面征求意见。批评者和被批评者聚在一起，有友好诚挚的倾述、严肃认真的探讨，也有慷慨激昂的争论。双方都虚怀若谷，把个人置之度外，进行真正的学术讨论。这应该称得上翻译界的一段佳话。作为圈内人和见证者，我深受感动。我认真读过许钧批评罗新璋译《红与黑》的文章，觉得他的确是以求真求是的态度，进行翻译的探索，一扫文人之间以批评之名行相互攻讦之实的积习。这是值得称道和提倡的。反过来说，罗新璋的译本受到不少赞扬（包括许钧的赞扬），也受到一些批评，这正说明他的译本特色突出，受到人们广泛的关注。"①

---

① 罗国林. 批评不等于否定——也谈罗新璋译《红与黑》. 出版广角，1996 (2)：60.

直到今天，我还在持续关注、推进这样的对话交流。在浙江大学中华译学馆成立大会上，我牵头组织了"新时代文学翻译的使命——文学翻译名家高峰论坛"，邀请国内十一位著名作家、翻译家、翻译理论家畅谈各自的文学翻译理念与感悟，反响很好。

最后，我们还需要经常与后辈青年翻译人才交流，通过翻译教学和翻译人才培养，传承翻译精神，让我们的翻译事业得到更多人的参与和支持。我一直希望自己能亲手带出一批勇于担当的青年翻译人才，为高水平翻译人才的培养奉献自己的绵薄之力。多年来，我一直坚持以学生为本，注重人文关怀，践行因材施教的教学准则。我也从不把自己对翻译的理解强加在学生身上，特别欢迎他们和我讨论，甚至批评我的翻译观点。另外，我在招生上也有自己的标准与考量，强调用自己的眼光去发现学生的个性与长处。坦白来讲，我的很多学生与其说是"招"进来，不如说是"求"过来的。来到浙江大学之后，我每年都会参加学院的讲座、沙龙，与青年教师、研究生和本科生们一起交流。在今年浙江大学的本科生专业节上，我与青年学子畅谈"读书与人生"，分享我在翻译、读书与生活中的感受与体悟。我真诚地希望有更多的学生和年轻学者将来成为有情怀、有影响的翻译家，在翻译的道路上一起努力。

三、翻译，打开新的世界

枣彬吉：当时我就在现场聆听了这场讲座，真切地感受到您对书的渴望与喜爱。您讲到真正开始拥有自己的书是在 1976 年到法国留学后。留学期间，您读到了许多当时国内无法读到的当代法国文学作品，被法国文学的美深深吸引住，迫切想要与国内读者分享这份美与精神财富，于是开始动笔翻译。就这一点，在我看来，您一直有一颗想与读者交流分享的心。

许钧：对的，作为读者，我们的幸福往往在于每读一本书，自己的内心世界就打开一次。我一直希望自己的藏书或者读过的书能有更多的知音，于是我开始动手翻译，试图把自己喜爱的法语作品介绍给中国读者。我选择译书，在某种意义上，是期盼与更多的知音分享一种心灵交流的快乐。

最早做文学翻译，是在改革开放初期。法国文学作品千姿百态，真叫人着迷。在寻觅的过程中，我爱上了勒克莱齐奥的《沙漠》，又恋上了博达尔的《安娜·玛丽》，还在梦中遨游特丽奥莱的《月神园》，一切都太美妙，太神奇了。不过，我时常提醒自己，一定要坚持用自己的目光去发现作家，千万不能把自己不喜欢的作品介绍给别人。就说《沙漠》吧，一开始我没有对它一见钟情，反倒觉得有些陌生。但当我仔细阅读下去，我在小说里看到了一个荒凉与繁华、贫乏与富有兼有，对比鲜明、寓意深刻的世界，那些怪诞的文字创造了色彩缤纷、变幻无穷的图像，古怪中蕴含着某种新颖，流露着超凡脱俗的美。我觉得，无论是形式上的探索，还是思想上的表达，这部小说都有重要的意义，中国读者一定会喜欢，于是很快就推荐给出版社，着手翻译。记得有一次苏童先生见到我，认真地跟我说："许老师，我家里有不少你的书。"我不信，以为只是客套话。后来有一次我去他家拜访，还真的在他的书架上找到了我的译作——《永别了，疯妈妈》《沙漠》和《诉讼笔录》等。

除了文学翻译，我还主持过历史与社会文化译丛，比如我主编"西方文明进程"与"日常生活译丛"丛书，目的是关注并拓展历史研究的途径，把握人类生存的深层脉络。希望中国读者了解到人类历史不只是一部精心修饰过的帝王史，或是透着血腥味的战争史。一个个有着生命和激情的个体在人类历史中也应该占有一席之地，因为他们才是历史的真实底色。在主持丛书的过程中，我不禁联想到翻译研究，思考翻译家的存在，因为正是他们，我们的翻译活动才变得如此丰富，具有深刻的意义。最近几年，我在《中国翻译》开设了"译家研究"专栏，主旨就在于全面深刻地理解翻译家的活动，评价翻译家的作用。我还主编了"中华译学馆·中华翻译家代表性译文库"，希望通过展现中华翻译家的经典译文，塑造中华翻译家的精神形象，进而深化我们对翻译本质的认识。除此以外，我主编过"法兰西书库"，为的是弘扬多元文化精神，为维护文化多样性做出努力；我参与主编"现代性研究译丛"和"文化和传播译丛"，希望引发学界对于涉及现代性和文化传播等问题的思考。这些人文社会科学作品的翻译之于中国读者的影响，丝毫不亚于前面我所提到的文学翻译。

最近这些年，我还尝试支持、翻译法语儿童文学作品，如阿勒玛尼娅的《一只狮子在巴黎》、"世界动物文学经典译丛"。儿童文学对于儿童的身心健康发展很重要，把优秀的外国儿童文学作品介绍到中国，能够让我们的年轻一代有机会读到好书，感受到异域文化的色彩，体验他国文明的魅力，这对他们的成长很有意义，希望以后有时间可以继续做下去。

作为一名外语研究者，我每年还会阅读大量的中国文学作品。我注意到我们当代的作家很优秀，有着自己明确的美学追求，有自己对存在的思考，而且有娴熟的叙事能力，形成了自己的特质。21 世纪初，我就提出，全世界阅读中国作家作品的时代已经到来。我们确实应该站在文化自觉和文化自信的高度，重视我们的文学对外译介工作。傅雷曾说过，"东方西方之间的鸿沟，只有豪杰之士，领悟颖异、感觉敏锐而深刻的极少数人方能体会……东方的智慧、明哲、超脱，要是能与西方的活力、热情、大无畏的精神融合起来，人类可能看到另一种新文化出现。"① 我希望在不久的将来，这一愿望可以实现。

枣彬吉：从法国文学汉译，到法国人文社科作品、儿童作品的汉译，再到中国文学的外译，您的翻译实践与思考正在不断深化，在译学求索的道路上越走越宽广。对待翻译，您从文化交流的高度出发，以维护文化多样性为目标，始终坚持"打破隔阂，开阔视野，促进理解与交流，扩展思想疆界，增进不同民族文明的互学互鉴，丰富与繁荣世界文化"②。这正是翻译精神所在。同时，您还身体力行，积极向社会公众普及翻译的文化内涵与精神价值。您曾在南京的先锋书店、湖北图书馆的"长江讲坛"等公共文化空间与大众读者交流翻译，还开设"浙大译学馆"微信公众号支持翻译的科普宣传工作，这些都为社会各界了解翻译

---

① 傅雷. 傅雷家书. 北京：生活·读书·新知三联书店，2019：516.
② 许钧. 改革开放以来中国翻译研究概论（1978—2018）. 武汉：湖北教育出版社，2018：254.

事业提供了重要窗口，具有一定的学术和社会影响力。

许钧：的确，这几年我经常与各行各业的朋友就翻译与文化问题进行交流，关于翻译似乎有永远说不完的话题，我想这是因为翻译跟人类生活关系太紧密的缘故吧。几年前，我曾在北京大学人文工作坊上讲过"做翻译不能止于翻译"[①]。我们从事翻译与翻译研究工作的，要敢于走出象牙塔，关注文化，关注社会，争取吸引更多人关心翻译事业，思考翻译问题。

我记得曾经给一个毕业班上翻译课，在一个学期的最后一节课上，想让同学们了解一下翻译家的艰辛与追求，将法国李治华夫妇耗费20年心血译成的《红楼梦》法文本的开篇几段复印给学生们，让他们对照原文谈谈自己的看法，不料他们说李先生的译文这儿不对，那儿没有传达原文的风格，听得我心里很难过，倍感翻译家的命运之悲哀：谁都可以批评译者，哪怕是把中国的《红楼梦》推向法国出版的圣殿——七星文库的李治华夫妇。这也从侧面说明了翻译常常处于被掩盖、被谴责的尴尬境地。为此，我曾提出要在翻译图书市场建立翻译品牌。很多女生买包会认准品牌，可是买译著却很少有人认准译者。如果我们的社会能树立翻译品牌的意识，我们的译者能拥有一批喜欢他的读者，而他翻译的作品若能影响一代又一代的人，那真是莫大的幸福！另外，关于翻译成果的认定，我也曾在《中国翻译》上撰写专文就翻译的学术价值做了探讨[②]，呼吁大家关注翻译成果所具有的学术资源、理论创新与人文关怀等多重的价值。我希望能够尽自己的一点微薄力量，让我们的翻译事业得到更多人的认可。

在新的历史时期，我还在思考我们的翻译活动如何在"一带一路"与构建人类命运共同体的历史进程中发挥作用，肩负起自身的社会责任和使命。我们都知道，历史上的许多翻译家，如鲁迅、陈望道、傅雷、朱生豪等，把自己的译事与国人的自强和民族的进步联系起来，他们用翻译活动振兴民族，给予国人精神上的勇气，用翻译活动打开新的世

① 许钧. 文学翻译、文化交流与学术研究的互动——以我和勒克莱齐奥的交往为例. 外语教学, 2018 (3): 72-73.
② 详见：许钧. 江苏社科名家文库——许钧卷. 南京：江苏人民出版社，2017(2): 5-11.

界，拓展思想疆域，推进社会进步与文化发展。我希望翻译同仁和后辈们，能始终把翻译事业与人类文明、家国情怀联系在一起。

枣彬吉：通过与您交流，我真切地感受到您对翻译的追求与热爱！近些年，翻译硕士专业学位研究生（MTI）教育正在不断发展，开办翻译博士专业学位（DTI）的呼声也日益高涨。但有调查发现，由于工作强度大、薪资不高等问题，不少 MTI 学生对从事翻译工作的动力不足，毕业后更加青睐互联网、金融等热门行业。[①] 面对这一现象，能否谈谈您的看法？

许钧：首先，无论选择什么行业，我觉得都要有理性的选择和感性的热爱，两者紧密联系。就拿我自己来说，我一开始做的主要是法语语法研究，后来转向了翻译。现在回过头来看，这一选择对我的个人发展至关重要。如果说最初做法语语法研究，是受到法国阿莱尔教授和自身感悟的影响，那么做翻译和翻译研究，靠的就是自觉选择。那个时候换方向，虽然不像今天这样有着明确的专业意识和学术追求，但的确是经过自己慎重思考才做出的自觉选择。那时主要考虑到，一是我已经做了相当的翻译实践，实践中遇到的问题迫切需要通过理论探索来解决；二是通过翻译实践，我发现文学翻译至少能够通往两条道路，即语言和文学，发展前景广阔；三是我对文学翻译有着强烈的兴趣，喜欢琢磨翻译中的问题，同时也很有意识地去积累翻译实例。

除了这三个与自身兴趣和需要密切相关的因素之外，我还意识到中国翻译历史悠久，丰富复杂，其背后蕴藏着一座座金矿，探索空间和价值很大，值得一辈子去开采。基于以上判断，我认为翻译工作适合自己，有发展前景，于是毅然决然地做出了选择。

其次，我觉得不管做什么，我们都要学会坚持，要有持续的积累。在过去的四十多年里，我每天至少写一千字或者翻译一千字，哪怕生病，哪怕过节，我都在坚持完成，这是雷打不动的。这份坚守很重要，

---

① 吴佳潼. 全国翻译行业人才发展状况调查报告发布.（2022-04-01）[2023-08-10].http://news.china.com.cn/2022-04/01/content_78143228.htm.

也很宝贵。当翻译和写作成为我们的一种习惯，成为一种本分，内化为一种精神追求之时，我们的翻译和研究的自觉性就会大大增强。

最后，作为人，我们活在这个世界上，要区分两种状态，一种是生存，另一种是存在。现在很多人都在说这个有用，那个无用，实际上这是生存层面的思考。但我们不能孤立片面地看待这个问题，要把它和"存在"联系在一起。假设一个人说自己今天去送外卖，是为了寻求今后人生的另一种可能，那么这样的人，即使今天在送外卖，我也觉得他活得有尊严，因为他是为了存在而努力追求。因此，从这个意义上来讲，我希望我们的 MTI 学生在选择职业的时候，不要盲目跟风，要有自己的理智，同时找到自己热爱的岗位，坚守初心。要相信，任何职业选择没有最好，只有最合适，翻译也一样。

枣彬吉：最后，我还有一个小小的请求。作为资深翻译家与翻译理论家，能否请您为年轻的译者与翻译学人说一两句话作为寄语？

许钧：好的，我就说一句话吧——翻译的世界很精彩，在翻译的道路上，我愿与你们同行！

集研究、翻译和写作于一身的"三栖动物"

——张德明访谈录

俞舒琪　张德明

受访者简介：张德明（1954 —　　），浙江绍兴人。浙江大学人文学院教授、博士生导师，西湖大学通识教育中心教授，中国比较文学学会理事，国际比较文学学会会员，浙江省外国文学与比较文学学会副会长。主要研究领域为比较文学与世界文学的教学、研究与翻译。著有《人类学诗学》（浙江文艺出版社，1998）、《批评的视野》（上海社会科学院出版社，2004）、《流散族群的身份建构——当代加勒比英语文学研究》（浙江大学出版社，2007）、《从岛国到帝国——近现代英国旅行文学研究》（北京大学出版社，2014）、《西方文学与现代性叙事的展开》（华东师范大学出版社，2018）、《世界文学史》（北京大学出版社，2018）。译有《夏洛蒂·勃朗特诗全编》（上）（河北教育出版社，1995）、《狄更斯全集第十八卷》（诗歌篇）（浙江工商大学出版社，2012）、《哀歌与十四行诗——里尔克诗选》（山东文艺出版社，2017）、《天堂与地狱的婚姻——布莱克诗选》（山东文艺出版社，2020等）。另创作有诗集《打水漂》（华艺出版社，2003）等。独立主持国家社科基金项目3项，并参与主持国家"八五"重点出版项目10卷本《世界诗库》。

访谈者简介：俞舒琪，浙江大学外国语学院硕士研究生，研究方向为翻译学。

本次访谈时间为2022年7月26日，形式为线上访谈。

俞舒琪：张老师，您好，非常高兴能够采访您。我拜读了您的译著，也在网上阅读了一些关于您的采访。您能再和我们谈谈自己曲折又幸运的教育经历吗？

张德明：谢谢舒琪！其实，无论国内还是省内，比我有成就的同行多了去了，你应该去采访他们。不过既然你们把我列入了名单，那我就尽量配合吧，也好借此机会理一下思路，做个工作小结。说到我的教育经历，你概括得非常精准，既"曲折"又"幸运"。我曲折的教育经历是特殊年代的产物。1966年，我小学毕业正好赶上"文革"开始。由于家庭出身关系，我被无端剥夺了上中学的机会，在社会上"流浪"了十一年，敲过公路石子，当过工程描图员和宣传员，直到1977年国家恢复高考，我才侥幸考进绍兴师专（现为绍兴文理学院）。虽然当时读的专业是中文科（现为汉语言文学），但我把主要的时间和精力都放在了读外国文学作品和学英语上。为什么？主要是"中"了鲁迅先生的"毒"。鲁迅先生在《且介亭杂文》中曾告诫他那个时代的年轻人，要多读外国书，少读甚至不读中国书。他给出的理由是，读中国书会使人渐渐消沉下去。读外国书则会使人奋起，想做点事（大意如此）。所以进校不久，我就买了一本英汉词典，还把马克思的名言抄录在扉页上，"外语是人生斗争的一种武器"。

不过我还是幸运的，因为绍兴师专虽不是什么名校，但还是有不少好老师的。中文科的就不说了，单说英语科的，有一位陈家秉老师，据说他在民国时代当过《纽约时报》上海站记者，英语棒得不得了，师专重建后就把他请来教专业英语。偶尔他也来中文科"客串"上公共英语课，用的是许国璋先生编的教材。记得第一堂课，他一进教室就检查我们的词典，然后丢下一句话："一个人英语学得好不好，就看他的词典翻得脏不脏。"话虽简单，但道理很深，操作性也很强。就是要我们下笨功夫，勤翻词典。一遍记不住，就翻两遍，还记不住再翻八遍、十遍。于是我的词典渐渐脏起来了，直到后来页边都翻得油腻腻了。英语水平果然也大有提高，期末考试轻松过关，得了九十五分。之后再学同一本教材，觉得进度太慢了，就去图书馆借了一本原版书，德莱塞的长篇小说《嘉莉妹妹》，当时好像还没有中译本，午休时间一个人关在教室里苦读。自己买的词典不够用，又借了一本英汉大词典，两本词典摊开同时用。一年下来，终于把这本厚书啃完了。掌握单词和句式的能力突飞猛进。从此尝到了甜头，以后无论读硕还是读博，只读原典，不读或少读教材，受益无穷。

俞舒琪：您后来在杭州大学中文系念研究生时，师从当代著名诗歌翻译家飞白，您对飞白老师的印象是怎么样的，他有没有对您的翻译实践和翻译思想产生影响？

张德明：飞白老师对我的影响太深了，不是一个访谈可以说完的，之前我曾写过几篇文章，谈他的译著和译论，你可以找来一读。这里我只说三个关键词。第一个，"境界"。2017 年，北大诗歌研究院设了一个国际诗歌奖，其中的翻译奖授予了飞白，要他前去领奖，没想到被飞白老师婉言谢绝了。他给举办方写了一封信，说诗歌翻译对他来说就是呼吸，"人不需要为深呼吸另获奖励"。

第二个，"勤奋"。飞白老师从不浪费时间。记得有一次他因病住院，我去看望他，发现他床头放着一本英文专著，他告诉我，这是女儿刚从美国给他寄来的翻译学著作，很有参考价值，正在细读中。这种自律和好学精神贯穿了他的一生。

第三个，"博通"。飞白老师大学学的是英语，投笔从戎后又应工作需要学了俄语，此后他又自学了古希腊语、拉丁语、法语、意大利语、西班牙语、德语、葡萄牙语、荷兰语、瑞典语、丹麦语等，几乎把欧洲各民族语言"一网打尽"。不仅如此，他对不同语系、语族、语支之间的传承和影响关系了如指掌，对不同语言发音的差异、舌头的位置等都研究得非常透彻。他的经典之作《诗海——世界诗歌纲要》后有一个《诗律学》，全面而细致地梳理了世界各主要语种诗歌的格律、韵式与诗体，并附有书中涉及的各种外语的拼读要领。当然，他对汉语诗歌的音韵和意象之美有着尤其透彻的理解，这或许和家传有关，因为他的父亲是"五四"时期著名的湖畔派诗人汪静之嘛！

上面讲的这三点，无论对我做人还是做学问，都产生了深刻的影响。我后来自学古希腊语、拉丁语、法语和德语，从德语翻译出版了里尔克的名作《杜伊诺哀歌》和《献给奥尔甫斯的十四行诗》等，都得益于飞白老师的耳提面命和潜移默化。

俞舒琪：张老师，那您是如何与翻译结缘的？

张德明：我跟翻译结缘得从我写硕士论文说起。20 世纪 80 年代攻读硕士学位期间，我在飞白老师的课上第一次听他讲到布莱克的诗歌，便对这位英国神秘主义诗人自创的神话体系产生了浓厚的兴趣。当时国内引进了许多西方批评理论，其中我最感兴趣的是神话原型批评，读了英国人类学家弗雷泽的《金枝》、加拿大的批评家弗莱的《批评的视野》（当时还没有全译本，只是一些片断），以及荣格有关集体无意识和神话原型方面的著作，就突发奇想：是否可用神话原型理论来解读布莱克，并将此作为硕士论文题目？得到飞白老师认可后，我从图书馆中找到了两种英文原版布莱克诗集，都是新购的，没人借阅过。国内出版的布莱克诗歌中译本也只有湖南人民出版社的，杨苡先生翻译的《天真与经验之歌》，但收入的也只是布莱克的早期作品，根本没有涉及他晚期的神话体系。

于是我决定从"啃"原典着手，读原汁原味的布莱克。阅读过程中，为了增强理解、便于引用，我把其中一些国内尚没人译过的篇章如《天堂与地狱的婚姻》《四天神》等翻译出来了，三年硕士期间日积月累，译稿居然有了十多万字。当时中国文联出版公司正在筹划出一套"诗海小丛书"，飞白老师向他们推荐了我的译稿。硕士论文完成不久，我的译稿也出版了。同时，我为这本小书写的序言也在《读书》杂志上发表了。两年后，硕士论文精简版又被《外国文学评论》录用了，可谓一举三得。从此一发不可收拾，当了一头集研究、翻译和写作于一身的"三栖动物"。

俞舒琪：原来是这样。张老师，您后来读博时师从的是北京师范大学的刘象愚先生。刘象愚先生在《译"不可译"之天书：〈尤利西斯〉的翻译》一书的序言中感叹"文学翻译是最复杂的翻译活动"。张老师，您怎么看待文学翻译的复杂性？

张德明：在我心目中，飞白老师和象愚老师是我只能仰望、无法跨越的两座大山。前不久刚刚读完象愚老师《译"不可译"之天书：〈尤利西斯〉的翻译》，敬佩之余，唯有感叹。象愚老师最初是研究和翻译西方文论的，像韦勒克的《文学理论》、哈桑的《后现代转向》等都是经他首次翻译进入中国学术界的。读博期间我就听说刘老师在翻译《尤利西斯》，但直到 2021 年三卷本（两卷作品加一卷翻译心得）的《尤利西斯》才正式出版。都说十年磨一剑，象愚老师是二十年磨一剑啊！象愚老师在序言中的感叹我深有同感，但毕竟我的翻译实践少，你提出的这个问题我恐怕回答不好，只能结合本人的翻译实践，加上我所理解的两位老师的翻译思想，试着回答一下。

从信息论的角度看，我觉得翻译是一个从解码到重新编码的过程。每个文本都是用语言符号编织起来的。文本（text）就是织物（texture），编织就是编码。既然是编码就可以解码，重新编码。翻译就是从解码到重新编码的过程。文学文本是一种特殊的符号编织物，有其特有的编织方式。大致可以分为以下四个层次：首先是基本语义层，包括词汇、句法、语法和篇章结构等；其次是文化背景层，包括历史传统、文化背景、时代潮流等；再次是文学传统层，包括特定民族的美学追求、特定时代的文学思潮、以往文学作品的互文性映射等；最后是作者风格层，包括他或她的生平经历、美学追求、文风和修辞等。重新编码时，这四个层面一个也不能少。

俞舒琪：那么以什么为标准，说明解码和重新编码是成功的呢？

张德明：目前译界同仁普遍认同，且已成为翻译标准的，是严复的"信达雅"三字经。据我粗浅的理解，这三个字的意思虽有联系，但着眼点其实并不完全等同。"信"着眼于信息的指称功能，要求翻译家首先必须透彻理解原文，做到语义上的"保真"，不能任意增减，这个主要涉及译者的外语功底。"达"着眼于信息的交流功能，指翻译出来的文本要能够很好地传达原文的意思，没有含糊不清或引起歧义的地方，要做到这一点，光外语好不行，母语功底也得好，还涉及遣词造句能力。"雅"则着眼于信息本身的美学功能，也涉及译者本人的文化底蕴和语言修养。但问题在于，有时你完全理解了源语文本，即做到了"信"，但因为受原文束缚，跳不出来，反而使译文无法"达"意，难以"保真"。举个最浅显的例子，中国古典小说和戏曲中经常出现"冤家"一词，是恋爱双方女方对男方又爱又恨的称呼，如果一定要保真，就只能翻成 enemy（敌人）或 foe（仇家），这就与原意完全相反了，其实最恰当的翻译应该是 dear 或 darling。这么翻，从字面上看似乎不可"信"，但语义上恰恰是"达"的，这就涉及文化传统和习俗了。

再说一件趣事。2000 年我在美国访学时，有一次丢了钥匙，要去配一把。路上我一直在想"配钥匙"怎么翻译成英语，尤其是"配"应翻成 match 还是别的什么？进入镇上一条街，忽然看见街角挂着一块招牌，上书"Key Cutting"。啊哈！这就是我要找的地方啊。进一步思考不难发现，这个词语的翻译其实涉及了中美（英）语言和文化交流中的深层问题。在诸如配钥匙这个问题上，我们中国人强调的是"配"，即合适不合适，但对英语国家的人来说，配钥匙只是一个纯粹的工艺过程，即 cutting（刻或锉）而已。至于"雅"，也要因人（文）而异。说到这里，我想到了象愚老师翻译的《尤利西斯》，原文有很多不"雅"甚至粗俗的底层语言、黑话、脏话和粗话，涉及性、下半身，只能如实翻译，不能雅化、美化。总之，我觉得对"信达雅"的理解，既要看到三者各有不同的着眼点，又要认识到三者是互相联系的，它们的关系是辩证的，不是割裂的。

俞舒琪： 我斗胆猜测，您的很多翻译实践，包括译著《勃朗特两姐妹全集》第六卷和《天堂与地狱的婚姻：布莱克诗选》与您的文学研究是分不开的，那么您是如何将两者结合在一起的？并且，我也很好奇，您在文学方向的深耕有没有助益您的文学翻译呢？

张德明： 你说得对。文学翻译必须和文学研究结合起来才能做好。没有翻译的研究和没有研究的翻译都是跛足的。具体到翻译实践，有时是为研究而翻译，有时是为翻译而研究。我译布莱克和里尔克属于前者，译勃朗特和狄更斯的诗歌属于后者。关于布莱克，上面已经说过了，现在说说里尔克。我是先读到绿原和林苑两位先生翻译的里尔克诗歌，才对这位德语诗人发生兴趣的。尤其着迷于《杜伊诺哀歌》，当时一章一章地读，每读一章写一段研读心得，共写了一万多字。尽管如此，我总觉得，通过中译本研读里尔克，总有点隔靴搔痒，就像卡夫卡《城堡》中的主人公 K 那样，只能在城堡门口徘徊，永远进入不了城堡内部。

当时我已年近六十，有一种时不我待的感觉。于是就借了一本德语教材，买了一本德英汉词典，从网上找到了德语原版《杜伊诺哀歌》和《献给奥尔甫斯的十四行诗》合集的电子版。就这样一边学德语，一边研究里尔克，同时翻译这部诗集，花了四年多时间，德语也基本掌握了，这部诗集也译出来了。我自信我的译本有自己的特色，避免了欧化的长句子，篇末又附上了自己的翻译和研究心得，便于读者理解。又是运气好，当时山东文艺出版社要出一套"雅歌译丛"，经同门推荐，我的译本被纳入丛书出版了。

俞舒琪： 您的译著基本是诗歌的体裁。张老师您自己也是一个诗人，请问您是否对诗歌这一文本类型有特殊的偏好？

张德明：诗人不敢当。只能说喜欢诗歌，偶尔舞文弄墨而已。我偏向于诗歌翻译，主要还是受飞白老师影响，因为当时他主持的专业方向就叫"外国诗研究"。入门以后，课堂上下、平时阅读和交流，基本上都是诗，很自然地，研究和翻译的对象就是诗人及其作品了。

俞舒琪：有人认为诗人才能译诗。究竟什么样的人能够翻译诗歌？

张德明：对于"诗人才能译诗"这个观点，我不能完全同意。尤其是在当下这个网络时代，写诗的门槛越来越低，似乎谁都能写几段分行的文字，或凑几首中规中矩的格律诗，就可自称为诗人。也读过几位诗人译的外国诗，但恕我直言，不敢恭维。什么样的人才能译诗呢？我个人觉得大概有以下几点吧。首先，这人心中得有诗意，如荷尔德林所说，有"诗意地栖居在大地上"的能力。无论处在何种境地，都能安之若素，如苏东坡所说"吾心安处即家乡"，且对身边的人、事、物，能始终保持一种儿童般的好奇心和共情力。这里强调一下，共情不是同情，前者能将自己代入他者，平视他者；后者则是居高临下地旁观他者，俯视他者。其次，有敏锐的观察力和想象力，在现时代，尤其要能在日常中发现美，在俗世中发现诗意。像波德莱尔那样，能从震耳欲聋的巴黎大街上，从拥挤不堪的人群中定格一张匆匆而过的陌生女子的脸，思考现代性、大众和瞬间美的关系。再次，对母语有深厚的爱，对传统和现代的诗性文化有深厚的修养。最后，至少精通一门外语，无论对母语还是外语的音韵、节奏，都有非常敏锐的直觉和感受，能深入音位层面，弄清不同元音、辅音的发声与情感表达之间的关系。他写的诗可以不押韵（如果是现代诗），但他耳中得有音韵，心中得有旋律。

俞舒琪：张老师，提到诗歌翻译，就不得不讲讲那句深入人心的"Poetry is what gets lost in translation"。您怎么看待诗歌翻译的"可译"与"不可译"？

张德明：这个观点最初是由美国诗人罗伯特·弗洛斯特提出的，被许多人接受了。我也同意。一方面，诗歌是文学的精华、语言运用的极致、文化金字塔的塔尖。诗的形式和内容高度统一，诗中音步、节奏、韵脚、隐喻的运用，甚至语序的排列，本身就是意义的有机组成部分，而不是可有可无的装饰。读者如果对原文一无所知，完全信任和依赖翻译，就无法欣赏原诗中的微妙之处，进而也无法精准把握诗人的创作意图。

但另一方面，我们也应该看到，诗歌在翻译中既失去了一些东西，又捡回了一些东西。从逻辑上说，这个很好理解。没有翻译，源语国再好的诗作也无法被译入国的读者所知晓和欣赏。20世纪以来，正是借助无数翻译家的艰辛工作，我们才得以认识、了解和欣赏不同国家、不同民族文化和不同语言风格的诗歌，从这个意义上说，翻译是用语言符号做中介进行的一场文化贸易。不过，既然是贸易，总会有得有失。译者既可以发挥自己的主观能动性，通过自觉的选择和取舍，赚取文化"利润"，又不得不受种种语言的、历史的和文化的限制，接受一些"亏损"。问题在于如何保持两者间的平衡，尽量减少贸易"逆差"。优秀的翻译家，失去的少一些，捡回的多一些。仔细研究一下"五四"以来的翻译家译的诗歌，你会发现两种倾向同时存在，有些诗人和翻译家，如苏曼殊，完全抛弃原文形式，用中国古典格律诗来译外国现代诗，读来使人误以为就是中国人写的。这个表面看来是赚了，其实是亏的，因为没有洋货"进口"。更多的翻译家，像飞白老师等，则尽量尊重原文，做到内容和形式的统一，引进了不少我们传统中没有的，或陌生的诗歌形式和押韵方式，比如英雄双行体、十四行诗、自由诗，交韵、抱韵、三联韵等，给国内诗歌创作界带来了一股清风。但这里也有个"度"的问题。有些译者过于亦步亦趋，自己还没完全弄明白，就急于翻译出来发表，就会误人子弟。国内一些搞创作的，喜欢用欧化句子，把诗写得奇崛拗口，以为让人看不懂的就是好诗。对此，坏的翻译是要负一定责任的。我觉得最好在"归化"和"异化"两者间取得某种平衡，但这"第三条道路"说说容易，做做难。只能不断尝试，不断摸索。

俞舒琪：张老师，接下来我们想谈谈您具体的翻译实践。您一定特别了解布莱克、里尔克、夏洛蒂·勃朗特、狄更斯这些作家，他们的诗歌风格分别是什么样的？他们的诗风各有特色，您在翻译时有没有采取不同的翻译策略？

张德明：这个问题提得好。的确，这几位诗人之间风格的反差太大了，而且每位诗人早期和晚期的风格也不尽相同，翻译起来很有挑战性。比如，布莱克的早期诗歌《天真与经验之歌》等，像儿歌，短小、明彻、流畅，押韵工整，读来朗朗上口。但他晚期的神秘主义诗歌，像《四天神》等，多为长句，不押韵，意象繁复，运思神秘。里尔克也是如此，他的《杜伊诺哀歌》思维绵密、深邃，层层推进，多用长句子，每一章就像是一篇分行的哲学散文，但他同时期写的《献给奥尔甫斯的十四行诗》则又以清新、短小、格律工整见长，两者之间形成微妙的平衡和互补，这些都需要细细体会才能抓住其神髓。而夏洛蒂·勃朗特、狄更斯等主要是小说家，也有诗歌创作，这就得结合他们创作的小说来翻译。说到翻译策略，我想起了木心说过的一句话，"天鹅谈飞行术，麻雀说哪有这么多的讲究"。或许有人是翻译界的天鹅，我只是一只小麻雀，没有什么预先制定的翻译策略——"Just do it"。就像布莱克在某处所言："Try, try, and never mind the reason why."

俞舒琪：郭沫若曾说："诗的生命在它内容的一种音乐的精神。"[①]换句话说，诗歌的格律是很重要的。张老师您会注重格律在翻译中的再现吗？

张德明：嗯，对于这个问题，还是举例说明吧！读一下布莱克的一首名诗《老虎》(*The Tyger*)。篇幅有限，只能说说第一节的格律和节奏。

Tyger! Tyger! burning bright

In the forests of the night,

What immortal hand or eye

Could frame thy fearful symmetry?

众所周知，英语诗歌中用的最多的是抑扬格，而这首诗用的是比较

---

① 陈福康. 中国译学理论史稿. 上海：上海外语教育出版社，2000：260.

少见的扬抑格四音步，和我国的七言诗节奏相近。诗人为什么选择用这种格式，得联系他的整个创作思想。前面说过，布莱克有个自己创造的神话体系，在这个体系中，上帝是个铁匠，世间万物都是他用锤子打造出来的，用先扬后抑（相当于汉语格律诗中的先仄后平）的诗格能较好地传达出铁匠打铁的音响效果。这首诗第一节写的是，诗人想象中上帝刚刚打造好的老虎闪现在黑夜的森林中。第一行四个单词，头韵和尾韵交错，读来铿锵有力。我在翻译时，尽量模仿这种效果，用双声加叠韵的"辉煌"和"火光"来对应 burning bright。原诗尾韵押的是 AABB 式，即每两行押韵，然后转韵，我也尽量与之对应：分别用中华新韵中的唐韵和庚韵来押韵。

> 老虎！老虎！辉煌的火光
> 照亮了黑夜的丛莽！
> 什么样的神手与眼睛
> 敢锻造你恐怖的匀称？

俞舒琪： 最后想请教张老师一个问题。您在《夏洛蒂·勃朗特诗全编》（上）序言中提到，您借鉴的原著中有非常多的手稿痕迹，给您的翻译带来了很大的困难。译者在面对手稿的时候，最大的困难是什么，又该如何取舍？

张德明： 嗯，你看得很细。译夏洛蒂·勃朗特的诗歌对我是一种挑战。在读到她的诗歌之前，国内读者，包括我本人在内，只知道她是一位小说家，不知道她还是一位优秀的诗人，其诗歌成就完全可以与小说媲美。当时我用的译本是 1985 年出的《勃朗特两姐妹全集》新注释本，这个本子根据作家的手稿编成，基本上保留了手稿的原貌，连其中的标点错误、拼写错误和缺漏之处也一如原稿，没有做任何改动。这对于专业研究者也许相当有用，却给翻译带来了很大困难。为了方便普通读者理解，对于一些没有标题的诗歌，我沿用了翻译布莱克时用过的方法，用诗歌的第一行作标题，并且加了引号，以示与正式标题的区别。当年我在面对手稿版本之时，最大困难是解码，即求"信"，不断查词典，找资料。然后，选择适当的词语和句式来表"达"，至于"雅"，则只能根据上下文来处理了，该俗则俗，该雅则雅。

俞舒琪：感谢张老师百忙之中接受我的采访，我受益匪浅，希望以后有机会再向您请教！

文学、文化和翻译都是相通的

——沈弘访谈录

张　炼　沈　弘

受访者简介: 沈弘（1954—　），浙江杭州人。浙江大学外国语学院教授、博士生导师，浙江省翻译协会副会长，浙江省哲学社会科学规划学科组外国语言与文学组成员。主要研究领域为中世纪和文艺复兴时期英语诗歌、中外文化交流、非物质文化遗产研究。已出版著作45部，代表作包括《弥尔顿的撒旦与英国文学传统》（北京大学出版社，2010）、

《英国中世纪诗歌选集》(浙江大学出版社,2019),以及"遗失在西方的中国史"系列等。已发表论文 100 余篇。

访谈者简介: 张炼,浙江大学外国语学院教师,研究方向为英美文学。

本次访谈时间为 2022 年 7 月至 10 月,形式为线上交流、线下面谈结合。访谈主要围绕个人学习与翻译经历、中世纪与文艺复兴研究与翻译①、中外文化交流研究与翻译、对译者的嘱托这四大主题展开。

一、个人学习与翻译经历

张炼: 沈教授,谢谢您接受采访。您在外国文学、中外文化交流、翻译等领域深耕多年,成就斐然,学生众多,深受敬仰。可否请您回顾一下,您是如何走上翻译这条道路的?

沈弘: 我如何走上翻译的道路——这个故事说来话长。我是属于被"文革"耽误了学业的那一代人。1966 年"文革"开始时,我刚小学毕业。初中阶段大部分时间是在学工、学农和学军中度过的。1970 年,我上了"文革"后的第一届高中。1977 年,我参加了"文革"后的首次高考,并考上了北大。在考上大学前,我曾在母校杭十中教了一年英语,后被派到杭州绸厂(杭十中工宣队来自这个厂)当了一年的挡车工,还在西湖伞厂当过冲床工。在这些年里,我一直坚持自学英语。我学英语有一点家学渊源,因为父母都是中学的英语老师,他们是抗战时期在浙大龙泉分校学的英语。因此,我家里有一批英文原版的文学作品,有狄更斯的小说《老古玩店》《远大前程》《艰难时世》《双城记》等、萨克雷的《名利场》、乔治·艾略特的《织工马南传》和《弗洛斯河上的磨坊》、哈代的《苔丝》和《无名的裘德》,还有雨果的《九三年》和屠格涅夫的《猎人笔记》等。父母留下来的这批书打开了我的眼界,而想要看懂这批书也是

---

① 沈弘教授在中世纪与文艺复兴研究和翻译领域成绩斐然。关于他在这一领域心得体会的更多访谈记录,详见:张炼,沈弘. 中世纪与文艺复兴文学翻译和研究//郝田虎. 中世纪与文艺复兴研究(八). 杭州:浙江大学出版社,2023:195-206.

我自学英语的一个主要动机。

学英语的过程中会遇到一个瓶颈期，总觉得自己没有进步。为了打破这个瓶颈，我决定动手翻译一部小说。我在杭十中的图书室里找到了一本获斯大林文学奖的苏联小说英译本《库茨涅兹克的土地》，讲的是一批苏联青年赴西伯利亚开发偏远地区的故事。我觉得那本书的情节很吸引人，文笔也很优美，而且因为是英译本，所以语言本身也不是很难。说干就干，我每天抽一点时间来翻译这本书。日积月累，大概花了一年的时间把这本书全部译成了中文。这部译稿并没有出版过，我到现在还保存着它。

在北大西语系读本科期间，我们自发创刊了一个文学杂志，题为《缪斯》。很多同学为它撰稿。我为《缪斯》创刊第 1 期投的稿是美国作家威廉·卡洛斯·威廉斯的短篇小说《强行措施》译文；为第 2 期投的稿是"兰斯顿·休斯诗二首"。读研期间，我开始向校外的一些报纸杂志投稿。通常是到外刊上找一些内容比较有趣的文章，翻译成中文以后再投出去。当时天津外语学院办有一个名为《文化译丛》的杂志，那儿就刊登过我的一些译文。虽然稿费并不算太多，但却常常能给我带来惊喜。读博以后，我便经常会接到任务，给人翻译一些学术性的论文。我自己在撰写论文的过程中，经常会感到要把一些外国文学作品和文学批评文章译成中文的必要性，因为在自己的论文中必须引用这些作品和评论。我还与人合译了牛津大学教授海伦·加德纳的名著《宗教与文学》。那是我第一本正式出版的译著。另外，我父亲沈亨寿受老友徐朔方教授之托，花费三年时间翻译了美国汉学家浦安迪的名著《明代小说四大奇书》，该书的审校工作也是由我独立完成的。

自从我留校任教后，翻译一事便一发不可收拾。虽然北大的牌子听起来很响亮，但北大教师的工资待遇当时在北京高校中可能属于最低的一档。所以我不得不大量地接翻译的活，以补贴工资的不足。我曾经给《中华读书报》翻译过一系列《星期日泰晤士报》的长篇特写报道，给《博览群书》杂志翻译过一系列介绍世界上著名图书馆的文章，给《文明》（后改名为《中国科学探险》）杂志写过一系列以翻译为主的老照片文章。我也给外文出版社翻译过半部小说，内容是回忆录性质的，讲

"文革"中的一名劳改犯如何历经千辛万苦，最后成为北京的一个 4S 店老板和千万富翁。我还曾经给北京大学做过大量的翻译工作：起初是翻译《北京大学学报》（哲社版）的英文目录，后来是给北大校史馆翻译北大的历史。有一次我给校外事处翻译了一篇陈佳洱校长出国访问的长篇讲话，被告知陈校长很喜欢我的译稿，后来他的英文讲稿基本上都被我包了。我还翻译过北大对外宣传的几本礼品书：一本是《燕园古韵》，另一本是《敦煌交响》，其他的书名已经记不清了。北大法学院有一个专门给妇女免费提供法律援助的公益组织，由美国福特基金会资助，所以很多案例材料需要译成英语，以供资助方参考。我也为他们翻译过材料，后来被告知美方代表对于我的译文很满意，认为比法学院博士生导师、教授的译文要好得多。所以，后来该组织的年度报告都是由我来译成英语的。

还有两件事对于我走上翻译的道路起着决定性的影响。第一件事就是我刚留校不久，系主任突发奇想，要发起一个"英语文学名著译丛"的大项目，要大家报自己准备翻译的作品名称。我当时报了中古英语长篇宗教诗歌《农夫皮尔斯》，经过数年的努力，终于把它译成了中文，并顺利出版。该项目在出版了三本书之后便因经费问题而寿终正寝，但我却在这本书的基础上成功申报了国家项目"中古英语文学研究"，并开始翻译其他重要的中古英语诗歌作品和约翰·伯罗的《中世纪作家与作品》、R. M. 威尔逊的《早期中古英语文学》等批评论著，这使我真正走上了专业翻译的正路。

第二件事也发生在我刚留校的时候，北大图书馆请我帮助整理馆藏的西文善本书。在整理和研究这些书的过程中，我发现有许多外国人写中国的、内容很好的西文书尚未译成中文，因此在国内鲜为人知。因此下决心要自己动手，将它们翻译出来。在其后数年中，我和助手们陆续译出了丁韪良的《花甲忆记》《汉学菁华》和《中国觉醒》、威廉·盖洛的《扬子江上的美国人》《中国长城》《中国十八省府》和《中国五岳》、威廉·亚历山大的《中国人的服饰和习俗图鉴》等。这为我开辟了一条新的翻译道路。迄今为止，我已经出版了四五十本此类书籍（包括再版书）。

二、中世纪与文艺复兴研究与翻译

张炼：您翻译了众多英国中世纪与文艺复兴文学作品。您在翻译《农夫皮尔斯》及《英国中世纪诗歌选集》时，遇到的最大挑战或力图突出表现的是什么？

沈弘：在翻译《农夫皮尔斯》和《英国中世纪诗歌选集》时，我曾经遇到过许多挑战。首先是要能看懂原文，由于这些诗歌是用中古英语写成的，自然会有很多生词，还会夹杂着不少的文学或《圣经》典故，以及拉丁语。所以短短的几行诗，也许要查半天才能弄明白它们的意思。

一旦读懂了之后，下一步就是如何按照其特点和风格译成中文。有的诗行直来直去，非常口语化；有的诗行文绉绉的，用词典雅；有的诗行节奏欢快，有的则缓慢凝重。这些最好都能通过译文的选词传达出来。再下一步就得顾及诗行的长短，开头是否需要缩格，还要考虑诗歌韵律的问题，等等。

在翻译《农夫皮尔斯》的时候，我感到最头疼的就是作品中人物的姓名。由于该诗是一部讽喻性作品，所以人物的姓名往往是一个抽象名词，而且经常是一个复合词，更有甚者还经常是拉丁语，例如 Concupiscencia Carnis、Coveitise Eighes、Leef-to-live-in-lecherie、Liberum Abitrium，Pride of Parfit Lyvynge、Spek-yvel-bihynde、Spiritus Fortitudinis、Waryn Wisdom 等等。

张炼：您将英文诗歌翻译成中文时，如何传达诗歌中的韵律？可否举例说明您在翻译《农夫皮尔斯》等作品时，如何表现其中的头韵？

沈弘：从绝对意义上来说，诗歌是很难翻译的。而翻译源于古英语诗歌传统的头韵诗更是难上加难。主要原因在于英语与汉语之间的差异。古英语属于日耳曼语族，其多音节单词的重音总是落在第一个音节上，这样就自然而然地形成了头韵诗的节奏和高昂激越的基调。而汉字都是单音节的，若硬要在译文中凑头韵的话，则违背了汉语的规律，所以是不合理和不足取的。我在处理这个问题所遵循的原则是控制每一诗行的长度和节奏，使之尽量接近于原作。在重现原作诗行节拍的同时，也注意保留诗行中间的停顿。

三、中外文化交流研究与翻译

张炼: 您翻译了大量有关中外文化交流史的书,这些书籍被再版、重印,受到了读者的认可和高度评价。这些书中对近现代中国社会文化状况、浙江及杭州的社会风貌都有非常生动的刻画和解读。是什么促使您走入这个领域? 您觉得这个领域的独特之处在哪里? 若想深入研究这个领域,应该如何做?

沈弘: 如前所述,1990 年,在我刚留校不久的时候,北大图书馆有一次来人请我帮助整理馆藏的西文善本书,因为他们要准备九十周年馆庆,准备写一个关于馆藏的摸底报告。北大图书馆有着数千册西文善本书的收藏,主要是原来的燕京大学图书馆、老北大图书馆和已被取消的中法大学、中德学会等机构的藏书。这些书在 1949 年以后都被封存,几十年来无人碰过。因为我懂几门外语,又在英语系开了一门西文版本目录学的研究生课程,所以他们认为我最有资格来整理这些书。

为了写出关于这些书的内容和价值的评估报告,我花了半年的时间来浏览这些书的内容,并做了很多卡片,翻译书名和写出每本书的内容梗概。在整理和研究这些书的过程中,我发现有许多外国人写的关于中国的内容不错的西文书,这些书尚未译成中文,在国内知名度不高。因此,我下决心要着手将它们翻译出来。

1997 年,我出国多年后从美国和加拿大回到北大,又跟北大图书馆恢复了合作关系,这次的研究重点是西文书中有关中国的老照片和图片。我在随后几年中扫描下来两万多张老照片,并于 2002 年在图书馆内部举办了一个旧中国老照片的展览。这次展览引起了轰动,《北京青年报》对此进行了系列报道,其他的报纸杂志也来向我约稿,要求我写一下老照片背后的故事。这为我开辟了一条新的翻译道路。迄今为止,我已经出版了四五十本此类书(包括再版书)和上百篇此类文章。

中外文化交流是一个雅俗共赏的话题,很多媒体都愿意刊登这类文章,出版社也愿意出这方面的书。我建议初学者可从向报纸杂志投稿开始，逐步转向学术期刊和申报国家级及省市级的项目。

张炼： 您收集了大量关于杭州、西湖、浙大的老照片，这些照片已经部分展出过。今后是否还会有相关展出？收集过程中有哪些有意思的和难忘的经历？

沈弘： 我在北大任教期间，收集了大量北京的老照片和图片，并写了大量相关文章。2006年回到杭州以后，我又开始大量收集关于杭州的老照片和图片，并撰写老照片背后的故事。我在浙大紫金港校区、杭州唐云艺术馆和灵隐寺都举办过多次有关杭州老照片的展览。这些展览曾经引起轰动，吸引了大量的观众，在灵隐寺举办的那个展览甚至还上了《人民日报》（海外版）。本来2022年我们计划跟浙江省摄影协会合作，在亚运会期间再办一次规模较大的杭州老照片展览，无奈因疫情和亚运会推迟到了2023年，所以这个老照片展览也将于2023年举办。在研究杭州老照片和图片的过程中，我曾经遇到过很多有趣的故事，这些故事给了我许多创作和翻译的灵感。

有一次，我在北大图书馆书库里发现了一本薄薄的书，封面上是一张手绘的杭州地图。仔细一看，原来是美北长老会传教士来恩赐（David N. Lyon）的《1870年杭州日记》。浏览了该书内容之后，我竟有一种似曾相识的感觉。原来这位传教士在杭州时就住在我出生并长大的那条小巷里，他所记录的是一百多年前发生在这条小巷里的事情，书中所提及的地名和人物都是我十分熟悉的。来恩赐年轻时孤身一人来到中国，用日记的形式记录了自己在异国他乡的心路历程。我自己在读博期间去牛津访学时也记了日记，所以读他日记时有一种强烈的共鸣。我随即写了一篇题为《洋街坊的日记》的文章，并且附上了他来到杭州后头一个星期的日记译文。这篇文章最早发表在《杭州日报》上，后又被许多其他媒体转载。

2009年，有人介绍我在网上认识了美国弗利尔美术馆的档案部主任霍大卫（D. Hogge）。我在电子邮件中告诉他，我正在收集和研究杭州的老照片，并问他的档案部里是否有杭州的老照片。他告诉我有，但客气地说那些照片质量一般，并随即给我发了一批过来。我发现其中有五十余张照片是美国学者马尔智（B. F. March）在杭州度蜜月时拍摄的有趣照片，因为其中有一些照片是比较罕见的。我告诉霍大卫，马尔智的蜜月照片很不错。他听了之后很高兴，又告诉我，除了照片之外，马尔智还写了蜜月日记。我马上请他传过来看一下，结果发现日记和照片珠联璧合，便组织人将蜜月日记翻译了出来。我向霍大卫建议，通过唐云艺术馆与弗利尔美术馆合作，在杭州举办一次大规模的老照片展览。弗利尔美术馆很重视这次合作，派了一个由副馆长带队的代表团（霍大卫也来了）到杭州来参加开幕式。那次展览的观众破了唐云艺术馆的纪录。《杭州日报》用好几个版面做了连续的报道。杭州市政府为了宣传杭州是蜜月之都，在那次展览之后做了一个新的规定，即每年要从全球邀请十对新婚夫妇免费来杭州度蜜月。当时杭州正在为西湖申请世界文化遗产，于是杭州市政府不失时机地请台湾的一个出版商用丝绸印刷和装订了一本礼品书——《马尔智杭州蜜月日记和照片》，并把它作为小礼品赠送给联合国教科文组织来杭州考察西湖的专家。后来，西湖也申遗成功。

张炼：早期西方来华人士将杭州地名和风景名胜译为英文时，颇有一番思量。关于有历史和文化意蕴的杭州地名和风景名胜等专有名词翻译，您遇到过哪些特别的例子？对于今天的杭州地名和风景名胜专有名词翻译，您有什么建议？

沈弘：杭州风景名胜的英译是一个有争议的问题。杭州旅游局印发的《杭州旅游手册》一般采用拼音（只有西湖十景例外），而外国人写中国的书中则大多采用了意译的方法。应该说两者各有利弊，用拼音干净利落，不拖泥带水，但是却失去了风景名胜名称的人文底蕴。意译的方法可以保留历史和人文底蕴，但缺点是名称往往有点长，如果重复几遍的话，就会显得累赘。例如"烟霞洞"如果译成"Yanxia Cave"，看上去就显得干巴巴的，没有什么吸引人的因素。意译为"Cave of Morning Mist and Sunset Glow"[1]，则富有诗情画意，有助于吸引旅游者的眼球。

---

[1] 参见：Fitch, R. F. *Hangchow Itinerary*, Shanghai: Kelly & Walsh Limited, 1922.

净慈寺的拼音 "Jingci Temple" 过于中性，而且读者也不明白 "Jingci" 是什么意思；但意译的 "The Monastery of Pure Compassion" 就不同了，不仅让读者明白了含义，而且还能领略一种佛教的境界。相同的例子还有 "法相寺"（Monastery of Buddha's Image）、"宝成寺"（Monastery of Precious Completion）。

有些风景名胜的意译还有很强的视觉效果，如 "保俶塔"（The Needle Pagoda）。由于该宝塔高而顶尖，所以远看就像一根直刺云霄的针。有的甚至还有听觉效果，如 "雷峰塔"（Thunder Peak Pagoda），一看到 "thunder"，就仿佛听见了隆隆的雷声。

另外，有一些杭州的风景名胜在以前有一些特殊的译法。例如 "钱江潮" 一词在 1949 年以前都译作 "Hangchow bore"。在一些数据库里查历史资料时，如果你输入关键词 "Qiantang River Tides" 的话，可能会一无所获，但倘若输入 "Hangchow bore"，就会一下子跳出很多的条目出来。

我对此的建议是，在将杭州的风景名胜译成英语时可以用拼音，但是在这个拼音第一次出现时，需用圆括号附上意译的英文。这样的做法既可以节约印刷版面，也不会失去那些名称的历史和人文底蕴。

四、对译者的嘱托

张炼： 您爱书、藏书。您选择书的标准或偏好是什么呢？联系翻译实践，如何选择好的原作、好的版本来进行翻译？

沈弘： 一部文学作品的译本是指该作品可能有多人对它进行过翻译。由于每位译者对于作品的理解不同，译笔风格也会有差异，因此会造成不同译本之间的差异和好坏，在读者中的口碑也会很不一样。

译本还会因为用途和对象的不同而有很大的差异。一个莎士比亚戏剧故事译本的读者如果是少年儿童，那肯定会使用简单的口语化译法；如果读者是成人，那么译文的语言肯定要更为丰富和典雅。

一部文学作品的版本不是指译本，而是指同一部文学作品的不同印刷文本。不同的版本可以指印刷商不同，或印刷时间不同，或印刷文本的版式不同，或印刷文本的大小和用途不同。以莎士比亚戏剧作品为例。在谈论早期文本时，会分对开本和四开本。这儿的区别主要是页面的大小。手工制纸对折一次印出来的书就叫对开本，这种书页面很大，一般用来印比较重要的书。四开本是把手工制纸对折两次，因此页面较小。四开本用来印非正式和不太重要的书。莎士比亚戏剧作品的最早文本都是四开本，那是给演员提示台词和给舞台监督看的。莎士比亚去世之后，他剧团里的两名演员把各种诗歌（154 首十四行诗和两首长诗）和 36 部戏剧作品汇集在一起，印了一本题为《莎士比亚全集》的对开本。对开本和四开本都有很高的研究价值，因为从它们的文本中可以看到莎剧的本来面貌。把这些版本进行比较，也可以看到剧本被改动的情况。还有一种对研究者来说很有用的版本，叫做集注本，即把所有对开本和四开本中的不同之处，以及对于剧本的重要评论，在一个本子中全都标注出来，这样研究者就不用一本本地去找对开本和四开本，以及后来评论家的论著或文章了。进入 20 世纪以后，先后出现了一些适合于给学生当课本用的《莎士比亚全集》权威版本。

张炼：浙江大学中华译学馆和中世纪与文艺复兴研究中心联合推出了很多优秀的译著，其中既有文学作品的中译本，也有文学评论的中译本。对于译者，您有何建议？翻译文学作品和翻译文学评论之间的共通之处和不同之处有哪些？

沈弘：文学作品翻译和文学批评翻译之间的共通之处肯定是有的，比如，"信达雅"的翻译标准。译者都需要对翻译文本有良好的阅读理解，并且有良好的语言运用和表达能力。但是文学作品跟文学批评的区别也是很明显的。总的来说，文学作品比较感性，文字风格变化多端，跟文学体裁的变化有关，抒情诗节奏轻柔，意象鲜明；史诗铿锵激越，风格豪放；戏剧作品口语化强，很多双关语下隐藏着文字游戏。小说和短篇小说的流派和风格变化更多，难以一一梳理。文学批评则偏于理性，逻辑和哲理性强，而且专业术语较多，有的句子把人绕进去以后，很难出得来；有些句子则字面上似乎不难，但译成中文却非常困难。例如，我翻译过苏珊·桑塔格的文学批评文章，当时就感觉深陷其中，难以抽身，翻译起来非常吃力。我自己更喜欢翻译诗歌作品，因为感觉弹性空间更大，便于自由发挥。我曾经翻译过托马斯·哈代晚年写下的一些爱情诗，译完后感觉比较好，因为那种翻译感觉就像是再创作，一首诗译完后成就感满满。

对于刚入门的译者，我的建议是要由简而繁，由易而难，循序渐进。重要的是要挑选自己感兴趣的东西来翻译，以培养自己对于翻译这件事的爱好，不要一开始就遇上一根难啃的骨头，结果就兴趣全无，知难而退了。

张炼：再次感谢您！我在访谈中学到很多，广大读者也一定会从中得到启发和感悟。谢谢您的精彩分享。

跨越多语，译与研趣

——吴笛访谈录

王娅婷 吴 笛

受访者简介： 吴笛（1954 — ），浙江大学人文学院教授、博士生导师，浙江大学世界文学与比较文学研究所所长，浙江大学世界文学跨学科研究中心副主任；兼任中国中外语言文化比较学会会长、中国外国文学学会英国文学分会副会长、浙江省比较文学与外国文学学会会长、国际 A&HCI 期刊 *Interdisciplinary Studies of Literature* 副主编，中

国外国文学学会理事、中国比较文学学会理事、全国外国文学教学研究会常务理事、中国外国文学学会俄罗斯文学分会理事。主要研究领域为英美诗歌、俄罗斯诗歌、文学翻译。译有《劳伦斯诗选》（漓江出版社，1988）、《含泪的圆舞曲：获诺贝尔文学奖诗人帕斯捷尔纳克诗选》（浙江文艺出版社，1988）、《苔丝》（浙江文艺出版社，1991 等）、《雪莱抒情诗全集》（浙江文艺出版社，1994）、《夏洛蒂·勃朗特诗全编》（下）（河北教育出版社，1996）、《红字》（西安交通大学出版社，2015）等。1999 年，入选"当代浙江作家 50 杰"。2024 年，获中国翻译协会"资深翻译家"荣誉称号。

访谈者简介：王娅婷，浙江大学外国语学院硕士研究生，研究方向为翻译理论与实践。

本次访谈时间为 2022 年 6 月至 2022 年 9 月，在与吴笛教授的线上交流中，吴笛教授分享了自己的译学之旅，畅谈了自己对文学、翻译以及文化传播的思考，不论是对翻译专业学生，还是广大相关研究者都具有启发作用。

一、文学之旅

王娅婷：吴笛老师，您好，非常荣幸能采访您。您出版了多部英国文学研究著作，诸如《英国玄学派诗歌研究》《哈代研究》等，请问您是如何与英国文学结缘的呢？

吴笛：谈到我与英国文学的结缘，事情得回到 20 世纪 80 年代初。那个时代，国家开始实行改革开放，外国文学在打开窗口、融入世界，以及提升国民文化素质、重塑文化中国宏大形象等方面，发挥了重要的作用。我也是在这个时期开始对英国文学作品产生浓厚兴趣的。遗憾的是，当时的外国文学译著相对较少，重要的译著很难买到，在图书馆也很难见到。图书馆的外文书库更是很少有人光顾，但这里也成了我阅读外国文学作品的理想场所。我当时对英国现实主义文学有着浓厚的兴趣，阅读过多部狄更斯的作品，并且非常喜爱狄更斯的最后一部长篇小说《埃德温·德鲁德之谜》(*The Mystery of Edwin Drood*),由于没有中文译本,我就产生了将此部作品翻译成中文的想法。经与新华出版社联系并征得同意后,我于 1983 年开始着手翻译,并于 1985 年完成,由新华出版社出版。该书是我第一部从英文翻译的长篇小说,翻译之时的艰辛和愉悦是可想而知的。而且,这部作品的翻译对于我的翻译实践以及相应的学术积累都具有很大的推动作用。这部三十多万字的译著,我是以一丝不苟的精神进行翻译的。2012 年,该译著出版二十多年之后,作为第十五卷收入《狄更斯全集》时,我本想重新校译一遍,但是,对照原文审阅了部分章节之后,我发现我年轻时翻译的英国文学名著,令我颇为满意,于是我没有改动其中的任何文字,哪怕一个"的"字也没有增删。可见,年轻时的翻译实践以及培养严谨的治学态度是十分重要的。至于你提及的有关我的一些英国文学的研究著作,其实都是基于文学翻译实践而做的一些研究。我翻译过很多英国诗歌,所以,在撰写《英国玄学派诗歌研究》和《比较视野中的欧美诗歌》时,就显得得心应手了。正是由于英诗翻译实践,我才意识到英国玄学派诗歌在我国研究界作为断代文学史研究的意义所在,于是以此申请了国家社科基金,并成功立项。而《哈代研究》和《哈代新论》等著作则完全是基于《哈代抒情诗选》和《苔丝》等译著的翻译实践而产生的,有了对文本的更为敏锐的感悟和深刻的记忆,我撰写专著的过程也就相应比较顺利。

王娅婷:请问您最喜爱英国文学中哪种类型的作品呢?

吴笛:由于在研究生学习阶段"外国诗"这一研究方向的影响,我最喜爱的英国文学类型自然就是诗歌作品了。当然,我在喜爱阅读的同时,还有一个习惯性的爱好,就是每当读到优秀的英诗时,就有将英语诗歌作品翻译成中文的冲动,以便让更多的读者欣赏和理解。所以,就英国文学而言,小说类作品,我翻译过的只有两部长篇小说,一部是哈代的《苔丝》,一部是金斯利·艾米斯的《反死亡联盟》,都是 20 世纪八九十年代翻译出版的。而英国诗歌作品,我除了零星的英诗汉译,还比较系统性地翻译了四位英国诗人的诗歌作品,分别是《雪莱抒情诗全集》《夏洛蒂·勃朗特诗全编》(下),以及《哈代抒情诗选》《劳伦斯诗选》。不过，回想起来，这些也都是 20 世纪 90 年代翻译出版的。21 世纪以来，我的工作重心从外国文学翻译转向了外国文学研究。

王娅婷：除此之外，我还了解到您参与主编了 10 卷集《普希金全集》，以及《世界诗库·第 5 卷：俄罗斯·东欧》，请问您是何时走入俄罗斯文学世界的呢？

吴笛：说到走入俄罗斯文学世界的时间，应该是 20 世纪 80 年代。我在 2022 年刚刚出版的国家社科基金重点项目成果《俄罗斯小说发展史》的前言中，写过类似这样的话：我最早真正接触的外国文学是俄罗斯小说，我的第一部外国文学译著是大约 1983 年出版的俄罗斯作家邦达列夫的重要作品——俄罗斯"战壕真实派"代表作《最后的炮轰》（*Последние Залпы*）。这部作品通过主人公诺维科夫和莲娜的战地爱情及悲惨结局，渲染了战争的残酷，体现了作者反战的思想。而我参与主编的 10 卷集《普希金全集》以及《世界诗库·第 5 卷：俄罗斯·东欧》等，都是后来"不忘初心"的体现和延伸。

王娅婷：您认为俄罗斯文学作品与英国文学作品之间存在差异么？如在创作手法、核心思想的传达方式上有差异吗？

吴笛：由于历史文化和社会语境的限定，俄罗斯文学作品与英国文学作品之间无疑存在着一定的差异，这种差异不仅体现在主题思想方面，也体现在创作手法方面。英国文学作为西欧文学的重要组成部分，其发展历程与法、德等西欧文学同步，不仅在中世纪就在英雄史诗和谣曲等方面有着辉煌的成就，而且在文艺复兴文学、古典主义文学、启蒙主义文学、浪漫主义文学、现实主义文学等方面，有着一脉相承的谱系，而俄罗斯文学仿佛没有这种谱系，而是在西欧文学的多种思潮的作用下在特定的时间里发展起来的。以诗歌创作为例，无论是文艺复兴时期莎士比亚、斯宾塞等诗人的十四行诗，还是 17 世纪约翰·多恩、安德鲁·马维尔等英国玄学派诗人群体，在俄罗斯诗歌中都没有出现。进入 18 世纪之后，俄罗斯文坛才终于结束长达七百多年的"古罗斯文学"，开始了诗歌创作的新的征程。在彼得大帝实行社会改革政策之后，俄罗斯诗坛才随着社会思想的演变而发生了急剧的变革，涌现出了许多优秀的诗人，并且开始克服与世界文学主潮脱节的弊端，主动学习西欧的先进文化，学习西欧的诗歌创作技巧，力图融入世界诗坛。

自 18 世纪 30 年代开始，经过六十年时间的不懈努力，俄罗斯诗歌中的古典主义以及启蒙主义得以成熟，接着又经过大约十年的时间，在卡拉姆津、德米特利耶夫、杰尔查文等重要诗人的创作中，突破了古典主义的思想桎梏，为感伤主义思潮的兴起和浪漫主义诗歌的发展拓展了道路，并且为 19 世纪上半叶的俄罗斯诗歌创作的辉煌、为俄罗斯诗歌"黄金时代"的形成奠定了坚实的基础。当然，人类文化毕竟有着内在的血性关联，即使在没有接轨的中世纪，英国的英雄史诗《贝奥武夫》和古罗斯的《伊戈尔远征记》，以及英国的谣曲与古罗斯的谣曲和"壮士歌"等民间诗歌，在创作手法以及反抗异族侵略和爱国主义主题的颂扬方面，都有一定的相似之处。

王娅婷：我还了解到您主编了多部汇编文学集，如《世界中篇小说名著精品》《世界诗库·第 5 卷：俄罗斯·东欧》以及《外国诗歌鉴赏辞典·古代卷》，请问您在选择收录的文学作品时有什么标准吗？

吴笛：主编翻译作品集时，需要考虑的内容和标准是多方面的，主要涉及学术性、系统性、可读性，以及教诲功能、认知功能等方面。根据不同的目的，有不同的选择标准。在编译《世界诗库·第 5 卷：俄罗斯·东欧》《外国诗歌鉴赏辞典·古代卷》时，我主要考量的是学术性和系统性，注重客观性。选择作品时，我主要依据的是作品的学术地位；对于重要的诗作，我会尽量避免挂一漏万的现象，而不是根据个人的喜好。而对于十卷集《世界中篇小说名著精品》和二十卷集的"想经典"丛书这样的读者较泛的文集，主要考量的是可读性，当然，在可读性的前提下，我会尽量选择尚未被译成中文的重要作品，旨在为中文读者提供更丰富的精神食粮。

二、踏上译途

王娅婷: 前面您提到 1983 年出版的《最后的炮轰》是您的第一部译著，请问您是如何走上文学翻译这条路的呢？

吴笛: 现在回想起来，我走上文学翻译这条道路已经有四十多个年头了，是从 20 世纪 70 年代末 80 年代初的时候开始的。大学毕业后，我留在安徽师范大学外语系（现外语学院）任教，学校给我们几名青年教师安排了指导老师。其中，在口语和阅读方面，指导我们的是俄籍的古莎科娃老师；在文学史和翻译方面，指导我们的是力冈老师。力冈老师是我国著名的俄语文学翻译家，记得当时他正在翻译《别林斯基传》和《静静的顿河》等作品。他在给我们上小课的时候，总是以自己的翻译实践为例进行讲解，这使我很受启发，能够走上文学翻译和文学研究这条道路，我深受力冈教授的影响，也深受后来我的研究生导师飞白教授、博士生导师陈坚教授的影响。我和力冈老师合作翻译了《含泪的圆舞曲：获诺贝尔文学奖诗人帕斯捷尔纳克诗选》，与飞白老师合作翻译了《梦幻时刻——哈代抒情诗选》，与陈坚老师合作主编了三卷集《夏衍全集·译著卷》。这些老师都是在学术道路上引导我前行的灯塔。

王娅婷: 您最享受哪部作品的翻译过程呢？

吴笛: 可以说，每部作品的翻译过程，都是艰辛的过程，同时又是值得享受的过程，这种享受，主要是因为寻找到了合适的表达方式，传达了原文的形式和内容。在翻译《苔丝》的过程中，对奶牛场等自然场景的描绘，译文顺畅时，很是享受，在翻译诗歌时，对诗歌韵律的恰当处理，也是非常享受的。19 世纪英国抒情诗人雪莱是十四行诗体重要的实践者，从创作初期的《致华兹华斯》到成熟时期的《西风颂》，他以十四行诗体的形式创作了许多优秀的抒情诗作。他在承袭彼特拉克诗体和莎士比亚诗体的同时，勇于创新，以富有变幻的新颖形式为这一诗体的发展做出了独特的贡献。所以，当我在形式和内容上都较好地体现其原作的精神实质时，便很是享受。譬如，《西风颂》打破了英国十四行诗的传统形式，采用但丁"连锁韵律"与英国十四行诗相结合的方式，在翻译过程中，我们必须体现这一形式，以大致的"顿"来表现音步，以同样的"ABA BCB CDC DED EE"这一韵式来体现原诗的风采，每当实现了这一理念，做到了神形兼顾时，所获得的满足和愉悦是难以言表的。

王娅婷：俄国文学和英国文学您都翻译过，请问您翻译时，是直接对照原文本，还是也会适当参考其他语种的译文呢？

吴笛：以英语文学为例，有些经典作家作品，如莎士比亚等，其作品应该都被翻译成了俄文；同样，俄国作家的一些重要作品，如陀思妥耶夫斯基的很多作品，也被翻译成了英文。但翻译时，必须依照原版，也许其他译本也具参考意义，但是由于翻译涉及翻译理念和翻译风格，跨语种参考的价值十分有限。我在翻译过程中，是不会去参照其他语种译文的。但是，如果是翻译自己所不熟悉的小语种国家的作品，那么就必须通过熟悉的外文译文进行转译了。还有，如果遇到找不到原版，而不得不根据其他语种进行转译的少数场合，也应在译文后面标注说明，这样，偶有不同的表述就免得被人误解了。

王娅婷：英语和俄语虽然都隶属于印欧语系，但是属于两种不同的语族，请问您在翻译这两种语言的文学作品时，会感受到因为语言不同而带来的翻译差异吗？

吴笛：因为我不是进行英俄或俄英互译，所以一般不太关注两种语言的差异，而是更多地关注具体作家作品的创作风格和语言技巧。不过，英语和俄语尽管属于两种不同的语族，也有不少单词，尤其是一些新的词汇，在拼写和发音方面，是有相似之处的。这样，在翻译过程中，基于对某些单词拼写的感悟，也会有助于翻译中的理解和认知。

三、翻译理念

王娅婷：《苔丝》是我最喜欢的一部小说，我注意到小说中涉及了一些口语化、方言化的文字，您在翻译时处理得很有特色，比如"have a quart of beer wi'me"译为了"与俺喝一盅提提神"，是很接地气的翻译。

您在小说翻译中是不是经常采用这种融入目的语者的"归化"策略呢?

吴笛: 我觉得"归化"翻译或"异化"翻译,都取决于原著的文化语境和精神内核,还取决于原著国家文化与我国文化的交流。一般来说,如果一个国家的文化不太为译入语国家的读者所熟悉的时候,异化翻译会增添源语国家的异质文化的特色,为译入语国家的读者提供必要的借鉴。但是,《苔丝》是英国文学中的一部重要作品,在英国文化已经被我国广大读者所深入领会的前提下,可借鉴的异质文化的成分就十分有限了,翻译过程中,我觉得更应采用异化、归化并举的方法,所以,诸如将"have a quart of beer wi'me"译成"与俺喝一盅提提神"的翻译,在形式和语义上是紧扣源语文本的,也是符合主人公的文化修养和地域色彩的,所以,这样的翻译,更多的是异化、归化并举,而不是真正意义上的归化翻译。

王娅婷: 您在《浙籍作家翻译艺术研究》中提到,归化、异化不是简单的静态概念,而应该适应社会历史背景,您在书中也探讨了不同社会历史背景下《鲁宾孙漂流记》的译文风格。请问您认为现在的社会背景下,小说翻译应该采用何种翻译策略呢?

吴笛: 我在拙著《浙籍作家翻译艺术研究》中,有一章谈及小说翻译时,以不同时期的《鲁宾孙漂流记》的不同译本为例,说明小说翻译经历了从"归化—异化"的游移到"归化—异化"和谐结合的发展历程。翻译艺术的探索和变革是随着时代的发展而不断变化和发展的,在我国翻译文学起始时期,西方小说在我国的翻译经历了从文言文意译到白话文直译的转变,文言文意译属于归化,而白话文直译又属于异化,21 世纪的一些优秀译本则是归化、异化并举了。这一历程与我国的文化发展是密切相关的。归化也好,异化也罢,都离不开译入语的历史文化语境。"归化"应该是在贴近原文、吸收外国先进文化为目的的"归化","异化"也应该是建立在符合译入语的语言规范和文化语境并且被本民族读者所接受基础上的"异化"。离开了民族文化语境,翻译实际上是无从下手的。所以,涉及当下,我认为,在翻译过程中,翻译策略更应兼顾异化和归化,有时候也可以有所侧重。如果我们翻译目前还不太为我国读者所广为熟悉的一些国家的文学作品，譬如共建"一带一路"一些较小国家的作品，由于其中包含着较多的异族文化的特质，为了保存这一特质，有利于我们借鉴，采用异化翻译的手法，也是可取的，待到这些异族文化的特质被我们所消化吸收之后，归化翻译就有立足之本了。小说不同于其他形式的翻译。它不像诗歌翻译那样强调神形兼顾，不像科技翻译那样强调直译严谨，不像外交政论翻译那样强调绝对准确，容不得一丝一毫的"创造性叛逆"。小说翻译在一定程度上是要求译者具有自觉的"创造性叛逆"的精神，但是，并不需要将这一精神无限扩展，而是需要译者根据原作的内核，通过自己的创造性劳动，用另一种语言逼近原作，再现原作的精神和风采。

王娅婷：上面主要谈到了小说翻译，但我注意到您也是诗歌爱好者，您也在书中多次提到诗歌其实不同于其他文体，请问您认为译诗的主要困难是哪些呢？诗的结构，甚至标点，译者是否需要完全忠实呢？

吴笛：诗歌翻译不同于小说翻译之处，在于两种文学类型的区别。小说翻译主要是传达原作的内容和思想，尤其是小说的情节。而诗歌常常是没有情节的，即使是部分具有情节的长诗，情节也不是首要的。诗歌翻译更重要的是传达诗歌从意象中升华而出的意境和情感，以及诗歌构成要素中的韵律、节奏等音乐特质。在具体的诗歌翻译过程中，主要的困难自然是如何传达这一音乐特质。能否将西方诗歌中的音乐特质表达出来，是诗歌翻译得失的一个重要方面。可以说，诗歌的可译性直接与音乐性相关。弗罗斯特所说的"诗歌就是翻译中所丧失的东西"，所指的也主要是诗歌中的音乐特质。而传达诗歌中的这一音乐特质，对于译者来说，无疑是一种富有挑战意义的艺术追求。

至于诗的结构以及译者是否应该忠实这个问题，答案当然是肯定的。也就是说，翻译诗歌，不能忽略诗歌微观的内部词语结构，也不能忽略诗歌宏观的整体逻辑结构的和谐贯通。诗歌语言往往不同于小说语言，为了韵律和节奏的需要，往往会在诗中变化常态性的次序，颠倒诗句的文字的排列，以便形成"错位"，化常为奇，加强诗的气势。尽管存在这种现象，尽管有些诗人声称自己在诗歌创作中具有自由使用词语结构的权力，各个词语之间的密切关联仍是不可忽略的。在翻译过程中，如果不弄清楚每个词语的微观结构或句法功能，以及作品的宏观的逻辑结构，就难以与原作者形成共鸣。有时，哪怕只是一个标点符号，也会对诗歌的语义结构产生根本性的影响。所以，在重视译者的艺术个性、译笔的神奇活力的基础上，应坚持将译文的忠实，包括对原作的结构要素的传达，放在重要的位置。

四、译与研途

王娅婷：您还主编了《外国文学经典生成与传播研究》，在多卷中您都探讨了不同文学作品的译介传播，现在学界将译介分为五个部分：译介主体、译介内容、译介途径、译介受众和译介效果，您认为文学作品译介中最重要的一环是什么呢？

吴笛：八卷集《外国文学经典生成与传播研究》是我主持的同名国家社科基金重大项目的最终成果，其中有部分内容不仅涉及对文学翻译传播问题的宏观探讨，而且也有不少章节涉及对具体翻译文本的研究。

至于译介主体、译介内容、译介途径、译介受众和译介效果这五个部分，出自拉斯韦尔的 5W 模式，这一模式被广泛地借鉴到翻译研究中。在翻译研究中，这五个部分属于相互关联的研究范畴，譬如你对我的这一访谈，则属于"译介主体"研究。在译介中，五个方面环环相扣。传播学首先关注自然的传播效果，但作为一名译者，我觉得关注的焦点应该落在"内容"上，译者应该根据不同受众的生活经历和文化修养，选择恰当的翻译方法，作用于作为内容的翻译文本，力求取得理想的传播效果。不过，传播效果是否理想，涉及多方面的因素，很多情况下难以为译者所左右，而作为译者，首要的，就是提供理想的译本。

王娅婷：您认为翻译在推动文学经典化的过程中具体产生了哪些影响呢？

吴笛：文学翻译在文学经典化以及再经典化过程中发挥着极其重要的作用。一部文学作品能够成为经典，翻译功不可没。世界文学的发展充分说明，文学翻译在文学经典化的过程中所产生的影响是宏观层面的，是至关重要的，没有文学翻译，就不可能存在世界文学经典。文学经典正是从不断的翻译过程中获得再生，获得流传，得以经典化的。以古罗马文学为例，正是因为有了对古希腊文学的翻译，才有了对古希腊文学的承袭。同样，古希腊文学通过拉丁语的翻译，获得了新的生命，得以经典化，并以新的形式得以流传。而古罗马文学，如果没有后来其他语种的不断翻译，也就必然随着拉丁语成为死的语言而失去自己的生命。所以，翻译的使命和目的不仅是要使文学作品再经典化，更为重要的是要服务于译入语国家的民族文学和民族文化事业的发展。所以，记得我曾经说过，文学翻译的目的，就是建构翻译文学。如今，我还是这么认为的。

王娅婷: 您认为外国经典作品对我国文学创作产生了哪些影响呢？

吴笛: 外国文学与我国文学创作具有一种相互依存、共同发展的互动关系。同时，翻译家与作家之间也存在着相辅相成的良性关系。自 19 世纪中后期开始，西方文化被译介到我国之后，尤其是五四运动以后，外国文学对中国现代文学以及人们的日常文化生活都产生了十分显著的影响。这些影响不仅体现在人道主义思想的呈现、人性的弘扬、人的内心世界的挖掘和展现等主题方面，也表现在各种艺术手法的借鉴和运用等方面。我国作家在充分汲取外国优秀文化的基础上所完成的作品，语言更为丰富多彩，思想也更为深刻，创作技巧的使用也更为娴熟。反过来，我国的文学翻译家也从其他民族文学的阅读和感悟中，获得启迪和营养，这些又作用于相应的译作。

王娅婷: 正如您提到的，外国文学对中国现代文学以及人们日常生活产生了显著的影响。那么，中国文学（不论是古典文学还是现代文学）是否也对外国文学创作产生了影响呢？

吴笛: 各个民族之间的文化交流，其目的就是文明互鉴，相互吸收有益的成分。外国文学极大地影响了中国现当代文学的进程，反过来，中国文学也对现当代外国文学产生了潜移默化的影响。以我熟悉的英美诗歌为例，英美意象派诗歌就受到中国文化的重要影响。意象派诗歌的诗体改革，以及音节、音步等相关概念的革新，都与中国文化的影响有关。譬如，中国的象形文字，就明显地作用于意象派诗歌的生成；中国诗歌中以"字"为结构单位的认知模式，就极大地作用于我们熟悉的诸如庞德的《在地铁车站》、威廉斯的《一辆红色手推车》等意象派诗歌的代表性诗作。这也是我们如今强调中国文化对外传播的意义所在。

王娅婷：感谢吴笛老师的分享！您对文学、翻译都有独到的见解，特别感谢吴笛老师给予我们这次难得的学习机会。

记者·译者 快速·准确

——文敏访谈录

周 畅 文 敏

受访者简介： 文敏（1955 — ），毕业于杭州大学中文系新闻专业。浙江日报高级记者。译有《等待野蛮人》（浙江文艺出版社，2004 等）、《内陆深处》（浙江文艺出版社，2007 等）、《纽约三部曲》（浙江文艺出版社，2007 等）、《凶年纪事》（浙江文艺出版社，2009 等）、《夏日》（浙江文艺出版社，2010 等）、《铁器时代》（浙江文艺出版社，2012 等）、《人体艺术家》（浙江文艺出版社，2012）、《男孩》（浙江文艺出版社，2013等）、《耶稣的童年》（浙江文艺出版社，2013等）、《他和他的人》（人民文学出版社，2017）等40余种。2024年，获中国翻译协会"资深翻译家"荣誉称号。

访谈者简介：周畅，浙江大学外国语学院硕士研究生，研究方向为翻译学。

本次访谈时间为2022年9月3日至6日，形式为线上与笔谈结合。在访谈中，文敏老师分享了自己与翻译的故事，畅谈了翻译思想与翻译经验。

一、译家生平

周畅：1994年您开始从事文学翻译，您是如何与翻译结缘，如何走上翻译之路的？有何契机？受了哪些人的影响？

文敏：一开始是因为儿子小时候喜欢看美国《国家地理》杂志，我就给他翻译一些有趣的短文，让他能大致看懂个意思。我父亲早年毕业于同济大学，学的是机械，但热爱文学，译过一些德语小诗，勉强算是有那么一点家庭影响。

我本人并非英语专业出身，大学里学的是新闻，一直在报社做记者。我正式涉足文学翻译大约是在1994年。当时世界文物出版社在联系译者，一位杭州师范学院的朋友介绍我翻译大卫·杜巴尔的《梅纽因访谈录》，考虑到我并无翻译从业经历，让我和另外一位译者试译该书前言部分，让出版方审定。他们最后定下由我来翻译这本书，这就是我做翻译的起步，说来有点偶然。我想，有些出版社可能对译者的专业出身不那么在意。后来，老翻译家宋兆霖先生组织翻译一套世界少儿文学丛书，让我翻译《柳林风声》，这是我出版的第一个译本。那本书太有名了，之前就有好几种译本，不过我的译本还是得到了社会认可（后来拙译转到人民文学出版社，他们在封面上标以"口碑译本"）。从那以后就有不少出版社来找我译书。

周畅： 为什么后来又坚持在翻译中耕耘？在翻译的过程中您认为自己是否足够游刃有余？您是如何逐步培养翻译和语言能力的？

文敏： 我所认识的能够诚实面对这项工作的译者，没有谁敢说自己在翻译这一行"游刃有余"。不过，任何工作都是熟能生巧，只要智力与能力达到平均及格线者，资源与能力成正比向前滚动是必然的。作为一个业余译者，我想主要还是靠慢慢积累口碑才能逐渐获得资源，毕竟出版社编辑也希望能够找到译得又好又快的译者。所以我手头的约稿也越来越多，难度也越来越大。当然，自己的能力也在增强，这是一个良性的循环，我后来也能够在一定范围内挑选自己喜欢的作品，并且尽可能不做复译，只做首译。当然也有例外，如《柳林风声》和《1984》这两种是复译。前者是儿子小时候我常为他读的睡前书，对此书向来有一种偏爱；后者是向董乐山先生致意，我曾到他在北京团结湖的家去拜访过先生本人，复译时深感先生当时译书之艰难不易。

但对我来说，哪怕译得再多，文本再简单，每一次翻译也都是新的挑战。起初，互联网上资源并不多，更不用提现在的种种翻译工具了。而且我们学到的英语与英语国家实际使用的英语差别甚大，不过，比起前辈们需要积攒一大堆问题写信去国外向同行请教，我的条件还是好得太多。后来对我帮助最大的是一个叫作 ProZ 的网站[①]，我在那上边得到了世界各地无数陌生人的帮助，也交到了朋友。

周畅： 能否分享翻译中几件令您印象深刻的趣事？

文敏： 说几件吧。马云当时还在杭电，我和他结识于 YMCA 英语俱乐部，后来成了朋友，他训练过我的英语口语，我也曾向他请教过一些语言上的问题。

另外，在翻译库切的《夏日》时，我在 ProZ 网上恰好遇到这本书的葡萄牙语译者。非常有趣的是，我困惑的问题正好是他了解的，而他搞不定的却正好是我熟悉的。

2013 年 4 月，库切来中国访问，在北京澳大利亚驻华大使馆，我有

---

① ProZ 为全球大型自由译者翻译社区，成立于1999年，网址为：https://www.proz.com/。

幸见到了他。面对面与一位享誉世界的作家、我的翻译对象直接交流，是一个有趣的经历。2016 年，我去澳大利亚旅行前，与他通过电邮约定在阿德莱德跟他会面，可是就在约定日期的前一天，他来信告知，因妻子突发急病只得取消会面。后来陆建德老师去澳大利亚开会，库切让陆老师给我带来了自己的新书。

周畅: 您如何处理记者与译者两者之间的关系？两重身份有何关联？如何对待作为记者的创作与作为译者的翻译？记者的能力素质如何迁移到翻译中？

文敏: 据我所知，国外记者做翻译的不少，国内也有，最著名的就是王永年先生了。对我个人来说，翻译与记者工作的重叠之处只是处理文字。因为我有多次出国采访或在国内做外事访问的工作经历，所以英语的使用对于文字翻译当然也有好处。

记者的能力体现在翻译工作中，我想是"快速"吧。记者要求脑子转得快，文字落实快。所以，与我打过交道的出版社编辑对我的翻译速度印象深刻。对出版社来说时间自然很宝贵，尤其是市场类的书。比如，翻译丹·布朗的《失落的秘符》，正好是国庆长假期间，我坐在电脑前一整天能译将近一万字吧。当然，丹·布朗的文字比较规范而顺畅，那本书的难点主要是一些符号学、宗教学方面的专业术语。

二、翻译思想

周畅: 您曾在浙江大学中华译学馆举办的文学翻译名家高峰论坛上提出"翻译家需要在性格演员与本色演员之间不停切换"，能做一阐释吗？

文敏: 将翻译与演员作对比，当时是即兴发言，不过后来想想确有许多共通之处。首先，演员也要靠制片、导演的认可才能得到好角色的资源；其次，翻译与演员一样，都要进入原作（脚本）规定的角色。有人适合在文学翻译上大展身手，有人喜欢任何题材都接触一下。我个人是后一种，也可能是记者出身的缘故。我接触过许多领域：法律、政治、宗教、文学、艺术、体育、农村、工业、医学、教育等。特别是与专业领域中顶尖人物对谈时，必须做好功课，比如，2004 年我赴瑞典诺贝尔奖颁奖典礼采访，与物理学奖、生理学或医学奖、化学奖、经济学奖得主的对话，事先的准备非常吃重，但也非常受益。所以，我希望自己的翻译也是多面多重性质的，因为我不是专家，不可能成为某一翻译领域的专门研究者。

周畅：您喜欢怎样的作品？在选择作品翻译时，有没有自己的标准？

文敏：我个人比较喜欢翻译有一定思想深度，又有精致表达的作品，库切无疑是我心仪的作者。但作为一个业余译者，其实可选范围也有限，没有特定的选择标准，当然，太糟糕的作品也不会接。现在出版社大多有生存需求，译者可能也无法要求过多吧？另外，我比较害怕那些从某些小语种转译为英语的作品，比如，由阿尔巴尼亚语转译的《H 档案》、土耳其语转译的《夜》，两位作家都非常优秀，虽然国内受众不多，确实值得引进，但英语版出版社找的译者并非母语为英语的人，而是熟悉译出语，即阿尔巴尼亚语、土耳其语的译者，把那种英语译成中文，心理上就有多重障碍，语言上隔阂也较深。

周畅：您从 2004 年起先后翻译了多部南非当代著名作家、2003 年诺贝尔文学奖得主库切的作品，可以说已经成为库切在中国的代言人。出于什么样的原因或契机，您选择了库切的作品？您认为他的作品能给中国文学带来什么？

文敏：正如你所说，一开始是撞上了库切，他还没得诺奖，在中国名气不大，引进的版税也不贵，但是中文代理人对他信心十足，出版社一咬牙引进了他的五本书，其中一本《等待野蛮人》(*Waiting for the Barbarians*) 就叫我来翻译，这部作品是我首译。后来的事你也知道了，我越来越集中于翻译库切的作品，但是其间也翻译过别的大作家作品，如唐·德里罗、保罗·奥斯特、斯蒂芬·金等。库切他给中国文学带来了什么？这个我说不清楚，但从我所接触到的情况来看，国内的一流作家基本上都读过他的作品，大多也都喜欢他。

周畅： 如果用几个词来进行总结，您认为库切的作品有什么样的特点？您对他的风格有怎样的认识？您认为可以从哪些方面来理解库切的作品？

文敏： 我虽然是库切许多作品的译者，但称不上是研究者，国内目前研究他的人非常多。就一个译者的感受来说，我现在对他的语言用词、行文风格，甚至价值标准都有了一定了解，蒙上封面书名，随便翻几页，我都能认出是他的文字。但是，对于这个一样内心如此复杂深刻的人来说，很难用几个词来形容他的作品。

一个极为聪明的作家，他深知"人性"之复杂难测，他的笔触像探针一样一直在探测着人性被放在极端情况下呈现的状况，同时向着善恶两端开拓，既写恶的可能性，也写美的可能性，但又将分裂的疯狂与错乱兼容在一个文学化的世界里。此外，库切作品最为人深知的是"耻辱感"，当然是形而上意义的耻辱：身而为边缘人之耻、无能为力之耻、不断逃避之耻……他的作品基调色彩近乎铁灰、褐灰，我曾在梦中见到少年库切，他身穿一件铁灰色小外套，下面是西装小短裤，看到我，两只手不知道该去捂脸还是去捂瘦腿。

周畅： 您认为什么样的翻译算好的翻译？出于怎样的衡量标准？

文敏： 我在 ProZ 接到过一份来自国际翻译团队的工作，是为当时某国竞选总统的一位政治家翻译多个语种的传记作品。那个翻译公司设在美国，但老板不是美国人，参与者有各国的翻译。与本国翻译最大不同的是，所有流程都清晰明了，所有人只承担自己的责任。更有借鉴意义的是，几乎国外的翻译对于网络工具和代码的使用都略知一二甚至精通。这是促使我后来自学 Python 的重要原因。至于翻译的标准，许多理论刊物都有讨论，我不是专家，只论实际效果。"准确"无疑是最基本的标准，但"准确"二字在翻译中亦有许多灰色地带，比如，许多人认为傅雷翻译《约翰·克利斯朵夫》的头一句，是"美而不信"。成熟的译者、编辑和读者自会做出判断。国际团队的翻译标准除了尽量准确，还要求翻译的语言要看不出是翻译过来的。我在团队中的工作是校对，所以，对那些天衣无缝般的流畅表达，我佩服得五体投地。

周畅：您在翻译过程中是否相信翻译理论？您在翻译中遵循着哪些标准或原则？

文敏：我看过许多翻译理论的书，但没有一种对我产生过实际的影响。我认为，除了"尽量准确"对应原文外，还需要尽量让译入语读者感到那不是从外语翻过来的。我也做过一些中译英，后来放弃了。我坚定地认为，翻译不是全知全能的，文学翻译最好是译入语为母语者（现场口译不在此例）。比如，霍克思和杨宪益与戴乃迭夫妇的两版《红楼梦》译本。

周畅：作为一名多语种背景的移民作家，库切的作品中不时有荷兰语、西班牙语、意大利语等语言，请问您如何看待？您在译作中添加了不少译注，请问是出于怎样的考虑？

文敏：我在翻译的时候确有时时想到读者的阅读方便与否，既要让人读懂，又要让人了解异质文化的背景与图像。我们学语言，其实也是在学习另一种文化，读者看翻译作品，也在进入那样一种文化情景中。个人认为，页底的译注是一个好方法，既不打断阅读的流畅，又能提供进一步的解读。但什么地方该注，什么地方不必加注，这个完全凭借学养与经验行事。

周畅：请问您对方言翻译有怎样的经验和看法？

文敏：至于方言的翻译，我个人会说几种方言，第二外语是法语，所以，语言表达方面问题不大。我觉得方言转译的最佳范本是张爱玲的《海上花开》，虽说吴语译成了普通话后韵味全无，但好歹让大多数不懂吴语的读者能够看懂这本书并领略风采一二了。

周畅：新洪堡学派在理论上论证了人类思想交流的不可能性，也即在翻译中的不可译性，那么，您认为文学翻译最困难的部分是什么？您是如何克服的？有无实例？

文敏：我认为文学翻译最困难的是表达"言外之意"，就是在本国文化中不言而喻的部分，在异国读者看来却是不可思议的，而这种地方的翻译亦全靠译者本人的学养与功夫。比如，涉及宗教、民俗、历史溯源。不必举翻译案例，就说我们日常生活好了，比如我们称某女性"广场舞大妈"。不必细述，听者全懂，而对外国人来说，就需要给予解释了。关于思想语言文化的不可交流性，我觉得从哲学上来说是不可能的，语言一旦出口，便与脑中思想有了差异，更不必说异质语言文化的转换过程并无完全对应的词汇与表达方式了。我曾写过一篇公号文《假如翻译欺骗了你》，其中既谈到文化思想差异，也谈到了译者伦理。

周畅：库切的作品似乎都有一种叙述者和作者的声音相重叠的感觉，这种虚虚实实是否会困扰您，您是如何解决的？

文敏：这种虚虚实实是常用的修辞，不仅是库切，许多大作家都用过这一修辞方式。所以，不怎么困惑，不需要特别的技巧，贴着作品，贴着人物、情节走就可以了。

三、翻译经验

周畅：您在翻译时有什么习惯？您翻译一本书的周期大概是多久，是翻译中的"快手"，还是更相信精雕细磨？

文敏：我在翻译时习惯以段落为单位整合词语，以原文句号为译文句号，这样既可相对严密对应原文，又可以在译入语中有较好的发展余地。

我翻译过许多不同类型、不同国家的作品，所以，不太可能成为某方面的专家，库切作品的集中翻译好像有些偶然，但我还是希望能接触更多不同风格的作品。

翻译期限的话，要看出版社能给翻译留出的时间，经常有人盛赞前辈翻译对字句的精雕细磨如何如何，但那是 1992 年中国加入《伯尔尼公约》之前的出版状况。之后的出版界有了根本性变化，版权期一般是五年，留给翻译的时间不可能超过一年，对我来说是足够的。我个人属于"快手"，在完成初稿的情况下再进行修改润色。

周畅： 在翻译过程中，您是否会与作者交流？会交流些什么？

文敏： 在翻译《等待野蛮人》时，我与库切有过电邮交流，是对于一个首字母为大写的词的理解，但前后文并无对应，我只能凭借猜测，所以，通过出版社与代理人联系后，向库切询问我的理解是否正确？库切的回答很妙，既不说是也不说非，而是让我凭着自己的理解去翻译。与原作者的交流好像只此一例。

周畅： 在翻译过程中，您是否会有意识地考虑读者，如读者的认知和语言能力等？有哪些具体的表现？

文敏： 我在翻译中时时都在考虑读者，加以译注就是基于这样的考虑。至于认知与语言能力，那要视原作而定。一般而言，库切、唐·德里罗、保罗·奥斯特的读者可以向下兼容，但通俗文学的读者不能。原作已设定好了自己的目标读者，所以，贴近原作的语言是译者的基本素养。

周畅： 您是否会关注读者的评论？您对这些评论怎么看？我看到豆瓣上有读者对您译作的指错，不少与您对原作语言的理解有关，读者的批评与反馈对您后续的翻译有何影响？您对翻译批评有何看法？

文敏： 我用豆瓣已有十多年，曾经在那上面交到过许多非常优秀可爱的朋友，虽然至今未见过面，但用"心意相通"略可形容这种关系。至于现在的豆瓣，已经完全不同以往，我也不太上去关注了。当然，我注意到网友对我翻译作品的批评指正，尤其是库切的《好故事》(*The Good Story*)。我一开始逐条和他进行讨论，但后来明白他自己原已译过一部分，估计想让出版社用他的译稿，那么任何人的翻译都会被他挑刺。在豆瓣上几乎每年都有大量对翻译的挑刺，那些著名的大翻译家也不能例外。我后来也明白网络上这些所谓的"批评与挑刺"，那些所谓"论战"背后的逻辑：或成为靶子，或成为枪子。所以我不再回应。至于被人身攻击，就更不必在意了。

翻译是否立得住脚，想来不是由网络势力来定义，而是由读者、出版社、原著作者来定义的。唐·德里罗的《人体艺术家》(*The Body Artist*) 出了名的难译，他曾通过代理人向出版社提出要求：假如我的作品由郭国良和文敏来译就好了。库切虽然不懂中文，但他有懂中文的代理人，他不是对翻译不在意的人，我读到过他在文章里嘲讽自己某本书的意大利语译本。但他特地让陆建德老师带着签名的新书给我，也可以说是对我的认可吧？

当然，网络攻击对我并非全无影响，至少让我更加自省：时时省察自己的缺憾（虽然这世上没有所谓完全正确、完美的翻译），也时时省察自己内心是否也有戾气与恶意？在网上看到被攻击的是某个不认识的人时，是否也会不假思索就打几行字添一把火？

周畅：本雅明说，翻译是原作的再生。您如何看待一个译本的生命？如果有再版的机会，您会对译文做修改吗？我注意到，以浙江文艺出版社出版的库切系列之一的《男孩》为例，前后两个版本似乎没有修改。

文敏：是的，不同的翻译手下会诞生不同的生命。就如一部交响曲，曲谱早已定下，但不同的指挥手下会有不同的音乐效果。我的译作如果有再版机会，我当然需要加以修订，但有时也会因种种个人无法把握的原因而不能如愿。

周畅：您认为从您翻译第一部作品到现在，自己经历了怎样的变化？

文敏：我想，那些翻译的过程，那些优秀的作品，确实是滋养了我的身心，使我成为一个更好的人。

文学翻译的艺术性

——范捷平访谈录

刘永强 等 范捷平

受访者简介: 范捷平（1955 —　　），浙江外国语学院西语学院院长、教授、博士生导师，厦门大学讲座教授，中国翻译协会常务理事，浙江省翻译协会名誉会长。曾任浙江大学外国语学院常务副院长、浙江大学人文学部主任、浙江大学副秘书长。著有《罗伯特·瓦尔泽与主体话语批评》（浙江大学出版社，2011）、《德国文学散论》（南京大学出版社，2022）等。译有《散步》（上海译文出版社，2002）、《过时的人》

（上海译文出版社，2010）、《耳朵没有眼睑》（上海译文出版社，2010）等。其中，《罗伯特·瓦尔泽与主体话语批评》《过时的人》《散步》分别获浙江省哲学社会科学优秀成果二、三等奖。主编《奥地利现代文学研究——第十二届德语文学研究会论文集》（浙江大学出版社，2007）、《主体话语批评》（浙江大学出版社，2017）等。2023年，获中国翻译协会"资深翻译家"荣誉称号。

访谈者简介： 刘永强，浙江大学外国语学院副教授，研究方向为现当代西方文论、德语文学与文化。

本次访谈时间为2022年6月23日19:00—21:30，形式为线上交流。访谈主要围绕翻译作为实践的艺术、理解的艺术和创作的艺术这三大主题展开。

一、翻译作为实践的艺术

刘永强： 范老师，您是如何理解翻译以及文学翻译的？

范捷平： 翻译几乎伴随了我的整个职业生涯，翻译也是外语工作者责无旁贷的使命。大学毕业后，我被分配到了国家外文局，在《北京周报》社从事中译德工作，翻译时政文献。我当时的工作，用今天的话说就是"讲述中国故事"，翻译的文章都与改革开放相关，比如联产承包责任制、农村经济改革等。当时《北京周报》还做了许多小册子，其中有一本叫《今日中国》，就是把中国改革开放的情况译出去。刚开始时，我的翻译能力很弱，大学里学的那点德语远远不够，译文都要让老专家和外国专家审阅过，改得红红绿绿。所以，毋庸置疑，语言能力是翻译最重要的基础，其次就是对两种文化和国情的了解。我们当时还有一项任务就是翻译"两会"文献。两会一开始，翻译就得迅速传播出去。用今天的话说，就是对中国方案、中国主张要有第一"阐释权"，那首先就要掌握"翻译权"，有了"翻译权"以后，别人才能根据我们的说法来理解。

就文学翻译能力而言，首先涉及语言能力，其次是综合素养和知识积累。译者游走在两种文化之间，是铺路者、造桥者。译者的自身阅历、母语和外语能力以及个人素养是决定性的。我不怕别人说我是翻译经验主义者，我认为翻译首先是经验，其次是经验，最后还是经验，是语言经验和文化经验，甚至可能还有一点点"超验"（transzentental）的东西。我不太清楚，我们敬重的文学翻译大家，如曹靖华、傅雷、朱生豪、许渊冲等先生是否先掌握翻译知识和理论，然后再在理论的指导下翻译的，我估计不太会这样。

我们经常讲的翻译理论，实际上可能是一些经验总结，严复的"信达雅"就是在翻译《天演论》时总结出来的。真到实践时并不需要特意地去运用某一种理论，而是靠译者对文本的理解。底蕴深厚的翻译家在翻译文学作品时，他的灵气和平时积累的各种知识就会迸发出来，与个人语言天赋、艺术才华融汇在一起，汇成一股涌泉，突突地冒出来，像朱熹说的那样："问渠那得清如许，为有源头活水来。"这股泉水绝不是无源之水，积累得越多，涌流出来的就越多，翻译的质量就会越高。翻译是一种文化实践行为，"知"与"行"就翻译而言，"行"可能更多一些。若总是照搬理论，未必能解决问题。但是这种"行"不是随意的，它后面必须有"源头活水"，这就是非常深厚的人生积累，当然也包括对翻译理论和他人翻译经验的学习。

文学翻译，对我来讲，最难的东西可能是译与不译、为与不为、可译与不可译的问题。文学可译到什么程度，什么是可以放弃的？就像本雅明说的，翻译既是任务，也是放弃，本雅明那篇著名的文章原名叫"Die Aufgabe des Übersetzers"（《译者的任务》），其实也可以叫《译者的放弃》。

德语词"Aufgabe"同时包含着"使命"和"放弃"两层意义。文学翻译不是信息的语言转换，文学翻译最关键的是"诗意"表达，即怎样把原作中的"文学性"表达出来。按本雅明的说法，从严格意义上讲，文学作品是不可译的。"可译"与"不可译"是辩证统一的。有时"放手"的东西，是为了更好地表达"诗意"。翻译的最高原则可能就是"信达雅"。即便有各种各样的翻译理论、方法、技巧和策略，"信达雅"可能就是文学翻译终极性的目的。文学作品作为人类精神和情感的形态，最终可能还是依赖译者的人格底蕴，优秀的文学译作一定是翻译家人格在翻译实践中的显现。

实践与科学认知不可分。所以翻译家最重要的可能是自身修养，德语中有个词叫"Bildung"，歌德的两部《威廉·迈斯特》就被称为"Bildungsroman"（修养小说）。文学翻译最重要的就是译者的自我修养，包括语言修养、知识修养、道德修养和中西方文化修养。译者修养的第一条是语言，包括母语。母语极其重要，很多译者觉得自己会外语，上来就译，这是大忌，现在许多翻译专业没有现代汉语、古代汉语课程了，这一定是不对的。第二条是文化底蕴，对外来文化、母体文化和自我的认知，这是人格德行。第三条就是知识，各种各样具体的知识，现在有百度了，对翻译帮助极大。翻译有时是非常细的，20 世纪 70 年代初，我刚接触外语，当时在杭外读高中，我们很奢侈地被允许拥有一本《袖珍英汉词典》，它成了我们那个时代接触世界的窗口。其实，我更多地是在看里面的中文词条翻译，好多东西我根本看不懂，上面写的"奶酪"，奶酪是什么？没见过，根本想象不出来，这就是知识的空缺。语言能力、文化底蕴还有具体的知识，就是文学翻译的保证。

刘永强： 您刚刚谈及在《北京周报》的工作和文学翻译中的语言、文化、知识三个层面。这二者所涉文体风格差异较大，文学翻译相较而言更为细腻。那么，从时政文献翻译到文学翻译的转变对您来说是否存在挑战？

范捷平： 是的，我的翻译一直比较"杂"，不囿于某一领域，不同时期侧重不同。大概可以分为三个阶段：第一阶段是《北京周报》时期，大概三年时间，天天从事中译德工作，文本大多是时政类的。第二个阶段是在德国求学和工作时期，那十几年里我译了一本牛津大学出版社出的《中国前卫艺术》、一本《中国城市》。此外还翻译了很多文化交流类的东西，在国外生活，作为中国人，翻译是"daily life"。当然还翻了一些文学作品。第三个阶段是回国以后，主要翻译一些哲学和文学作品，如安德斯的《过时的人》第一、二卷，这是一部文学和哲学交织在一起的伟大作品。

文学翻译与其他类型的翻译不同，它不只是传递信息，更多的是一种个人的、很私密的情感注入，对原作"诗意"的把握，对作家和作品的生命体验。在这个意义上，的确像你说的，是一种"挑战"。相比别的翻译，文学翻译对母语驾驭能力要求更高，译语要尽量接近原作的风格，这就需要对原作和作家进行研究。文学作品有一个共性，就是真正的意蕴是言明的，也是不言明的，有时甚至是遮蔽的，诗意也许就在诗外。有时文字言明的，可能恰恰掩饰了作家真正想表达的东西，这就是文学翻译对译者最大的挑战，也是文学翻译要去追求的东西。比如我在阅读瓦尔泽原作的时候，经常会被原文挠得心里痒痒的，假如我在译作中也同样能把这种心里痒痒的感觉传递出去，我就觉得满意了。

二、翻译作为理解的艺术

刘永强：您之前讲到翻译是一门实践艺术，但与此同时，以您为代表的一批学者也做了许多理论性的拓展。

范捷平：你高抬我了，我大概只代表自己。前面说了，就翻译理论而言，林林总总，但阐释学于我而言尤为重要。阐释学是翻译研究最基础的理论。其实它也算不上是翻译理论，而是德国哲学经典，也是方法。阐释学和翻译一样，都是理解的艺术，核心是读者或译者对原作的理解。若无理解，何谈翻译。理解首先是个体的、译者的，也是译者作为主体在所处文化场域中的身份映射，是个体和集体的统一，因为他必定是某一文化族群中的成员。这点始终贯穿文学翻译，翻译即阐释。"Interpretation"（阐释）是德国学术的基本方法，英语中这个词直接就是"翻译"。我喜欢将启蒙运动后德国阐释学视为西方翻译理论的源头。西方中世纪的时候，大众没有阐释权和理解权，马丁·路德宗教改革之后，大众才在理论上具有理解的自由。理解是建立在阐释基础之上的，因此文学翻译和文学研究之间有一种相互依存、密不可分的关系。如果不研究和理解原作，那翻译可能是拙劣的，而理解又是无止境的，它伴随意识由低级向高级发展。因此在文学翻译前，应该先做研究。只有经过研究，对作家和作品熟悉到一定的程度，才能动手翻译。我的翻译大多如此，一般来说，研究和理解的深度决定了翻译的高度。

　　我还翻译过一些瑞士当代文学作品，那些年我每年都去瑞士，和那些瑞士作家一起研讨，开学术研讨会。我们一起翻译《歌德全集》中的《自然科学卷》也是如此，了解和研究歌德成了一项避不开的工作。总之，文学翻译需要将"译"和"学"置于同等重要的位置。文学翻译是"阐释循环"，是一种局部理解与整体理解之间的辩证关系，原作其实是个局部，作家和关于他的所有一切是整体。你若想了解整体，首先需要了解局部；若要了解局部，那就必须先了解整体。这是个悖论，但我们对作品的理解就是在这个悖论中不断上升的，这就是黑格尔《精神现象学》的奥秘所在，把这个原理用在文学翻译上，也就是文学翻译的奥秘所在。比如，要翻译《雅考伯·冯·贡腾》，就要去了解瓦尔泽，以及了解他的其他小说，如《强盗》《唐娜兄妹》《帮手》等。阐释循环的精妙之处在于"循环"，在于它不断地由低级向高级发展的可能性，这与黑格尔所说的"奥伏赫变"（Aufheben，扬弃）有异曲同工之妙。因此，文学翻译需要重译，我特别希望重译我所有的文学译本，重译是对原作生命力的一种延续。

　　刘永强：这是特别重要的一点，也是翻译研究中经常会遇到的问题，就是翻译与阐释的界限。刚刚讲的是理论层面的，实践层面上还会有人问，这是在翻译呢，还是在阐释？它们之间的界限好像比较模糊。

　　范捷平：从哲学上讲，翻译就是阐释。本雅明用两个介词来说明翻译的本质，他主张用"in"取代"durch"，也就是英语中的"through"。无论是翻译还是阐释，都是对诗意"内蕴"的整体理解，而不是工具性地借助语言转换去表达到目的。表面上看，两种语言的亲族关系决定阐释空间的大小。荷兰语和德语很接近，两种语言有亲缘关系，它们之间的翻译空间似乎很小。但是文学翻译不只是把源语文本的形式内容搬到另一种语言中去，更重要的是把原作的神韵、美感传达过去，这就不那么容易了。汉语在形式上与西方语言没有亲族关系，自由度似乎很大，但误译的可能也就很大，就更需要译者把握火候，因此难度就越大。只有在译语上有自己的特点，才能更好地传达原作的"诗意"；只有把握好"诗意"，才会有合理的译语。这是文学翻译中形式、内容的辩证关系，前面讲到阐释循环的辩证关系，其实翻译与阐释之间界限清晰或不清晰，也是一个辩证关系。现在很多翻译理论都是国外的，很多人会把这些理论直接拿过来指导中国的翻译实践，而忘记了不同语言和文化之间有不同的张力，因此翻译理论的使用要注意符合不同语言和文化之间的实际情况，这也就要求我们努力建构和创新自己的翻译理论。

三、翻译作为创作的艺术

刘永强：这里也涉及译者主体性的问题，因为在强调理解、强调实践的同时，也存在创造性的问题。

范捷平：翻译主体是非常清晰的，在文学翻译上，译者也一定有主体意识。比如傅雷先生，他的翻译是他人格、精神、知识的显现，也是他翻译家主体性的体现。他的翻译游刃有余，艺术创造的可能性似乎比一般译者更多，原作生命在他的笔下得到延续，这就是创新。任何优秀的文学都应该在阐释过程中释放和延续活力。傅雷先生作为翻译家，似乎没有被源语文本捆住手脚。我看文学翻译的最高境界无非是"戴着镣铐跳舞"，那是非常优美的舞蹈。首先得尊重文本，其次还要舞姿优美。翻译艺术不是随意的，而是在限定条件下发挥主体性。因此，这种主体性既是绝对的，同时也是被限定的。

我在翻译《雅考伯》时曾在一个地方用了半文言文的译语。这受到一些人的质疑，他们说，现代主义文学怎么能用文言文来翻译呢？之所以这样做，是原作"诗意"决定的。小说主人公写了一份反讽的履历，这个人物来自没落贵族家庭，却在仆人学校学习当仆人，他的履历文字流露出贵族的假斯文和装腔作势，其实是反讽，这正是瓦尔泽文学的特点。我使用半文半白的语言是为了表达这种反讽，有点孔乙己"多乎哉，不多也"的意思，我认为是合适的。本雅明说，在翻译距母语相当遥远的文本时，译者应渗透到原作中去，渗透到原作的人物、风格中去，借助原作去发展和深化自己的语言。只有这样，译者的主体性才能得以释放，这也算是"戴着镣铐跳舞"了，这是一种不自由中的自由，不忠实原文中的忠实，从中就产生了创新的可能性。

实际上，译者主体性还有一个立场问题。译者在文学翻译过程中是否允许有立场？这可能是一个比较敏感的问题。任何译者都有身份、立场，这是无法摆脱的。比如接受美学就是阐释学与马克思主义社会学理论结合的范例，它最终强调社会环境对文学作品、对接受者（译者）的影响。其中一条就是注重接受者（译者）的立场，学术上叫"期待视野"。为了达到"信达雅"和传达"诗意"的任务，译者要清醒地认识到自己的期待视野。只有这样才能更好地去把握它。

主体性还包括译者和读者身份问题。文本、译者和读者之间存在着距离和张力，如果没有距离和张力就不需要翻译，这实际上是一种文化身份差异。我们怎样才能敏感地认识到这一点？林语堂先生说过，"两脚踏东西文化，一心评宇宙文章"。文学翻译就是在两种文化之间跳舞。我们讲第一次社会化和第二次社会化，在这两次社会化之间，译者身份变成了一把双刃剑。如果译者能模糊自己的身份，很好地做到跨界，那么翻译工作也会轻松一点。根据洛特曼文化符号学理论，译者处于两个文化符号圈相碰撞的区域，这是一种僭越现象，而碰撞之后就产生了一个文化空间，翻译就是在这个空间中的语言阐释活动。

刘永强：在文学翻译研究中经常会出现两个观点，即竞赛论和模仿论。您刚刚强调了译者的主体性，那么是否意味着您倾向于竞赛论呢？

范捷平：不是的，其实我对这两种观点都不以为然。我比较赞成二者混合，或者说是糅合。比如"inter"是拉丁语前缀，这个前缀构成的词语对"自我"和"他者"做出区分，蕴含着二元论惯性思维，只有彼此，没有"Zwischenraum"（中间场域）。当然，西方也有像列维纳斯那样的犹太思想家，喜欢讲中间场域。否认中间场域对文学翻译来说是糟糕的。成功的译者往往会处在像与不像、忠实与不忠实之间的动态过程中，而不是去追求百分百的忠实。我在翻译时会考虑到中国读者，我不完全赞同本雅明的一个观点，他认为翻译无须关注读者。就"忠实"而言，我主张既忠实于原作，又忠实于读者，忠实于读者就是忠实于接受语境，忠实于读者母语文化，这两个"忠实"都至关重要。杨武能先生说过，有人说德国文学不好看，那是翻译的问题。我觉得问题的核心在于，文学翻译是否做到两个"忠实"。德语文学作家获诺贝尔文学奖人数最多，为什么德语文学在中国就不如英美、法国、俄国文学那么受欢迎，究其原因，还是译本质量和接受语境的问题。生吞活剥，忽视接受语境，这其实是一种戴着"忠实"面具的背叛。我看文学翻译是"trans"，不是"inter"。林语堂"两脚踏东西文化"，两条腿最终还是长在他一个人的身上，所以在德文中，"翻译"一词也和英文一样，有个拉丁文前缀，叫"translation"。"trans"是不同元素在同一本位里的相互混合，是一种僭越、糅合、交融的东西，而不是两个文化本体相互碰撞的行为。

刘永强：最后一个小问题，您觉得多年的翻译工作或者说翻译实践给您的人生或者治学之路带来了什么？

范捷平：收获是非常大的，我是文学研究者，也是译者。我研究可能做得比翻译更多一些，同时我还关注哲学、文化人类学等，这些最终可能都得益于语言的力量。文学翻译给我的研究打下了基础，研究又影响了我的翻译。翻译不求多，但求好，这也是我追求的目标。现在有一个通病，就是研究与翻译脱节。研究者不翻译，翻译者不研究，有人说是出版社逼的。最起码我作为研究者是会去翻译的，我在德国读博士的时候，《散步》已翻译完毕。翻译不能求功利，而是为了丰富自身，很多都是自己主动去翻译的。所以文学翻译对我可能是一种整体性的影响。同时，文学翻译始终是一个愉悦的过程，从一开始就是"把玩"："把玩"作家的文字和思想，也在"把玩"自己的文字和思想。

四、学生提问

步静怡：您刚才讲到译文形式和内容，英语和德语在形式上比较接近，我发现市面上很多文学作品不是由德文直译的，而是借助英译本翻译成中文的，您对这种现象怎么看？您认为这种翻译方法对译文的质量会产生什么影响吗？

范捷平：影响是一定有的。很多德语文学的中译本是从英译本译出的，这是因为英语普及度高。现在已经改变很多了。我刚才举的例子是荷兰语和德语，它们虽然很接近，但一定有差异，对母语文化译者而言，这种差异是巨大的，文学翻译中"诗意"和"韵味"的传达仍然是艰巨的任务。从德语到英语，再从英语到汉语，中间的"文学性"怎能不损耗？刚才提到洛特曼文化空间理论，不同的文化符号圈不可能像镜面一样完全吻合，它会有偏移。相近语言的译文中的偏移也不能忽视。这种偏移在二次翻译情况下再次发生偏移，这对译文质量是有较大影响的。

文学作品与其他文本不同，是语言的艺术。实证性的对象往往能够被机器测量或界定，相对而言，它的可掌握度比较高，但精神性则比较低。文学作品是人类具有高度艺术性、情感性、思想性，高度敏感化且个体化的精神产品，到目前为止还无法用机器进行翻译，人类在机器化，机器也在人类化，一百年后怎样我不知道，但在能预见的时空里，文学作品的间接翻译对质量肯定有影响。

陈子轩：您翻译了很多罗伯特·瓦尔泽的作品，可以简单说说为什么会选择罗伯特·瓦尔泽，而不是其他德语作家作为自己的研究和翻译对象吗？

范捷平："很多"真谈不上，他的译作太少。翻译和研究他也许是我的宿命。1989 年我在德国读书时接触到这个作家，我的导师齐默曼和他的导师赫勒拉都是重新发掘瓦尔泽这颗文学明珠的学者。我在他们的引领下开始研究瓦尔泽，我的博士论文也是研究他。我感觉自己和瓦尔泽是"糅合"在一起的，包括我的为人处世方式、对世界和人生的看法等都受到了他的影响，我的文字风格、思维风格也有点"瓦尔泽化"。一个作家对译者的影响越深，译者就越有把握去翻译他的作品。

岑晓丝：中国当代文学在世界文学中的缺席使得中国文学对外传播显得急躁和冲动，而海外热度较高的中国网络文学被认为无法代表中国当代文学的水平，"精英文学"对外翻译出版一方面受阻，另一方面可能忽视海外普通读者的需求，对于这一困境您有什么看法？您对跨文化翻译人才的培养有什么建议？

范捷平：一方面，网络文学是一种新的文学样式，与纯文学不一样，读者群可能也不一样。我觉得网络文学会越来越受到重视，会走进研究者的视野，会有更多的读者。我还是谈谈中国当代文学在欧美文坛缺席的问题，这个问题比较复杂。其实我在 20 世纪 90 年代就尝试过翻译苏童的作品，当时是跟德国人一起译的，我知道其中的艰辛。德国译者中文不好，而我又达不到德语母语的语言能力，结果我们的尝试没有成功。中国文学的翻译，我个人觉得还是要依靠国外的汉学家，但是这种人才西方又太少。中国当代文学的缺席问题，我看不一定与文学质量有关，译文质量可能是原因之一。

另一方面，文学必定反映一个民族、一类人、一群人的情感和他们的世界，中国当代文学为什么缺席？缺席的绝不是中国文学整体，古典文学就不缺席，缺的是当代中国的文学。这里面的原因很多，有一条很重要，那就是两种文化间的权力关系，说到底，就是西方可能不认可你当代的东西。自鸦片战争以来，我们对西方的身体姿态是长期仰视的，西方人对我们是俯视的，历史造成了一种不对等的话语关系，这种关系再加上当下的意识形态差别，这也许是中国当代文学在欧美国家缺席的重要原因。我们书店里的翻译书籍曾让一位德国学者震惊。他说，中国人太厉害了，几乎把西方文史哲统统都翻译过来了，德国书店里翻译的中国书籍却非常少。作为西方人，他可能没有看到，这也是我们长期仰视西方的结果。

今天我们崛起了，大家都说要讲好中国故事，要培养跨文化的中译外人才，反过来我现在却讲中国文学对外翻译主要还是要依靠母语译者。其实二者不矛盾，杰出的中译外翻译家也有，杨宪益先生就是杰出的代表，但不能忘记，他背后还有英国妻子戴乃迭先生。这种局面可能与文学翻译的特殊性有关，既然文学翻译不能指望人工智能，那我们就要想别的办法去影响它了。除了提升中国译者的能力外，我们还要不断提升我们的文化软实力，渐渐地去破解那种不同的"身高"造成的仰视与俯视的问题。相信有一天，就像中国有大量优秀的外国文学翻译者一样，西方也会出现大量合格的中国当代文学翻译者，这样你就不必担心中国当代文学在世界文坛上的缺席了。

众人：感谢范老师的分享！

做文学翻译要有一定的献身精神

——郑达华访谈录

刘　宇　郑达华

受访者简介: 郑达华（1956 —　），浙江玉环人。浙江大学外国语学院教授，主要研究领域为翻译理论和实践以及英国小说。著有《劳伦斯的小说和诗歌研究》（作家出版社，2001）等，译有《萨德大传》（中国社会科学出版社，2002）等 8 部。另有《白领丽人》等 4 部原创长篇小说。主编《大学英语辨析词典》（杭州大学出版社，1997）等。在《中国翻译》《外国文学研究》和《外国文学》等刊物上发表论文 20 多篇。

访谈者简介：刘宇，浙江大学外国语学院硕士研究生，研究方向为翻译学。

本次访谈时间为 2022 年 9 月 13 日上午 10:00—11:30，形式为线上视频交流。访谈主要围绕翻译缘起、翻译思想与展望这两大主题展开。

刘宇：郑老师好，非常感谢您接受这次采访。我想首先请您谈一谈您的翻译理论学习和翻译实践经历，并给我们介绍一下您的翻译作品。

郑达华：我主要从事的是文学翻译，始于硕士研究生第二年。所谓"千里之行，积于跬步"，我的翻译之旅也从小文章开始，最早翻译了六七篇比较精悍的小说或散文，目的是练练笔，都发在小杂志上面，比如当时杭州有一本叫《浙江青年》的杂志，现在可能已经消逝。及至研究生临近毕业，我开始翻译一个比较长的中篇，接近两万字，是《译林》翻译伍德豪斯小说竞赛的一个题目，其语言之复杂，我至今记忆犹新，但我还是潜精积思，深入翻译下来。那时候我想，《译林》是杂志界的楷模，一般来说，能于其上发表作品的人寥寥无几，因此，完成这篇翻译任务之后，我信心倍增。同时，在毕业期间，我就开始进行长篇翻译任务了，与同一届的几个同学一起，以我为主，翻译了劳伦斯的长篇小说《恋爱中的女人》（*Women in Love*），统共有接近四十五万字，这本书得以出版时，我也研究生毕业了。接着我又译了两本通俗小说。翻译之笔勤耕不辍，这样的话，翻译量总共加起来已经接近一百万字。

研究生毕业以后，我选择继续留校，学校在学术上当然是有要求的，但不论是写论文或者是搞翻译，我的实践从未停歇，当然，还是以文学翻译为主。到现在为止，翻译也好，编著也好，论著也好，比如《劳伦斯的小说和诗歌研究》，我的这些成果加起来有二十多本书了。文学翻译方面，译作有《恋爱中的女人》；而技术翻译方面，则有浙江摄影出版社的四五本摄影翻译，比如《风光的精要：光线的捕捉与雕刻》。

关于翻译理论，我始终觉得，翻译首先要重视原文，但是仅仅从语言上去重视是远远不够的，一定要同时从精神上去重视，注意到作者或者人物实际的心情、精神是什么。从这一点来讲，翻译就应该是意译的，而不是直译的。当然，这并非在否定直译的作用，比如，要表达一个人的性格，倘若这个人使用的语言本身就不是很规范，甚至语法也有错误，为了有意表现他这种性格，我们就会以直译为主。应该说，直译和意译反映了作者的真正思想和表达，如果他要表现出人物的失衡，比如自私，我们就要按照作者的视角，照葫芦画瓢。我翻译《恋爱中的女人》便是如此，因而受到了编辑部的高度赞扬，他们惊叹于我作为一个学生，竟能翻译得如此炉火纯青。所以需要直译就直译，需要意译就意译，真正翻译时我还会遵循美学观点去实践，直译和意译，这仅仅是一种手段。

刘宇：您刚才提到，您是在读硕士研究生时开始集中从事翻译的，听您的意思，您最初似乎自然而然就走上了文学翻译之路，其中是否有什么决定性因素呢？

郑达华：对，可以说我走上了文学翻译之路是自然而然的，不过这也离不开我们那时老师的言传身教、耳提面命。我不知道你们现在学习翻译是怎么样的，可能比较注重实用性，比如多触及市场上广告翻译等体裁。我那时的老师们都非常注重文学翻译，发表的东西当得起一句"卷帙浩繁"的评价。我那一代的老师们都认为，在期刊上发表文章，或者是把自己的钢笔字变成印刷体，是一种极高的荣誉。看到老师都是如此，我们学生当然也跃跃欲试，因为我们是恢复高考后第一届考上来的，大家都是一副初生牛犊不怕虎的样子，觉得"你能搞我也能搞"，不过，搞翻译的人前赴后继，但是真正发表的却凤毛麟角。那时候教我们的老师都比较注重中文功底，翻译雕章琢句，行文辞藻优美，所以我就打定主意，也要提高自己的中文水平，就相当于一边学习翻译，一边提高中文水平，一箭双雕。最好的检验方式是实践，那么我就去翻译，我的实践源源不断，翻译每篇文章都砥志研思。

刘宇：您提到了对劳伦斯的译介，更翻译了劳伦斯的《恋爱中的女人》《迷失的少女》等小说，不知道您翻译他的很多作品的契机是什么呢？

郑达华： 我对他这位作家的作品是苦心钻研过的，翻译起来自然就相对容易一点。他的作品当时在各大出版社非常热门，《迷失的少女》是我与同学合译的，全国首译；《恋爱中的女人》很多出版社都在翻译，要拼速度，拼经济效益，谁出版得快，谁经济效益就好。最后我们的版本发行量有六万多册，在那个背景下已经相当出色了，因而我们收入也不错，各方都称心如意。当然，说实话，现在翻译是不值钱了，在这个大环境之下为文学翻译做贡献的人，应该要有一定的献身精神。

刘宇： 您对英国文学颇有研究，出版了《劳伦斯的小说和诗歌研究》这一专著，更翻译了劳伦斯的很多小说，我想请您谈一谈学术研究和您的翻译之间的关系。您觉得相关的研究对翻译的作用有多大呢？

郑达华： 研究对翻译作用匪浅。我也写了不少论文，好几篇都在全国一级刊物上发表了，这些成果实际上都源于我从翻译中体会出的作者的精神、作者的风格，以及作者的特点。每个作者都有他的指纹，独一无二，因人而异。我可以说，任何一个人，或是大作家，或是大思想家，其实他的整个思想都可以用一两句话要而论之。比如马克思，在我看来，他的很多东西也是蒙前人之荫，我认为他自己最大的发现就是剩余价值。

前面提到我对劳伦斯的研究，实际上他写了很多书，诗歌比小说还要多，有几千首了，但他所有作品的思想只用一句话概括就够了，只要掌握这句话，不管分析他的哪部小说、哪首诗歌，你都可以把这个思想套进去，因小见大，进而翻译。这个思想是什么？我归纳出来的就是"对立统一"，世界上任何事物都是对立的，双方在对立之中产生平衡，最终统一为一体。实际上，掌握了这个哲学，如果是搞文学评论的话，就是去掌握这个作者的实在，这样撰写就比较容易了，只不过是找出一些证据罢了，因为中心思想非常明确。

刘宇： 除了劳伦斯，您还和徐宁燕一同翻译了莫里斯·勒韦尔的

《萨德大传》，这本是法译中还是英译中呢？您觉得不同语言间的翻译有什么异同点吗？

郑达华：《萨德大传》是英译中，也是出版社的约稿，应该说这本书我翻译得还是比较辛苦的，因为它的字数比较多，有六十万字，里面还有不少法语的内容。当然，法语我也略知一二，但翻译起来，要把它表达清楚，很多地名、人名、历史人物，以及相关的历史事迹，都要非常严格地去寻找，需要费力劳心，反复琢磨。要做这方面的研究，不能简简单单地自由发挥，而要更加重视于它本身的内容；不能自己编得天花乱坠，而要脚踏实地去字斟句酌。而且《萨德大传》是人物传记，真实的重要性毋庸置疑，更加不能太自由化，因此翻译要比较忠实于原文。

至于不同语言的翻译，我一般都是把英语翻译成中文，基本在这个方向上，还是要符合中文习惯。坚定这一宗旨不能动摇，并不是说翻译英语就应该只注重英语的习惯，恰好相反，因为受众是中国读者，如果读起来外国味道很浓，中国读者是不大喜欢的，这点可以说是遵循了归化的思想。但是有些内容，比如人物的性格、人物的特点，在翻译的时候就要保持不变，哪怕这个人喜欢讲粗话，你也要用英语对应的粗话来讲，不能过度美化了。

刘宇：我注意到您翻译的弗郎西丝·梅耶斯所著的《甜美生活》一书在 2006 年又出了第二版，名为《托斯卡纳的甜美生活》。

郑达华：第二版我倒没注意。因为我很多的翻译都是出版社约稿的，这本书便是其中之一，我在那之前并未研究过这个作者。这本书主要讲游记，里面描绘了四时风光，山清水秀，美不胜收，这个出版社可能知道我相当注重语言上的雕琢，译文需要优美，所以找上了我。

刘宇：嗯，所以这个第二版不是您翻译的吗？不过不少经典作品的不同译本都会被拿出来比较，您对复译又有什么看法呢？

郑达华：对，这个第二版不是我翻译的，如果也是我的名字的话，实际上是违反了版权的，也就是说，他在我不知道的时候重印了。我上次翻译的《美国签证与移民指南》，他后来就自己直接印了，我应得的报酬也杳无音讯。这本《甜美生活》也同样不是我复译的。

复译的话，除非我自己对整个文章有了新的想法，比如，对作者思想的理解发生了变化，否则一般单纯从语言上再搞个复译的话，这种情况寥寥无几。有些出版社出版了一本书，比如《恋爱中的女人》，再出版一本就理应经过深思熟虑，如果要翻译，就必定不能和原有的译本一模一样，人云亦云。也许最终不一定能翻得更优美，但是一定要别出心裁，否则就变成拾人牙慧了。不同版本要有自己的独特性，我才会去进行复译。

当然，像莎士比亚的剧，有些后人翻译得也很好，比如，原来的版本太过直译，语言不符合中国人的说话习惯，或者是要在舞台上表演的话，只能把它变成舞台语言，那么，也就不得不进行复译，这就是出于实用的考虑。我记得小时候看过一本翻译的外国儿童文学作品，里面完全是外国人的风格和语调语气，晦涩难懂，甚至前言不搭后语，这样肯定是需要重新翻译的，不然的话，中国的小孩子根本就没办法读懂。

刘宇：文学和翻译分属两个不同的学科，但似乎又紧密相关，在您看来，文学和翻译之间有什么样的关系呢？

郑达华：应该说，我对文学翻译还是有自己的认识的，那就是文学首先要了解"人学"，也就是说，文学实际上就是"人学"，是对人的研究，这当然包括人物的性格，比如他的思想、言行如何表现他的性格。我的硕士毕业论文研究的就是英国小说《名利场》中人物的性格，所以我在翻译的时候就比较重视怎么表现文学翻译中的"人学"，也就是重视人物研究。

文学实际上是离不开美学的。始终有人在问美学到底是什么，有位复旦大学的博士生导师写了一本美学翻译的书，主要是讲怎么样表现美，表现文字的美、人物的美。在我看来，美学仅仅讲美是不够的，当然讲丑也不够，有些人说美学和丑学有关系，表现人物性格丑的方面，也表现出了他的美。我认为美学这个概念，实际上还是要回到人学，因为美学是哲学的一个分支，所以他们之间真正的关系就体现在哲学的存在主义上。很多人觉得西方存在主义是唯心的，有死神这些精神的存在，精神高于一切；而我认为的存在主义，实际上就是人的存在、肉体的存在，当然也包括精神的存在。我认为有利于人的存在的任何东西都是美的，而不利于人的存在东西都是丑的，应该从这个方面去研究美学。

人当然是有各种各样的行为的。有些人表现出的是怪诞的行为，稀奇古怪的，这实际上就是他这个人的身心存在的想法，自身和他人出现了失衡、不平衡，不论是个人还是国家都可能表现出这种失衡。那么，我们在翻译的时候，要从美学这个角度来翻的话，除了反映个人的性格，还要体现社会特点。翻译历史的小说，像我翻译的劳伦斯小说，故事发生在英国工业刚刚兴起的这个阶段，有它的社会特点，有很多失衡的东西，虽然这时候工业很发达，但是造成了很多的工业后果，把人的人性化、有机化都磨掉了，所以小说是有批判性的。我抓住了这点，从这个角度去理解劳伦斯的总体思想，就触类旁通，行云流水地翻译出来了。

文学方面，在创作小说上我也比较注重美学，我创作了四五本小说，已经出版的有五部，还有在网上的两部，都是从这个角度去认识的文学和美学的。

刘宇: 除了文学翻译的复译，您还翻译了许多其他领域的图书，涉及科学类的，比如您提过的摄影集。对于这样风格迥异的原文文本，不知道您有没有总的翻译原则和标准，具体是什么？您又是如何"对症下药"的呢？

郑达华: 科技的东西你要适应它，要以忠实于原文为主，不是说语言上的忠实，而是在表达的内容上一定要忠实，语言上可能需要更符合中国人的习惯，比较通畅就行了，不需要华丽，就是以表达清楚为准则。文学翻译则更偏向意译，而且要讲究语言风格，翻译风格要比较符合作者的风格，当然最根本的是要符合作者的思想。我们说俞伯牙与钟子期是高山流水遇知音，翻译家与作者又何尝不是跨越时间、空间的神交者呢？能够翻译这些伟大作者的作品，我就像遇到了知音一样心花怒放，所以才要毫无保留地发挥自己的能力，将作品传递给读者看。

刘宇: 许多翻译家公认的一件事是翻译难,甚至难于创作,您觉得在翻译中主要存在哪些困难?您又是如何解决和克服呢?

郑达华: 可以说,在字数相当的情况下,我翻译一本外国的小说,还不如写中国的小说来得容易。翻译的话,你首先自己要了解这个作者的思想、风格,就是我刚才讲的,他的"指纹"是什么;不了解这个,翻译到后来就会恍然觉得南辕北辙,所指与实际迥然不同。写作的话,则完全是我自己的思路,我的一部长篇小说还获得了浙江省作协的现实主义精品工程奖,叫《白领丽人》,写的是杭州商界的反腐故事,内容标新立异。当然,创作其实也基于翻译中的很多收获,我最早对一些作家的研究,实际上对我的文学创作很有帮助。

刘宇: 随着技术手段的不断发展,现在很多译者在翻译时都会借助机器翻译,从而提升翻译效率。您的翻译活动始于 20 世纪 80 年代,当年您都是如何翻译的呢?您当年用到的翻译工具、方法有哪些呢?具体翻译过程又是怎样的呢?

郑达华: 现在是可以用各种工具翻译的,其更新换代之快,简直令人目不暇接。我那个时候连电脑都没有,手机也没有,就是依靠词典,用手写出来,还要校对、誊抄。誊抄这一步至关重要,因为你的手稿不清楚,出版社就无法排版。所以那个时候很辛苦,几十万字的文章要搞好几遍,相当于现在几百万字。那个时候搞翻译真的完全是靠一种精神支撑,想的就是要把手写的字变成铅字印出来,因为这给人很大的荣誉感。

刘宇: 郑老师能不能给我们分享一下目前的翻译计划呢?

郑达华: 现在没有翻译了,写作也暂时没继续,可能跟年龄大了也有关系,这几年基本上就是旅游,就是想享受人生,稍微写一点东西,也是留下个记忆吧。

刘宇: 您最满意的译本或译文是哪一个呢?

郑达华: 我还是对《译林》上翻译的那篇文章比较满意,那是我第一次正式的翻译。说实话，我后来想，如果叫我复译的话，题目可以再斟酌一下，当时题目叫做《当医生们意见不一致的时候》，大概刊登在1987年那一期上。在这里面，我把作者幽默的风格展现得淋漓尽致，同时语言还非常符合中文的习惯。我在《中国翻译》里有关美学翻译的一篇论文，具体题目记不清了，也用了这个例子，这次翻译更真实地表达出了原文作者的意图。这篇文章，如果仅仅按照字面来翻译的话，根本无法做到。当时我非常重视这篇文章的翻译，毕竟是要发表在《译林》这样一本大杂志上，几乎每句都反复推敲，后来的翻译大多时候是完成约稿任务。当然，第一部长篇我也很重视，还有刚刚你提到的《甜美生活》，也很是花了一些力气，因为作者自己的英文语言很优美，我不能翻译得脱离原文，不过这些还是都比不上《译林》里这个中短篇，只有两万字左右，却花了不少力气。

刘宇：最后，能不能请郑老师谈谈给广大青年译者在翻译上的指引和期许？

郑达华：青年译者首先要清楚翻译的目的是什么。如果要做一个成果，比如文学翻译，那你就要肯花力气，相当于一个探索，不能敷衍了事，仅仅翻译完了就结束了。如果是商业性翻译，那么实际上意思明白晓畅就可以了，不需要在语言上过分讲究。当然，翻译是一个很辛苦的事情，要想把翻译工作做好，是要花很多力气的，甚至是要准备做出一定的牺牲的。

于翻译中感悟文学之美

——赵伐访谈录

徐 缘 赵 伐

受访者简介: 赵伐(1958—),浙江外国语学院教授、"浙江文化走出去协同创新中心"主任。主要研究领域为外国文学理论与翻译理论。已出版专著、译著、教材共 34 部,译有《加拿大后现代主义——加拿大现代英语小说研究》(重庆出版社,1994)、《长路漫漫》(浙江文艺出版社,2010)等。此外,在多个期刊发表论文 14 篇,主持省部级重大或重点项目 3 项。曾获两项全国优秀外国文学图书奖、一项国家级规划教材、一项省重点建设教材等奖项;曾获霍英东教育基金会第四届全国高等院校青年教师三等奖、两项国家级教学成果奖二等奖、三项省级教学成果奖二等奖;曾入选浙江省 151 人才工程第二层次,浙江省中青年学科带头人,享受国务院政府特殊津贴。

访谈者简介: 徐缘,浙江大学外国语学院翻译专业本科生。

本次访谈时间为 2022 年 10 月 4 日上午 9:00—12:00,地点为浙江外国语学院。访谈主要围绕结缘翻译、探寻文译与纵观译界这三大主题展开。

一、结缘翻译

徐缘: 赵老师您好,首先想请问您是如何与翻译结缘的?

赵伐: 我读大三那年,学校(原西南师范学院)外语系请著名俄苏文学翻译家草婴 ① 来为我们做翻译讲座,是他的讲座使我对文学翻译产生了兴趣。他讲到俄苏文学的魅力,托尔斯泰、肖洛霍夫等文学巨匠笔下的恢宏与细腻;讲到自己的翻译“四步法”:第一步,通读原文,心无旁骛地沉浸于作者创造的艺术世界当中;第二步,逐句逐段翻译,理解品尝每个词语和句子的准确含义和韵味,并用汉语表达出来;第三步,抛开原文通读、修改译文,看译文是否通顺流畅,是否符合中国读者的阅读习惯;第四步,对照原文再核对译文,努力做到“信达雅”。正是他那份对外国文学的挚爱和那颗对文学翻译的匠心感染了我,让我开始向往翻译,与翻译结下不解之缘。我读完大三就提前毕业,留校担任助教,当时接受的第一项翻译工作是成都都江堰水利工程的外宣材料。虽不是文学作品,也不是英译汉,但初生牛犊的我还是惴惴不安地把那几万汉字折腾成了英语。第一次翻译经历给我留下的体会是,翻译这碗饭

---

① 草婴(1923—2015),原名盛峻峰,俄罗斯文学翻译家,是我国第一位翻译肖洛霍夫作品的翻译家,翻译了托尔斯泰、莱蒙托夫、卡塔耶夫、尼古拉耶娃等作家的作品,在中国读者中产生了极大的影响。

不好吃，是个苦差，但我很享受。

徐缘： 文学翻译最吸引您的是什么？

赵伐： 我想反问你一个问题：为什么人们喜欢看电影、上剧院、读小说、吟诗词、品散文？我的理解是，人世间的爱恨情仇、生离死别、悲欢离合、喜怒哀乐，可谓形形色色，千般万种，但你能亲历所有这些吗？显然不能。可我们通过文学作品，通过影视，就能感受这些经历，就能跨越时空、国界、民族、职业、性别、年龄等差别，纵览人生百态，重温芸芸众生的所思所想、所感所悟，亲历他们各自的情感历程，从中领悟人生真谛。而外国文学则更具魅力，因为不是很多国人都了解国外的人和事的。异国风情、他乡之旅也许同样能满足人们的好奇心，唤起他们的阅读欲望。这促使我从一开始就投身外国文学翻译。透过翻译文学作品去洞悉人生百态，经历他人的爱恨情仇，感悟人生的道理，这也许是文学翻译最吸引我的原因吧。

徐缘： 您从事翻译已有三十多年，那您认为一名优秀译者需要具备哪些能力？

赵伐： 我认为，首先需要具备很强的理解力。翻译的基础在于理解，对原著没有深刻的理解，就无法翻译。对原著的每一段、每句话、每个词组、每个词、每一种修辞手法和表达方式，甚至标点符号，都要理解到位，不仅要理解它们的字面含义，还要领会言外之意，以及语言表达背后蕴含的作者的语气、情绪、态度、观点，甚至他的世界观、人生观、价值观等。从多年的翻译实践中，我体会到，如果没有读懂原著，哪怕是一句话、一个词，都会有一种无从下笔的感觉。翻译不能靠"瞎蒙"。

译者需要具备的第二种能力是感受力，文学翻译尤其如此。无论诗歌、小说、戏剧、散文，文学作品的魅力均在于作者丰富的意象。我在阅读原著时，总是努力去体会原作者在作品中想象、创造出的场景、人物、情节、情绪、氛围，尽量做到感同身受，在自己脑子里产生"画面感""场合感"，在心中萌发"共情"，与原作者一同喜怒哀乐，一道玩味文字。文学译者，需要多"情"善"感"，否则，只在翻译时机械转换，照葫芦画瓢，不能传神。

译者还需具备很强的表达力，特别是文学翻译者，对译语需要有很好的掌控能力。实话说，在翻译作品时，我常常有这种感觉：尽管已经理解了原著的意思，体会到了原作者想要表达的思想感情，但在译语的表达上还是有一种捉襟见肘的感觉，犹如"茶壶倒不出饺子"，要么表达不到位，隔靴搔痒，要么言过其实、画蛇添足，译语与源语之间的转换很难做到丝丝入扣、恰到好处。我经常对自己的学生感慨：我们这些学外语的人，从小开始学习一门新语言，月复一月、年复一年地听说读写、"唱念做打"，可千万不要学会了一门新语言，却忘了自己的本族语，像"猴子掰苞米"一样，掰一个丢一个，这可不行。我个人的经验是，优秀的译者应当具备很强的汉语基础，中文的表达能力要好，学贯中西。

二、探寻文译

徐缘： 赵老师，您认为我们应该如何对翻译作品进行评价？是否有具体的评价标准呢？

赵伐： 传统的文学翻译标准是严复提出的"信达雅"。这一标准我十分赞同，也在自己的翻译实践中努力践行。但随着时代变化，人们越来越看重"传播效果"和"读者接受"，翻译的重心也越来越偏向读者、观众。翻译即传播，因此，译者在翻译时，应更多地考虑接受者的感受，采用"归化"译法，而非机械地坚守"信"。奈达所提倡的"dynamic equivalence"，其实也是这个意思。如果原文对读者的冲击力和影响力能够在译文中得到对等再现，那么这个译文就实现了传播的目的，是好的译文。比如，我自己也做过类似的实践。记得在翻译加拿大女作家多萝茜·斯比克的短篇小说《老鹰的新娘》时，开头有这么一段因纽特人的民歌：

"I am seized with violent desire / Alone by myself I become lustful. / I am seized with violent desire / Alone by myself I become lustful."

作者的这篇小说讲述的是一位身处北极冰天雪地里的女性在沉沦于强烈欲望之后的幡然醒悟和自我回归。作为小说的引子，这首民歌传达给读者的是孤独之人关于禁忌和欲望求而不得的原始情愫。我尝试着借用《诗经》和《楚辞》的形式和辞藻来翻译这首民歌："欲火中烧，/ 吾情骄骄。/ 独守孤影，/ 吾情淫淫。"这里的"骄骄"出自《诗·齐风·甫田》："无田甫田，/ 维莠骄骄。/ 无思远人，/ 劳心忉忉。""淫淫"出自《楚辞·九章·哀郢》："望长楸而太息兮 / 涕淫淫其若霰。/ 过夏首而西浮兮，/ 顾龙门而不见。"我的初衷是试图在中国读者的心中唤起那份关于思念、欲望、情意缠绵的古老情感，引发读者与小说女主人翁的情感共鸣。总之，翻译的标准正随着接受者的不同需求的出现而变得更加多元，但文学翻译还是应该坚持"神似"与"形似"的有机统一，我不赞成鲁迅先生的"宁信而不顺"的说法。

徐缘：您翻译出版的第一部作品就与加拿大后现代主义文学相关。请问您最初是如何接触到加拿大文学作品的？您为什么偏爱加拿大文学？通过阅读和翻译，您认为加拿大文学有哪些突出的特征？

赵伐：一次偶然的机会，我在学校图书馆发现了一部书名为《加拿大后现代主义：加拿大现代英语小说研究》的英文原版理论著作，作者是多伦多大学教授琳达·哈琴①。这本书系统介绍了加拿大的现当代小说，使我对这一时期的文学概貌有了初步的了解。在翻译出版了这本书之后，我便循着书中论及的主要作家和经典作品，按图索骥，遴选出获得过加拿大总督文学奖②的作品或提名作品进行翻译，尤其是长篇、短篇小说。后来，加拿大著名文论家大卫·斯德恩斯也向我推荐了许多优秀作品，还送了我一套他与文论家 W. H. 纽、作家门罗和范德海格主编的《新加拿大文库》，供我从中选译。在这一过程中，我还得到了加拿大

---

① 琳达·哈琴，加拿大多伦多大学英语系和比较文学中心名誉教授，从事文学理论与批评、歌剧研究、加拿大研究等。
② 加拿大总督文学奖（Governor General's Literary Awards）是加拿大的最高文学奖，每年评选一次，颁发给以下七个类别的英语和法语书籍：小说、非小说类文学、诗歌、戏剧、青少年文学、青少年绘本和翻译作品（英法互译）。

文化委员会（The Canada Council for the Arts）以及重庆出版社和浙江文艺出版社的大力支持，策划了"加拿大获奖文学丛书"，翻译的每本作品几乎都得到了加拿大文化委员会的资助。

每个国家都有自己的文学作品，也设有自己的文学奖项，获得本国最高文学奖项的作品应该是公认的优秀作品。我在选择翻译的原著时，并不因为加拿大文学小众，或总督文学奖不太知名就转而选择其他更主流、更大众的作品。文学翻译不应该带有赶时髦的杂念。只要原著符合我心中的几个标准，比如能在中国读者心中引起共鸣，具有感染力，故事性强、可读性强，语言优美、幽默，我就愿意翻译。越小众、越不为人知的优秀作品，越应该介绍给更多的人。从近年来一些国际知名的文学奖项评选结果看，关注小众、边缘、弱势、差异的趋势逐渐明显。说实话，我之所以专注于加拿大文学的翻译，一开始并非出于"偏爱"，而是因为有外在的支持。但在翻译了几本作品之后，我开始被加拿大文学"马赛克式"的多元文化特征所吸引。在《加拿大多元文化主义法》（1988）的激励下，该国产生了一些以不同文化身份进行创作的作家，涌现出一批反映不同族群境遇、不同文化背景的作品。因此，我也有意识地选择一些能反映多元文化特征的作品来翻译，如《长路漫漫》的作者罗辛顿·米斯垂就是印度裔加拿大作家，书中的故事也并非发生在加拿大，而是在印度，描写的是一个在印度的少数族群拜火教家庭的遭遇；《大熊的诱惑》的作者鲁迪·威伯虽然来自东欧移民北美的门诺教徒家庭，但失去家园后颠沛流离的经历促使他专注于记录北美印第安人被白人殖民者掠夺的遭遇；《跪下你的双膝》的作者安－玛丽·麦克唐纳的母亲是黎巴嫩裔，这部小说写的就是一个黎巴嫩裔移民家庭的不伦之情；《廉价的幸福》的作者加布里埃尔·鲁瓦是法语作家，她的作品以工业化进程中的城市为背景，描写失去土地、流落城市的底层民众的困苦；《走下坡路的男人》的作家盖伊·范德海格把目光投向一群走在人生下坡路上的男人，描写加拿大现代社会中男人面临羞辱、嘲讽、伤害、挫折、失败和死亡时的心态和情感。类似的作品我翻译了大约 15 部，从各个角度和层面反映加拿大多元文化的特征；另外我也偏向于选择历史题材的作品。

徐缘: 您的译作中有许多都是新历史题材的小说。在您看来,这种新历史小说与传统的历史小说有什么不同?您又为什么选择新历史小说进行翻译?

赵伐: 关于新历史小说,我在《论加拿大新历史小说》一文中讨论过。简言之,传统的历史小说以史料为依据,辅以适当的想象、概括和虚构,再现一定历史时期的社会生活面貌,有根有据,追求的是真实与虚构相统一。历史小说的前提是要有案可稽。然而,我想问的是,无案可稽但历史上真实发生过的事算不算历史?比如,前段时间媒体披露,加拿大一座19世纪末建立、1977年关闭的原住民寄宿学校中发现了215具原住民儿童遗骸,年龄最小的仅3岁。历史上,许多原住民的儿童被强行从父母身边掳走,送去寄宿学校,被辱骂、殴打、虐待,甚至突然人间蒸发,这些悲剧算不算历史?但在加拿大各种所谓的正史中,谁读到过类似的只言片语?新历史小说所关注的往往并非业已确立的所谓"史实",并非官方的、正统的、权力话语下的所谓"证据",而是那些被遗弃在征服者书写的历史以外的故事,比如,印第安人、少数族裔、移民、女性、弱者、边缘人、被征服被压迫者等人群的往事。这些历史上原本无名的他(她)者们因为受权力话语的压抑而沉默失声,在正史里有关他们的书写大多是只言片语、含糊其辞,甚至充满歧义,或完全空白,而恰恰是这些含混、多义和空白为新历史小说家的创作留下了很大的构思空间。我也和鲁迪·威伯本人探讨过这一问题,他说:"我不是历史学家,我是小说家。小说就有想象的空间。但我的想象不是平白无故的,而是有一定依据的。"比如,他的短篇小说《声音从何而来?》以加拿大皇家警察博物馆中对一个印第安通缉犯相貌的自相矛盾的描述为突破口,通过拷问史料的不一致,试图颠覆由征服者所书写的历史的权威性。再如,他的小说《发现陌生人》借助北极探险队员翔实的日志和信件,在忠实记录英国极地探险家约翰·富兰克林1820—1821年那次错误的北极探险的同时,还描写了远征队员罗伯特·胡德与印第安姑娘绿袜的那段哀婉、短暂的爱情故事,而这个故事是作者根据随队军医约翰·理查森日记中的一句话和印第安土著关于当地绿袜湖的传说想象出来的。但恰恰是这一虚构的情节瓦解了作品的纪实功能。作者的这种把信而有征的史料与名不见经传的虚构融为一体，用小说想象的、连贯的叙事结构取代史料真实却断续的叙事结构，其寓意不言而喻。正是这些寓意丰富的小说作品，使我产生了系统翻译这类作品的想法。

徐缘： 您与加拿大作家鲁迪·威伯进行过非常深入的学术交流，还发表了一篇论文，题为《关于加拿大作家鲁迪·威伯作品"阐释性阅读"的对谈》。如果翻译就是一种阐释性阅读，那么您认为这种面对面的阐释对翻译有何意义？作者与译者的交流沟通对翻译又有何意义？

赵伐： 翻译即阐释，我赞同这个说法。当然，如果译者在阐释原著的时候能与原作者交流沟通，那就更有价值了。我去加拿大访问过两次，鲁迪·威伯也来过中国，在我家住了半个月。他当时惊讶于我怎么能读懂《大熊的诱惑》（*The Temptations of Big Bear*）这本很多人读得似懂非懂的小说，而且把书翻译了出来。后来我与他的面对面交流，基本上是为了验证自己之前翻译时对原著的理解。发表的那篇文章是基于后来我们两人之间电子邮件的内容而写成的。

译者如能面对面地与原作者交流，讨论原著，对理解原著肯定会有很大帮助，省去很多的推测，甚至瞎猜，尤其是关于一些背景信息、地方特色的信息的理解。我翻译的大多是加拿大的现当代作品，作者大多在世，容易结识。我也与其中一些作者通过邮件、会面等形式有过交流。我认为只要语言功底好，对背景和历史有一定的了解，再加上与作者的交流沟通，准确理解这类作品应该没什么问题，难度不大。但凡事都有两面性。如果完全依赖原作者的帮助去阐释原著，译者的角色就沦为"学舌"的鹦鹉了。记得有一次我就鲁迪·威伯《天伦之爱》一书中的某段文字询问他的言外之意时，从他的否定回答中看得出他是不愿认同我的理解和阐释的，尽管这样的理解和阐释是符合作品实际的。文学作品的魅力在于其意义的不断创造。原作者一旦完成了自己的作品，这部作品就有了自己的生命，这一生命在读者不断的阐释中得以延续、丰满。一部《红楼梦》，不就衍生出了多种理解和阐释吗？难道没有曹雪芹的认可，这些阐释就不成立吗？作品一旦面世，就不再只属于作者本人了。理解作品的任务就交给了读者。而我作为译者，是作品的第一细读者，有独立的阐释力和文化理解力，译者对原著的理解不应当完全受制于原作者，应当放下亦步亦趋的思想包袱，创造性地对原著进行再造。译者尽管"戴着镣铐"，但也须"翩翩起舞"。

三、纵观译界

徐缘：您的翻译生涯中既有出版文学译著，也有从事其他领域的翻译实践，请问您如何看待文学翻译与其他应用类翻译之间的关系？

赵伐：文学翻译是其他翻译的基础，没有文学翻译，其他翻译，尤其是文化翻译，就很难做好。我在翻译杭州景区景点介绍的时候体会就很深。比如，在翻译亚运公园的标识标牌时，遇到"金风桥""玉露桥"的介绍。介绍的文字中提到的"金风""玉露"出自宋代秦观的《鹊桥仙·纤云弄巧》："金风玉露一相逢，便胜却人间无数。"这就涉及诗歌翻译，要用诗歌的语言表达。2016 年 G20 杭州峰会期间，浙江人民出版社出版了一本介绍杭州的散文集，我负责翻译余秋雨的《西湖梦》，这也是其中难度比较大的文章之一。这次翻译既是文学翻译，也是文化翻译，为了再现余秋雨讲述自己的西湖梦时那深情款款的散文笔触，我运用文学翻译中对英语音韵的处理手法，通过有意地过多使用双元音、头韵等手段，延长阅读者对具体言辞的感受，模仿散文家娓娓道来的口吻。

文学翻译用文学的语言，应用类翻译用普通的语言，两者的差别在于：文学语言追求文字的审美功能，而普通语言关注文字的信息功能。文学语言的审美功能是通过延长读者对语言的感受，唤起读者借语言进行想象而得以实现的，正如苏联文艺学家维克多·什克罗夫斯基在《艺术即手法》一文中所说："艺术手法就是让事物'陌生'，让形式变难，增加感受的难度和时长，因为感受过程本身就是审美之目的，必须延长。"

因此，我在翻译文学作品时，总是努力体现文学语言的这一特征，在从事文化翻译时，在有需要的地方也有意识地体现这一特征。当然，不同文体有不同要求，特别是应用文体的翻译，需要的则是另外的标准。

徐缘: 您既是译者,也是教师,开设的课程有关于外国文学的,有关于语言学的,还有关于旅游英语的。从您发表的论文看,既有关于文学翻译的、文学理论研究的,也有关于人才培养的。您认为这几个方面是否相互关联?作为翻译教师,如何才能上好翻译课程?

赵伐: 当然有关联。我的主业是教书,翻译是副业。我曾开设了西方文学理论、文体学、文学翻译、旅游英语等课程,既从事外国文学研究,也涉及语言学的内容,还涉足像旅游英语这类包含实用和文化翻译内容的领域。外国文学理论研究有助于我从文学发展思潮、社会文化背景、作者思想感情、读者接受视角、作品本体研究等方面对原著加深理解。语言学研究语言的一般规律,而文体学则研究一般规律基础上的违背和破坏。因此,文体学研究有助于加深对原著的语言特征和审美属性的理解,从语言层面准确把握作品的表达方式。文化翻译则是结合前面两者的积累,比如,浙江丽水古堰画乡景区有这么一句公共标识语——"一草一木点头笑,文明安全最重要",我的译文是:"Make civility and safety a top priority." 这句标识语的前半部分没什么实质性内容,做虚化处理,后半部分的"文明安全"才是标识语需传达的信息。译文中我使用了中间韵"/ti/",以体现实用文本的文学性。在另一句标识语"举手之劳,共创文明"(A great society is built on small actions.)中,我利用 great 和 small 的反义关系,传达个人的"举手之劳"与全民的"文明(社会)"的有机联系,像这样具有张力的语句就需要文学和语言学的研究积累。否则,文化翻译只能是依样画葫芦,不会有创造性。

关于第二个问题,我认为一个合格的翻译老师需要有翻译的实战经验,要主动投身于翻译的实践,积累翻译的心得体会。如果没有实践经验,就只能是纸上谈兵、照本宣科。我在给同学们上翻译课或文体学课的时候,会举大量自己翻译过的例子,讲解我是如何翻译这些材料的,有什么特殊的考虑,如何在翻译中体现文体的哪些特点等等。不仅讲自己的得意之作,也讲自己的失误和败笔,和学生一起探讨如何改进译文。这样的课学生很喜欢听。

徐缘: 赵老师,您认为新时代译者的使命是什么?

赵伐：进入新时代，文化翻译渐渐兴起，汉译英已成时兴之势，传播方式更加多元。我觉得新时代译者的使命就是把处在百年未有之大变局中的中国介绍给世界。人们常说，伟大的时代孕育伟大的作品，百年中国波澜壮阔的历史画卷，尤其是改革开放四十多年的沧桑巨变，给中国的文学创作提供了丰富的素材，给文学翻译提供了更多的选择，像《人世间》《大江大河》《平凡的世界》等等。除了翻译文学作品之外，译者还需要走出自己原有的舒适区，勇敢地去拥抱新媒体、新表达、新内容、新领域。用现在时髦的词语来说，就是敢于、乐于、善于"出圈"。比如我自己，现在就承担着浙江电视台国际频道外宣英文短视频和新闻的译审和翻译工作，翻译的短视频入选了国家广电总局"丝绸之路视听工程"项目库，荣获第十七届中美电影电视节年度最佳纪录片奖，上榜中宣部优秀对外传播纪录片，得到了浙江电视台国际频道的表彰。如今，对外宣传已经从单一的文字转向多媒体、融媒体传播，日后我也希望能有机会翻译更多中国的优秀影视作品，并将其推广到海外。

徐缘：谢谢赵老师，感谢您的分享！

坚守初心，译心译意

——王之光访谈录

于春丽　王之光

受访者简介：王之光（1960—　），浙江宁波人。浙江大学外国语
学院教授，现任浙大宁波理工学院翻译学研究所所长。曾任浙江省外文
学会秘书长、全国中外语言文化比较学会副秘书长。已出版译著 100 余
部，英译汉代表作有《小妇人》（中国书籍出版社，2005 等）、《完美的
真空》（商务印书馆，2005 等）、《发条橙》（译林出版社，2011），汉译

英代表作有《走近中国共产党（英文版）》（外文出版社，2021）、《台湾简史》（外文出版社，2014）、《中华人民共和国史稿简明读本》（外文出版社，2015）、《中美关系史（英文版）》（外文出版社，2015）、《毛泽东时代的中国》（外文出版社有限责任公司，2018）、《邓小平访美那九天》（外文出版社，2020）等。其中，《中美关系史》获 2020 年经典中国国际出版工程立项。

访谈者简介：于春丽，浙江大学外国语学院硕士研究生，研究方向为翻译学。

本次访谈时间为 2022 年 6 月 11 日，形式为面对面结构性访谈。在访谈中，王之光老师从他的代表译作《发条橙》谈起，分享了他在翻译实践上的心得体会，阐述了对于翻译实践、中国文化"走出去"和翻译人才培养的认识，对青年翻译人才提出了殷切期望，对于当前中国文化"走出去"的翻译实践活动、翻译人才培养和翻译研究具有重要的借鉴与参考价值。

一、译者生涯

于春丽：王老师您好，非常荣幸能采访您。首先，您的译著鸿丰，而且还有着丰富的大型口译同传经历，请问您是如何与翻译结缘的？

王之光：非常乐意和大家交流。说到翻译，总感觉有聊不完的话题。其实，说到底还是兴趣使然。能从事自己热爱的事业乃是一大乐事。我从小便对中国传统典籍感兴趣，并诵读了大量中国文学经典作品。这为我后来翻译《汉书》等文言文汉语作品奠定了扎实的基础。另外，我有一个邻居当过驻英国领事，他也给我起到了很好的榜样示范作用。在学习中遇到有疑问的地方，我总是去请教他。邻居也是个热心肠，每次都耐心地给我讲解。后来，我以宁波市高考英语第一名的成绩被杭州大学外语系录取。不得不说，前期的知识积淀和邻居的教导都对我产生了一定的影响。就这样，算是英语专业科班出身的我顺理成章地走上了翻译道路。翻译是我的爱好，也是我的毕生追求吧。后来，参加工作以后面临着转方向、下海经商等一系列诱惑。但翻译是我的挚爱，我并不想改变自己的初心。

现在，退休之后，我更是有了大把的时间可以做翻译。前不久，浙大宁波理工学院成立了翻译学研究所，我有幸担任所长，有了这个平台，可以带领年轻的同事更好地做翻译，译中国、谋和平、促交流，何乐而不为呢？2022年4月5日，受新冠肺炎疫情影响的伦敦书展终于回归线下。同时，2022年也是中英建交五十周年，中国出版单位从两千多种推荐图书中遴选出一百本"走出去"图书在伦敦书展展示，其中就包括我们翻译学研究所的作品"中国历代丝绸艺术"丛书。这也充分发挥了我们翻译学研究所在中国作品"走出去"战略中的价值。

于春丽： 王老师笔耕不辍，为我国的翻译事业做出了卓越贡献。提起您的译作，很多读者自然而然地就想到了《发条橙》。您翻译的《发条橙》一直颇为读者称颂，堪称经典，而且这部作品可谓奠定了您翻译生涯的基础，您认为这部作品的出彩之处在哪？可以和我们分享一下吗？

王之光： 这部作品非常有意思。首先，《发条橙》这部作品曾被定性为反乌托邦作品、寓言作品和科幻作品。然而，不同于以往的科幻体裁作品，作者安东尼·伯吉斯并没有直接描写科学文明可能会给人类的物质文明带来的冲击，比如外星人、机器人、基因工程等。相反，该作品反其道而行之，作者从后现代社会青少年的反社会行为出发，关注人类的精神文明和个体自由。伯吉斯是位多产的作家，《发条橙》也成为伯吉斯最畅销的作品。该作品后来被斯坦利·库布里克拍成电影，虽一度被许多国家列为禁片，但仍斩获四项奥斯卡大奖。《发条橙》虽然充斥着大量的暴力与犯罪等青少年反社会行为，但整部作品却不乏美感。古典音乐与暴力犯罪的融合完美地演绎出文明与犯罪的冲突，而在某种程度上又弱化了这种暴力和犯罪，同时又赋予其以美感。

因马来语中的"orang"有"人"的意思，作者伯吉斯特意选用了"orange"一词。书名的字面意思是"上了发条的人"。伯吉斯也曾对《发条橙》的书名进行了多次阐释。书名喻指将道德伦理机械地运用到有着自由意志的人身上。我认为直译的方式既可以保留原作的意象，同时又能激发大众的联想与好奇。寥寥百余页的《发条橙》却能俘获大众的芳心，不得不说，《发条橙》这部作品是有它的深意在的。书中充满了超现实主义描写，而且充斥着自由主义的说教。这部作品的语言也非常有趣。作者伯吉斯是著名的语言创新大师。在语言方面，《发条橙》使用了两百多个"纳查奇"（Nadsat）词汇。纳查奇是俄语"青少年"（pyatnadsat）的后缀，纳查奇语是作者伯吉斯以斯拉夫语为词根创造的反语言，为青少年帮派所使用。从某种程度上来讲，语言是权力的象征。作者通过反社会语言的使用，体现青少年帮派的反社会行为。不过在翻译时，为避免生涩，不得不进行了相应的取舍，比如采取意译的手法等。另外，作者还使用了许多创造性的语言，使意象更加生动形象，不过这对于译者来说却无疑是个考验。而且，这对译者的汉语积淀也提出了较高的要求。对于这类语言现象，在翻译时我尽可能做到表述既符合汉语习惯，同时又能保留原文的意象。比如，作者用 prettypolly 指钱，翻译时我将它处理成了"花票子"，类似的例子还有很多。当时，台湾的出版社从译林出版社购得繁体字版本的出版权，按照规则他们可以另外请人重新翻译。事实上，台湾两家出版社都争购我的译本。出版社的肯定是对译者的极大支持和鼓励，这也让我对翻译工作有了更大的信心和热情。这部译著后来获得了中国著名文学评论家李敬泽先生的谬赞，也算是对我译笔的一种肯定吧。

二、中国文化"走出去"

于春丽： 王老师，您刚才谈到中国文化"走出去"，那么在您看来，哪些作品需要译？哪种类型的作品需要译呢？

王之光： 中华文化博大精深，要翻译的东西仍然有很多。首先，我国的古典文学作品外译就是一项庞大的翻译工程。首先，"大中华文库"就是个很好的典籍外译项目，助力中国文化走出去。其次，中国现当代文学作品中有许多优秀的作品，其外译和研究也需引起高度重视。自从2012年莫言获得诺贝尔文学奖以来，国内学者和译者都开始重视我国现当代文学作品的外译和研究，这对于中国文化"走出去"来说无疑是个好事。中国文学作品的繁荣需要百花齐放、百家争鸣；同理，我国的翻译事业同样需要百花齐放、百家争鸣。我们可以看到，一部优秀的文学作品通常会有多个语种的译本，甚至同一个语种的译本也会不断地被复译。哪怕同一个译者的作品也会被一版再版。这就是翻译作品源源不断的生命力。那这种生命力何来？这就需要众多译者都参与到我国蓬勃发展的翻译事业中来。当然，译者本身也要不断地打磨自己的译本，精雕细琢，千锤百炼方能成就不朽的经典。

此外，社科类书籍也是我们需要重点译介和传播的对象。社科类书籍经常能登上畅销榜，而且通常还能起到很好的科普作用。翻译好这类书籍能收获一大批读者群体。因此，社科类书籍的外译也应成为中国文化"走出去"关注的重点。而且，社科类书籍涵盖面较广，涉及政治、经济、法学、管理学等众多学科。当前，我们正在翻译的一系列浙江历史人文资料，也是世界了解我们当地人文风俗的一个重要窗口。我国各地都有自己独特的历史人文，这些都可以成为中国文化"走出去"译介和推广的对象。因此，扩大翻译人才队伍迫在眉睫。另外，作为译者，我们也需拓宽自己本身的视野，尽量扩大自己的阅历和知识面。建设一支强大的翻译队伍，从各个层面入手，形成合力，才能形成翻译事业百花齐放的繁荣景象，中国文化才能更加自信地走向更广阔的世界舞台。

于春丽：王老师为我们描绘了翻译事业大繁荣的景象，这是我们每一个翻译人的美好期待，也是我们孜孜以求、不懈奋斗的方向。我们注意到，当前在"走出去"项目中，典籍英译仍是海内外学者关注的一大热点。您曾经翻译过国学精粹《汉书》，更有几十部汉英文学作品和外宣翻译作品。那么您认为典籍英译的重点和难点在哪？如何才能更好地传达中国声音，塑造积极的中国形象，促进文化交流呢？

王之光：在当前中国文化"走出去"的大背景下，许多专家和学者都开始投身到中华文化外译的浪潮中，这是一项光荣而艰巨的事业，也是我们译者和学者应该担负的崇高使命。我们鼓励更多年轻的学者加入这项事业中来。

不过，以我翻译几十部汉译英作品的经验以及担任国家社科基金和国家出版基金译审的视角来看，汉译英绝非易事。许多人想当然地认为，作为汉语母语者，汉译英起码不存在理解上的困难。然而，这种想法难免失之偏颇。首先，在翻译中华文化典籍时，许多时候都需要对字词进行追本溯源。唯有通晓古今文化，方能领悟其真正的内涵。在翻译汉语作品，尤其是文学典籍时，原文通常会涉及许多历史文化典故，不弄清典故的本义就无法了解文章的深意。译者必须精益求精、字斟句酌。其次，汉译英必须建立在扎实的英语写作能力之上。其实，汉译英最能考验译者的基本功、文笔如何。词汇量的多少、语法掌握的扎实与否，以及灵活遣词造句的能力都影响着译文的优劣程度。最后，跨文化交流的意识。汉语和英语隶属不同的语系，语言的差异造就了文化的差异，乃至认知上的差异。因此，译者必须有良好的跨文化交流意识，首先要在两种文化的交流中起到桥梁作用，其次，还要尽可能地将我国优秀的文化典故、习俗等引介到译入语文化，起到良好的引路人作用。

三、翻译思想

于春丽：翻译曾被比作"戴着镣铐跳舞"。另外，您也曾提到过翻译创新，对于翻译创新，您是如何理解和定义的呢？

王之光：翻译的确不同于普通的文学创作，有许多条条框框需要遵守，不可胡译，更不能乱译。然而，在翻译实践中，我们往往会遇到很多语言和文化之间的差异造成的某些"不可译"的情况，比如韵律、谐音等等。当然，这种"不可译"是相对的，我认为，中西文化的差异才是翻译真正要解决的问题。在这种情况下，实现两种语言之间的转换，通常需要译者的一些创造性精神。所谓翻译创新，就是要创造性地解决一些翻译问题。比如，我在翻译《大国速度，百年京张》时，有几个以汉字的字形来指代事物的例子，这种情况便涉及符际翻译。比如，"百年京张铁路著名的'人'字线和京张高铁在这里组成一个'大'字"译为"V-shaped track, the 'inverted V' written by Zhan Tianyou with steel rails has evolved into the Chinese character '大' (big)"。这种情况很难通过常规的翻译操作来实现对等的汉英转换，这就需要译者变换思路，发散思维，创造性地来解决问题。翻译的过程其实也是译者学习和提高的过程。另外，译者还要经常和译审打交道。这也是一个互相学习、互相提高的过程。该书英文版的审定人是荣获中国政府友谊奖的大卫·弗格森，他使译者受益匪浅。这种就是很好的创造性翻译，也算是一种合作创新。当然，这种翻译创新仍然是建立在深厚的中西文化积淀以及出色的双语能力之上的；否则，就会变成空谈。

四、翻译能力

于春丽：老师，您刚才提到了双语能力。那么，什么是双语能力？您认为，对于翻译初学者来说，如何才能有效地提高双语能力呢？

王之光：我们所说的双语能力通常是指汉语能力和相应的外语能力。对于我们英语专业来讲，则无非是汉英两种语言能力。这种能力并不局限于语言层面的对等转换，还包括对汉英文化的深刻理解与把握。当然，提高双语能力不是一朝一夕就能完成的事。所谓"台上一分钟，台下十年功"。翻译亦是如此，需要我们平时的大量积累。这种积累包括地道的汉语表达、英语原著的语感、熟练的双语转换能力，以及广博的双语文化积淀等等。

但是具体如何提高则需要下大力气。我们经常讲"活到老，学到老"。现在也有个概念叫终身学习，对于我们学语言、做翻译的人来讲，更是如此。双语能力的提高，功夫还是要靠平时。我们要多读英语原著，最好能在以英语为母语的场景中生活较长的时间，久而久之就能培养起地道的语感。在英译汉时一定要注重对原文的理解，否则失之毫厘，谬以千里。另外，也是我要重点强调的，是汉语能力。许多人认为汉语是我们的母语，这有什么难的？然而，我们做翻译的都知道，要将英文翻译成地道的汉语绝不是一件容易的事。由于汉英语言和文化存在着差异，不注重汉语能力的打磨，译著很容易出现翻译腔。虽然，学界对于翻译腔也有着不同的看法和认知，但是，多年来翻译腔一直被许多专家和学者所诟病。因此，李敬泽先生发表在《南方周末》的文章评价我译的《发条橙》时说："他懂英语，难得的是，他还懂汉语。"我认为，这对译者来说是个很高的评价和认可。这里，我推荐大家找到自己感兴趣的英语原著，拿来细细研读，这样非常有助于培养地道的英语语感。此外，再找到比较经典的译作对照阅读。还有就是，地道的汉语作品也要认真阅读，多多积累。如果能坚持做下去，对提高双语能力是非常有帮助的。翻译时，英语原文会影响汉语译文的行文。我往往会找一些朗朗上口的汉语佳作阅读，形成临时的写作语感。

于春丽：老师，您刚才谈到翻译过程中的细节处理，在翻译时有哪些细节需要注意？您对翻译学习者和刚刚踏入翻译行业的年轻译者有哪些期望与建议呢？

王之光：翻译无小事，事事要细心。拉丁语有云："Nominantur singularia, sed universalia significantur."（细节之名，却有普遍意义。）翻译中要注意的细节可谓不胜枚举。小至标点符号，一字之别，都需要我们格外注意。我举个例子，可能我们平时都不会太重视冠词。但是实际上，冠词的学问很大。根据语料库的统计，冠词在英语文章中的使用频率是相当高的，而且这还不包括零冠词的情况。然而，我们汉语里面是没有冠词的。因此，我们要在不同的情况下，将不定冠词 "a" 翻译成相应的"一个，一只，一颗，一种"等等，甚至有的时候还要采用零翻译的形式，将冠词的语法意义体现在汉语的其他形式或者词汇上。这些细节都需要注意，稍不注意，小则产生翻译腔，大则带来经济上的损失等严重后果。细节处理在外宣翻译中尤为重要，译者必须字斟句酌，保持高度的政治敏感性，确保用词的准确恰当。比如，我在译《中华人民共和国史稿简明读本》时，就对里面的话语和事件等进行了详细的推敲和认证，避免造成英语读者的误解。需要注意的细节还有很多，比如文体风格、语境等。同样的话语在不同的语境下有不同的翻译，这是很正常的。举一个我在讲座中谈到的例子："Boys will be boys."书面语可以翻译成"本性难移"；而当着孩子父母的面谈论人家的孩子，则最好译成"男孩子嘛"。这就是语境、文体风格等差异给翻译带来的影响。因此，翻译是门大学问，值得推敲的细节有很多，我们必须格外注意。

于春丽：王老师，通过与您的交流，我深刻地体会到翻译是门大学问，必须在翻译实践中充分发扬工匠精神，精益求精。您的宝贵经验与建议对我们青年译者和学者来说如醍醐灌顶。不忘初心，牢记外语人的使命与担当。感谢王老师在百忙之中分享您的经验体会，给我们答疑解惑。相信广大读者定会和我一样受益匪浅。非常感谢王老师给予我们这次宝贵的学习机会！

王之光：谢谢你的提问。让我们坚守外语人的初心，精心筑梦，保持译心译意。

翻译是美丽的邂逅

——郭国良访谈录

朱 焜 郭国良

受访者简介: 郭国良(1963—),浙江东阳人。浙江大学外国语学院教授、博士生导师,浙江大学翻译学研究所所长、中华译学馆常务副馆长,浙江省翻译协会会长,浙江省作家协会文学译介委员会主任,中国翻译协会理事,中国翻译协会翻译理论与翻译教学委员会委员,中国英汉比较研究会翻译传译专业委员会常务理事。主要研究领域为英美短篇小说理论、当代英国小说及翻译，尤其是曼布克奖得主作品的翻译与研究。已翻译出版 50 余部文学作品，译有《赎罪》（上海译文出版社，2008 等）、《水之乡》（译林出版社，2009 等）、《终结的感觉》（译林出版社，2012 等）、《月亮虎》（北京燕山出版社，2019）等，多部译作登上国内图书排行榜。在《中国翻译》《外国文学研究》《外国文学》《当代外国文学》等刊物上发表论文近 40 篇。2024 年，获中国翻译协会"资深翻译家"荣誉称号。

访谈者简介：朱焜，浙江大学外国语学院博士生，研究方向为儿童文学翻译。

本次访谈时间为 2022 年 12 月 14 日，地点在浙江大学翻译学研究所，形式为面对面的半结构性访谈。郭国良老师长期深耕英美文学翻译与研究领域，著译甚丰。在访谈中，他结合自身 30 余年的翻译与研究工作，分享了他的翻译经历，阐述了他的翻译理念。

一、"我译故我在"

朱焜：郭老师，您好。仔细梳理了您的工作经历后，我发现您不仅翻译了大量英美文学作品，还发表了不少外国文学研究论文，也出版了相关学术专著。不久前我听了您的一场讲座，题为"我译故我在"，这似乎表明您更愿意突出您作为译者的身份。我感觉这与您过去几十年来深耕英美文学翻译的情况也是相吻合的。请问是什么促使您对文学翻译如此"执着"的？

郭国良："我译故我在"，那显然是一种夸张的说法。从教育背景来看，我一直从事外国文学研究，这是我的专长。同时，我酷爱文学翻译。近十年来，我也十分注重翻译理论的研习。然而，坦率地讲，由于我长期专注于文学翻译实践，并没有将大量精力投入翻译理论研究之中。在课堂上，我也很少讲授翻译理论和技巧，我想这些方面的内容由富有经验的年轻教师来讲授比较适宜。我的立足点和出发点始终是文学本身，这点和从事翻译研究工作的优秀同事们有所不同，他们基本上从翻译角度出发，专注于翻译和翻译研究。最近，我出了一本与当代英美文学相关的书《当代英美文学散论》，它集结了我过去发表的一系列英语文学研究论文。有些人可能会好奇——我怎么也从事外国文学研究，毕竟大家多是通过文学译作认识我的。实际上，我既迈步于翻译之路，又徜徉于外国文学的世界，我认为这样"左右开弓"是很有必要的。因为我从事的是文学翻译，翻译的作品是外国文学作品。如果没有扎实的外国文学基础，不精通文学，那是很难译出令人满意的文学作品的。进一步说，论及文学作品翻译，如只管怎么译，却不关注原作的"literariness"（文学性），那恐怕只能泛泛空谈，无法触及文学翻译的本质。

朱焜：那么，您觉得您身上是外国文学学者的成分多一点，还是译者的成分多一些？

郭国良：当我必须在外国文学学者与译者这两个身份中做出选择的，我将毫不犹豫地把译者的"标签"贴在我自己身上。翻译是我毕生追求的事业，因为翻译赋予了我无上幸福感和使命感。

我首先想谈谈翻译给我带来的幸福感。我与文学翻译邂逅、结缘，最早可以追溯到读研时期。当时，我的导师朱炯强教授正在主编《当代澳大利亚中短篇小说选》，他让我翻译其中的一篇，即莫利·贝尔创作的短篇小说《牧羊人的妻子》，这是我第一次真正接触文学翻译。毕业后，我陆续翻译了一些作品，但并未有明确的方向，只把翻译当成翻译，尚未体会到翻译带来的幸福感。2001年夏天，我向《外国文艺》投了两篇格雷厄姆·斯威夫特短篇小说的译稿。责任编辑孟丽女士回函，称赞了我的译文，但同时表示，由于其中一篇若干年前已在该杂志上发表，因此无法录用，不过她问我是否愿意翻译一部小说，这让我"受宠若惊"，便立刻答应。这部小说便是伊恩·麦克尤恩的《赎罪》。当时，麦克尤恩已是英国文坛的一名宿将，有机会翻译他的作品让我既兴奋又忐忑。我深知，这对我来说是一个很高的起点。在开始翻译前，我充满敬畏地反复阅读原作，仔细领会每字每句，甚至每个标点符号。在这一细致入微的阅读过程中，我充分感受到了作品的思想性，同时也被小说的艺术性深深折服。这本书给我带来的震撼可想而知。比如，该小说叙事视角频繁转换，小说第一部 14 章中，每一章都从不同人物的视角出发，通过讲述他们的经历与内心感受来呈现故事。此外，它还穿插了人物的意识流，这些断断续续的意识流与倒叙或插叙糅合一体，以回忆或评论的形式呈现，读者得像侦探探案一般抽丝剥茧，将文本中的叙事线索串联起来，这一过程极富挑战，却也别有生趣。我花了不少工夫才把这本书读通弄懂。我敢说，对于任何一部当代外国小说，假如我只是一名普通读者，我的阅读也许就不会那么细致深入。但当我成了译者，那就完全不一样了，我就必须逐字逐句地去探究，去揣摩，去体悟，因此获取了很多常人无法享受的乐趣。

朱焜：对于您提到的细读，我也深有体会。翻译工作第一步永远是理解，要翻译好原作绝对离不开细读。

郭国良：是的，细读是必需的。我想，即使是在机器翻译如此发达的今天，之所以还很少有人敢讲机器翻译可以完全取代人工翻译，也是因为机器目前还无法做到像人那样曲尽其妙地细抠精读。许多现当代外国文学作品喜欢玩语言游戏，会布下种种文字陷阱。我时常讲，文学译者得是一名老练的"侦探"。不妨举例为证，美国女作家凯特·肖邦心思细敏，在她脍炙人口的《一小时的故事》开篇第一句就埋下了一个伏笔，给读者出了个谜题。可以说，句中的"heart trouble"是整篇小说的一大"中心词"，草蛇灰线，与末句中的"heart disease"遥相呼应。翻译这个词时译者真的非得像"侦探"一样站在全篇的高度进行综合"解密"不可。这个词的背后大有玄机，如不细究，不钻研，其"微言大义"就会被抽空。文学翻译中，粗枝大叶或粗心大意都行而不远，因为它远不是信息传递那么简单。

朱焜：翻译外国文学作品说到底是一项充满挑战的工作，译者在翻译过程中肯定会遇到许多困难。

郭国良：是的，这只是万千例子之一而已。文学作品通常会使用丰富多彩的表现手法与生动形象的修辞手段。中外语言及文化千差万别，这些组成"文学性"的因素完全可能出现无法直接转换的情况。此时，译者需要腾挪闪转，调动一切手段，千方百计调和顺适。文学作品还经常包含特定的时代、地域、群体和历史事件等内容，译者需要具备相关背景知识才能理解内蕴的真意。面对文学翻译过程中这样那样的问题，我使出浑身解数，以对待"婚姻"一样热忱、认真与耐心的态度，逐一地去解决。当译作有了，"婚姻"也成了的时候，我就会感到心满意足，幸福无比。我想强调的还是我一贯以来的想法，文学翻译远远比我们想象的要复杂得多，且无疑也是一种再创造。最近由许钧教授与王克非教授担任总主编，我担任系列之一主编的《英国文学经典汉译评析》即将出版。沿着英国文学史那条路，我们一共选取了 24 部经典作品，评析了 24 位翻译家译文的华彩片段，展现了这些翻译家的"大手笔"。我觉得这项由许老师与王老师发起的编著工作特别有意义，在此书前言中我也特意提到："这些优秀的译本绝不是对原作的机械复刻。从经典文学到经典译本，翻译家真真切切地施展了高超的智慧，付出了极其辛勤的劳动。"某种意义上，我们编这本书也是为了向那些致力于外国文学经典翻译的前辈致敬。

一部作品译毕，并不代表该译作生命的完整，因为它还有待读者的阅读与欣赏。因此，我所谓的幸福很大程度上来源于我的读者。虽然我与绝大多数读者素未谋面，但我知道我是在为他们而译。看到有人在读我译的书，幸福感就油然而生。看到他们因某部我所译的作品而喜欢上某位作家，我就有了寻到知己之感。在这样的时代，知道有许多人喜欢读文学译作，我就觉得自己并不孤单，感到格外欣慰。

朱焜：很多人说在这个时代，翻译只属于有"赤子之心"的人，此言不虚。

郭国良：嗯，我对翻译的感情的确很深。下面我谈一谈翻译赋予我的使命感。在漫长的中国历史中，翻译对促进文化交流、科技发展、思想启蒙和社会变革等都起着至关重要的作用。文学的异域传播，一言以蔽之，润物细无声却悄然惊春雷。玄奘、徐光启、严复、傅雷等一大批杰出的翻译家，顺时应势，勇于担当，为推动中国历史和文化的发展做出了杰出贡献。在全球化的今天，尤其是构建人类命运共同体的理念提出后，中国与世界各民族之间的交流日益频繁，形式丰富多样，以翻译为媒介的文学交流不可取代。作为一名译者，我有责任把世界上的优秀文学作品译介给中国读者。从大的方面来讲，这是我选择翻译作为一生事业的"初心"。外国文学是外国文化思想的一面镜子，它站在人性的角度上对社会展开思考，对我们的借鉴意义不言而喻。譬如，在《儿童法案》中，麦克尤恩向读者展现了一位女法官在一起白血病男孩因为信仰拒绝接受输血治疗的诉讼案中面对的道德与法律困境：到底是该尊重宗教信仰、父母意愿，还是坚持生命至上的原则？最后，女法官依据英国儿童法案，结合当事人的生活价值观、道德观、成长环境、文化背景等因素做出了她的判决。这起诉讼案虽是个案，但足以发人深省！

除了对普通读者负有责任感外，我认为我的译作或多或少能助中国作家一臂之力。众所周知，自近现代以来，外国文学的译介引发了中国文学观念、文体、题材、创作方法上的一系列改变。许多中国作家自觉或不自觉地受到曾经读过的外国文学译作的影响。例如，当代著名作家王小波上大学期间读了董乐山先生翻译的《1984》，可以说，正是在读了《1984》之后，王小波才创作出了他自己的反乌托邦小说《白银时代》。这样的例子很多。据我所知，不少当代中国作家博览群书，放眼世界，非常关注国际文坛的发展动向，特别喜欢阅读当代外国文学作品，渴望了解国外同行当下热衷的题材和使用的创作手法，但由于受到语言限制，他们的阅读大多有赖于译本。令我欣喜的是，我的某些译作获得了一些作家朋友的热情鼓励和嘉许，我也因此深感荣幸。总而言之，文学翻译带给我的幸福感和译者肩负的使命感，促使我数十年如一日地埋头苦干。我会一如既往地在文学翻译的道路上走下去。

朱焜：郭老师，从您刚才说的话中，我特别能感受到您作为一位文学译者的幸福与骄傲。

郭国良：谢谢。虽然前面我提到"我译故我在"这一说法是一种夸张的表述，但从另一角度而言，在某种意义上，这里的"我"并不只是指代我本人。因了那份幸福感与使命感，我和天下辛勤的翻译工作者都可以毫无愧色地说"我译故我在"。

二、我的翻译选择观

朱焜: 郭老师,从翻译选择的角度来看,在您众多的译作中,我注意到有两部显得有些"格格不入"——鲍曼的《全球化——人类的后果》(*Globalization: The Human Consequences*)和伊格尔顿的《瓦尔特·本雅明或走向革命批评》(*Walter Benjamin: Or, Towards a Revolutionary Criticism*)。您为何选择翻译这两部非文学作品?能不能跟我们谈一谈?

郭国良: 这两部译作算是我翻译生涯早期的作品了。《全球化——人类的后果》译于 2001 年,《瓦尔特·本雅明或走向革命批评》译于 2005 年。我曾讲过,《赎罪》这部译作的出版是我翻译之路的转折点:在译这部小说的过程中,我深感当代英国文学作品的独特魅力,此后我便一发不可收,专注于当代英国文学的研究与翻译,也就很少再译非文学作品了。但是,这并不意味着我否定非文学作品的价值;恰恰相反,我认为那两部非文学作品博幽精深,发人深思。

《全球化——人类的后果》是作者在"全球化"这一概念弥漫于世时,对全球化夹杂的社会问题进行的深刻剖析。鲍曼认为,交通与通信的发展使时间与空间的结合秩序发生了重大变化,促使了全球化的发生。在全球化的影响下,精英分子从时空的束缚中解放出来,拥有了更大的自由;而非精英分子却没有这样的权利,他们甚至无法在原本的土地上安稳地生活。随之而来的是"全球人"与"地方人"的分野,在后者形成后,市场经济、国家与法律、媒体等要素又对其进行了强化。在这部作品中,鲍曼提醒读者关注全球化背后的玄机。"全球化"是谁的全球化?剩下的人在"全球化"进程中处于怎样的位置?同时警示读者全球化未必造福全人类,人类对未来的梦想其实只握在少数人手里。这部著作不可谓不振聋发聩。因此,当出版社找我翻译它时,我欣然答应了。当然,除了这两部非文学译作外,我本有机会多翻译几本这类学术专著。然而,我的时间与精力有限,加上翻译学术专著的难度一点都不低于翻译文学作品,虽然没有文学作品的语言美学、艺术创造性和主题意义等特征，但是学术专著对译者的专业背景知识提出了很高的要求。由于我希望可以翻译更多的文学作品，比较"贪心"，所以只能忍痛割爱，放弃许多有价值的非文学作品。

朱焜：除麦克尤恩以外，您还翻译了许多其他曼布克奖（也称"布克奖"）得主的作品，比如格雷厄姆·斯威夫特的《杯酒留痕》、石黑一雄的《无可慰藉》等，您还主编了《曼布克奖得主短篇小说精选》一书。这些都证明了您对布克奖得主及其作品的深度关注。您能否谈一谈为何选择翻译布克奖得主的作品呢？

郭国良：布克奖是当今英语小说界最重要的奖项，首颁于 1969 年，旨在从数以千计的小说中遴选出一部年度"最好看的小说"。它十分注重导向性，获奖作品或入围作品几乎本本都是上乘之作，对于我们窥探当代英国乃至西方文学动态极具价值。早期的布克奖得主几乎清一色全是英国本土作家，他们从英国不同阶层的生活中挖掘最本质的英国属性，书写万花筒般的社会和色彩斑斓的文化。21 世纪以来，通过不断的拓展宣传，布克奖扩大了英语小说的世界版图。随着全球化文化市场的兴起，它更是以昂扬的"开放姿态"面对新局。从 2005 年开始，"布克奖"每两年颁发一次，2014 年起，全世界所有用英语写作的作家都可参评该奖，它的文化价值变得更具"世界性"。当然，我开始关注布克奖得主是出于一个偶然的契机。正如我刚才所说，我最先接触到麦克尤恩的《赎罪》的那年，老麦在中国还没有这么红火。很幸运，我有机会译了他的几部重要作品。随着我的翻译视野逐渐扩展，我自然而然地关注到了朱利安·巴恩斯，迄今我已翻译出版了他的九部作品。我还译了佩内洛普·莱夫利的《月亮虎》和罗迪·道伊尔的《童年往事》等布克奖作品。我觉得如果译者能同时聚焦于几位作家及其作品，那就可建立坐标系，进行纵横对照，这无疑有助于加深对他们各自创作风格的总体理解与把握。这些作家新作送出，由于"译"路追踪，我很快就能读出哪些因素是一以贯之的，哪些是求变求新的。这是我选择翻译布克奖的又一主因。不过，我必须指出，我能够翻译这些作品其实是双向选择的结果。我想翻译只是一方面，另一方面是出版社给予我的信任，愿意与我合作。也正是由于这种双向选择，我很遗憾没机会翻译一些我特别喜欢的作品或多翻译几部我喜爱的作家的作品。当然，看到别的译者，尤其是年轻译者翻译了这些作品，我也同样非常高兴。要繁荣文学翻译事业，需老中青三代人的共同努力，后继有人才能赓续相传。

三、我的翻译忠实观

朱焜：郭老师，刚才您分享了您翻译多位作家作品的原因，由此可见，您对作家、翻译家、作品的深入思考与理解，折射的是您对翻译工作的严谨态度，以及您作为一位译者与学者的人文情怀。下面我想把目光转向"如何译"这个话题，您平时是怎么翻译的？

郭国良：我不敢倚老卖老。每个译者都有自己的翻译惯习，而且翻译活动也没有一个标准的程序。我的翻译过程可能并不适用于其他人，但我很愿意跟大家分享。正如我前面说的，一个好的译者必须首先是一个好的"细读"者，只有在反复阅读原作，准确把握原文的涵义和思想的基础上才有可能译出精品。

开始翻译之前，我至少将一部作品读上两遍。这里我所说的"读"形式多样，可以是阅读，可以是朗读，还可以是听读，我自己习惯于将这几种方式结合使用。在条件允许的情况下，我会借助有声书来听原作。我认为，花一些工夫听是很值得的，听的音频或是专业的朗读者朗读的，或是原作作者亲自朗读的，比如有声版《没有什么好怕的》就是由巴恩斯亲自朗读的，他们的朗读不一定有多么绘声绘色，但贵在由作者自己来读。讲语言学的书一般总会说"Language is primarily vocal"（语言首先是有声的），朗读是需要朗读人注入自己对文本的理解的。一些哪怕是细读也未必能见真章的问题，一听作家自己读一下往往就能明白暗含的意思。英语注重"节奏"，也注意轻重，哪个词念得轻，哪个词念得重，不只是英语诗歌范围内探讨的问题。作品中的人物对话中的情感特质，通过作者的原声朗读，往往就能明确地传达出来。译外国文学作品时，听这样的有声书特别有助于译者精准把握原作的一些细微内涵。同时，我也会自己朗读原作，我会情不自禁地进入作品情境，这也是加深理解的好办法。

一般而言，译者还需要对该作家的创作风格、作品的创作背景做一番深入探究，有条件的话，最好对原作在普通读者和批评界中引起的反响也要做到了然于心。但我对作家了解得已比较多了，所以首先专注于细读作品，直接进入文本，避免受到作品批评等其他因素的干扰。我希望对作品形成"先入为主"的感性印象，在有了初步判断后，尽量在相对较短的时间内集中精力再读一遍。随后，再去了解相关背景信息，对自己的理解进行矫正，继而最终确定作品的翻译基调。我认为，不能将作品的基调准确地传达出来是译者的失职，译者在首次翻译一位作家的作品时，要格外重视对作品基调的把握。

关于把握作家及其作品的风格与特点，我还需要补充一点：我认为译者应该意识到，作家及其作品的风格与特点往往是动态发展的，绝非一成不变的，这一特点在当代外国作家身上尤为明显。以麦克尤恩为例，他早期的创作风格阴郁幽暗，人们甚至将他称为"恐怖伊恩"。这一时期，麦克尤恩擅长运用细腻、犀利的语言书写人性阴暗面、伦理禁忌等题材；小说字里行间对人性的揭露过于直白、无情和残酷，读者阅读完作品后，往往不寒而栗。进入 20 世纪 80 年代后，他的创作生涯迎来了第一次转变，他开始关注社会与政治等重大问题对于人类的影响。步入中年后，他变得愈加成熟，逐渐摆脱了晦涩、阴寒的文字风格，字里行间透露着平和与温度。另外，他将作品聚焦于人性、成长和罪恶。如果一位译者在翻译麦克尤恩不同时期的多部作品时，没有意识到其作品题材、文字风格，以及关注重点不断发展这一现象，他的译作就无法准确、全面地再现原作的风格与特征。

朱焜：您刚才主要涉及的是"译前准备"，我们特别想了解像您这样多产的文学翻译家是怎么动手开始翻译的？

郭国良：我一般把书打印出来，在上面先做零星的翻译，阅读时若有浮光掠影的神来之笔，就在打印稿上标注出来。后来的翻译实际上是打磨的过程。在文学翻译中，词语的多义现象很常见，我在翻译某些短语、术语的时候，经常查词典，几乎工具书不离手。有人问过我，要是抛开别的什么事都不管，专注翻译，一天能翻译多少。其实翻译速度在不同的阶段是不一样的。年轻时，精力比较旺盛，翻译速度明显高于现在，这是年轻的优势。

现在，我的速度慢了下来。翻译是一项高强度的脑力活动，也非常消耗体力，所以现在不大愿意接时间紧迫的翻译任务了。更重要的是，作为一名日臻成熟的读者，我对原作的理解也更为深透了，能够读出年轻时通常难以察觉的微妙之处。那么我需要思考如何把这些微妙之处一一呈现出来，这无疑增加了翻译的难度，因此也不像年轻时下手那么快捷，而总是反复思量。

翻译完成后，我不会急于交稿，在交稿前的自行校对是非常重要的一步。译者要树立品牌意识，通过自己的努力不断提高翻译质量，建立自己的翻译品牌。如果提交给出版社的译稿中出现这样或者那样的问题，势必会给编辑留下不太好的印象，损害自己的声誉；次数多了，出版社恐怕也就不会继续与我合作了。在校对译稿时，译者也可以朗读一下译稿，我认为理想的译文在节奏上应该与原作大致相同，而对于节奏的把握需要朗读来核实。交稿后，还要与编辑/出版社随时保持沟通。

哪怕译稿本身不存在语言层面的错误，但有时出于各种考量，译稿也需要按照出版社的具体要求做些修改。有个学生曾帮我统计梳理了我的某部作品译者注的修改情况，其实，光译者注怎么写有时候也得和编辑来回商量定夺，不一定全按我的想法行事。大家现在很关注"副文本"，我甚至还想和同学们专门探讨一下《赎罪》的不同封面呈现，聊聊那9版封面的"来龙去脉"。再举个例子，我曾翻译格雷厄姆·斯威夫特的代表作《水之乡》，我通盘考虑，原先将书名"Waterland"翻为"洼地"，但出版社综合考量后，最终参考台湾的译本选择了"水之乡"。这又是另外一个故事了。总之，翻译一部作品，从启动翻译到最终译作出版，是一个相对漫长的过程，往往考验译者的细心、耐心和恒心。

朱焜： 郭老师，我认为您的翻译过程展现了一位译者的良知，对自己的译作精益求精，把译作当作自己的"孩子"，这种精神值得广大译者学习。您出版了众多品质优良的译作，相信您一定有自己奉行的翻译标准或是原则，您能否谈一谈这个大家都颇为关心的问题呢？

郭国良：我的翻译观一以贯之，即"贴近原文、照应原文"。我们说翻译是一种创造，但翻译不是纯粹的创作。它当然有创作的成分，但不是随意的创作，而是有限度的创作，我们不能夸大翻译的创作性。

作为译者，我认为贴近原文是应有之义，把原文摸透，理解作者如何设计作品，把握作品的精髓与艺术性，继而尽可能忠实地再现原作。这里的忠实指的是全方位的忠实，包括语言的忠实、形式的忠实以及审美的忠实。比如形式的忠实：文学作品与非文学作品的一大区别在于对形式的关照，对于文学作品而言，形式本身就是一种内容。我的译作以英美小说为主，小说家们对形式是十分关注的。作品深层次的含义体现在形式的选择上，比如句式的选择，甚至是标点符号的选择，它们反映了作家在创作过程中的美学追求。

作为译者，我理应把原作作者的这些追求如实展现出来，而不应千篇一律地以译语流畅为终极追求。《唯一的故事》开篇有一段男主人公保罗与父母之间的对话，保罗的母亲"盛气凌人"，原作多次将保罗母亲话语中的人称代词斜体，加重其语气，如"It's not *me* who should be leaving him alone." " 'Don't *you* start as well,' my mother said sharply." "He doesn't get it from *me*." 为了再现原作的人物语气，我在译文中添加了中文的着重号，如"不该是我不管他吧。" " '你也别跟我抬杠。' 我妈厉声说道。" "保罗这一点可不是随的我。" 总而言之，我一直认为译者应尽力再现原文的特点，没有权力添加原文本身没有的特点。

也许有人认为，翻译毕竟是一项跨文化活动，原作或多或少具有某些源语文化特色的元素，而译作的某些读者或许缺乏对于源语文化的了解。那么，始终坚持全方位忠实翻译观，就可能使得译作无法满足那部分读者的需求。我想，我心目中的读者受众比较广，其中应该有相当一部分读者熟悉源语文化。哪怕我的译作保留了原作中具有源语文化特色的元素，这部分读者阅读起来也应该没有什么障碍。我认为，尊重并尽力将源语中的异质性元素转化为目的语文化的一部分，这是译者义不容辞的责任。

我从事的基本上是英译汉工作，我希望通过尽力保留原作的异质性元素来丰富汉语的表现力。哪怕译作带有一丝所谓的"翻译腔"，我也坚持尽量靠近原文，展现原作的特色，让读者能读出外国文学作品的韵味。当然，我也反复斟酌、打磨汉语，在符合汉语的使用规范的基础上最大限度地追求译文通畅。因此，我认为，即使对于不熟悉源语文化的那部分中国读者而言，我的译文毫无疑问应该也是可以被理解的。

朱焜：郭老师，长期以来，译者多处于隐身状态，他们为跨文化交流所做出的贡献没有得到普遍认可。现在翻译界十分关注译者主体性问题，期待译者能够摆脱边缘地位。您刚才提到的"贴近原文、照应原文"的翻译观是否会影响到译者在翻译活动中的显身呢？

郭国良：这个问题很有意思。不言而喻，译者在文学作品的跨文化传播过程中厥功至伟，若没有译者，作品便无法从源语转化成目的语，也不可能被大多数目的语文化的读者阅读。遗憾的是，译者多数时候处于隐身状态。我认为，这一现象的产生应该追溯到早期翻译活动。无论在东方还是在西方，早期翻译主要围绕着宗教文本展开。在翻译宗教文本时，译者不敢擅自添加或删减内容，译者的翻译策略是字对字翻译，力求最大化接近原文。因此，译者在翻译时放弃了自身的风格与认识主张，译文中没有显示译者身份的翻译痕迹，译者也就自然隐身了。

另外，传统中西方译论往往局限于探讨语言层面的转换，无不体现着对忠实的追求。比如，亚历山大·泰特勒在《论翻译的原则》一书中提出了翻译三原则：传达原作思想，复制原作风格，显现原作通达。再比如，严复在其译著《天演论》的"译例言"中提出了"信达雅"理念。这些传统译论均强调忠实的原则，在一定程度上也造成了译者的隐身。

当然，我认为译者的隐身状态并不会对译者的翻译工作产生太大的影响。首先，在进行翻译时，很多译者不会考虑译作出版后读者是否关注自己，而几乎总是一门心思地专注于翻译之中；其次，多数译者从事文学翻译十有八九是出于对翻译的热爱，对文学的热爱，他们认为自己是在做一件极具价值、颇有意义的事情，这本身能带来很大的成就感。

不过，需要说明的是，我的"贴近原文、照应原文"的翻译观与译者在翻译活动中显身其实并不矛盾。一方面，我认为译者可以在翻译过程中"由小到大"逐步实现其主体性,主体性具体体现在"小我""中我""大我"三个层面。首先,译者在面对一部优秀的外国文学作品时,最好放低自己的姿态,把该作品尊为"圣经",以崇拜之心"仰视"作品,逐字逐句地阅读作品,即为"小我";其次,随着阅读的深入,译者逐渐领悟作品的奥义,着手翻译作品,此时译者转为"平视"作品以实现自如翻译,即为"中我";最后,随着对作品理解的不断深入,译者翻译的自由度越来越大,甚至进而可以"俯视"作品,这时"大我"应运而生。

另一方面,我认为"贴近原文、照应原文"是保障译作品质的基本条件,而优秀的译作是译者实现自我的途径。正如你所说,我迄今已翻译了众多外国文学佳作,尤其是布克奖得主的作品。我之所以有机会翻译这些作品,部分原因是我的译作得到了出版社和广大读者的认可。大家知道我是国内最早翻译麦克尤恩的译者之一,我的学生帮我统计了一下,2005—2022年,我的《赎罪》中译本的引用量已达五百多次,这对于一部当代英国文学作品而言,可以说已引起不小的关注。这十多年来,我陆续收到读者通过各个渠道发来的反馈意见,说明我的译作在社会上的反响不错。正是由于坚守"贴近原文、照应原文"的翻译观,确保译作质量,我收获了出版社的肯定、读者的好评。作为一位译者,我显然在翻译舞台上显身亮相了。

朱焜:确实,您是"贴近原文、照应原文"翻译观的践行者,也是受益者。期待您今后继续为我们广大读者带来更多文学佳译。感谢您在百忙中接受我的访谈,您的分享让我们受益匪浅。谢谢郭老师!

郭国良:谢谢你!

学译互达，译教相长

——刘建刚访谈录

张丽娟　刘建刚

受访者简介：刘建刚（1963— ），浙江工业大学外国语学院教授。曾任浙江省翻译协会副会长，曾两度担任美国瓦尔普莱索大学孔子学院中方院长，合作主持对外汉语教学和文化交流工作。已出版学术专著2部、译著8部，在《外国语》《当代语言学》《外国文学》《中国科技翻译》等期刊上发表论文30余篇。1997—1999年，连续3次在韩素音青年翻译比赛中获奖。

访谈者简介：张丽娟，浙江工业大学外国语学院副教授，研究方向为比较文学与翻译。

本次访谈时间为 2023 年 3 月 27 日。

一、关于翻译闻道与翻译实践

张丽娟：刘老师，您好。很高兴和您交流翻译方面的一些话题。

刘建刚：谢谢张老师。非常感谢主编郭国良教授的再三鼓励和热情相邀。其实我觉得自己不是太有资格谈论翻译的，因为成果甚微，仅仅入门级而已。

张丽娟：刘老师好谦虚。

刘建刚：不是谦虚，我说的是实话。

张丽娟：据我所知，刘老师从事翻译教学二十余载，是翻译教学和翻译实践相结合的典范，更是年轻翻译教师学习的榜样。能不能先说说您是怎样开始接触翻译的呢？

刘建刚：我自 20 世纪 80 年代初开始接触英语，始终笃信听、说、读、写、译不仅是英语学习者应该重视的几个方面，同时也是不可分割的一个综合学习体系，应该付出全方位努力。如果听和读是获取信息、学习知识的输入渠道，那么，说、写、译则是分享信息、运用知识的输出渠道，属于语言学习者追求的应用层面。因此，我极其推崇高质量的说、写、译的能力，对于从事翻译的人、翻译的过程和翻译作品抱有一种挥之不去的崇敬和憧憬。我似乎一直在做翻译的准备，一直在等待翻译的机会。

在学习张汉熙先生主编的《高级英语》时，那些优美的英语原文让我着迷。尽管教师用书里有参考译文，但我每每有一种想去尝试翻译的冲动，梦想着有朝一日能够自己翻译一些文章，不仅想借此检验和衡量自己的英汉双语水平和翻译能力，而且多少将会有点学以致用的成就感。

张丽娟：那刘老师有没有专业系统地学过翻译呢？或者有没有哪些老师是您的领路人？

刘建刚：几乎所有学习英语专业的人都上过翻译课，估计都比较熟悉且获益于张培基先生主编的《英汉翻译教程》以及后来的《英译中国现代散文选》等书。至于说专业系统的学习，我是没有的。在上外读研的时候，给我们上翻译课的是聂振雄教授。有一次讲解翻译作业前，他先说同学们翻译得很好，不过再好的翻译，拿到课堂上来分析，就像把一个人推上手术台，总会发现一些问题，那我们就看看大家的翻译有哪些问题。聂老师给我的启发是，翻译只有更好，没有最好，更难有完美。在我后来的翻译教学和实践中，我一直牢记聂老师的话，必要时如显微镜般苛求自己的翻译，力争做到比较满意。即便这样，还是会留下一些遗憾，一来能力所限，二来细心不够，尤其是看电脑屏幕上的文字比看纸张上的更容易疏忽里面的错误。因此：We can never be too careful in doing translation, as in doing everything, indeed.

关于聂老师，还有一段趣事，不妨占用一点点篇幅。1991 年，我准备考研，很冒昧地给当时的上海外国语学院写了一封信。我的信是用"英雄牌"英文打字机打的。没有想到，聂振雄教授亲笔给我回信，也是英文的，大致意思是欢迎报考上海外国语学院英语语言文学专业硕士研究生，随信还附了一份招生简章和一份往年试题。我至今还记得聂老师的字体模样，可惜后来几度搬家，那封信没有了下落。

读研期间，夏平教授组织几个学生做翻译，书名我不记得了。他布置给每人一章，让大家去翻译，然后他来统稿。那是我第一次参与有可能（事实上真的）出版的翻译。直到我们毕业后，书才出版。有一年我去上外阅专八试卷，见到夏平教授。他给了我一个白色信封，说里面是翻译稿费。信封口用回形针扣着，回形针在白色信封上留下了淡淡的铁锈痕迹。说真的，这件事过去好多年了，我早不记得了，而夏老师还留着这笔稿费要交给我。他是著名翻译家，是我国 20 世纪 60 年代驻联合国的 6 名同声翻译之一，曾翻译过《鹰冠庄园》《成长的烦恼》等影视作品。如此有建树的老师，待人接物如此细心谦和，令我敬佩不已。

我爱人读研的时候，谢天振教授给了她一本书，让她翻译。她当时课业比较紧张，问谢老师，能不能让她爱人——也就是我参与翻译。谢老师说那就先翻一章给他看看。我试着翻译后给谢老师看了，他说很好，你们两个人一起翻吧。好像是 1995 年夏天，我去谢老师家给他看一本书的译稿。他把我领到书房里，那里有空调。谢老师一边看我们的译稿，一边跟我讲翻译实践与理论的关系，也讲教学与科研的关系，对我启发很大。毕业后，我和爱人又翻译了几本谢老师推荐的书。每次翻好后，就用当时的针式打印机打印好，拿给谢老师看。他提出修改建议，让我们修改好再给他。

谢老师对我们的翻译比较满意，他修改也不是太多。他看过后，我们再修改也就比较容易。有一次，他给了我另一位老师翻译的书稿，让我来校稿。这是很好的学习机会，我做得非常认真。校稿后拿给谢老师，他很满意，那位老师也比较认可我的修改。

张丽娟：说起校稿，我想起在美国访学的时候做了一些翻译，请刘老师帮我校的稿，感觉您校稿后明显顺畅了不少。

刘建刚：张老师太客气了。你的稿子翻译得很好，我只不过是按照我喜欢的语言风格做了一些修改而已。每个人都有自己的语言风格，校稿的人往往会按照自己的喜好去干预别人的文本。就校稿而言，有些人的干预很可取，而有些人的就有点过，甚至可能把正确的改成错误的。这就矫枉过正了，很不可取。

张丽娟：我知道刘老师除了做笔译，还做过不少口译。能不能谈谈您是怎样开始接触口译的？口译和笔译更喜欢哪个？

刘建刚：在上外读书，有比较多的翻译实践机会。有一次，张伊兴老师挑选几个研究生去做口译，其中就有我和我的同学徐海铭。记得比较清晰的有上海斜拉桥国际论坛口译、美国福特公司访问苏州一家工厂的随团口译等，都是多年前的事。这些经历，再加上张老师的鼓励、指点和启发，让我喜欢上口译，后来我在比较重要的场合做过一些口译，包括会议、论坛、会谈等等，陪同口译更不用说。如果要我在口译和笔译之间做一个选择，我还真有点贪心，两者都喜欢。我喜欢口译的现场压力和挑战，也喜欢笔译有相对宽松的时间来琢磨意蕴、推敲措辞等等。不过，口译更像是青春饭，更富有挑战，年龄大了肯定吃不消，而笔译似乎不太会受到年龄的影响，往往年龄大积累多经验更丰富些。当然了，两者各有各的不易。因此，我对于从事翻译工作的人有着发自内心的理解和尊敬，不管是口译，还是笔译。

张丽娟：那么除了前面说到的这几位老师，还有没有其他老师影响过您呢？

刘建刚：在上外读博期间，我有幸再次聆听冯庆华教授和史志康教授的翻译课。两位都是我十分敬佩的老师。冯庆华教授将翻译研究和翻译实践紧密结合，他的《实用翻译教程》给了我非常多的启发和教益。他把电脑技术很好地运用到了翻译实践和教学当中，让我受益匪浅。因此，听他的课，除了能增加知识提升能力，更能开阔视野，让我感受到技术，包括一些十分有用的研究方法——对于翻译的巨大帮助。在后期翻译当中，我及时熟悉一些软件，使得自己的翻译更加规范和科学。史志康教授将文学和翻译无缝衔接起来——文学和翻译本身不分家，他将英文经典作品里的典故或表达悄无声息地嵌入译文里，可谓引经据典。他上课时会讲解哪些表达出自哪些英文原文，为什么要采用这样的译法等等。他很开明，欢迎博士生对他的译文提出批评和建议。他的渊博学识和他对待翻译的态度，让我获益很大。史老师目前致力于中国典籍翻译，他于 2019 年出版了《〈论语〉翻译与阐释》一书。我觉得这应该是我们部分译者努力的一个方向，即将中华典籍翻译成高质量的外文，真正用外语讲好中国故事。我之所以说部分译者，是因为有的译者擅长外译中，有的译者擅长中译外，并不是所有人都能很好地胜任两个方向的翻译。无论从事哪个方向的翻译，要译出高质量的作品，必须得有很深厚的功力才行。

以上所说的是在实践方面给予我重要启迪的老师。在理论方面，何兆熊教授、邱懋如教授、许余龙教授、郭建中教授、方梦之教授等等，都对我产生了很大的影响。另外，我在华威大学访学期间，得到苏珊·巴斯奈特教授、约翰·T. 吉尔摩博士等学者的指导，获益匪浅。还有很多老师，他们直接或间接地影响了我，再加上前面说过的那些偶然或非偶然的经历，让我越发喜欢翻译。后来接手外文出版社几本书的翻译，完成《新世纪研究生公共英语教材阅读 C》（教师用书）课文翻译，再接手中国人民大学出版社几本书的翻译时，就感觉比较上手。

张丽娟：从您这些经历当中不难看出，对于翻译的热爱是最大的动力，而身边那些可敬的老师是您的翻译领路人。

刘建刚：你说得非常对。自身的热爱，加上老师的引导，容易促成一个人喜欢或者从事某种职业，尽管我还不敢说从事翻译，因为前面已经说过，我翻译的著作不够多。对我而言，翻译是一种爱好，是在教学之余做的。

张丽娟：记得刘老师早年还在韩素音翻译比赛中获过奖。那些获奖与后来做翻译有没有什么联系？

刘建刚：参加韩素音青年翻译竞赛是 1997 年、1998 年、1999 年的事情。当时我已经出了几本书，所以略微知道一点点翻译的门道，所谓实践经验吧，尽管一点都不娴熟。1997 年和 1998 年获得的都是英译汉三等奖，1999 年获英译汉二等奖。尽管网上查不到当时的相关信息，但是翻阅当年公布获奖名单的那期《中国翻译》就可以看到，我的名字在同等获奖名单上比较靠前，1999 年二等奖排名第一，一等奖空缺。我认为，比赛中能不能获奖，也不排除一些偶然因素。有很多参赛者实力很强，却与获奖失之交臂。因此，获奖似乎并不能说明什么，只是记录当事人的一段经历，顶多只是让他们获得信心而已。至于参赛获奖与从事翻译的关系，更不好说。每年有不少人参加韩素音青年翻译竞赛，我不知道其中有多少人后来从事翻译或者与翻译有关的工作。不过，既然有那么多人参加，至少说明很多人喜欢翻译，或者准备喜欢翻译，这就足以证明这类比赛的价值。对我而言，获奖的确让我更加喜欢翻译，仅此而已。

张丽娟：参加比赛能不能获奖，的确有一些偶然因素，但大体上能够反映出大部分参赛者的实力。近几年我们组织学生参加这类比赛，比赛结果基本上跟我们平时掌握的学生实力情况差不多，尽管有时候会有出入。任何比赛都会有这样的情况。

二、关于翻译实践与理论研究

张丽娟：那接下来能不能请您谈谈翻译实践与科研或者翻译理论之间的关系？

刘建刚：我很喜欢翻译，原本应该一直做下去。但翻译了几本书之后，发现评职称需要论文，于是我只能暂停翻译实践，着手翻译研究或翻译理论的探讨。那时候有的学校评职称时，译著不算科研成果，不像现在就比较合理。不过，这一阶段对翻译理论的研究确实拓宽了我的视野，让我在后来的翻译实践中十分受益，翻译技法的运用也灵活了不少，有那么点轻车熟路、得心应手的感觉。

张丽娟：从您的这段经历来看，翻译实践和翻译理论确实相得益彰。那么您有没有自己秉持的翻译理念或原则呢？

刘建刚：其实我不是太热衷于钻研或者迷信过于深奥、为理论而理论的所谓理论。我觉得翻译理论应该尽可能简单实用，真正有指导作用，比如严复的"信达雅"，我认为就很好。当然，理论研究必须与时俱进，这样才能推动学术进步，助力学科建设和人才培养。姑且不论国外的译学理论，就说国内的情况。自严复以来，很多学者提出过很多翻译理论。然而，无论哪家哪派，至少有一点是基本的共识，那就是好的翻译应该既忠实于原文又对得起目的语读者，对于原作的忠实应该是翻译工作者、翻译行为、翻译作品不容越过的一道红线。因此，我做翻译的首要考量就是尽可能忠实于原文，在此基础上做到通顺，不至于让读者读得苦不堪言却不知所云。事实上，"信达雅"中的"信"是核心标准，而"达"和"雅"似乎可以合而为一。翻译要做到的就是在正确理解原文的基础上比较通顺地表达成目的语。当然了，如果原文本身不通顺，那译文也不能太通顺，更不用说"雅"，否则就是不忠实，就译过头了。

就译者的活动而言，翻译的过程其实是不断做出选择的过程。据我的理解，有经验的译者往往会自觉或不自觉地遵循两个原则，即源语关联原则和译语顺应原则。

所谓源语关联原则，就是译者应尽可能充分地向译语读者介绍（甚至适当增加）源语中所蕴含的信息，例如历史传说、朝代年份、文化习俗等，扩大译语读者的认知环境，帮助他们以较小的处理努力获得最佳信息，达到最佳交际效果。要做到这一点，不妨利用 Word 系统里的脚注功能，补充一些不宜出现在正文里的信息，实现源语关联。

所谓译语顺应原则，意思是译者有较大的自由度，适当操控源语以顺应译语读者的阅读需求，方便他们读懂译文并掌握信息。说得直白一点，就是翻译出来的句子不能有过于生硬的翻译腔。

源语关联和译语顺应是翻译者应该自觉关注的两个维度，绝不能顾此失彼，一定要保持平衡，这就是一种艺术。假如既重视源语关联又做到译语顺应，译文差不多就能较好地传达原文的信息内涵，并且被译语读者所接受，这样基本上就能产出比较像样的译作。

张丽娟：您认为译者应该注意两点，一是尽可能完整呈现源语信息，二是尽可能照顾译语读者的阅读需求。简言之就是忠实通顺，对吧?

刘建刚：就是这个意思。做到这两点，基本上就可以避免看似非常流畅却背离原文，或者看似非常忠实于原文却十分拗口的译文。

三、关于翻译传道与教学实践

张丽娟：刘老师从事翻译教学很多年了，也指导了很多学生的翻译项目，有没有什么可以分享的心得呢?

刘建刚：其实在我还没有教翻译的时候，我上其他课时往往会用所谓语法翻译法，鼓励学生重视语法，理解并互译英汉短语和句子。如果时间很少，我就让他们试着口译。如果时间允许，我会让他们写出自己的翻译。这样做很有挑战，也很能激发学生的兴趣。当然，对于能力稍差点的学生，这样上课就很有压力。我这样做，与我对于语言学习所持的观点有关。我始终认为，理解与翻译密不可分，而翻译是最透彻的理解，因为要翻译出来，首先得理解正确。如果理解错了，那翻译肯定也就错了。往往理解是正确的，但还是翻译不出来，这又牵涉到学习者的母语水平。这恐怕是我们绝大多数语言学习者的处境，也就是阅读者和翻译者的区别。阅读者只是（也许仅仅需要）完成第一步，即读懂原文，而没有（也许不需要）迈开第二步，即翻译。而译者就不仅要完成第一步——正确理解，还要完成第二步——正确翻译。

后来教翻译的时候，我更加注重实践，给学生的作业很多，所以改作业就很累，不过讲评的时候学生倒是很开心。我认为翻译主要还是在于实践，就像学习游泳或者任何一门技巧，光讲不练，或者讲得多练得少，学生就难得要领，或者进步不太明显。另外，我认为翻译其实可以从几乎任何一门课程中学习，所谓翻译课程只不过是提供了比较系统的综合训练平台和机会而已。我们都知道，《综合英语》和《高级英语》等课程里就有比较多的翻译练习。所以，学生的翻译能力未必是翻译老师教给他们的，有可能是他们从其他课上学来的，还有可能是他们凭着爱好从练习中获得的。当然，好的翻译老师会让他们如虎添翼，给他们更加系统的指导和启发，助升他们的方法和能力。

基于上述认知，我给几乎每一届学生打过这样的比方——连通器和口袋里的银子（后来说成账户里的余额）。关于连通器，我告诉学生，虽然英语专业教学中分出了看似各自独立的各门课程，但是学习者绝不能把英语割裂开来学习，而是应该采用整体综合学习法，因为任何一门课程都可以提升看似与它不相关的另外一门甚至几门课程的能力。每一门课就像是连通器的一个注入口，无论从哪个入口注入液体，都可以提升连通器里液体的容量或者水平。至于账户余额，我是借以提醒学生重视语言基本功尤其是词汇和语法的学习。如果没有足够的词汇，无论阅读，还是听，还是说，还是写，还是翻译，都是白搭，就像口袋里没有足够的银子，看到心仪的东西，只能望洋兴叹，因为购买力太有限。另外，如果没有很好地掌握语法规则，即使有较大的词汇量，往往还是会在说、写、译的过程中出错，而且自己根本察觉不到错误出在哪里。因此，语言学习者必须学会自我发现并纠错的能力。有了自我纠错能力，就能发现问题出在哪里，进而去找到正确的答案。否则，哪怕老师指出并纠正他们的口语表达或写作或翻译中的错误，他们下次还是会犯老师没有指出、没有纠正的错误。

为了帮助学生熟练甚至灵活运用课本上所学或老师所讲的翻译技巧或策略，就必须给学生大量的翻译练习。如果有真枪实弹的翻译实践，那更好不过。譬如，咱们学院曾经跟浙江美术馆合作开展网站翻译项目，历时数年，组织一百五十多人次的老师和学生，翻译了八十多万字的网页文稿。再比如，学院一直承担的浙江工业大学外事处新闻稿件英译项目，这些都很能锻炼学生的翻译实践能力。无论是翻译练习还是实践项目，学生在做的时候可能感觉很枯燥，很有压力，有的人甚至想放弃，但是过了这个坎儿，他们会因为有过这样的锻炼而心怀感恩。就像孩子小时候家长逼他们去学习乐器或者其他才艺，他们觉得很苦。然而苦尽甘来，等他们能够因为曾经的付出而尝到甜头的时候，他们才会真正感激自己的父母亲当年的坚持，也感激自己那时候没有放弃。

另外，要学好翻译，必须学好母语，而且要达到非常高的水平，否则遑论翻译。我记得我的一位数学老师曾经对我们说过：同学们一定要记住，你们将来能不能取得成就，很大程度上取决于你们的语文水平和能力，因此一定要学好语文。

四、关于智能翻译与翻译学习

张丽娟：刘老师说得很对，这些也是我一直在思考并且在实践的。我相信很多人会有同样的感悟和见解。最后一点，随着人工智能的发展，机器翻译或者说人工智能翻译越来越受学界的重视，不少人甚至说有了人工智能翻译，学习翻译就没有必要了。您怎么看待这个问题呢？

刘建刚：人类的每一波科技进步，都会带来一波甚至多波革命性的变化，引发多米诺骨牌效应。人工智能无疑是近些年对人们的生活、学习和工作产生巨大影响的新生事物，人工智能翻译也日臻成熟和完善。比如，2022 年 11 月首度推出的"生成预训聊天器"（Chat Generative Pre-trained Transformer，ChatGPT）似乎就颇具颠覆性，而且我相信还会有比它更厉害的角色出现。在这样的背景中，担忧人工智能翻译将替代人工翻译，不是没有道理的，而且似乎非常符合逻辑。不过我认为，正因为人工智能如此厉害，正因为智能翻译具有超乎想象的能力和潜力，我们更应该学习翻译，方能出其右，才能辨别并纠正智能翻译中出现的错误——这样的错误还真不少。而且从科技伦理的角度来说，人类必须学习翻译，才能不被智能翻译灭掉。其他行业也一样，人类绝对不能放弃学习，否则真有可能被人工智能打败并且取而代之，那将是非常恐怖的事情。因此，我们不仅要正视新技术带来的"残酷现实"，充分利用新技术为我们带来的便利，而且要坚持高质量的学习，绝对不能放弃自身能力的提升。打个不太贴切的比方，人类发明了自行车（1790）、火车（1804）、轮船（1807）、汽车（1886）、飞机（1903）等等交通工具，可是有哪个家长放弃了培养自己孩子学习走路的能力？类似的还有运动会还有赛跑项目。

张丽娟：刘老师说得好有趣，仔细想来真是这么回事。十分感谢刘老师接受我的采访。我相信您在翻译实践、翻译研究和教学方面的一些经验和心得会对我们年轻译者和教师有所启发。

刘建刚：感谢张老师的采访。我希望与年轻译者共勉，也希望退休后还能继续从事自己热爱的翻译工作。

翻译是一场朝圣之旅

——许志强访谈录

袁嘉婧　许志强

受访者简介：许志强（1964 —　　），浙江德清人。浙江大学文学院教授、博士生导师，浙江大学世界文学与比较文学研究所副所长，主要研究领域为西方现代派文学、后现代主义文学、魔幻现实主义文学等。著有《马孔多神话与魔幻现实主义》（中国社会科学出版社，2009）、《批评的抵制：2005—2010 年书评论文自选集》（秀威信息科技，2010）、《无边界阅读》(新星出版社，2013)、《部分诗学与普通读者》(浙江大学出版社，2021)等。译有《瘟疫年纪事》(上海译文出版社，2013)、《在西方的注视下》(浙江文艺出版社，2015)、《加西亚·马尔克斯访谈录》(南京大学出版社，2019)、《文化和价值：维特根斯坦笔记》(浙江大学出版社，2020)。在《外国文学评论》《外国文学研究》《外国文学》等刊物发表学术论文多篇。

访谈者简介：袁嘉婧，浙江大学外国语学院硕士研究生，研究方向为翻译学。

本次访谈时间为 2022 年 6 月至 8 月，形式为邮件采访。访谈主要围绕翻译经历、翻译出版、翻译理念三个方面展开。

一、翻译经历

袁嘉婧：许老师您好，很荣幸能够采访到您，请问您是如何与翻译结缘的呢？

许志强：最初是出版社约稿，译查尔斯·兰姆的莎士比亚戏剧故事，算是和翻译结缘了。我的老同学在出版社负责外国文学这一块，经常有工作联系，朋友中也有做翻译的，我和他们交往比较多，就做一点这方面的工作，算起来差不多有三十年了。

袁嘉婧：那真的是一段漫长的旅程啊。您在文学研究之余还要兼顾翻译工作，您是如何平衡这二者的呢？

许志强：应该说翻译是一种爱好吧。我称不上是翻译家，做的工作很有限。作为译者，我在这方面虽然投入了时间和精力，但和同行相比，还是微不足道的。翻译和写作不一样，不需要特别的灵感，可以零敲碎打随时捡起来做，日积月累译一本书，完工之后也会有成就感，觉得没有荒废时间。也有译作完成没有出版的。我译了萨尔曼·拉什迪的非虚构作品《美洲虎的微笑——尼加拉瓜纪行》(*The Jaguar Smile: A Nicaraguan Journey*)，它讲中美洲的政治文化、风土人情和文学活动。

这本书的个别章节在一家期刊上发表过。时间过去很久了，我差不多把这事忘了。我记得翻译时还蛮愉快的，有不少收获。拉什迪是左翼马克思主义作家，也是魔幻现实主义风格的小说家，这双重身份契合他书写的题材，给他的纪实报道注入了一种亲和力。我花了不少时间做功课，研究中美洲的政治背景和文学背景。虽然译作由于种种原因出版不了，但也没有白费功夫。干我这一行，翻译还是蛮重要的。我觉得翻译比论著重要得多。从事外国文学的教学和研究，应该沉下心来做翻译，能做一点是一点。这个行业需要积累，正如财富需要积累。你看《尤利西斯》已经有三个中文全译本了，现在的年轻读者真有福气。这是文化累积的意义。有些翻译家堪称伟大，做了了不起的事情。最近在读范晔译的《三只忧伤的老虎》，这是很有分量的译作。

袁嘉婧：那您可以分享一下印象比较深刻的翻译经历吗？

许志强：维特根斯坦的《文化和价值》，前后出了三个版本，历时二十多年，薄薄的一本书花了很多时间和精力，不断修订，为了拿出一个错误较少的本子，我付出了很大的努力。维特根斯坦这本书很美，但很难译。一方面因为论题很广，数学、诗歌、形而上学、语义学、心理学、宗教、分析哲学、康德、弗洛伊德的精神分析学等都有涉及，知识谱系非常庞杂；另一个方面十因为它是笔记体写作，往往没有上下文关联，段落和段落之间隔着很深的沟壑，不像小说作品，情节和对话有逻辑的顺延，有时一个孤零零的句子让人摸不着头脑，你要准确地理解它的意思，非常困难。我感觉像在跑马拉松，最后是咬着牙坚持，等到浙江大学出版社启真馆出版了修订译本，才算松一口气。我觉得做这件事已经有点不计成本了，起先恐怕也超出了我的能力，如果当初（20世纪90年代）就有楼巍教授等人的译本面世，我就不会去译了。尽管译得很艰苦，对我本人而言还是很有收获的。维特根斯坦的思维方式和文化观念对我产生了深刻的影响。我曾生活在这本书中，它伴随我的成长，这是一段漫长而美好的经历。

袁嘉婧：目前，机器翻译对翻译行业造成了巨大冲击，翻译市场也是乱象频出，实话实说，文学翻译的报酬可能相对有限，质量要求也比较高，您在这方面有什么看法呢？又是什么让您不改初心，继续文学翻译之路呢？

许志强：文学翻译的报酬很低，而且长期以来和物价的上涨不成正比，这是体制造成的不合理的现象。报酬低，又要拿出质量好的成品，如果以此为生恐怕是不行的。我在高校工作，有一份固定的薪水，马马虎虎过得去，翻译是我的分内工作，就只能不计报酬地去做了。我觉得不能从生存的角度去看待这个工作，否则会感到难以向家人交代。孙仲旭的遭遇就是一个例子。他是一个优秀的外国文学译者，生前很努力，译作也多，但是稿酬却不如人意。我新出的著作《部分诗学与普通读者》中有一篇文章就是题献给他的，我和他素不相识，但是一直拜读他的译作，他的结局令人唏嘘。他有工作，还不算是全职做翻译的呢。有质量的文学翻译需要投入极大的精力，但是经济回报如此之低，确实会让人感到在社会上缺乏尊严。但是无视质量，做机翻，也不会有尊严，而且也挣不了更多的钱。现实就是这样。如果想译一点东西，还是要好好译，拿出让自己觉得满意的作品。我本人做翻译是出于研究的需要，我希望自己尽量做好这个工作，力所能及，做一点点工作。我们要对得起原作的品位，这就要求我们对文学有起码的虔诚。翻译不是一种机械的劳动，它是有精神的高要求的。好的译文就是体现一种精神等价物。翻译大师的杰作无疑是一项很光荣的工作。

袁嘉婧：我想到您在《木心的文学课》中有过这样一段评价："在这个浸透势利的实用主义时代，木心奉持一个信念，无论出于绝望还是出于远见，他仍坚信艺术是保护这个世界、保障人性美和人类爱的存在。"① 您是否也是本着这样的心情来做文学翻译呢？

许志强：这样来说我自己的翻译工作，那就太拔高了。我是同龄人中的幸运者，能在衣食基本无忧的情况下做这个工作。这个工作确实利益很少，而且要吃苦。但很多人比我更有才华，他们缺乏条件，也就是

---

① 许志强. 无边界阅读. 北京：新星出版社，2013.

说连吃苦的资格都没有。我算是幸运的。其实，我不太敢在这里谈我的译作。我的译作数量很少，谈不上有什么成就。比郭（国良）老师差得远了。接受你的采访我很为难，在这里大谈自己的那一点点工作，不像话。谈我的工作体会我是愿意的，可以整理一下自己的感受和想法。谈一下翻译这个文化现象，我也很有兴趣，我作为一个外国文学译作的读者，对相关的话题始终很有兴趣。

二、翻译出版

袁嘉婧：您的主要研究方向为后现代主义文学和魔幻主义现实文学等，比如，您在论著《无边界阅读》《部分诗学与普通读者》中多次谈到维特根斯坦的文学性，又翻译了《文化和价值》。请问您在进行翻译选材时是否会对研究涉及的题材有所偏好？

许志强：肯定会选择感兴趣的题材。我做现代派文学和后现代文学的研究，维特根斯坦的文化观念涉及现代性的思考，在我关注的领域之内，如果这本书不是我译的，我也会去写文章阐释的。维特根斯坦是哲学家，但他也把他自己视为诗人、作家，国外的研究对此有不少论述，我是结合翻译心得谈他的"文学性"问题，这个问题不太容易论述，我一次一次写文章，是想把我的思考推向深处。我在新书（《部分诗学与普通读者》）的序言中说，以后不会去写这方面的文章了。但说不定还会再写的。

我翻译的《大莫纳》也即将出第三个修订译本了，最近我为新译本写了一篇长序，探讨阿兰·傅尼埃的成长经历和创作特质。这篇文章会收入下一个文学评论集，评论集明年大概会出版。说起来会让人笑话，我为这本书写了三篇译序，感觉是在炒冷饭，不厌其烦写同一个话题。但是，对我来说，选择《大莫纳》有兴趣的成分，也有学术研究的附带目的，《大莫纳》的创作融入象征主义元素，我们知道象征主义原先只限于诗歌，和小说无关。但象征主义的影响终究还是渗入了小说领域，这方面最显著的例子是《尤利西斯》《追忆似水年华》《没有个性的人》等鸿篇巨制，这些里程碑作品，其美学构成没有象征主义的介入是不可想象的。阿兰·傅尼埃的小说规模要小得多，文学史上不算是有分量的东西，但它的创作很精致，很有特色，可以挖掘的意义不少。我一遍遍写文章，就是在更新我对这个作品的认识。

袁嘉靖：您的学术研究非常深入，想来出版社或代理人也是因此选择您来做相关题材的译者。您有出于兴趣自己主动联系过翻译资源吗？抑或二者都有？

许志强：二者都有。《马尔克斯访谈录》是出版社找我译的，因为我做过马尔克斯研究专题。我在《外国文学评论》《俄罗斯文艺》等期刊上发表过马尔克斯的研究论文，我的博士论文《马孔多神话与魔幻现实主义》是对马尔克斯前期创作的比较系统的研究。《部分诗学与普通读者》一书也收入了我写马尔克斯的文章。可以说，我一直都在写马尔克斯，所以编辑大概就认为我算是适合翻译这本书的。我拿到访谈录的英文版之后浏览了一遍，发现此书编者贝尔·维亚达是我写博士论文时参考得比较多的一位马尔克斯研究专家，其中有几篇访谈我早就细读过了，很熟悉的，所以很快就答应了出版方，接受翻译此书的委托。《文化和价值》《在西方的注视下》等译作是完成后主动联系出版社。我译这两部作品完全是出于兴趣，全部译完后才联系了相熟的出版社编辑交付出版的。

有些译作再版，有自己主动联系的，也有出版社来联系的。比如说《文化和价值》，目前看到的第三个版本原先是浙江文艺出版社来约我再版的，我很高兴，想趁此机会好好修订一下，结果出版半途搁浅了，我就主动去联系浙江大学出版社启真馆的王志毅先生，他接受了这本书。这样，新的修订译本才总算顺利和读者见面，新版本装帧很漂亮，素雅高贵，符合维特根斯坦的气质。我很感谢启真馆做了这么精美的一本书。说实在的，前面两个版本装帧都很不好看。修订译本的出版往往让人别有一种喜悦，译者虽然不是书的作者，但对装帧质量其实也是有要求的，希望能够尽善尽美。

袁嘉靖：您谈到了重译的问题，这是很值得研究的翻译现象。您的部分译著并非该作品的唯一中文译本，您当时是出于什么考虑选择重译呢？

许志强：我认为重译和重写都是有必要的。翻译是学术研究，同一个选题的不断改进有助于认识上的完善。《水手比利巴德》是我有意重译的，当时已经有中译本了，但我读了之后觉得需要重译。我觉得麦尔维尔的风格、语气和色调需要更准确的传达。这本书很难，虽然是小说，但正如麦尔维尔的其他代表作一样，语言像是经过加密处理，其叙述旁逸斜出，包含文化批判的许多议题。当时我上美国网站浏览，发现美国的大学生不大读得懂这本书，可见懂不懂还不是一个纯语言的问题，更主要的是文化积累和文化修养。翻译这本书也很有挑战性，我希望能提供一个较好的译本，让国内的读者来阅读。当然，我的翻译也不能保证全都正确，有几处细节我觉得需要修订。目前我还没联系到出版社再版这本书。将来有机会我要修订译文，再出一个版本。《在西方的注视下》则是因为坊间尚无中译本才译的，碰巧其他两个中译本也在进行中，出版时间相差不远，应该说三个都是首译。

三、翻译理念

袁嘉婧：您所坚持的翻译理念是什么呢？或者说您对文学翻译秉承什么样的原则？

许志强：我的原则是等效翻译原则。原文有的而你没有传达出来，原文没有的而你自行发挥，我认为都是错误的做法。汉语和印欧语言不一样，完全等效是不可能的，但应该尽量琢磨原作而悉心加以传达，包括标点符号的使用。我翻译的是名著，如麦尔维尔、康拉德等，应该说原著的语言应该不存在荒谬破败的病态，如果译文佶屈聱牙、晦涩生硬，那一定是译者的语言理解力出现了问题。这是从最低要求讲的，也就是要词义准确。文学翻译的准确包含不同层次，不仅是指语法层面，也包括氛围、调性等，后者的要求就高了。

袁嘉婧：您接触过的翻译理论有哪些？

许志强：翻译来自实践。我读《谈艺录》《管锥编》中关于英译中的句段，受益匪浅。钱先生喜用文言文翻译英文，显得和白话文翻译不太搭调，但是他精准的译文给人上一堂课，每次读了我都觉得自己道行太浅，英文理解还不够准确。好的翻译我相信一定是基于等效翻译，就是严复所谓的"信雅达"中的"信"。忠实、准确是第一位的。"雅"和"达"也应包含在"信"中，也就是说，原文不"雅"何必雅，原文不"达"无须达，应该遵照原文的精神去传达。

袁嘉婧：您对"信"的理解给了我很大启发。不少读者甚至译者都会把"信"与"达""雅"割裂开来，认为在真正实践中很难完成三者的协调统一，于是抛弃了"信"这个基础，单方面追求译作在语言层面的流畅优美。尽管可能在销量和市场上取得了成绩，却脱离了文学翻译要把忠实摆在首位的基本要求。[①]

许志强：是的，你说得对。这个理念很早就有人提出并加以实践了。鲁迅是主张"硬译"的，他不同意归化式的译法，认为归化式翻译会丢掉另一种文化的特质。我非常赞同这种理念。

袁嘉婧：您认为优秀的文学译者应具备何种素质和能力呢？

许志强：翻译使我成为一个怀疑主义者。维特根斯坦说："要在每一个隐蔽的针箍里寻找谬误。"译者的素质我认为应该是谨慎、虚心、多疑。译者的能力总是有缺陷的，要做到少出错，就必须自我怀疑。我对自己的要求是像维特根斯坦说的那样，在每一个隐蔽的地方查找错误。今天早上读《巴黎评论》，读到拜厄特访谈中的一个句子，说："他妹妹经常用想象的碎片玩一种想象的棋盘游戏。"[②] 什么叫作"想象的碎片"？难以理解。直觉告诉我，翻译的细节可能有问题。这个所谓的"碎片"

---

① 王理行. 忠实是文学翻译的目标和标准——谈文学翻译和文学翻译批评. 外国文学，2003(02):99-104.

② 原文为"It was the only thing he ever said about his sister, and what he said was that she played an imaginary board game with imaginary pieces." 参见：https://www.theparisreview.org/interviews/481/the-art-of-fiction-no-168-a-s-byatt.

原文应该是 piece，就是"棋子"的意思，这样理解就通；piece 除了碎片，还有硬币、棋子等意思。如果译者多一点自我怀疑，查一下词典，就不会译错了。

袁嘉婧：是的，这正是翻译中的"推敲"了。就像您举的这个例子，很多时候并不是译者能力所限，只是疏于推敲细节再联系原文加以思索，才造成这种让人啼笑皆非的错误。对文学翻译乃至整个翻译来讲，哪怕只是一两处错译也是极大的败笔了，这更要求译者拿出严谨认真的态度来，字斟句酌、处处推敲，雕琢出高质量的成果来。

许志强：对，我觉得一定要自我怀疑，不能追求快感。翻译不应该是有快感的，我并不否认找到一个恰当的译法时那种兴奋和喜悦，但总的说来，翻译是被动的、体贴的、母性的、默默奉献型的，不能由着自己的兴致随意发挥。

袁嘉婧：您之前在一次访谈中提到，文学读者的艺术感或者说清澈的心灵很重要，这决定了他是否能和文学作品产生共鸣。而文学译者更是特殊的读者，请问您是怎样理解文学译者的身份呢？

许志强：翻译是一种诠释，文学译者的角色正如交响乐指挥，必定是一个本质论者而非自由阐释者。我认为，翻译是文学评论的最佳形式，因为任何一种评论写作都不得不妥协于简化的描述和有角度的提炼，做不到全方位的精确再现，从这个意义上讲，评论永远是一种背叛，而翻译不是。翻译是唯一有可能忠实于原著的阅读行为。译者和乐队指挥一样，其基本任务不是语言转换，而是释读总谱的构成及其每一个细节，悉心加以传达。一个能够阅读乐谱的人不等于指挥家，指挥家是作品的风格和意图的诠释者。指挥家是非常奇怪的人，他（她）有超凡的感知力、品味和修养，几乎和创作者一样强有力，却丝毫不具有主动的创造性，而必须服从于原著的精神，不可越雷池一步。文学译者正是这样的人。我不举例子说明了，因为上述说法都是从原则上讲的，而实际活动中会有扭曲、损耗和背离，或是因为能力问题，或是因为观念问题，或是因为体制的问题，译者的工作不能尽如人意，但是从原则上讲，译者应该恪守其本分。

袁嘉婧：您把译者比作乐队指挥，这让我联想到您在《20 世纪欧美经典小说》节目中提到的"三力主义"。① 在这个短平快成为主流的科技时代，文学译者作为文学艺术的传播者、精神生活的守护者，帮助读者从想象和情绪的维度确认自己的存在，是多么不可或缺的角色。

许志强：我觉得角色的定位很重要。译者是传达者，译者的创造精神也是不可超过其角色的限定，这样才能服务于原作。我觉得现在的文学批评也存在这个问题，批评好像不再为文学作品服务了，而是变成了一种傲慢的文化角斗士的角色。学者自成一格，创立所谓的批评体系，广受追捧，比作家更重要，批评比文学更重要，批评成为一种学术生产体系，搞出一套学术话语，让学生和读者去研究，我觉得这是一个笑话。能够搞出一套理论话语谈何容易，当然是了不起的能人了。不过我觉得，目前学院的文学研究倾向是在背离文学。

袁嘉婧：翻译学界有一种观点认为，翻译文学是介于外国文学和本土文学之间一种尚待吸收的产物，译介文学会对目的语的语言和文学产生一定影响，可能会激发新的文学创作或文学思想。请问您是怎样从比较文学的视角看待这种观点的呢？您是如何看待翻译的？或者说您是否认为翻译是理解文学的一种方式？

许志强：译介文学会对目的语的语言和文学产生一定影响，这是毫无疑问的。我认为，翻译的目的就是产生这种影响，从文化建设的角度讲。你说鲁迅为什么花那么多工夫去翻译（《鲁迅全集》将近一半是译作）？因为新文学的建设离不开翻译。我相信鲁迅是有使命感的。穆旦的诗作，离开译介文学（艾略特和奥登等）是不可思议的。穆旦的汉语非常欧化，他的诗学是找不到传统的先例和参照的，他直接从艾略特和奥登的创作化入，甚至都没有借助于汉语传统的修辞，他就是纯粹的翻

---

① 许志强老师在"看理想"推出的这档音频节目中谈到："经典作品就是在想象力、观察力、感受力这几个方面，能够给予你极大教育和启发的作品。"

译腔，但是读者接受了。这种根植于比较文学的诗体语言几乎无视目的语的排异性反应，反倒是凸显了现代性语境中的人文思想和生活感受。这方面的例子其实不少，日本的安部公房和大江健三郎等，都是很典型的翻译腔写作，但是他们都取得了令人瞩目的成就。从这个意义上讲，翻译不仅是理解文学的一种方式，还是创造文学的一种方式。

袁嘉婧：确实如此，虽然起初大众读者往往不愿接受翻译腔，甚至将其视作译文质量低劣的象征，但长远来看，翻译腔作为现代汉语变迁的衍生产物，体现了汉语出于自身发展需要而有意识地接触外来语言的发展趋势，也为中国文学的现代转型提供了指导借鉴。从这个角度讲，翻译对语言改造、文学创新都有极大的作用。

许志强：说得对，翻译是社会主义民族文化建设的一个重要组成部分。人家经常问我，你们中文学科的比较文学有什么特殊的性质吗？意思是说，已经有外语学院外文系了，还要你们中文的比较文学干什么呢？我笑着回答说，外国文学不是外国的文学，而是我们中国文化生活的组成部分，中国文学不再是原先理解的古汉语文学系统，而是包含外国文学译介的一个混合系统。我们很多人都是读着《简·爱》《巴黎圣母院》《红与黑》等著作长大的，读的都是中文译本，并不计较这是本土的还是外来的，甚至也不计较原作和译作之间必定存在的差别，而是自然而然地阅读和吸收。我记得初中时我读到祝庆英先生翻译的《简·爱》，读得如痴如醉。这本书对我很有影响。别小看了中文的外国文学，意义可大着呢。

四、尾声

袁嘉婧：您近期是否有翻译实践的计划呢？有打算翻译的文学作品吗？

许志强：我最近没有做新的翻译，学校里负责好几摊子工作，教务工作牵扯了太多精力，暂时顾不上了，出版社的约稿都推掉了。过几年退休了会继续做这件事。最近有出版社约我译埃德蒙·威尔逊的《伤痕与弓》，我对这部论著很感兴趣，觉得有必要尽快译介，但无奈只能推辞。

袁嘉婧：最后，可以请老师送给广大文学译者、爱好者一些寄语或建议吗？

许志强：翻译是一种精神的涵泳，是一种自我的教养和磨砺，祝愿年轻的译者身心愉快，精进不懈！

翻译是值得做一辈子的事业

——陆汉臻访谈录

沈 莹 陆汉臻

受访者简介：陆汉臻（1967 — ），浙江慈溪人。公安海警学院副教授、浙江省翻译协会理事。从事大学英语教学与研究工作 30 余年，主要研究领域为文学和社科翻译。公开发表翻译作品 30 余部，译有《亚当复活》（上海译文出版社，2010）、《乞力马扎罗山的雪》（浙江文艺出版社，2013）、《超越帝国》（北京大学出版社，2016）、《1945 年以来的艺术运动》（浙江摄影出版社，2016）、《尚待商榷的爱情》（文汇出版社，2020）、《新罕布什尔旅馆》（河南文艺出版社，2021）等。

访谈者简介：沈莹，浙江大学外国语学院硕士研究生，研究方向为翻译学。

本次访谈时间为 2022 年 9 月 3 日下午 2:00—5:00，地点为宁波市工会悦读馆。在访谈中，陆汉臻老师回忆了自己近 30 年来的翻译经历，分享了来自实践的翻译理念和原则，并对合作翻译、首译与重译、译者责任、翻译与教学等问题提出了自己的看法。陆老师为人谦和，平易近人，谈话深入浅出。整个访谈非常顺利，令人愉快。

一、翻译实践

沈莹：陆老师好，非常感谢您接受这次采访。首先能否请您谈一谈您的翻译经历，您是如何走上翻译之路的？

陆汉臻：谢谢你。时间如一阵疾风从耳旁吹过，我从事翻译工作已经三十年了。开启我翻译之路的，是一篇大约五千字的译文——《戈达尔与反电影:〈东风〉》。这是彼得·沃仑写于 20 世纪 70 年代的一篇电影论文。当时我在北京外国语学院读研究生，对电影理论特别感兴趣。有一天，《当代电影》杂志社的姚晓蒙老师找到我，说他们的刊物打算刊出上面说到的这篇文章，邀请我将它译成汉语。出于对翻译和电影理论的兴趣，我马上答应了。不承想，这就是我翻译之路的开始。这篇文笔稚嫩的译作发表在 1993 年第 6 期的《当代电影》杂志上。之后的第二篇译作，也跟电影理论有关，叫做《中国电影:"代"的概说》。这篇文章是美国学者杰弗里·福布尔为《影视文化》撰写的专稿《中国电影的文化反思:论中国第五代电影导演》中的概论部分。这是中国艺术研究院影视研究所的陆弘石先生邀请我翻译的，译文于 1994 年 3 月发表在北京文化艺术出版社出版的《影视文化》第 6 辑上面。所以，我的翻译活动是从社科翻译起步的，与两位研究电影艺术理论的前辈有关。但是，后来我发现，自己真正感兴趣的，其实是文学翻译。

我对文学翻译的兴趣的种子，可能在中学时代就埋下了。记得初中时我的语文老师，也是我的班主任刘百年先生，看我喜欢文学，有一天把一本《德伯家的苔丝》放到了我的课桌上。一个乡下的初中生，当时对外国文学的了解几乎是零，这本书自然看得我云里雾里，但是我很喜欢这个故事，对女主人公的悲剧命运感到痛心，苔丝的形象从此留在了我心里。外国文学的大门第一次为我打开了。直到今天，每次捧读《德伯家的苔丝》的英文版（这本书自然成了我最喜欢的枕边书），刘老师和蔼可亲的形象就浮现在字里行间。一本好书，为一个少年开启了一个全新的世界。在慈溪中学读高中的时候，我对文学的兴趣就更加浓厚了，在紧张的功课之余看了不少中外名著。特别值得一提的是，我读了草婴先生翻译的《复活》和《安娜·卡列尼娜》，这两本书对我影响很大。在与小说中的人物同喜同悲的同时，读着读着，觉得自己没有读翻译小说的感觉，只有那长长的拗口的外国人名、地名提醒我这是一部外国小说。草婴先生的语言怎么这么地道？托尔斯泰简直是在用纯正的汉语书写。我对翻译的兴趣就此萌发了。可以说，是翻译家草婴引领我进入了世界文学的华屋高堂，我闭塞的心灵从此变得宽阔起来，我从偏僻乡野一步踏入瑰丽多彩的翻译文学宝库，得感谢他老人家。草婴先生是宁波镇海人，算是我的老乡，我今天做着与先生一样的工作，或许也是一种传承吧。

1985 年，我进入海军电子工程学院学习，毕业之后留校任教，有幸成了我的学长——郭国良老师的同事。正是郭老师，开启了我的文学翻译道路。郭老师是我翻译之路的引路人，指导者，也是我学习的榜样。我翻译第一篇文学作品，大概是在 1997 年。当时郭建中老师在主编非英语国家科幻小说系列作品集，郭国良老师引荐我翻译其中的一篇儿童科幻文学作品，是波兰作家斯坦尼斯拉夫·莱姆所著的《月球追杀》（后收入福建少年儿童出版社 1999 年 6 月出版的《科幻之路第 6 卷：时光永驻》）。就是这一篇文章开启了我的文学翻译之旅。2003 年，郭老师邀我和另外一位译者合译了《波德莱尔大遇险 4》。2010 年我们又一起翻译了《亚当复活》。这是一部著名的大屠杀文学作品。2013 年，我翻译出版了海明威的《乞力马扎罗山的雪》，在浙江文艺出版社出的，这本书 2022

年又改版出了一次。最近几年我翻译出版了朱利安·巴恩斯的《尚待商榷的爱情》，约翰·欧文的《放熊归山》《新罕布什尔旅馆》等作品。

在从事文学翻译的这段时间里，我同时也进行着一些社科类作品的翻译。应郑幼幼老师之邀，我陆续为浙江摄影出版社翻译了多种艺术类书籍，比如《作为当代艺术的照片》《摄影简史》《1945年以来的艺术运动》等。2005年，郭国良老师与我合译了特里·伊格尔顿的文学理论名著《瓦尔特·本雅明，或走向革命批评》，先后由译林出版社和商务印书馆出版。2008年，这本书获得浙江省第十四届哲学社会科学成果奖基础理论类三等奖。还有一本政治类著作，2016年北大出版社出版的《超越帝国》，这是意大利作家安东尼奥·内格里的作品。

沈莹： 您更喜欢翻译文学类的作品还是社科类的作品？在翻译不同类型的作品时，体验感有什么不同吗？

陆汉臻： 我还是更喜欢翻译文学作品。都说翻译是一种再创作的过程，我觉得文学翻译再创作的成分更足。你在文学翻译中可以体验到社科翻译中没有或不那么明显的那种激情。文学翻译，你可以全身心地投入。在这方面，2019年我翻译《尚待商榷的爱情》这本书的时候感受最深。我记得很清楚，那是2019年的寒假，我正在福建旅游，突然收到了郭国良老师的电话，他问我是否有时间翻译巴恩斯的这本书。当时我觉得，能翻译名家的作品，是千载难逢的机会，应当好好把握住这个机会。虽然翻译这本书的时间要求比较紧，但我还是答应下来了。我立刻中止旅游，一回家就全身心地投入这本书的翻译中。翻译和写作一样，在激情状态下产出的作品，质量是最高的。我是在2月中旬收到的任务，5月底就要交稿，那段时间每天要翻五千到六千字，现在想想简直是不可能的。早上四五点醒来睡不着了，我就起来翻译。那几个月满脑子都是这本书，可以说是完全沉浸其中了。翻出初稿以后，慢慢细读译文，对照原文不断修改，最后集中攻克"疑难杂症"。巴恩斯是学者型作家，语言功底非常深厚，文字功夫了得，无论是人物塑造，还是故事叙述，都有很强的文学性。阅读这样的作品本身就是一种享受，更不用说翻译了。在这本书的翻译过程中我获得的欣快感和满足感，是翻译其他书不能比的，翻译社科类著作自然没有这种感受。这或许就是文学翻译的魅力所在吧。

我有一个偏好，特别喜欢翻译用第一人称写的作品。翻译这样的作品，会产生很强的代入感，更让人不知不觉沉浸在小说之中。很幸运，我翻译的很多作品都是用第一人称写就的，如《尚待商榷的爱情》，就是三个主要人物的独白，还有我翻译的欧文的四部作品，也是第一人称叙述。一边品读原文，一边翻译，就好像跟着作者的思路开启了一段奇妙的探险之旅，第一人称的叙事手法更是增添了探险的真实感和刺激性。在翻译欧文的作品时，我还时常不自觉地为欧文幽默的笔法暗自发笑，这也是只有翻译文学类作品时才会有的独特感受。

所以，翻译文学作品与翻译社科类作品，会有不同的体验。文学翻译与社科翻译，会有不一样的下笔感觉。社科翻译时，下笔可能更沉重些，行文可能会更拘谨些，因为你力求传递出原文的准确意思，特别注重专业术语的准确性，因为你传递的是信息。在文学翻译中，下笔就轻松些，似乎没那么多拘束。在"信达雅"的原则之下，你其实能放开些，特别在"雅"字上能做更多的文章，凸显你的创造性，发挥你的主观能动性。因为文学翻译不仅要传递故事，传递信息，还要传递文体，传递字里行间的某些很难捕捉的东西——有人称为"诗意"的那种东西。这是文学翻译更能够体现译者文采的部分。傅雷翻译的巴尔扎克，为什么会带有傅雷的痕迹，这就是译者独特风格的体现，就这样，译者在译文上刻下了自己的烙印。

二、翻译理念与原则

沈莹：在这种刻下自己烙印的过程中，您是否不自觉地遵循了一些原则？您对文学翻译秉持着什么样的理念？

陆汉臻：我没有系统研究过翻译理论。说实在的，我对翻译理论的兴趣不大，我的兴趣在翻译实践上。如果非要说遵守了什么原则，这些原则大多来自我在翻译实践中总结出的一些朴素的理念。我的一个原则是，"力图赋予译文在汉语世界新的生命"。在我看来，译文就是原著文本在汉语世界的还魂重生。我认为译文应当是一个独立的作品，虽然它是有所本的。读者阅读你的译文，应当有可以充分接受它的理由，不用读着汉语译文，却时不时想着原文该会是什么；或者读着读着感到别扭，想扔掉译文，去找原著读。这就要求译者写出纯正的汉语，就像原著作者借着你的手在进行汉语创作，让人读着感觉不是在读译本，而是在读汉语"原创"文本，就像我中学时读草婴译托尔斯泰时产生的那种感觉。我喜欢生动、活泼、有生命力的文字。如果你的译文干巴巴的，句式也受原文的牵引而变得非常别扭的话，读者可能就会放弃阅读这一类的作品，你的劳动成果就白费了。

因此，我所秉持的翻译观念非常简单：在尽可能忠实于原文的基础上，写出纯正的汉语译文，尽量避免翻译腔，不要被原文的形式所牵引。翻译所追求的，不是文字形式上对原文的同步式"忠诚"，而是对原文的各种元素进行改造性转达，不求形似，但求神似，这是最重要的，也是最难的。译文要为读者构建出与原文类似的，甚至更好的阅读效果。我很注重译文读者的阅读体验，常用归化的翻译策略。能归化的尽量归化，实在不能归化的时候只好异化，在这种情况下有时还是忍不住要加上注释。翻译绝不是跟着原文死板地亦步亦趋，不是被原文牵着鼻子走。

总的说来，我主张用纯正的汉语来进行翻译。翻译是一种特殊的写作，译文应该是纯正的汉语文本。我很认同一句话，即翻译过来的外国文学，本身也应该是中国文学的一部分。从事外译汉工作的译者，他的任务就是让原著在汉语世界里完美地还魂重生。在文学翻译时，应当最大程度地忠实于原文的整体思想和风格，而不应拘泥于一词一句的形式。

沈莹：您一般如何进行文学翻译？可以跟我们分享一下您的翻译方法吗？

陆汉臻：我的翻译方式可能与别的译者有所不同。一般说来，译者在翻译一本书之前，会先将这本书熟读好几遍，等充分咀嚼透其内容之后再着手翻译。我可能不会这么做。我拿到书之后，先极其粗略地看一遍，然后是精读一章，翻译一章，翻完全书之后，再统稿，修改，直至交稿。有的时候，甚至只看一部分文本就迫不及待地翻译了，这很像口译中的交传。我感觉在这个过程中，可以充分地领略文本带给我的神秘的快感。你并不知道下边会发生什么。这样，带着普通读者的好奇心，一边读一边译，对我自己来说是最为快乐的，也最为合适，可以让我享受无限的"surprises"。

对于翻译过程中碰到的一些难点问题，一时解决不了，我都会把它们先放一放。全部初稿出来之后，在修改的过程中，再回过头就这些难点进行深入思考和探究。如果我自己解决不了的，我会请教专家学者，或者与编辑部的朋友一起讨论。可惜的是，我翻译了这么多书，还没有机会与原作者就相关问题进行探讨。想与原作者取得联系，过程可能会很烦琐，有的作者不一定愿意回答译者的问题，只好我自己解决。如果实在是没有办法了，只好根据上下文进行猜测，希望能够达到一个最忠实于原文的尽可能完美的译文。

现在是高科技的时代，我偶尔也借助一些翻译软件，特别是在处理一些疑难问题时，我想看看机器是怎么理解的，看它能否给我带来一些灵感。在翻译社科类书籍时，充分利用翻译工具能够帮助译者更高效、更准确地翻好专业术语，能弥补译者专业知识的不足，从而获得更加专业的译文。现在机器翻译的水平越来越高，很多技术类文章的机译文本，准确率已经相当高。但我不相信机器能够翻好文学类作品，由机器翻译出来的文学文本，是机械的、没有情感的、没有生命力的。所以，文学翻译的饭碗不会轻易被机器夺去。

只要是人，就会犯错误，译者不必惧怕犯错，重要的是正视错误、改正错误，尽可能使译本完美。我在翻译《放熊归山》的时候就百密一疏，把一个德语词误译了。我不敢保证我译文中的每一句话都是正确得体的，有些因为理解的偏差，可能会出现误读，致使译文出现疏漏和错误。正视错误，能够激励译者更严谨细致地翻译，从而催发出更加优质的译文。

沈莹：说到误读带来的困难，您是否思考过，对于译者来说，文学翻译的难点在哪?

陆汉臻: 在我看来,文学翻译有两大难处。一是彻底理解原著难。不少原著包含博大精深的思想和复杂的文化内涵,要彻底理解其内容和实质,是非常考验译者的学养的。我非常佩服萧乾先生在晚年翻译《尤利西斯》的壮举,因为那部书是国际公认的天书,非常难读。二是达到完美的译本难。外译汉的译者必须同时具备高超的外语和汉语能力,特别是高超的汉语能力。汉语虽然是我们的母语,但是在翻译的时候,总有找不到合适的词来表达的痛苦。翻译永远是一种"遗憾的艺术",追求完美的译本是译者永远的目标。

沈莹: 目前您还有什么翻译计划,可以跟我们分享一下吗?

陆汉臻: 目前刚刚交出三部文学作品的译稿,一部是保罗·鲍尔斯的《让雨下吧》,另两部是欧文的作品,《多重角色》和《为欧文·米尼祈祷》,应该很快就能出版,与读者见面。译者总是十分迫切地等待着译本的出版,希望早日看到自己的心血变成带着墨香的新书,这是十分自然的。由于各种不可抗拒的原因,也有译本不能顺利出版的情况出现,这是非常令人沮丧的,但是,这并不能浇灭一个真正的译者对翻译的热爱。在两种语言或许两种文化的转换交流过程中,我得到了从其他活动中无法得到的乐趣。通过细读作品,我得到了很美的文学享受,感受到了故事以外的很多东西。这是翻译带给我的成就感和满足感。

以前是作品挑译者,现在是译者挑作品了。我现在更倾向于挑选一些经典的作品来翻译。曾经有出版社找我翻译一位作家的处女作,我初读下来,不甚喜欢,思来想去还是拒绝了。与当代文学作品相比,经典的作品经过了时间的考验,更具有可以传世的品质。希望以后能有机会翻译我最喜欢的经典之作,比如《德伯家的苔丝》——也借此来纪念外国文学瑰丽殿堂的大门为我打开的那个时刻。

现在我手头上的翻译工作是为浙江摄影出版社重译一本摄影理论书,叫做《怎样阅读照片》,这是英国著名摄影理论家杰弗里的作品。此外,我也承担了该社出版的一些中国摄影家影集文字稿的中译英工作。

沈莹： 我注意到，您有一些作品是和郭国良老师、景晨老师等合作翻译的。合作翻译和独译的感受有什么不同吗？

陆汉臻： 对于文学作品，其实我是不主张合译的，因为多人合译，译者的风格可能前后不一，细心的读者是能读出来的。不同译者的风格无法靠统稿统一起来，每个译者都会有自己独特的风格。多人合作翻译文学作品是不可取的，就像多人合作创作文学作品是不可取的一样。我们很少看到哪部伟大的文学名著是合作完成的。对于社科翻译，我认为合作是可行的。因为社科翻译的文风体现得不那么明显，但要注意前后术语和行文风格的统一。主译在最后的统稿过程中，必须进行审查和调整。但总的说来，翻译应该是一种孤独的写作活动，每一部译著独立完成，应该更为理想。

沈莹： 在您的翻译经历中，是否有过遗憾？

陆汉臻： 遗憾那是肯定有的，就像我之前说的，译者似乎永远无法译出完美的译文。在译本出版之后，我有时不敢去看，生怕看出有什么问题，但有时也会随便翻到哪一页，抽样似的看自己的译文。拿起自己的译文高声朗读时，我很容易发现，有的地方本可以更简洁些，有的句子本可以处理得更漂亮些。一本书翻译的时间往往有限，容不得你精雕细琢，所以总会留下些遗憾。《尚待商榷的爱情》这个译本是我自己比较满意的，但是因为翻译时间太紧，有些地方处理得还比较粗糙。这本书不厚，但是它的文字密度大，故事性和文学性也很强。如果时间充裕，我的译文应该更完美。不断修订译文，争取更完美的译文，这也是译者在译本出版之后，应该坚持做的事情。回看自己早期的那些翻译作品，稚嫩的地方更多，进步的空间则更大，那些译文更需要不断修改、完善。

沈莹： 说到译者的责任，您如何看待译者的文化责任？这种责任在您翻译的时候会成为一种负担吗？

陆汉臻： 翻译是一项伟大的事业，没有翻译，就没有世界各国之间的文化交流。译者在文化交流中扮演着重要的角色，是伟大的桥梁，肩负着光荣的使命。文学翻译工作者是真善美的使者，我们在传播世间最美的文字、最美的情感。我觉得，做文学翻译的人是最幸福的人。

翻译也是一项必须严肃认真对待的工作，容不得半点马虎，否则你的译文不但起不到文化交流的作用，而且会成为世人的笑柄。所以，我在翻译的时候，总感到背后有一双双眼睛盯着我，督促我一定要尽力拿出好的译文。特别是当你的译本是国内首译的时候，你的压力会感觉更大。作为首译的文本，宛如一个标杆，会受到之后的人们的不断挑战。如果以后没人能够超越首译，像朱生豪翻译的莎士比亚那样，首译就成为经典。当然你在重译某部文学作品时也会有压力，这种压力来自你必须超越前译的心态。因为是重译，就有前译本在眼前，那是一座必须超越的山，否则重译就没有意义。我翻译的欧文作品，有的已有繁体字译本。你要重译，就必须超过他们的译本。翻译有时候就像"演奏"音乐作品，译者就像演奏家，竞相比较谁的演绎最好，谁最能传递原曲的神韵。首演的演奏家，如果他的演绎无人可以超越，则会流芳百世，而后人则在不断地攀登高峰的过程中奉献出不同的精彩演绎，使得作品本身带有超越时间和空间的价值。在翻译中，重译和首译的压力都很大，但其侧重点不同。首译的压力在于开山之作；重译的压力则在于超越前译，还需要谨防抄袭。不论首译还是重译，都是以读者满意取胜，以译文质量取胜，这是成功的秘诀。

三、翻译与教学

沈莹：我知道您长期从事大学英语的教学和研究工作，业余从事文学翻译工作。我想问的是，翻译工作对您的教学有什么影响吗？

陆汉臻：有学者指出，外语学习的最终目的是交流，是翻译，这倒是说到了翻译工作者的心坎上。现在好多翻译工作者，其实也是高校外语教师。应该说，翻译工作对教学工作是一个极大的促进。外语教师从事翻译工作，有助于提高自身的外语水平和教学能力。你把翻译过程中的一些实例和心得用于课堂上，你的教学就会更加生动有趣、贴合实际。如果你是教授外国文学或翻译的，那么你的翻译工作对教学的促进作用就更加明显。翻译教学需要理论来支撑，更需要实践来印证。翻译工作者的翻译实践，就像军事指挥官的实战经验，对于学生来说，是一笔非常重要的财富，能产生纸上谈兵无法取得的效果。

沈堂：最后，对于热爱翻译的学子们，您有什么话想对他们说？

陆汉臻：我认为翻译是一件很有意义的工作，是可以做一辈子的事业，也值得我们做一辈子。我已经断断续续做了三十多年的翻译工作，我希望以后还能再做三十年，而且是一心一意地去做。翻译工作很辛苦，物质回报很小，似乎不能靠这个来谋生。这个事业是必须用热爱去浇灌的。

做翻译有无穷的乐趣。我有时候觉得翻译有点像侦探"破案"，特别是为了解决那些"疑难案件"，你需要反复研究文本，广泛查阅资料，虚心向专家求教，力求有一个好的解决方案。问题解决的那一刻，你就是一个最幸福快乐的人。当然翻译不只是"破案"，传递故事容易，"疑难案件"也可以得到解决，但最难的问题在于，比如，为了探究文学作品中的"诗意"，是需要译者上下求索、不断钻研的，甚至需要他们奉献一生。翻译也是一个极好的学习过程。译者是最好的读者、最仔细的读者，也是从原著中获益最多的读者。在翻译的过程中，我们能学习到很多东西，为了翻译一句话、一个词，有时需要阅读大量的相关书籍。译者同时也需要有批判精神，练就一双火眼金睛，不能亦步亦趋、人云亦云。翻译本身就是一种探究，是对外部世界的一种探索。

我相信年轻的翻译者一定能从翻译这项意义深远且大有可为的工作中收获无限的人生乐趣。准备走上翻译之路的学子们，必须带着刻苦探究的精神对待翻译，一路用爱去浇灌你们的翻译人生。

翻译是一种修行

——应远马访谈录

楼　昱　应远马

受访者简介: 应远马(1971 —)，浙江台州人。浙大城市学院讲师、杭州市翻译协会常务副会长、浙江省作家协会会员。曾长期从事旅游、外贸、培训、翻译等工作。已出版译作 14 种，即将出版 5 种，译有《本末倒置》(安徽文艺出版社，2004)、《翻译官手记》(中西书局，2011)、《罗伯斯庇尔传》(商务印书馆，2017)、《食物简史》(天津科学技术出版社，2021）、《伟大的逃亡》（浙江摄影出版社，2022）。编著有《杭州市社科知识普及丛书（第 2 辑）：翻译篇》。

访谈者简介：楼昱，浙江大学外国语学院博士研究生，研究方向为英美文学。

本次访谈时间为 2022 年 1 月 12 日，地点为浙大城市学院文科一号楼。在访谈中，应远马老师回顾了自己 30 年来的翻译学习、实践和活动，谈论了翻译意识和翻译的缘分，提出"翻译是一种修行"。这次访谈的内容用他自己的话来说，还可以用 4 个关键词来概括：译缘、译事、译果、译思。

一、译缘：余中先和李莎

楼昱：应老师好，谢谢您拨冗接受访谈。读本科时，跟您学了两年二外法语，记录了您在课堂上的不少语录，其中给我印象很深的一点是：您说您从来没有公开说过您喜欢法语，但是您经常说您喜欢翻译。您能讲一讲您从事翻译的缘由吗？

应远马：谢谢楼昱。我是农民家庭出身，高中时，已经是家里的主劳力之一；在北京读大学时，每年暑假都还回村子干各种农活；高中时对外语学习缺少感觉，只是出于偶然才读了法语专业。我们有一个外教 Lisa Carducci，中文名叫李莎，即后来《狼图腾》的法文版译者之一、中国申奥文本的法文版译者、中国政府友谊奖获得者。她经常请我们班的同学到她的专家楼住所，做饭给我们吃。她发现我比较内向，不肯开口多说话，问我喜欢什么，我说喜欢文学，她就给了我一本加拿大的法文小说集。我稀里糊涂地看完了，试着挑了两个最短的微型小说，将它们翻译成了中文。她又鼓励我去投稿。我投到了《世界文学》，《母鸡》和《妙号》就这样成了我的翻译处女作。

楼昱：据说当时《世界文学》的编辑就是当今国内著名的法国文学翻译家余中先老师？

应远马：是的，他后来成了主编。我们在魁北克作家授权处理方面有过书信往来，之后就没有任何联系了。直到 2017 年 10 月，我才有幸在杭州第一次见到余先生。他回京后还专门找到了我在读大学那年写给他的信，拍照发给了我，这让我非常感动。他有保存各种信件的习惯。

楼昱：我见过几次李莎老师，也读过她的作品，她对您的翻译应该有着很重要的影响吧？

应远马：当然。李莎是作家、诗人、翻译家。我们之间的友谊已经持续了三十年。她在 1994 年和 2016 年两次到过我的台州老家。她经常来杭州，好多次就住在我家里。本科毕业之后，我翻译了她的三部作品，长篇小说《本末倒置》、随笔《感受中国》《外国人看中国》；还有她为她的双胞胎外孙女写的《小熊猫找妈妈》和《狼很凶恶吗？》，后者还被拍成了动画片。我是一边从事外贸一边给李莎做笔译的。

楼昱：那个年代外贸是很红火的一个行业，您为什么还要做文学笔译呢？

应远马：首先是出于跟李莎的友谊，我的想法很简单，很高兴能够为老师翻译一点她写的文字——当然，我觉得写得不错；其次是可以维持和提高一下自己的法文水平；再次是很好奇一个老外眼中的中国生活；最后是消弭年轻时代旺盛的精力。记得大约是 2004 年年初，我转职到绍兴地区某企业担任国贸部经理，在老板家吃晚饭，恰逢央视四套播出《本末倒置》在加拿大使馆举行的新书发布会，大家看到我在电视上飘过的镜头。那一刻，我心中还是有点暗喜。

楼昱：您和李莎老师这么多年来都保持着联系，这个有点不容易。李莎老师是个高产的作家，一直有新书问世，近年来您还翻译她的作品吗？

应远马：她是一个高产作家，已经出版了九十多种著作，写作的语言包括法语、英语、意大利语等，据说在意大利还有研究生论文专门写过她的自译。从 2005 年之后，很多年来，她都没有叫我翻译过，我也从来没有主动跟她提过要翻译她的新书，这跟我在工作上的奔波忙碌有关系，因为除了外贸，我又增加了杭州市翻译协会的工作，还要上很多法语课和外贸课。直到疫情暴发前后，在征求了她的同意之后，我带着几个学生翻译了她的近十篇文章，其中一部分是中国网法文版块跟她约的稿，其中有一篇是《杭州，我的爱！》（"Hangzhou, mon amour!"），记录了我请她来参加杭州译协理事会做报告期间的一些见闻，包括参观杭州市翻译协会名誉会长王之江教授夫妇所居住的养老院。这些文章以法中对照的形式发在了我们的"杭州翻译"微信公众号上。其实，在这中间，我也已经进入了翻译的另一个阶段。

二、译事：翻译意识和翻译缘分

楼昱：您翻译的另一个阶段？

应远马：有几件事意味着我的翻译进入了第二个阶段。其一，2005年，我和陈建伟、陈小莺、文敏、顾东东等一批朋友成立了杭州市翻译协会（简称"杭州译协"）。文敏老师推荐我见了时任浙江省翻译协会会长郭建中教授。其二，读研。2008年，我利用杭州译协这个平台，组织召开了首届浙江省法语教学研讨会；次年7月，我们省内分部法语教师组建了一个在职法语硕士班，我遇到了大连外国语大学的王大智教授，她是研究翻译的，她让我彻底改变了对传统翻译和翻译教学的认知，也让我进入了对翻译理论的热切关注和阅读阶段。其三，弃商从教。2009年9月，在杭城多所高校兼职上课之后，我正式进入浙大城市学院任教，离开了国际贸易行业。

楼昱：那么，您在这个阶段的翻译跟第一个阶段有什么不同？

应远马：在第一个阶段，可以说我是无意识地做翻译的。大三开始做导游，做旅游陪同翻译；毕业之后从事外贸业务，做商务翻译；因为跟李莎老师的关系，做文学类笔译。但是，我都将之称为无意识的翻译，因为基本是停留在完成任务为主的心态上，有点像"教学翻译"中的作业。

到了第二个阶段，首先是在翻译理论方面有了突破，硕导王大智教授给我推荐了很多书。其中法文和英文作家就有：贝尔曼、梅肖尼克、皮姆、葛岱克、斯坦纳、蒙娜·贝克、韦努蒂等等。应该说，那几年，我是怀着极为浓郁的兴趣阅读各种翻译理论的。比如，许钧的《翻译论》，这是王大智老师给我们上课的主要教材，以及他和袁筱一的《法国当代翻译理论》、郭建中的《美国当代翻译理论》、罗新璋的《翻译论集》、张景华的《韦努蒂翻译思想研究》、朱纯深的《翻译探微——语言·文本·诗学》等等。然后是我再做笔译的时候，越来越有点战战兢兢的心情，总觉得之前是无知者无畏。

第三个阶段，在执掌杭州译协这个平台的同时，郭建中教授让我兼任浙江省翻译协会的常务理事兼副秘书长（2006年7月起），然后我又担任了第六和第七两届（2010—2022）中国翻译协会理事，接触到了译界的很多人，扩大了视野。

第四个阶段，我个人的译事活动频繁起来，除了理论学习和翻译实践，还兼顾了译协运行、项目管理、翻译教学等译事。针对国务院学位办批准高校开设翻译专业的决定，我跟着郭建中教授于2006年组织召开了首届浙江省翻译教学研讨会。2010年，我和桂清扬教授发起召开了郭建中翻译思想和翻译实践研讨会，组织了杭州市翻译协会首届法语翻译座谈会。我还发起并组织了三届"翻译家茶座"，五届纯公益性质的浙江省公示语外语纠错大赛。应王大智教授等的邀请，2013年起，我有幸担任大连外国语大学的法语MTI兼职硕士生导师并开课；2012年至2018年期间又在杭州担任了三十九个商务部援外培训项目的项目主管和翻译主管，招募了以高校学生为主的一百多位年轻人参与项目翻译，其中包括BTI和MTI学生，这些项目语种涉及法语和英语，每年涉及大量的口笔译，一年中的援外翻译持续时间甚至超过六个月，培训总人数千余人，涉及六十个国家和两个国际组织。翻译在本质上也是一种服务，我喜欢做这种服务。

楼昱：还得感谢您当年让我从香港回来参与援外项目的英文翻译，回想起来，那段时间对我的翻译锻炼的确非常有益。您经常提及"翻译意识" 这个词，能再讲几句吗?

应远马: 有时候，在高校开设 BTI 和 MTI 之后，我想翻译专业和外语专业的重要区别之一，应该是"翻译意识"不同。不妨举一个我个人经历过的小例子。2010 年，我跟王大智教授一起组建"圆明园劫难记忆译丛"法文翻译团队，我负责《翻译官手记》一书的翻译，我将第一部分的译文发给老师，她给我指出了一些可以改善的地方，其中有一个小地名，是将军接见翻译官的地方，我随便译成了"达奴布"，她说要改成"达努布"，虽仅一字之差，也许，读者也未必会在十来万或数十万字的一本书中在意个别用词，但是译者自身的意识需要到位。

翻译意识不仅在翻译的教和学中举足轻重，在翻译实践中也是一种译者伦理的体现。我一直想写一点这方面的思考，可惜至今没有完成。2017 年，我在浙江工商大学给英语 MTI 专业兼过一门课，在课堂上偶然提及这个概念，有一个学生立刻想尝试做一篇论文，最后因为各种原因，没有成功。在我写完《试论翻译文化的构建》和《论译者的选择权》这两篇论文之后，《试论翻译意识》是我一直想写的小文之一，真的很遗憾。翻译意识或许可以概括为理论意识、产品意识、服务意识、伦理意识等等。前些年，我做过几场讲座，题目是"作为产品的翻译"。翻译需要树立起一种服务意识，我认为这一点对翻译专业的学生来说极其重要。

楼昱:《翻译官手记》曾入选"2011 中华读书报年度图书之 100 佳"，您能否聊聊这部译著的翻译体会?

应远马: 这个入选其实跟我本人没有什么关系，是出版方报送的，《中华读书报》公布之后，也是郭国良教授看到了才告诉我的，否则，我到今天都未必知道。不过，这部译著可以作为我第二阶段的一个代表作。跟第一阶段的《本末倒置》相比，我相信在《翻译官手记》的翻译中，我是有很大进步的。此时，我已经懂得了译前、译中和译后三个阶段的翻译流程，懂得了背景知识的查阅和网上搜索的方法，懂得了中文译文的修订和完善。这是一部赴华法国远征军英法翻译写的回忆录，虽然被归入历史类，但是具备了较高的文学性。丛书法方主编布立赛

（Bernard Brizay）在介绍该书的内容时写道："埃利松伯爵的《翻译官手记》是最值得一读的关于1860年征战的一本著作，因为它或许是一本写得最为生动最为精彩的著作。""埃利松伯爵笔下的圆明园洗劫是一个非常精彩的片段，他的叙述诙谐风趣，洗劫时的悲惨景象跃然纸上。"[①] 除了英法联军洗劫圆明园的场面描述，伯爵在书中对中国女人裹小脚的描述也让我印象深刻。

楼昱：您在这部书的译后记中用了"翻译的缘分"这个标题，您当时为什么要用这个标题呢？

应远马：我在译后记中简要介绍了这套丛书翻译的背景。大概是在2005年，在被我奉为浙江省法语界泰斗级人物的郑德弟教授家里，我获赠了一本他校译的《1860：圆明园大劫难》。然后，在2010年3月份，我接到他的电话，他说自己因年岁问题不能再接受翻译任务，将我推荐给了一家出版社。该社要出一套丛书，其中大部分是法文书。我则请王大智教授一起组建翻译团队。出版方还请了许钧教授和郑德弟教授担任学术顾问。两辑丛书近三十种，我单独译了三种，书出版之后，还作为译者代表先后参加了在圆明园和复旦大学召开的小型会议。参与这套丛书的翻译，冥冥之中让我后来有机会跟随吕一民教授读了法国史方向的历史学博士，巧的是，我后来的博士论文也涉及火烧圆明园那个年代的法兰西第二帝国。还有，有意思的是，在这套丛书的翻译安排中，刚好是我的翻译老师王大智教授负责法国对华远征军司令蒙托邦将军所写的回忆录的翻译，而我负责给这位将军担任英法翻译的埃里松伯爵的回忆录。

三、译果：一场场奇妙的相遇

楼昱：这真的是一种缘分。据我所知，您的博士生导师吕一民教授也在研究之余从事翻译工作，能谈谈您在读博期间的翻译吗？

---

① 埃利松. 翻译官手记. 应远马，译. 上海：中西书局. 2011：出版前言. 2.

应远马：读研期间及稍后几年，因为王大智教授也一直在做翻译实践，我发表了六种译著。吕一民教授曾经领衔翻译过一些重要著作，比如皮埃尔·罗桑瓦龙的《公民的加冕礼：法国普选史》、雷蒙·阿隆的《知识分子的鸦片》、乔治·杜比的《法国史》（三卷）、米歇尔·维诺克的《自由的声音：大革命后的法国知识分子》等等。我比较幸运的是，他对翻译也很重视。因此，在攻读法国史方向的博士学位期间，我的翻译实践没有中断。在法国史方面的阅读初期，我就摘抄过国内法国史研究领域大家、北京大学张芝联教授在《法国史论集》中的下面这段话，那是他于 2001 年在中国法国史研究会理事会上所作的关于"法国史研究的途径"之发言中的一段话："最后，对研究外国历史工作者来说，翻译是一项极为重要的事业。一部名著，甚至一篇有价值的论文，译成中文会产生不可估量的积极效果。例如托克维尔的《旧制度与法国大革命》、布罗代尔的《15 至 18 世纪的物质文明、经济与资本主义》、勒华·拉杜里的《蒙塔尤》，不仅对法国史，而且对中国史、世界史的研究都大有裨益。我们应向这些著作的译者脱帽致敬！同时，我们希望看到更多更好的译著出版。"

我跟着吕老师做了《罗伯斯庇尔传》《食物简史》《房间的历史》等著作的翻译。其中《房间的历史》今年应该会出版，这本书涉及比较多的欧美文学。从某种意义上来说，翻译实践本身就是一种研究，尤其是文史哲类著作的翻译。翻译可以拓展我的阅读，我喜欢翻译过程中的学习，甚至可以说，在翻译一本书的过程中，我的阅读可能会涉及很多本书。这种扩散和拓展让我很享受翻译的过程。也许是我读的书太少了之故。

楼昱：您谦虚了。您的办公室里总是堆满了书。您在 2021 年发表了三种儿童文学译著，最新的一种是《胡萝卜须》（*Poil de Carotte*）。您为什么要重译这部法国经典的儿童文学？

应远马：2021 年出来的三种儿童文学其实是为我的两个孩子接的。前面两种是英国的动物小说，涉及二战题材，因为有你帮忙，所以跟你合作尝试了一次英译中。而接下后浪策划的《胡萝卜须》只是为了我的大女儿，因为她也在读法语专业，这样可以让她练习翻译，也算是我们父女之间合作的第一本小书。《胡萝卜须》的翻译其实始终让我有种意犹未尽的感觉，因为看似简洁的法文，理解的难度还是不小的。好在浙江工商大学法语联盟的两任主任布女士和尼古拉斯·皮埃尔先生帮我们解决了一些难题。这部作品已经有好几个国内法语界前辈译过，我们是在译完之后再读他们的译文的。总算弥补了前辈们在理解上的若干遗憾。不过，也许会留下我们的遗憾。

楼昱：我看到《胡萝卜须》的封底推荐语中引用了英国作家毛姆的这句话："你苦笑于他笨拙地努力讨好那个恶毒妇人，共情他所受的屈辱；你愤慨于他无缘无故地遭受惩罚，对此感同身受。"您同意毛姆的说法吗？您对毛姆的作品读得多吗？

应远马：我知道你这阵子都在研读毛姆的作品，所以才会问我这个问题。在常规家庭中，一般来说小儿子会更加受宠，胡萝卜须没有得到更多的关爱，有相貌的原因，也因为这个孩子调皮、有想法且多愁善感。《胡萝卜须》本质上是一部关于家庭教育的文学作品。毛姆的作品我没怎么读，我记得看过《月亮与六便士》。在法国出生、跟法国关系极为密切的这位英国作家可谓话语犀利。我很感兴趣的是想看看毛姆作品在法国的译介，因为他在法国出生，跟法国的关系实在太密切，然后写作又一直是用英文。

楼昱：应老师，我看您的译作清单，除了文学翻译，好像非文学翻译也有不少成果，您是如何选择翻译文本的？

应远马：说实在的，我喜欢自我挑战，也许有点好学吧，于是乎也喜欢杂译，我从未刻意挑选过文本，一切都随缘。我是一个相信缘分的人，缘分是一种很神奇的东西。年过半百之后，回首我三十年来兵荒马乱的工作和生活经历，突然发现，只有翻译自始至终伴随着我，成为串联各种缘分的一条金线。这个正所谓"翻译是人生的一场相遇"。一场场奇妙的相遇。比如，我译过一本题为《中国和中国人》的小书，出版方原先安排的译者因故退出，编辑交给了我，我安排了一位前辈，前辈看了一阵子，发现实在麻烦，又退回给了我，最后还是我自己来扛了。这是一本奇怪的书，不知道是影印技术的问题，还是原书就是如此，全书的法文文字中应该有字母音符的地方 95% 以上没有音符，而且 95% 以上的句子没有标点符号，许多字母诸如"r、l、i、v"等等极难辨认，书中出现大量的古代拼音需要回译……当然，该书的翻译任务完成之后，心里还是很有成就感的。"翻译是语言与身体之间的爱欲游戏"，一场游戏，如梦一场。

楼昱：您似乎一直来都很忙碌，您是如何处理翻译时间的呢？

应远马：我喜欢有整块整块的时间来投入翻译，不喜欢零碎的时间。平时，我有很多课要上，有很多事情需要处理。不过，我对自己的时间管理向来很自豪。我以前一直是每天工作十多个小时，我会利用休息的空档处理杂事。眼睛累了的时候就找人喝酒。动静结合非常重要。我自认为已经在角色切换上炉火纯青。我可以跟朋友们在一起热热闹闹，也可以一个人一整天埋头翻译。也正因为笔译时坐的时间太长，我曾出现腰椎间盘突出问题，不过，被我自己给修复了。有两年时间里，我都是站着干活的，买了站立式电脑桌。

四、译思：翻译是一种修行

楼昱：您在去年的一次讲座中说您的翻译是"职业缝隙里开出的小花，人生海洋里泛起的涟漪"，您说"翻译是一种修行"，能说说您对翻译的理解吗？

应远马：我虽然做了一点翻译，但是跟前辈们比起来微乎其微，我总感觉自己还在学习翻译的路上。就拿我组织的三届翻译家茶座来说吧，第一届的主角是郭建中，第二届的主角是李莎、郭国良和文敏，第三届的主角是黄荭，我计划今年跟省市译协一起组织第四届，主角是"天才翻译家"金晓宇，在他们面前，我都不敢提我的翻译。就我个人来说，翻译是一种修行。修行可以从几个方面来阐释：一是态度，二是缘分，三是方式。如何看待翻译？抱着何种心态来从事翻译？这涉及翻译观的问题。随缘是一种心态,缘有因果。译路漫漫、译无止境,且埋头而行。修行或许还追求正果,而我的翻译过程永远重于结果。有缘终会相见。珍惜缘分。最后,这是一种生活方式。能够一个人坐在那里,透过原文的字里行间,感受作者的思绪和逻辑,享受个体的安宁时光。远离浮躁和喧嚣,沉浸于文字的阅读和转换,挑战自己的体力和耐力。我喜欢笔译甚于口译。2010 年,《钱江晚报》曾引用过我说的一句话:"翻译是慎独而不孤独。夜深人静、孤灯一盏,慎独为之;不孤独的是可以在文字的海洋深处,与作者和读者进行穿越时空的对话……"

楼昱:看来应老师对翻译的领悟有点特别,我可能还得过好多年才能够有这种感觉吧。谢谢您接受访谈!

应远马:抱歉,我聊得或许有点杂乱,这么正儿八经地在一起聊翻译,我还是第一次。我们就随便一点吧。谢谢楼昱!

"天才"译者是怎样炼成的

——金晓宇访谈录

张淑霞　金晓宇

受访者简介： 金晓宇（1972 —　），浙江省翻译协会理事、浙江省作家协会会员。已出版译作15部，总字数600余万。英译中代表作有《船热》（南京大学出版社，2012）、《诱惑者》（南京大学出版社，2013）、《写作人生》（河南大学出版社，2015）、《嘻哈这门生意》（河南大学出版社，2015）、《剧院里最好的座位》（河南大学出版社，2015）

和《十首歌里的摇滚史》（河南大学出版社，2016）等，日译中代表作有《和语言漫步的日记》（河南大学出版社，2018）、《丝绸之路纪行》（河南大学出版社，2018）和《飞魂》（河南大学出版社，2019）等，德译中代表作有《本雅明书信集》（上海人民出版社，2023）等。2024年，获中国翻译协会"优秀中青年翻译工作者"荣誉称号。

访谈者简介：张淑霞，温州职业技术学院副教授、浙江大学外国语学院访问学者，研究方向为英语翻译与教学。

2022年1月的新闻报道使默默无闻的"天才译者"金晓宇横空出世，引起了社会的极大关注。无论作品难度如何，金晓宇的译文始终保持内容准确、语言优美。生活的艰辛与磨难，阻挡不了金晓宇"译"路走来的熠熠生辉。本次访谈时间为2022年5月18日与5月20日。在访谈中，金晓宇老师分享了他的英、日、德多语种学习之路，与翻译结缘、相伴的故事，以及在10余年的多语种翻译实践中的所思所想，展示了一位优秀译者艰辛而又独特的成长之路，对于语言学习者和从事翻译实践的学者有一定的启示意义。

一、多语种自学之路

张淑霞：金老师，您好！自新闻报道以来，读者对您的语言学习之路与多语种翻译经历非常好奇。语言学习并非易事，您是从什么时候开始对英语、日语、德语产生兴趣并开始自学？

金晓宇：我从二十来岁开始下功夫学习语言。英语是我学习的第一门外语，学习时间比较长，虽然小学、初中、高中也有英语课，但是掌握的词汇量较少，复杂的语法不太懂，原版小说也不太看得懂。词汇是语言学习的第一关键要素。我主要通过看小说学习英语，边看小说边查词典，开始很辛苦，但是一直坚持背单词。我曾在浙江树人大学（现浙江树人学院）国际贸易专业肄业，在该校第一年主要进行英语学习，之后参加了浙江大学英语系的自学考试，语法和写作方面得到了训练。后来通过看小说，听广播，看电影、电视，全面提高了听力和阅读能力。

后来我在家里通过阅读大量英语小说自学英语语言，词汇量、语法水平都提高了，小说阅读的速度加快了之后，听力也上去了。这个过程花了十来年。第一门外语从自学到翻译也经历了很长的过程。在翻译小说前，我做过一些医药化工翻译，当时没想到出书，只是作为翻译练习。

到三十来岁英语学完后，我开始学习日语。当时去浙江图书馆借书还不太方便，于是就去新华书店、外文书店买日语教科书，包括初级、中级、高级的教科书都准备齐全。相对第一门外语的学习，第二门外语会简单一些，日语与英语的学习方法有相近之处。到学习日语时，浙江图书馆搬到曙光路，我就借阅了一些日语小说，每一本看完都做好记录，大概看了二十来本。学习德语时，只需要买一本带磁带的教科书，掌握读音后，其他教科书都是从浙江图书馆借阅的。听、说、读、写各门功课的教科书掌握熟练后，我就在浙江图书馆借德语小说，大概也看了二十来本。我的文学作品翻译始于小说《船热》（*Ship Fever*）。

读外文小说对语言学习帮助很大，我的英语、日语、德语都是通过看小说的方式来学会的。小说是比较独立的作品，能否读懂作品可以验证你的语言能力是否过关。如果读外文小说和读中文小说一样容易理解，这时候外语学习就差不多了。

张淑霞：您主要通过阅读小说提高英语、日语和德语的词汇量、阅读能力。那这三种语言的听力、口语能力如何提高？

金晓宇：英语和日语的听力主要通过看电视、电影及听广播来提高。德语的听力还没有时间解决，可能还需要一年多的时间。由于平时口语交流不多，三种外语的口语能力还有待提高。

张淑霞：您的父母都是高级知识分子，家人对您的外语学习有没有帮助？

金晓宇：我父亲母亲英语都不错。我还记得小时候母亲给我唱过英语字母歌，母亲除了会英语，还会日语。很多年前，我母亲在天津的研究单位工作，尽管学习条件差，但她很用功，学了几门外语。我家有二十多本词典，包括《英汉化学化工词汇》《英汉技术词典》等。我父亲从事医药化工行业的工作，这些都是他的资料书，平时碰上需要翻译的内容，他就会细细翻阅这些词典谨慎核对。父母对文字严谨的态度，对我也有所影响。我的父亲和母亲翻译出版过一本《工业催化剂的设计》。我在正式开始小说翻译前，曾在家翻译过一些英语医药化工的资料，爸爸帮我检查译文。这些经历对我后来的翻译之路有较大的帮助，可以说是我父亲手把手地领我入门。后来，为了弥补自己在理科方面的劣势，更好地翻译这些资料，我订购了自学考试中计算机应用专业的教科书，其中有不少数学、物理的基础知识。拿到自考通用英语专业大专文凭后，我自学了国际贸易本科课程（其中有各种经贸、法律知识）和计算机网络课程，平时有时间也学习机械设计课程。这些都让我培养了较为广泛的阅读和学习兴趣以及自学能力，也为翻译不同题材的作品带来了很大帮助。

张淑霞：您在语言学习过程中持之以恒的精神和毅力很让人佩服。从语言学习经历也可以看出，外语学习带给了您很多乐趣。您翻译不同语言的作品时，在英语、日语、德语三种语言之间转换，有哪些特别的体验？

金晓宇：无论是阅读还是听广播看影视，或者直接与人交流，外语学习带给我的乐趣还是非常大的。翻译时在三种语言之间转换，最大的问题是会影响阅读速度。最初只做英汉翻译时，一年可以翻译三四部作品。现在做德语作品翻译，除了阅读德语原文，也会去阅读这部作品的英语版本，这样就占用了大量时间。在不同语言的作品间切换时，比如上一部是英语作品，下一部是德语作品，再下一部是日语作品，就会影响我的阅读速度。以前一本两百页的英语作品七八天可以看完，最近切换到一本带很多插图的日语小书，一百来页就看了十多天。如果连续翻译同一种语言的作品，阅读速度和翻译速度就会大大提高。

二、"译"路走来

张淑霞：听说近十年您平均每天花在翻译上的时间为六七个小时，

翻译已然成了生活中不可缺少的一部分。正是秉承这种专注和坚持，您出版了十五部名作的译本，包括大名鼎鼎的安德烈娅·巴雷特1996年获美国国家图书奖的作品《船热》、约翰·班维尔的《诱惑者》（*Mefisto*）以及著名的《本雅明书信集》。您的译作给中国读者带来了宝贵的精神财富。《船热》是您的第一部译作，请您介绍一下翻译这部作品的由来及出版过程。

金晓宇：我不喜欢热闹，在家里做事感觉比较舒服，而翻译工作正好可以在家里完成。翻译作品时，我可以自己安排工作量。现在拿到一个作品看完后，估算一下一共要翻译多少天，一共多少工作量，自己很清楚。2011年，我母亲的一位朋友推荐我给南京大学出版社翻译安德烈娅·巴雷特的《船热》。翻译过程还是很顺利的，现在回过头来看，难度也不是很大，作品带有明显的文学与科学相结合的特色，如《山柳菊的习性》提到遗传学上的豌豆研究、《英国门生》中提到植物学家林耐的动植物分类法等。翻译这部作品时，我平时在理工科方面的阅读积累，起了很大作用，同时，我也通过查阅网络及专业书籍来确定这些专业术语的译名，还是费了很大时间的。这部作品的翻译三个月左右就完成了，出版时间比较久，等了一两年左右。

张淑霞：翻译《船热》前您会去看巴雷特的其他作品吗？如《"独角鲸"号的远航》？还有，约翰·班维尔作品很难懂，您在翻译前会先阅读一下作者在国内已经出版的译作吗？

金晓宇：翻译之前我一般不会去看已有译本，怕影响自己的判断。翻译时如果作品已经有一个译本，我通常会翻译完再看已有译本，对照一下。偶尔也会发现一些作品的已有译本存在错译、漏译的问题。我翻译《船热》的时候，国内似乎还没有巴雷特的中文作品，包括《"独角鲸"号的远航》也还没有出版。翻译《诱惑者》时，我确实到图书馆借过不少班维尔作品的中文译本，但那些作品似乎和《诱惑者》风格都不太一样。

张淑霞：译者从拿到作品到翻译、解决难题、译文修订、译作出版，要经过一个漫长的过程，可以说每一部译作都凝聚了译者的心血。您能介绍一下您的翻译过程吗？

金晓宇：每一部作品刚拿到手时，都有一定的难度，有些是语言方面的，有些是专业性方面的。即使是一本面向少年儿童的日文侦探小说，也会有一些难点，至于真正非常难的作品，则一边乞求老天爷保佑，一边慢慢地把整部书啃下来。我帮南京大学出版社翻译了福特·马多克斯·福特的《好兵》。这部作品内容难度不大，但是用了很多生僻的词，是我翻译过语言方面最难的作品。第一遍看原文的时候，难度不亚于第二外语或第三外语的学习。至于专业性方面的难题，要通过网络或者图书馆慢慢查资料克服。

我习惯在翻译前先通读一遍全书，拿出 30 页翻译，每翻完 10 页再通读一遍，翻译完 30 页，发到邮箱备份。我习惯把要翻译的书稿打印出来便于通读，这样每一个细节，每一个单词都能小心求证，更能保证译文准确无误。我通常是整部作品翻译完之后再总体修订。无论长短，先通读一遍，然后像您说的一气呵成，认认真真地全部完成后，再自己校对一遍即可。在通读作品的过程中尽量充分理解文本，再加上翻译过程比较认真，修订就不太费劲。

张淑霞：您的译作题材跨度大，从短篇小说到长篇小说，到音乐类作品《嘻哈这门生意》《十首歌里的摇滚史》、电影类作品《安德烈·塔可夫斯基：电影的元素》，到《乌鸦》，诸如此类，尤其是音乐类作品，会不会翻译难度较大？

金晓宇：刚开始感觉难度挺大的，但是只要慢慢培养自己的自学能力，而且认认真真地抱着学习的态度，一点一点啃，我相信任何困难都是会克服的。翻译音乐类作品《嘻哈这门生意》（*The Big Payback: The History of the Business of Hip-Hop*，原名为《嘻哈生意史》）和《十首歌里的摇滚史》（*The History of Rock 'N' Roll in 10 Songs*）时，《十首歌里的摇滚史》共 100 多首歌曲和《嘻哈这门生意》提到的 300 多首歌曲我全都听过。《嘻哈这门生意》是我第一次翻译非小说类的题材，一开始我对这嘻哈乐一无所知，但是第一遍通读的时候感觉难度还可以。译作出版后，我唯一遗憾的是没有将歌曲和乐队的英文名称附上，给喜欢听音乐的读者带来一些麻烦。网络上也有读者评价书中的人名、乐队、歌名没有附上原来的英语名，读者想听原来名称的歌曲，就无从对应。后来翻译《十首歌里的摇滚史》，我就把英语人名、歌名附上去。

张淑霞：只要是认真读过您作品的人，无论是出版社的编辑，还是读者，都会对您的译作质量津津乐道，您翻译的约翰·班维尔的《诱惑者》就是很好的例子。这部作品比较难懂，但是您的译文看似朴素，却又带有丰富、生动之感，显示出深厚的语言功底。比如译文中有个句子，"猛地把大门砰的一声关上，让整个房子都吓得一激灵。"译文的"一激灵"非常生动。译作中量词表达也非常到位，如"一垂羽扇豆荚突然的爆裂""一堵岩块剥落的墙缝中淌下一把砖土""我驻足在这个街角，那座桥头。一爿肉铺、一间蔬菜店，一家红砖砌就的银行像小孩玩的玩具小屋"。这些中文表达令人印象深刻。您是如何培养中文语言素养，使译文如此优美的？

金晓宇：我从小就喜欢阅读各种文学作品，从开始的儿童读物，到后来的古典名著，再到金庸的武侠小说、外国的小说名著、原版外文小说，从小到大一直与阅读为伴。其实远不止文学作品，其他哲学、心理学、历史方面的作品，我也很喜欢。在我翻译过的作品里，《诱惑者》确实算得上比较难的了，但是不管有多难，开始阶段还是要通读一遍，通读的过程中，你会发现或者说归纳出几个方面的难点，比如，要先了解它的主题是什么，理解到它是关于人生的偶然性的哲学思考，那翻译时就要往这个方面靠近。此外，拉丁文、典故、引文等等翻译问题，要靠各种工具和资料一点一点解决。

张淑霞：我注意到您翻译的约翰·班维尔的《诱惑者》和《时光碎片：都柏林记忆》(*Time Pieces: A Dublin Memoir*)两部译作中都有很多注释，这些注释大多是原文中已有的，还是您翻译中添加的？

金晓宇：这些注释都是我自己添加的，主要是考虑到中国读者对约翰·班维尔作品中的典故、引文或"常识"不一定很熟悉。我做了很多注释，如弹簧腿杰克（英国民间传说中存在于维多利亚时代的人物）、拉弥亚（古希腊神话中人首蛇身的女怪）、勒穆瑞斯（古罗马神话中夜游魂的总称），还有一些引自《哈姆雷特》的台词等，希望能够帮助读者更好地理解作品。但是我觉得注释不宜过多，以必要为限。有些注释（尤其是那些典故、引文或"常识"）在中文网站上不一定找得到，那就要求具备快速阅读外语的能力，找到信息并翻译出来。相比文字翻译，其实翻译书中出现的图表、地图等也非常辛苦，比如，有的地图里有很多很多地名，字体很小，但仍然要把它们一一摘出再译出来。

三、我思我译

张淑霞：从您对上面几部作品翻译细节的阐述，以及从您的高质量译文来看，您对自己的翻译要求还是非常高的。在您看来，一位优秀的外译中译者要具备哪些能力？

金晓宇：经常听到有人说，译者的母语水平决定了其使用外语的水平。我觉得很有道理。外译中的过程可以说是深层次理解原文与再造译文的过程。译者母语水平不高，意味着无法展现出高质量的译文。文学翻译要求译者必须具备更扎实的双语使用能力。对语言学习者来说，确实存在天赋的问题。但是唯有坚持不懈的积累，才能保持扎实的双语能力。所谓天赋，其实也是"锻炼出来的"。"天才翻译家"只是一个外界的光环，还是得认认真真做好事情，要不然懂行的人一眼就能看出来。简单地说，我对自己的翻译作品有三点要求：一是准确，二是通顺，三是体现原作风格。

张淑霞：您的翻译理念是什么？您初期的作品和现在的作品相比，翻译方法和理念有变化吗？

金晓宇：众所周知，清末新兴启蒙思想家严复先生提出了"信达雅"这三个翻译标准。我认为，首先一定要理解原作，这句话看起来简单，其实要达到还颇为不易。它要求译者的外语基本功要扎实。其次是顺畅地表达，从外译中来看，它要求译者的中文要达到一定的水平。最后，据我所知，关于"雅"这一标准是有人提出过争议的，认为只要能"达"，就是"雅"了。我个人认为这也是有一定道理的，不一定类似文言文才是雅的，要不白话文运动是做什么的呢？

我初期的作品和现在的作品相比，翻译理念没什么太大变化，至于翻译方法嘛，恐怕随着人工智能的发展，要越来越多地依赖它，但需要强调的是，它只是一个来提高质量和效率的辅助工具。当然，翻译教程中的技巧对翻译实践也会有指导作用和帮助。我对理论了解不多，自学考时攻读通用英语，只学了一些基本的翻译理论和技巧，没有系统地学习太高深的翻译理论。我到目前为止也没有觉得这对翻译实践有多大妨害。如果认为我的观点不对，可以拿出来讨论，我是洗耳恭听、愿闻其详，正好借这本《浙江当代文学译家访谈录》出版的机会，向各位翻译前辈、大家好好学习一下！我平时常用的翻译技巧为通读原文，加词法、减词法、长句拆分等等。我对翻译的看法是，我自己先读懂原作，然后通过我的译作让读者也能够理解作品。至于大家常说的归化和异化策略，我的理解是要视原作是否靠近原作读者而定，有些作品比较通俗，则译文也宜通俗，有些作品特点非常鲜明，则宜保留原作特色，即使很多读者不一定理解。当然二者平衡是最好的。

张淑霞：如您刚才所言，翻译是先自己读懂作品，然后让读者也读懂作品。但是翻译过程的忠实有着不同层次，有些人认为做到70%、80%或90%的忠实就足够了。您的译文忠实度怎么样？

金晓宇：这是所谓"信达雅"中"信"的问题，我认为当然要忠实于原作，我发现有些译者没充分理解原作，就尽情发挥，或者说想以发挥来掩饰自己的不理解。关于忠实，我认为译者首先要自己真正读懂原文，比如我发现有一本儿童文学译著，译者似乎没有读懂原作，译文前后逻辑不通，没搞清楚，这是译者在没看懂的情况下自由发挥了，出现了错译、漏译、随意增加词义的现象。此外，这个百分比也是很难界定的，我自认为自己的译文忠实度在60%以上，具体如何要靠各位读者老师自己判断了。我认为还是要让原作本身来说话，比如原作中文采不多的地方，就不要刻意地增加不必要的文采。让原作本身来说话，也包括形式和风格。

张淑霞： 有些译者认为，原作中的节奏、标点、长度等都要尽量做到对等，您认为这些需要和原作对应吗？比如，原文中的英语句子是一个大长句，翻译成中文时，也要以长句来对应吗？还是要符合中文的语言习惯，译为多个短句？

金晓宇： 节奏是很重要的一个方面。标点对等还好理解，标点基本上可以做到对等。长度对等则比较难理解了，是一个外文单词对应一个汉字，一个外文词组对应一个汉语词组吗？这本身已经很难了，而且如果欧洲文字是这样，那像日语这样的假名加汉字怎么办呢？我觉得需要达到整体上的忠实于原文。英汉语言对比中有一点就是英语长句多，汉语短句多，以前我还是十分注意这些语言特征的不同，后来翻译经验多了，更能读懂长句，也不一定要拆分成短句。非文学类的翻译，或者比较学术类的作品，有些句子也很难拆分，要视具体语境而定，有些情况不拆分也不要紧。英语与汉语句子的区别与翻译转换，举例来说，《十首歌里的摇滚史》有一句原文 "the tiny moments of freedom you steal from a life you don't own, that doesn't belong to you, that you have to live"，意思为 "你从你并不拥有、不属于你、但不得不过的生活中偷来的、微小的自由时刻。" 当时翻译的时候，已经想到了唐代诗人李涉的诗句 "偷得浮生半日闲"，几乎可以完全对应。从这里可以看出，英语的长句也能用汉语的短句来对应，而且言简意赅。但是最后我没有采用这一诗句。为什么不用呢，因为我认为它与整部作品的整体风格不符，除非整部作品都采用的这样风格。

张淑霞： 无论译者做出怎样的翻译选择，读者才是译作最终的受众。您平时会关注网络上的读者评价吗？这些评价会带来鼓励和困扰吗？

金晓宇： 读者的喜好也很难预测，有的会夸奖，充满溢美之词，有的不喜欢，评分很低。读者评价对我影响不大。看了之后，我也不会替自己辩解，有的读者已经替我辩解了。我平时会关注一下反馈，有的读者很有水平，评论不一定仅限于翻译这方面，很有见地。读者对我的翻译质量的肯定，我当然很感谢，相反，有些读者显然没有仔细读，或者直白地说就是没有读懂，毫无道理的批评当然用不着太关注。我自认为我那些已出版的作品大致没问题，至少是六十分及格有的。当然要看以什么为标准了，如果冒出来鲁迅、郭沫若先生之类的大文豪，批得一无是处也没准儿，好在现在网络时代，大伙儿都有发言权，并且随着时间的流逝，相信自有公论。

张淑霞：只要从事过翻译工作的人，都能理解翻译过程的辛苦。是什么支持您在翻译道路上一路坚持下去？

金晓宇：我的生活就是围绕着翻译进行的。当然翻译带给了我成就感，通过翻译我也拓展了自己的知识范围和兴趣等等。我觉得主要是兴趣。我记得看过一个电视报道，一位受访的普通人说，只要有人天天给她粥吃，不需要为一日三餐发愁，她就会整天阅读了。我可以说就是这样，我喜爱阅读，现在主要是阅读外文作品，顺便把它翻译出来，挣来稿酬养活自己，然后这样继续下去。就这么简单。

张淑霞：您对未来的翻译之路有什么规划吗？

金晓宇：我从2011年开始翻译第一本书《船热》，从翻译起步到现在已经十年过去了。未来的十年非常关键，要是能跟过去十年一样或者差不多就比较理想了，到六十岁的话，又是一个新阶段。六十岁后，不像以前那样一年三四本，而是一年翻译一两本就可以了。在翻译之余听听广播、古典音乐、吉他等，也挺不错的。

张淑霞：您是大家眼中的翻译天才。但是天才并不是凭空产生的，离不开背后的汗水。您能总结一下您是如何成为优秀的翻译家的吗？

金晓宇：翻译天才和优秀的翻译家都不敢当，但是干翻译这行，尤其是笔译，恐怕首先要耐得住寂寞，不管是学语文也好，学外语也好，真正搞起翻译来也好，都不是一朝一夕的事情，但只要努力了就会有进步，也会得到大家的赏识，要相信这一点。其实干哪行恐怕都是这样，不要这山望了那山高。

张淑霞：您能否用一句话概括一下这么多年的翻译感受？

金晓宇：翻译过程就像临摹一幅画，不管它是大师的杰作，还是普通的画作。至于感受，可以说有苦亦有甜。

张淑霞：您翻译的《本雅明书信集》和《好兵》上市之后，一定又会在译界刮起一阵旋风！期待您在未来能带给读者更多精彩的译作！

金晓宇：谢谢您的鼓励，我一定努力为各位读者带来最好的阅读体验！

文学翻译的行与知

——辛红娟访谈录

金雨晶　辛红娟

受访者简介：辛红娟（1972 —　），宁波大学外国语学院教授、博士生导师，教育部新世纪优秀人才，浙江省高等学校"钱江学者"特聘教授，浙江省宣传文化系统"五个一批"人才。主要研究领域为翻译理论与实践、中国文化典籍译介与传播。出版著作、译著、教材等共30余部，累计翻译作品达350余万字。在《中国翻译》《外语与外语教学》

《国际汉学》等学术期刊发表研究论文近 80 篇。2024 年，获中国翻译协会"优秀中青年翻译工作者"荣誉称号。

访谈者简介：金雨晶，宁波大学外国语学院硕士研究生，研究方向为翻译理论与实践。

本次访谈时间为 2022 年 9 月 1 日。在访谈中，辛红娟老师分享了她从事外国文学汉译的实践经验以及对中国文学外译的研究心得。访谈主要围绕译者的翻译实践、翻译理念以及翻译研究这三大主题开展。

一、译道行远必自迩

金雨晶：辛老师好，非常感谢您接受我的访谈。首先，我想就您的翻译实践经历提几个问题。作为富有经验的文学译者，您受邀担任了第八届鲁迅文学奖文学翻译奖评委，您能向我们简单介绍一下您的文学译著吗？

辛红娟：我的文学译著大多是外国文学汉译，大体可以分为两类。第一类是畅销书，有曾被美国福克斯广播公司（FOX）拍摄成罪案体裁法医连续剧的悬疑惊悚小说《识骨寻踪——206 块骨头》《识骨寻踪——魔鬼之骨》、斯蒂芬·金的长篇悬疑小说《11/22/63》、凯瑟琳·内维尔耗二十年之力推出的《播火者》，也有诺贝尔文学奖热门作家乔伊斯·卡罗尔·欧茨的哥特小说《失去影子的男人》。第二类就是经典文学作品，比如马克·吐温的《王子与贫儿》、劳伦斯的《儿子与情人》、因德拉·辛哈的《人们都叫我动物》，还有蕾切尔·卡尔森的生态文学经典《寂静的春天》。

金雨晶：辛老师，真不能想象在繁重的教学、科研之余，您还承担了这么多文学作品的翻译工作。请问，在这些文学作品中您觉得自己翻译得最好的是哪一本？

辛红娟：你这个问题难倒我了。翻译是一门遗憾的艺术，所以，无论我当时如何投入，如何详细查证，一旦翻译出版了，就总能发现不尽如人意的翻译之处，所以，没有最好的翻译。但我可以肯定地告诉你，无论对待什么体裁的作品，我都是一位负责任的译者。译作仿佛是译者历经磨难，千辛万苦生产出来的孩子，对每一个孩子，我都是同等喜爱，因为文字里刻录了我的时光，呈现了我的跨文化思考过程。所以，在我所有的译作中，谈不上偏爱，却有些跟我关联特别密切的作品。其中一部就是译林出版社 2018 年发行，截至 2022 年 8 月，已经第十次印刷，累计铺货量近二十万册的《寂静的春天》。这本书可以说是我这么多年下的功夫最深、投入的感情最多的一部译作。对于这本书，我有很明显的移情作用。我还记得，开始做翻译的那个春天，我在学校人文社科处挂职，每天早上从北校门进来走向安中大楼，都会经过那片装配着饲鸟器的小树林，看着林间空地上绽放的鲜花，听着鸟声如洗，我都会感触。

金雨晶：辛老师，据我了解，《寂静的春天》也是您评价最好的作品之一，是"微信读书"软件上同类译作推荐值最高的译本。听说您和这部作品之间有着不解之缘，您能和我们分享一下吗？

辛红娟：是的，生平第一次接触《寂静的春天》可以追溯回三十多年前，书名令彼时的我想当然地认为它是江南三月，是草长莺飞，是芳草萋萋，是山花烂漫……孰料翻开书，除了第一章，大多数的章节描述的都是令人触目惊心的自然之殇。书中很多陌生的概念和术语，虽然当时说不上全懂，但三十年后依然能够清晰地记得内心的震撼与莫名愤怒。那个时候，我第一次有了"环保"的概念。后来我自己教书的时候，认为有责任和义务在年轻的学子中间去宣传这种环保思想。

此后因着种种原因，无数次返回文本，大学时代的基础英语课本、执教时候的教材、美国访学归来的富布莱特学友会分享、中南大学前同事参加省级青年教师讲课比赛选定的文本……每一次返回，都无法摆脱初遇时的震撼与不安。终于，因着受邀翻译，得以再度返回文本，细细品读蕾切尔·卡尔森的语言。

二、译道真知在躬行

金雨晶：辛老师，作为文学译者的您同时还是翻译理论研究者，在您看来，翻译理论与实践是怎样的一种关系？

辛红娟：理论与实践兼善，是我做翻译二十多年来一直坚持的主张。作为翻译人不能只空谈理论，却不将理论结合实际。曹明伦教授曾说："理论（系统化的理性认识）与实践之间的互动关系是与生俱来的，是不以人的意志为转移的，翻译理论与翻译实践的关系也不例外。"[1]

自从攻读博士学位以来，我做了差不多二十年的翻译理论研究，当然，我也始终没有放弃对翻译实践的热爱。在理论研究过程中，我对实践的感受也更深了。年轻的时候做翻译实践，初生牛犊不怕虎，认为会英语就能做翻译，那个时候中国还没有翻译这个学科，大多数人也都持这种看法。年长以后，尤其是学了一些翻译理论，看了些翻译批评的东西，我做翻译的速度反而比以前更慢了，不仅多了一些敬畏，也更多了一些理论自觉。比如说我在遣词造句时、组织行文时，我就会想，我这么做的依据是什么？是基于对读者审美接受的考量？还是基于某种翻译理论？我会有这样明确的翻译理论意识，所以就这一点而言，我认为作为翻译实践者，并不等于摒弃翻译理论家的身份，好的翻译理论家一定是有大量的翻译实践基础的。

金雨晶：辛老师，从您开始时介绍的翻译作品中能够看出，您承担译作的题材跨度还是比较广的，在这些不同题材的翻译实践中，您采取的总的翻译原则是什么？您做翻译的时候，有什么标准和追求？

辛红娟：我记得 20 世纪 90 年代，曾经有过翻译是技术，是科学，还是艺术的大讨论。在我看来，翻译学是科学，探求的是翻译这门学问的一般规律；而翻译则既是技术，更是艺术。确切地说，我认为翻译，尤其是文学翻译，是一门克制的艺术。好的译者要懂得克制，不能过度归化和改写，如果还是翻译的话，他（她）就必须忠实于原文，忠于原文的语句篇章风格、原文所承载的思想。译者的任务是尽其所能地让读者真正接触、全面了解原作，尽其所能地用读者所能接受的语言忠实地

---

[1] 曹明伦. 翻译理论是从哪里来的？——再论翻译理论与翻译实践的关系. 上海翻译, 2019(6): 1.

再现原作。译者不能脱离原作自己去尽兴发挥或尽情展现自己的才华。"如果译者不尽量束缚住自己过分个人化且与原作有所冲突的行文方式，风格传译就不可能做到'神似'。"①

译者在文本细读的过程中，不仅要紧随原作和原作者，还需要积极建构、再现作者的创造性修辞手法，力争让译语读者在阅读译文时产生与原文读者阅读原文时大体相同或相等的审美体验。在此期间，译者还要时刻提防、警醒自己，不可一味追求复现自己读解出来的审美体验，毕竟任何阅读都只是阅读者带有个人前见（偏见）的个性化阅读体验。负责任的译者在承担创造性职责的同时，必须保持高度的克制意识。译者应尽可能忠实于原作和原作者，尽可能保留原作中的"空白"和"未定点"，在译文中保持原作营造的审美空间和阅读张力，建构一个大体一致的开放性文本空间，邀约译语读者的审美参与和修辞建构，不要剥夺读者主动参与到阐释文本意义过程的快乐。

金雨晶：好的，谢谢您。通过您的分析，我明白了，将来如果从事翻译，我需时时提醒自己，不可过度彰显自己的解读，不可过度凸显译者个人的特色，要始终记得，如果还是翻译，就要尽最大努力，让译语读者通过文本，体味到原文的精妙与神韵。接下来，我想要请问一下您关于文学作品复译的看法。我注意到您翻译的文学作品中，复译占了很大的比重，比如，《好兵帅克》《王子与贫儿》《寂静的春天》等都是复译，我们知道其实很多翻译类的奖项都要求申报作品是首译，那您接受出版社邀请承担这些作品复译的动力是什么呢？或者您是如何看待复译的呢？

辛红娟：说起我承担的这些文学作品复译，应该说并不能算作有意为之，基本上是出版社联系我，我呢，则根据自己的时间安排和作品的内容、体裁是否熟悉来决定是否接受翻译工作。可以说，复译不是我的主动选择，却也契合我这些年基于中国典籍《道德经》开展的复译研究。我认为，经典的作品、优秀的作品，是可以被不同时代、不同语境、不

---

① 张玉双. 论文学翻译中译者风格与作者风格的矛盾统一性. 中国翻译，2006(3)：30.

同阅读经历的译者重新面对和诠释的。如翁贝托·艾柯所说，艺术品在形式上是封闭的，但同时又是开放的，"是可能以千百种不同的方式来看待和解释的，不可能只有一种解读，不可能没有替代变换"[①]。维特根斯坦说："我的语言的界限意味着我的世界的界限。"意即"所指或意义所表示的不是固定不变的存在物，而是一种'痕迹'（trace），随着语言的发展，痕迹不断变化，意义也随之变化，旧的意义消失了，新的意义产生出来。可能完痕迹的基本特征在于它既是显现的，又是不显现的，既存在着，又不存在着。"[②]任何一部译作，不管多么优秀、多么经典，都只提供给人们一种特别的阐释视角，出色的译本只是无限逼近原文本，而不完整地再现原文。

文本意义的"生成性"与"新颖性"可以解释复译的必然性。首先，复译是基于原文本和现有译本的一种新的"存在物"。英国过程哲学家阿尔弗雷德·怀特海指出，所有实际存在物都是一个过程，现实存在的"存在"由其"生成"所构成。[③]过程的本质是连续的创新，由低级到高级、由简单到复杂地不断生成。将"现实存在"这一概念引入翻译研究，原文、译者、读者、译语文化等现实存在都是不断生成的过程。复译文本的更迭出现是一种"从状态到状态的生长"，是"整合与再整合的过程"。

其次，"新颖性"也是文学复译的价值所在。如我在跟谭莲香副教授合作的论文《再论典籍复译的必然性》中所言，从过程哲学视角看，由于创造性是生成过程的原动力，译本的生成过程是向"新颖性"动态演进的一种创造性发展。译本实现向新颖性演进的方式是"摄入"。"摄入"指翻译活动各要素之间的相互联系、相互作用，分为肯定性摄入和否定性摄入。在一定历史语境下，译者摄入过去现实存在的精华，包括原文的内涵、先前译本的优秀成果和当前各种现实存在，包括译语语境中的政治、意识形态、主流诗学、读者期待、译者自身双语文化素养、文化身份等，将之整合，从而生成具有"新颖性"的新译本。译本是不断生

① 翁贝托·艾柯. 开放的作品. 北京：新星出版社，2005：4.
② 涂纪亮. 维特根斯坦后期哲学思想研究. 南京：江苏人民出版社，2005：76.
③ 怀特海. 过程与实在：宇宙论研究. 北京：中国人民大学出版社，2013：29.

成的过程，每一次复译都是向新颖性迈进的一步，都是在译语语境中的文化创新。每一次复译都是后继复译的实在基础。在这一前后相继的译本生成过程中，每一译本都必然呈现有别于先前译本的新特征，这种新特征是追求"新颖性"的现实表达，是新译本存在的价值所在。由此也可以看出，文学复译确有必然性。①

金雨晶： 辛老师，像您前面所说，您在跟谭莲香副教授的合作研究中，提出了文学复译的"新颖性"概念，我注意到，在您的翻译实践中，也有不少是与他人合作完成的译作，能否请您谈谈对翻译合作或翻译合作模式的看法?

辛红娟： 好的，谢谢你。你确实十分细致，发现了我的不少译作都是与人合作完成的。"合作翻译"与"合作翻译模式"这两个话题也是近年来翻译学界关注的议题。2018 年，我和谭莲香在《文化经典汉译合作模式的译者构成变迁研究》一文中讨论过文化经典汉译的合作。关于文学翻译中的合作方式，我一般不会选择多人共译同一本书，尤其不会选择译者各自承担一部分，然后各部分译文简单汇总合并的做法。一本书若由多名译者合作，首先，合作的译者水平高低必然会有差别，然后，就是不同的译者行文风格也必然会不同，这样就会涉及译文语言风格一致的问题。

我走上翻译道路，特别要感谢我在中南大学的同事兼老师路旦俊教授，我在 20 世纪 90 年代最早翻译的《绿林侠客罗宾汉》《好兵帅克》两本书，是由我个人承译，路老师帮助从头到尾逐字修改和提升润色的，出版后接受反响很不错。但后来，到了 2008—2009 年，那个时候我完成了自己的博士学位攻读，结束了美国国务院邀请的富布莱特研学计划回国，路旦俊老师可能觉得我应该水平提升得不错，决定与我合作翻译因德拉·辛哈入围布克奖短名单的作品 *Animal's people*（《人们都叫我动物》）。这次合作中，我负责翻译书的前半部分，路旦俊老师负责翻译书的后半部分，我翻译定稿后交给路老师，他结合自己后半部分的翻译，

---

① 谭莲香，辛红娟. 再论典籍复译的必然性. 外语与外语教学，2017(5)：136.

审定并统一译稿中信息或表达不一致的地方，当他把修订稿返回给我的时候，满篇几乎都是红色修改标记。因为有路旦俊教授这样的资深专家把关，《人们都叫我动物》出版后获得了非常高的评价。但纵然如此，还是有读者看出了两位合作译者的不同，后来西安外国语大学还有一位硕士研究生就此撰写了一篇学位论文，探讨该译作中女性译者和男性译者对凸显原作特色的印度底层人民的"污言秽语"处理方式上的明显差异。

这里看似涉及译文风格一致性的问题，但究其实质，是翻译背后译者所秉持的不同翻译观在文字层面的外化。翻译《人们都叫我动物》的过程中，面对书中遭受毒气泄漏事件荼毒的底层百姓高频使用的詈骂语言，作为女性译者，我很多时候会对那些"污言秽语"采取省略或柔化的做法，且在这么处理的时候，我也会借助解构主义翻译理论和女性主义翻译观进行自我说服，改写或者删略那些我认为过于频繁或自我意识难以接受的粗俗表达。而路旦俊老师作为一位长期从事经典作品翻译的资深译者，无疑对原文有更深层次的把握，他深知这些詈骂词的"粗糙"和"硬度"正是原文的语言特色和张力，是原作获得高度评价的一个特质，对原文的这一风格必须予以原样持存或转换，要做到风格忠实、不悖原文。事实上，这样一来，我们合作翻译的文本，即便他后面做了很多修订和提升，文本中语言质感的差异也无法避免。我们知道，20世纪六七十年代以来，随着解构主义的兴起，译者身份得以凸显，从文本背后走到翻译前台，人们不再强调译者隐身，新世纪以来的译者主体性研究的新成果更是成为很多译者行改写之便的理论依据。

在此，我不准备深入探讨解构主义翻译学或译者主体性这样的理论话题，我想说的是，严肃的文学翻译，不仅应该注重对原作风格的持存和传递，更应该注重译文整体风格的内在一致。许钧教授明确说过："文学翻译应追求整体风格的和谐统一，除了要看译文是否比较接近原作的风格、神韵和气势之外，译文本身的风格是否和谐统一，也是重要的衡量标准之一。"[①] 为了文学译本风格的一致，我更倾向于最多不超过二人的合译，合译的操作流程可以是水平相对弱的一方从头到尾翻译，作为

① 许钧. 文学翻译应追求整体风格的和谐统一——评罗新璋译《红与黑》. 出版广角，1995(5)：46.

合作中具有定稿能力的译者负责从头到尾翻译审校。当然，如我前面所说，合作译者体现出来的风格不一致，不仅因为译者水平高下不一，更主要是由于译者所秉承的翻译观不同。因此在合作翻译之前，合作译者一定要就所涉文本的特点、风格和翻译理念进行充分的交流，力求在翻译见解上达到高度一致。

三、译坛逐梦促传播

金雨晶：太好了，谢谢辛老师，从您的介绍中，我似乎聆听了一堂特别系统、丰富的翻译风格、翻译合作和复译等翻译学核心议题的讲座。谢谢您。在外国文学汉译实践之外，您对中国文化外译有着长期的研究，在实践上是否也有涉猎？

辛红娟：确实有涉猎，但较之我的外国文学汉译，中国文化外译实践并不那么丰富。其实这中间涉及了翻译方向的问题。我们知道，一般而言，由于主客观的原因，译者大多只会专注一个方向的翻译，要么译入，要么译出。就我而言，自然是译入为主的翻译实践，因为我读外语学翻译的年代，正遇上改革开放，国家涉外工作的重要任务是翻译大量引进的新技术和成套设备资料、国外先进管理经验等，以推动我们的全面改革开放。而 21 世纪初，特别是 2012 年以来，中国的发展大大提升了中国的国际地位，中国的海外受众大量增加，世界比过去更需要也更愿意倾听中国的声音，对外翻译需求加大，我们译者所要承担的主要任务就从"翻译世界"转向了"翻译中国"。作为翻译学者，我们需要与时俱进，积极投身中国对外话语体系构建的宏业。因此，除了我个人兴趣浓厚的英语文学经典汉译之外，我在教学和人才培养中也开始有意识地展开汉译英的理论与实践探索。

这几年，我带领团队翻译了《老湘雅的故事》，献礼湘雅医学院百年华诞，讲好中美医学故事，受到了雅礼协会的好评；指导博士生翻译儒学研究成果《教化的观念》，即将由施普林格·自然集团旗下国际学术出版社帕尔格雷夫·麦克米伦出版发行；带领硕士生团队编译了旨在向英语世界讲好浙东故事的《心学智慧——〈传习录〉中英双语精粹》和《四明雅韵：宁波古代诗歌英译》。此外，我还受邀参与了甘肃省委宣传部"丝绸之路·敦煌文化翻译"工程中《遗响千年：敦煌的影响》《箫管霓裳：敦煌乐舞》《丝路明珠——敦煌》《艺苑瑰宝：莫高窟壁画与彩塑》等的编译工作。当然，手头也有正在开展的中国当代翻译家理论著作的英译工作。我个人的汉译英实践虽然开始得相对较晚，但几本书算下来，翻译量也不算小了。

金雨晶： 哇，听您说到带领硕士生团队开展的讲述浙江地方故事的图书编译，我有些跃跃欲试了，希望将来也有机会跟您一起走上这条讲好中国故事、传播中国声音的道路。辛老师，当前中国文化对外传播面临一些困境，比如西方长期以来对中国文化持有刻板印象，或外国民众难以理解语言背后的深层意义，在跨文化传播中无法有效传达中国文化的核心价值和精神。正如您在《"文化软实力"与〈道德经〉英译》一文中提到的，"西方的阐释和翻译也许是对中国文化的误读"[①]。那么能否请您结合对中国文化对外译介的研究谈一谈您的看法和建议呢？

辛红娟： 面对中国文化海外传播进程中存在的问题，我们应积极探索新型汉英翻译模式，加大出版业投资，同时有针对性地选择翻译素材，理性处理"译入"与"译出"之间的矛盾。只有这样才能推动中国文学文化与世界的良好对话。同时，中国的翻译事业必须具有充分的前瞻性和主动性，中国翻译界不仅要主动承担中国传统文化对外译介与传播的历史重任，也要大力加强对本土文学作品译出研究的力度，以改变外译汉及相关研究长期以来占主导地位的局面，如此才谈得上增强文化自信，提高中国文化软实力。[②]

金雨晶： 我看到了您对于中国文化外译的责任感和使命感，以及真正做到了理论和实践兼善。您不仅是翻译者、研究者，亦是文化的传播者。非常感谢您拨冗接受我的访谈，和我们分享外国文学译入的实践经验以及对中国文学译出的研究心得！

① 辛红娟. "文化软实力"与《道德经》英译. 外语与外语教学，2009(11)：50.
② 辛红娟. 中国典籍"谁来译". 光明日报，2017-02-11(11)

做一只语言的炼丹炉

——许淑芳访谈录

丁嘉晨　许淑芳

受访者简介： 许淑芳（1973 —　　），浙江浦江人。毕业于浙江大学，浙江传媒学院教授、硕士生导师，中国比较文学学会会员，浙江省比较文学与世界文学学会会员，美国伊利诺伊大学访问学者。现主要从事外国文学教学与研究工作，讲授"外国文学史""比较文学""西方文论"等课程。译有加里·斯奈德的诗集《斧柄集》（人民文学出版社，2018）、

《当下集》（人民文学出版社，2019）等。

　　访谈者简介：丁嘉晨，浙江大学外国语学院硕士研究生，研究方向为翻译学。

　　本次访谈时间为 2022 年 9 月 24 日下午，地点为浙江大学紫金港校区，访谈时长约 2 小时。多年的文学研读和创作经历，让许淑芳老师的译文充满"灵气"和"禅意"。在访谈中，许老师妙语连珠，其译事热忱令访者深感敬佩，其通达人心的阐发贯穿全程，令人豁然开朗。访谈分为三大议题：译者生涯、译作选择、翻译理念。相信通过阅读许老师的访谈，读者不仅能了解她的翻译之路和未来规划，也能体悟她的翻译理念，并对科技发展与翻译学科之间的关系有所认识。

一、译者生涯：一条岔路

　　丁嘉晨：许老师，您好，首先感谢您给予我们这次难得的学习机会。我了解到您之前本硕博学的都是文学专业，从事的也是文学研究工作，是后来才转向翻译领域的，那您能不能先和我们谈谈您是如何与翻译结缘的呢？能否分享您转型的心路历程呢？

　　许淑芳：首先谢谢郭（国良）老师的邀请，也谢谢你做了这么多认真的准备工作。其实，我做起翻译来，完全是出于偶然。2013 年，我去美国访学，当时正在参与一个国家社会科学基金重大项目的书稿撰写工作，我要写的内容中有一部分是"垮掉派"文学经典的生成与传播。在搜集"垮掉派"研究资料的过程中，我第一次读到了凯鲁亚克的俳句集。我之前只读过他的小说，不知道他还写俳句。他的俳句跟他的禅修实践有关，写得非常空灵、静谧，给我一种"梅花雪月交光处"的感受。我当时搜了一下，发现国内还没有凯鲁亚克的俳句译本，研究文章也只有几篇。我感到这么宝贵的东西，应该介绍进来，让大家看到。因为很喜欢，便在写论文的间隙，拿翻译当享受，一个多月就译了四五百首。

　　回国后，我逢人便讲凯鲁亚克，说他的俳句有多好。有一次开会遇到许志强老师，我便也告诉了他，他很热心，为我介绍了"九久图书公司"（"九久"）。由于版权问题，"九久"的编辑何家炜问我是否可以先翻译斯奈德，过几年再出凯鲁亚克。斯奈德也算"垮掉派"成员，我之前对他做过一点研究，读了何家炜发来的诗集，有好多首诗特别打动我，便接了下来。后来花了三四年时间，翻译了斯奈德的《斧柄集》《当下集》和《巴黎评论》访谈。在翻译过程中，我认识了柳向阳，他又推荐我翻译了文德勒的《济慈的颂歌》（大雅文丛），这是一本学术著作。

我之前一直只是做研究、写论文，没有想过要做翻译。有时候正是那些计划外的岔路构成了我们的人生，就像约翰·列侬那首歌里唱的："Life is what happens to you while you're busy making other plans." 翻译对我来说就是一条计划外的岔路，不过回头想想，似乎又是冥冥中注定的。我读本科时，偶然在图书馆读到飞白老师的两厚本《诗海世界诗歌史纲》，里面收着飞白老师从英语、法语、俄语、德语、意大利语各语种翻译进来的诗歌，这套书第一次打开了我的诗歌视野，我被飞白老师那种诗海航行的水手风采迷住了，抄写、背诵了里面的好多作品。硕士阶段，我试着翻译了勃朗宁、泰德·休斯等人的诗歌，全凭热情和喜爱，没有想过要出版。我们年轻时候在心里生出的热情，如果足够真挚、热切，便会在生命里埋下种子，会默默地生根、发芽，某一天突然开出花来。

丁嘉晨： 听完您的经历，我真的很受感动。我自己也是因为对翻译的热爱才下定决心放弃原来的道路，把它当作以后的事业的。上述经历让我们进一步了解到了您的文学积淀和功力。那么，许老师，您在读诗或译诗的过程中有没有什么印象颇深的体验呢？

许淑芳： 还挺多的。我对钱锺书先生提出的"三种距离说"感触挺深的。比如，两种语言之间的距离有时候就很难克服。济慈的《夜莺颂》里用到一个词组 "embalmed darkness"，"embalm" 这个词有"对尸体进行防腐处理"的意思，也有"使空间香气弥漫"的意思，穆旦把它译作"温馨的幽暗"，屠岸和余光中都译作"暗香"，都没有把"防腐处理"这层意思体现出来，于是，这个词所蕴含的那种冥府、忘川的空间感就被取消了。我在翻译这句话时琢磨了很久，也没能想出一个更好的词把两层意思融合起来，这便是语言之间的不对等带来的困难。另外就是，译者的理解和自己的表达能力之间的距离。比如，在翻译斯奈德的 "To M. A Who Lives Far Away" 这首诗时，我注意到了题目里的 "M. A" 和 "Away" 是押韵的，因为这首诗是斯奈德以戏谑的语调讨论诗歌是否要押韵这个问题的，所以题目里的押韵是他故意为之，是有意义的。然而，我只能复现出整首诗的押韵，无法把题目里的押韵还原出来，这便是理解和表达之间的距离。另外还有一种距离是，译者的理解和文风与原作内容和形式之间的距离，也是需要翻译中努力去克服的。

我的另一个比较深的体会是，翻译最好是有人帮你校读。我译的两本诗集都是我师兄管南异教授帮我校读过的，他给了我很多帮助。比如，《斧柄集》里有一首诗题目叫 "Claw / Cause"，斯奈德有意用了两个读音接近的词，他的这个巧思我注意到了，但找不到对应的中文词。我去请教了我师兄，他给了我 "爪印 / 肇因" 这个译文。这个题目看起来也许并没有多么美，但部分地还原了斯奈德的匠心，让我感到很满足。在我做翻译之前，我看到有的书有两位译者，觉得有些奇怪，因为我当时认为文学翻译应该是一种独创性的工作，怎么会与人合作呢？现在我觉得在译作风格的把握和呈现上要以一人为主，在语言的准确性上如有合作者帮助纠偏会很有好处。

丁嘉晨：我觉得翻译其实就是一种译者的多方对话。第一是译者和原作及原作者的对话，第二是译者和自身的对话，第三是译者和出版商、编辑或师友之间的对话，第四是和文化的对话。

许淑芳：嗯，没错，还有译者和读者的对话，隐含的读者。

二、译作选择：做力所能及之事

丁嘉晨：之前和您线上交流时，我就觉得您"眉梢眼角藏秀气，声音笑貌露温柔"，谈吐和气质都芳兰竟体，很有斯奈德诗歌里的禅意。在阅读过程中，我觉得斯奈德的诗歌中有一种绵延不绝的传承感，他走进自然，成为自然的一部分，让万物和生命"交融而欢喜"。请问您是会有意识地选择与自己精神气质比较接近的作品吗？作为文学译者，您选题的标准是什么呢？

许淑芳：哈哈，谢谢你的赞美，不过，人是多面的呢。至于选择，我前面讲了，我目前为止所做的翻译工作，都是承他人邀请而做的，当然，我没有拒绝，也算是有所选择吧。当我决定是否接下某项翻译工作的时候，大概会考虑三个方面：第一，原作得是我能驾驭得了的，就是说，我能读得懂，或者一眼看去大部分能读懂，其余疑难之处，有把握通过查阅文献或请教师友得到解决，要不然我就会心虚，怕对不住读者；第二，最好是我自己原本有所研究的，至少是有所了解的；第三就是你所说的"符合自己的精神气质"，每个作家都有属于自己的风格，或幽默、或空灵，或平实、或典雅，或娓娓道来、或汪洋恣肆，有些风格可能我还原起来会得心应手，有的可能会比较勉强。每个人的语言光谱有长有短，莎士比亚的语言光谱很长，但他那样语言天才是罕见的，一般人可能只擅长一种语调或几种相近的语调。对我而言，那些与大自然相关的文学、追求精神超越的"性灵"文学，是很有吸引力的。

至于你说到的"传承感"和走进自然，的确是斯奈德诗歌的两大特点。不过斯奈德所传承的文化，是"非白人文化"，如东方文化、印第安文化等。斯奈德的生活跟他的诗歌是非常一致的，他一生都在大自然中行走、劳作，现在九十多了，还在山上结庐而居。"垮掉派"诗歌的文化价值，在于它们试图打破各种界限，如不同文化之间的界限、人与自然之间的界限等等，所以我当时写的论文，题目就叫作《多重界限的"垮掉"——论"垮掉派"文学的生成与传播方式》。

丁嘉晨：前面咱们提到了翻译选择。作为一个译者，对作品的选择涉及对整部作品价值的研判。当对作品有了整体把握后，译者对该作者风格的思考又会达到一个新的层面，这个时候再把翻译过程中的体悟加以总结归纳分享，翻译就能充分发挥其价值。许钧教授也说过："翻译的过程就是研究的过程。"在翻译实践方面您已有所建树，那您未来在翻译研究方面有没有什么计划呢？

许淑芳：我还谈不上有什么建树吧，我的成果不多，仅仅只能算起步。许钧老师的话我很赞同。在我看来，翻译研究主要包括两方面的内容。一方面是对所翻译的作品的研究，我主要做的是这个方面。因为我们在翻译时，必须逐字逐句细细揣摩，必然会比做研究、写评论时读得更下苦功，这样一来对作品的理解也会更深刻一些。另一方面是对翻译过程的研究，比如说因为作品的跨语际、跨文化转换而导致的文化意象的扭曲等问题。

在翻译过程中，我会做很多笔记，现在完成了一个阶段的翻译工作，我准备做一点研究，梳理、总结一下之前的感想。比如，关于斯奈德，我想写一下他诗歌中的"时间观"。《当下集》的原名是"This Present Moment"（此时此刻），我之所以把它译作"当下"，是因为它具有佛教禅宗的意味。"当下"，作为时间概念，我们通常会理解为眼下这一刻，但在斯奈德眼中，不止如此。历史上、神话中已逝的每一时刻，如果得到诗人的观照，在诗歌中把它复现出来，它就依然是活生生的当下，所以斯奈德刻画了好多过去的瞬间。在他的诗歌里，时间不是线性的、匀速流动的，而是饱满的、富有诗意的。《当下集》的最后一首诗："这生生不息 / 不断成为往昔的 / 当下"，把时间的不断逝去和生生不息统一了起来。赋予每一个逝去的时刻以生命，这是对人必有一死的处境的抚慰和救赎。

"This Present Moment" 中的 "Present" 这个词也很有趣，既可以是"当下"，也可以是"礼物"，还可以是"展现、描绘"。在我看来，某个时刻如果得到呈现，重新复活进当下，它便成了一件礼物。类比到翻译中来，如果我们能把某个异域的陌生文本真切地呈现出来，使它在我们的语言中、文化中获得生命，它也就成为一件礼物。接受礼物，并把这件礼物传递出去，是一个译者的荣耀和使命。

三、翻译理念：做一只语言的炼丹炉

丁嘉晨：斯奈德曾说："禅宗有言，戏玩之间。"在近距离欣赏您《当下集》《斧柄集》译文的过程中，我有一种很强烈的感觉：您的文字将斯奈德诗歌中自然流淌的璞然之美还给了读者，即所谓的"诗即生活"感。

您是怎么形成这样的文字风格的？您有什么样的翻译理念可以和我们分享吗？

许淑芳：嗯，斯奈德的诗写得很朴素。朗吉努斯曾说："最好的艺术隐藏自身，它看起来比自然本身还要更自然。"翻译就像一个炼丹的过程。每个译者都有自己的语汇库和语言风格，形成自身独特的语言炼丹炉。而每首诗、每部小说都像颗药丸，有它本身的药性和药效。译者需要充当一个炼丹炉的作用，让"丹药"回炉重造一下，去适应不同文化语境下的肠胃。最好的结果是，那丹药出来，保有同等药效和同等风味。当然，保持风味不变、药效不受损，是很难的，那是"炼丹"的理想境界。

不过，我同时又觉得，翻译也可以百花齐放，不一定每个译者都要逐字逐句地去还原原作。鲁迅说"翻译是催进和鼓励创作的借镜"，钱锺书认为翻译的最高标准是"化"，我觉得都有一定道理。歌德的那首短诗《浪游者的夜歌》，有很多名家译过，钱先生译得很洒脱，只用了二十字，"微风收木末 / 群动休息山头 / 鸟眠静不噪 / 我亦欲归休"，大致意思没变，但人称变了，情感基调也变了，很好地体现了钱先生追求"化境"的翻译理念，当然，他能这么做，是有他的文字功底和文化涵养做支撑的。

丁嘉晨：是不是要先做到"信"，然后才能逐步去达到"雅"？

许老师：我觉得"信达雅"不是先后关系，如果原文是"雅"的，那么你做到了"信"，也便做到了"雅"。

丁嘉晨：老师的这个观点跟一般的说法不同，我十分认同。

许淑芳：意思上、风格上、语调上都做到了"信"，也就做到了"信达雅"吧。不过，要达到这种境界是需要付出很多努力的。首先要朗读原作，我记得多年前，郭国良老师翻译伊格尔顿的《沃尔特·本雅明，或走向革命的批评》时曾说，他花了好多时间朗诵，我当时觉得不解，做翻译怎么还朗诵呢。现在我明白了，只有通过反复诵读，才能品出原作的意蕴、风格和语调，然后才有可能把它还原进目标语里来。就像看电视调天线一样，经过不断调试才能接收到信号，看到清晰的画面。

同时，提高母语能力也很重要。一方面要多读、多背诵古典文学作品；另一方面保持写作习惯，每天练笔才能保持语言的敏感性。

丁嘉晨：听了您的讲解，我也想起了昨天许钧老师的讲座，他提到了"翻译三过程"。他认为，翻译第一是模仿，所有的翻译都是先从模仿原文的气质或语感开始的；然后是"再现"，即"reproduction"，再现原文的格调；最后是"再生"，这时候所有的"模仿"和"再现"就最终都内化为了自己的东西，再生出了独具创意的新作品。我觉得这和老师刚才的观点不谋而合。

许淑芳：许钧老师提炼得很好呀，翻译的确是这么一个过程，我记一下。你真会举一反三、融会贯通呢。

丁嘉晨：语言学家巴赫金认为诗性话语是由说者、听者、被说者相互作用的表现和产物，三者互动才构成"活的表述"。相对于其他斯奈德诗歌译者，我发现您在译文中会更多地使用具有对称美和韵律美的四字词语，您是在考虑读者观感后做出这一举动的吗？

许淑芳：我自己并没有意识到，希望你说的"四字词语"不是成语，因为我一直挺反对在诗歌翻译中使用成语的。成语刚造出来都是很生动的，用得久了，成了随口而来的习惯用语，那么它的生动性和创造性就被吞噬了。比如说"虎背熊腰"，其实是非常生动的，但现在我们听到这个词，就没有新鲜感了。而诗歌语言恰恰是追求"陌生化"和"原创性"的，因此我在翻译时慎用成语，在我看来，使用成语如同负债。不过翻译学术著作时，却是另一番情形，有时候成语（或一些现成的词语）能起到很好的概括作用。

丁嘉晨：我很赞同，我认为诗歌其实是感悟性的，是需要读者去赋予自己的理解的。但成语其实是一个固化的语境，会让读者有一个先入为主的概念，这样可能就和原诗所带来的感悟不一样了。所以让读者自己去理解其实是诗歌语言的一个重要功能，也是诗歌的一种美感所在。

许淑芳：诗歌的一大使命是解放语言。我们都生活在"语言的牢笼"

之中，语言形成体系后，便具有强制性，我们通常谈话，往往不是我在说语言，而是语言在说我，因为是某种固定的语言模式在要求我们这么说话和交流的。而诗歌会在本国语言里创造出一门外语来，不断地去打破固化了的语言牢笼，赋予语言以生机和活力，从而也赋予思维以活力。

不过，有时候也要考虑读者是否能读得懂。比如，我最近刚译完的文德勒的书，她经常使用复杂句，有的长达五六行，遇到这种情况我就会有点为难，一方面觉得应该保留原作风貌，另一方面又担心过于回环缠绕，会把读者拖进云里雾里，所以有时候也不得不对句子进行分解。如何达到二者间的平衡是很微妙的。有时候我也会把读者给忘了，比如，前段时间我译到"Fates"这个词，我就把它译作"命运女神"，我师兄帮我校对时，就给我指了出来，认为改成"命运三女神"比较好，不然读者也许会以为只有一位命运女神，我觉得很有道理。

丁嘉晨：虽然您之前说自己是不追究翻译理论，随心而译的，但我觉得您其实潜意识里都已经上升到翻译理念层面了。翻译理念中可分为"author-oriented"和"reader-oriented"两种，前者会更倾向于把原作的风貌呈现出来；后者就会更倾向于丢掉自己已知的状态，把这种知识传递出去。所以您的选择中其实也体现了您的翻译理念。

许淑芳：你在这里提供这两个概念很好，能够对翻译实践进行有效的总结。不过在实际应用中肯定不是非此即彼的，往往是二者之间的平衡，就像"归化"和"异化"也是一种平衡，没有哪位译者是完全遵循"归化"原则的，也没有哪位译者是完全遵循"异化"原则的。

丁嘉晨：信息化时代，人工智能（AI）科技蓬勃发展，大量的非文学文本翻译都尝到了科技带来的便利。但对于文学翻译来说，科技的参与目前还不明显。作为文学翻译者和人文学科研究者，您对于AI发展对翻译的影响是如何看待的呢？在这种转变中翻译又该如何定位呢？

许淑芳：我也发现了，这几年机器翻译进步很大，准确度提高了很多，对促进跨语际、跨文化交流来说这肯定是一件好事。

丁嘉晨：翻译的工具性增强了。

许淑芳：是的，对文学翻译也是有一定好处的。不过，就目前而言，机器翻译肯定还无法取代人工翻译，主要有几方面的原因。第一，一些复杂句它还处理不来，我试了一下，几个从句叠加在一起，机器经常会译出相反的意思来。第二，机器翻译无法体现情感的细微差别。比如说翻译俳句的时候，有时需要加一个语助词，才能把情感表达妥帖，这一点机器翻译是无法做到的。当一个单词有多重意思时，机器翻译所选择的那个意思也未必是能把情感表达得恰到好处的那个。第三，诗歌语言的"陌生化"效果，也是基于算法的 AI 难以生成的。

丁嘉晨：对，机器翻译所用的词其实是根据大数据筛选出来的最常用的词，是一种频次处理。我觉得这也是机器翻译和人工翻译的一个本质区别。前者是基于大数据分析和算法，而人工翻译是基于理解和情感的。

许淑芳：是的，常用性和创新性是一对死敌。从更细微的层面上讲，机器翻译也无法处理好语调、语音（比如说押韵）。比如济慈《秋颂》的结尾写到燕子时，用了"twitter"这个词，机器翻译无法体会和还原这个词的读音中所包含的那种轻微的震动感，而失去这些，诗歌也就不成其为诗歌了。一首好诗如同一条美丽的河流，机器翻译可能可以准确地画出河流的轮廓、里面的水流，甚至河面上的船只。但是，清晨时分水面上氤氲的薄雾、鱼儿亲吻水面的声音、太阳初升时波光的颤动，这些最扣人心弦的美它应该是画不出来的。丢掉这些，便丢掉了整首诗的"灵韵"。

丁嘉晨：感谢许老师拨冗和我们分享了您的翻译经历与体会，并解答了我们的许多困惑。相信阅读了这篇访谈的读者也和我一样，会对诗歌翻译有一个新的认识。再次衷心感谢您！

许淑芳：也谢谢你，你问得很好，补充得也很好，从你的提问里我也学到很多呢。

译林小径的漫步者

——张陟访谈录

徐晓霞　张　陟

受访者简介: 张陟（1974 —　　），宁波大学外国语学院教授、英语系主任，浙江省外文学会常务理事，浙江省翻译协会常务理事，加拿大渥太华大学访问学者。已出版著作《大海如镜：英美海洋小说研究》（海洋出版社，2022）。在《世界文学》《西部》《天涯》等杂志发表译作 30余部（篇），总计近 300 万字。在《外国文学评论》《外国文学》《当代外国文学》《外国文学动态》等核心刊物发表论文 20 余篇。主持国家社科基金项目 2 项。

访谈者简介：徐晓霞，宁波大学外国语学院硕士研究生，研究方向为英语笔译。

本次访谈时间为 2022 年 8 月 29 日下午 2:00—3:00，地点为宁波大学李达三外语楼。访谈主要内容为张陟老师从事文学翻译的经历和经验。

一、译者生涯

徐晓霞：张老师，您好！您在高校任教多年，在此期间译笔不辍，从 2004 年开始发表翻译作品，迄今已出版文学与学术译作近 300 万字。请问促使您走上翻译之路的契机是什么？

张陟：我走上翻译这条路，其实得益于很多人的帮助。在读硕士期间，我遇到了赵伐老师，他是我翻译生涯的第一位引路人。他经常在课堂上与我们分享一些加拿大短篇小说，其中的许多片段，我至今仍印象深刻。在这些优秀小说的熏陶之下，我萌发了对加拿大文学的浓厚兴趣，也是在这时开始了解和接触加拿大作家鲁迪·威伯的。作为加拿大后殖民时期的重要作家，鲁迪·威伯用富于创造力的叙事方式创作了众多优秀作品，并荣获加拿大总督文学奖等重要奖项。他的两个短篇故事《三十年婚姻之后》和《声音从何而来》中的情节让我深受触动，于是我花了三四天，坐在书桌前将这两个短篇翻译成中文。幸运的是这两篇译文终有归宿，《三十年婚姻之后》的译文受到了编辑的认可，得以在《世界文学》上刊登，而《声音从何而来》的评论文章也刊发到了《当代外国文学》杂志上。

到了 2005 年，威伯与他的夫人到访中国，我陪同他们游历了杭州、西安、敦煌、北京等地，这次行程期间的交流让我对这位作家和他的作品有了更深刻的理解。2011 年，我在访学加拿大期间再次见到鲁迪·威伯，他对我的翻译和解读表达了认可，增加了我继续从事文学翻译的信心。总之，我一开始投入翻译完全凭借兴趣，我很感谢那些指引我走向翻译的人，也感谢《世界文学》和《当代外国文学》等刊物为文学爱好者和翻译爱好者提供舞台。

徐晓霞： 您翻译过许多加拿大作家的小说作品，一定对加拿大文学有很深的感触和体悟。您认为和其他地区的英语文学相比，加拿大文学有哪些不同之处？

张陟： 不同的历史、地理和民族性格，往往会孕育和滋养不同的文化。若我们要了解加拿大文学的独特之处，不妨从这个国家的历史和地理因素开始。加拿大曾经历英法两国的殖民统治，其联邦政府正式成立于 1867 年，现已成为一个年轻的移民国家。加拿大的人口组成较为复杂，其中包括英国和法国的移民后裔、原住民和世界各地移民及其后裔。加拿大的历史对其文学的发展轨迹产生了诸多影响，虽然文学的发展历程并不悠久，但其根脉却深深扎在西方文化和英国文学的土壤里。此外，在人口多样化的影响之下，加拿大文学展现出多元文化色彩，法语文学、英语文学、原住民的文学以及其他各族裔的文学在此交流、交融和碰撞，而加拿大以平等和包容的胸怀加以接纳和发展，这是加拿大文学有别于其他地域文学的一个鲜明特征。

此外，我们再将目光移向加拿大的地理条件和自然环境。加拿大拥有世界第二大的国土面积，但地广人稀、气候复杂多变，每年有半年的时间都是冬天。在这种严酷的自然条件下，许多过去的拓荒者和加拿大作家都发出了"这里是哪里"的感叹。面对广袤的荒野和极端的天气，人应该如何生存？这一问题萦绕在许多加拿大作家的脑海。"加拿大文学女王"玛格丽特·阿特伍德认为，加拿大的文学主题是发现或重建人与土地之间的关系。玛格丽特·阿特伍德专门写了一本名为《幸存》的书，她认为加拿大人在很多时候不过是严酷自然环境中的幸存者。回顾我曾翻译的那些小说，其中也有很多类似的思考，故事中的人物都生活在海岛或边远地区，从事矿工、捕鱼等职业，这些工作艰苦、原始且具有危险性，然而报酬却十分微薄，他们的生存与加拿大的这片土地牢牢交织在一起。

徐晓霞：我注意到您曾在《世界文学》杂志上，发表了多篇加拿大作家阿利斯泰尔·麦克劳德的短篇小说译作，并在 2020 年翻译并出版了他的小说集《当鸟儿带来太阳》(*As Birds Bring Forth the Sun*)。由此可见，阿利斯泰尔·麦克劳德是您一直以来所关注的作家，请问您是如何与麦克劳德结缘的？

张陟：2011 年，我想申请一个访学项目，于是便联系了渥太华大学的戴维·斯坦恩斯教授，在他的热心推荐下，我顺利得到了资助，去往位于加拿大首都的渥太华大学访学。在访学期间，斯坦恩斯教授给我推荐了加拿大最好的短篇小说家，这两位作家的姓名都以 A.M. 为缩写，分别是 2013 年的诺贝尔文学奖得主爱丽丝·门罗和著名作家阿利斯泰尔·麦克劳德。在麦克劳德的作品中，他用大量笔墨描绘加拿大东部海岸的生活与景象，他笔下的主人公往往面临着艰苦的自然条件和经济条件下的生存与选择，这些小说中承载的思考和追问让我产生了兴趣，促使我进一步阅读和感受故事的逻辑和叙事方式。后来，我翻译了麦克劳德的部分作品，其中包括 2020 年出版的《当鸟儿带来太阳》。因此，我翻译麦克劳德的小说，一则是向中国读者介绍这位优秀的加拿大作者；二则也是向斯坦恩斯教授致敬。在小说出版之后，我也寄了两本到加拿大，一本送给斯坦恩斯教授，另一本送给麦克劳德先生。很遗憾，麦克劳德先生已经去世了，没能看到他的另一部作品在中国出版。

二、译路感悟

徐晓霞：阿利斯泰尔·麦克劳德是加拿大的著名小说家，他作品中真诚的情感、清晰的语言风格、巧妙的叙事结构，最为人所称道。您在翻译他的作品时，如何向读者展现这些原作的特点？可以结合具体的实例谈一谈吗？

张陟：我对麦克劳德的《秋日》这篇小说印象深刻，小说原作情感充沛、刻画细腻，因此我在翻译过程中也投入了大量精力。作为译者，我除了需要揣摩原作的基调、主题和意象以外，还需要充分把握原作的一些细节。例如，这篇小说的核心情节是卖马，主人公由于家境困难，必须卖掉家里的一匹老马，母亲坚决主张卖掉，但父亲并不情愿，因为老马跟随父亲一起劳作了多年，还救过父亲的命。然而，面对家庭的窘困，父亲也无计可施。这匹马对于父亲而言，不仅仅是家畜如此简单，而更像亲密的家人，小说的张力就在这种家庭的经济困境和父亲对马的感情之间展开。在小说的英文原文中，指代老马的词都是"it"，但我觉得用"他"更能够表达出被迫出卖家庭成员一般的痛苦感，于是就选了"他"。

文学翻译的忠实表达原意只是第一步，还需要做的是在汉语语境中再造英语语境中的情景、氛围、感觉等。如何能够让读者接受原作者的意图，如何让读者读起来不觉得"隔"，需要仔细地打磨。文学翻译其实就是一个咬文嚼字的事情，是要一个字一个字去"抠"的。翻译这一段的时候，我首先做的是在头脑中尽力再现原作者想要创造的场景，然后结合原作者的意图，看看用汉语怎么表述更流畅、更地道。另外，我也会尽力避免一些欧式的句法和词法，比如我不会说"尽力保持平衡"，而是说"站稳了"；不会将"so...that..."翻译成"如此之……以至于……"，而是以汉语表达将其化解之；不会说"后者"（the latter），而是用"斯科特""老马"等把具体人物明确表达出来。我认为这样能够给读者带来更顺畅的阅读感受，也更加符合原作者本身就追求的口语化风格。当然，我的译文肯定还有改进的空间，也恳请读者多多批评。

徐晓霞：阿利斯泰尔·麦克劳德并不是一位多产的作家，他用"十年磨一剑"的勇气与心血，为读者带来了富有魅力的小说作品。他不断地打磨故事和提炼语言，他曾描述自己的写作过程："我一次只写一个句子，然后我大声朗读。"您在翻译时是否也像麦克劳德一样不断锤炼和润色译文？您的具体翻译过程是怎样的？

张陟：在翻译之前，我会充分了解作者和把握原作，包括作者的文化背景、生活经历、故事的内容和情感。以麦克劳德的作品为例，他的作品具有较强的现实主义风格，行文干净、质朴，我在翻译过程中需要贴近和感受主人公的情绪，尽量克服文化、时空和心理的障碍，将原作的思想和感情表达出来。在《秋日》中，我在文章开头描写海边季节变化时，仿佛置身于主人公所身处的情景，感受寒冬海浪的无情肆虐；在主人公父母卖掉家中老马时，我又充满了悲哀的情绪。我一遍遍地进入故事中的角色，又跳脱出原文进行翻译和表达，一进一出之间实现表达原文的目的。除此之外，我对翻译的文稿也会进行多次的打磨和修改，尽量让译文的读者也能充分感受丰富紧凑的情节和复杂的情感。

徐晓霞：一位优秀的译者需要千锤百炼，从翻译的初期阶段到现在，您在翻译过程中不断思考、积累和沉淀，您在翻译思想或方法上是否有一些变化或新的感悟？

张陟：从接触翻译到现在，我越来越深刻地体会到翻译是一个由点到线，再由面到体的过程。换而言之，翻译是一个不断学习和充实的过程，译者需要时刻保持谦虚严谨的态度，并进行持之以恒的积累。译者在翻译过程中难免会遇见疑难费解之处，在这种情况下，我会对疑难点一一查证，不论是历史文化还是风俗习惯，都要做到言必有据。同时，我会将所积累的点滴信息都储存在自己的知识库中，以便这些信息在未来的某个瞬间重新产生连接和碰撞。例如，我曾在多部作品中都读到过"Second Vision"一词，包括在麦克劳德的小说中、在19世纪作家狄更斯的一部戏剧《冰海深处》中，还有在当代美国著名类型小说作家的丹·西蒙斯的《极地恶灵》中等，这个反复出现的文化现象，促使我不断去查找资料，去了解其后的历史语境与民族心态，让我对除了盎格鲁－撒克逊之外的文化传统有更多的了解。总之，译者需要通过不断学习来滋养自身，像海绵一样吸收新鲜的观点和知识，从而加深对作品的理解。

徐晓霞：有翻译理论家提出了"一仆二主"的理念，译者既要忠于原作者，又要忠于译文的读者。在翻译的过程中，您如何兼顾呈现原作之美和照顾读者的审美感受？

张陟：相较于其他英语国家的文学，加拿大文学在国内受到的关注较少，对于中国读者而言，较为小众。在介绍加拿大文学进入中国时，要忠于读者，尽量做到读者友好。译者首先要做到完整地传递原文内涵，实现文通句顺，再现作品的内容和风貌。另外，译者需要发挥汉语的弹性和灵活性，构建起原作者和译文读者之间的桥梁。由于原文的句式不一定能够体现汉语的美感，译者需要根据读者的阅读习惯和审美期待，采取灵活的手段和策略，以保证读者能顺利地走进原作的世界，吸引读者接受和欣赏这种文化。

徐晓霞： 在许多情况下，翻译同一部著作往往需要多个译者协同合作，这种翻译模式要求译者既要认真完成其负责部分的翻译，又要与他人分工协调。您曾参与多部作品的合译工作，希望您跟我们分享一下合译的经历，并谈谈您对合译这种方式的看法。

张陟： 这是一个有意思的问题，我在过去的合译经历中，主要遇到过两种情况：一种是师傅带学徒，在此类翻译项目中，翻译水平更高的译者会把握整体译作的风格与质量，并进行统一校对、调整和润饰；另一种则类似分包制，译者之间会出现译文水平、风格差别较大的情况，在这种情况下，相互协调尤为重要，当然我们可以在这种译本中欣赏到不同风格。

如今，由于翻译工作的时间、题材和质量等方面的需求，许多译者和出版社会采取各种合译模式来翻译作品。在我看来，优秀译者之间的合作翻译可以大幅提高译文质量，以杨宪益与戴乃迭夫妇的翻译为例，他们中西合璧并各施其长，将中国文化完整地呈现给了西方世界。然而，合译也需慎重，尤其是在文学文本的翻译中，多个合译者往往存在不同的原文理解和语言表达习惯，有可能导致难以在原作思想内容上做到合一，也难以保持译文风格的统一。

徐晓霞： 学者吕同六提出："文学翻译离不开研究，研究也需要翻译。两者之间的关系是你中有我，我中有你，相互促进，相辅相成。"作为一名英美文学的研究者和译者，您如何看待文学翻译与文学研究的关系？

张陟： 我同意这一观点，文学翻译和文学研究之间是相辅相成、相互促进的关系。从我的实际经历来看，长期文学研究中积累的经验，确实有助于我在翻译过程中把握作者的创作手法和情感，从而将原作的风格和特色展现给读者；而通过翻译各种篇幅、各种内容的文学作品，我不断锻炼自己对文学作品的感受力，开阔文化研究视野，这有利于我从事文学方面的研究。例如，19 世纪英国文学中的北极再现是我目前主要关注的课题，我阅读了大量北极相关的文学作品，并从中挖掘和梳理观点，而其中一部分重要的内容就来自我早期翻译的《纽约的探险家》，这是加拿大作家韦恩·约翰斯顿所著的北极探险故事。我觉得这是冥冥之中的缘分，也是文学翻译给我的馈赠。作为英语文学的研究者和传播者，我希望通过翻译介绍加拿大的优秀作家，让中国的读者感受到加拿大文学的魅力。

徐晓霞：除了文学作品之外，您在翻译学术作品方面同样积累了丰富的实践经验，请您谈一谈翻译学术作品和翻译文学作品之间的差异。

张陟：正如小说讲述一个故事，诗歌表达一种情绪，学术作品的字里行间往往闪烁着作者思想的锋芒。相较于文学作品，某些学术作品的翻译也极具难度，对于译者而言也是一个巨大的挑战。我曾参与《上帝、格列佛与种族灭绝：野蛮与欧洲想象》一书的翻译，这部作品的作者克劳德·罗森是耶鲁大学教授，也是世界顶尖的文学批评家，他拥有广博的学识和独到的学术眼光，在作品中将各种文献和史料信手拈来，并用细致独特的论述方式对其进行了分析与解读。但是，这也意味着译者需要对作品中所涉猎的资料进行大量的查阅，仔细思考作者的论述目的和观点。我还翻译过多本与海洋文学有关的学术译著，一本叫《航行的故事：18 世纪英格兰的航海叙事》，另一本叫《在恶魔与深蓝色的大海之间：1700 至 1750 年的商船水手、海盗与英属美洲的海上世界》，两本书均已进入审稿阶段。应该说，学术翻译都不太容易，都是在时时考验译者的语言能力、表达能力和对相关历史文化的掌握程度。因此，译者不能盲目上手翻译，而要通过大量阅读加强知识积累，不要害怕动手查证。与文学作品的翻译一样，我认为学术作品的翻译过程同样苦乐交织，也让我收获了快速成长。

三、译道授业

徐晓霞： 由此看来，不论是学术作品还是文学作品，都能让译者获得翻译能力的提升和自我修养的积累。当然，除了译者这一身份，您还是一位翻译的教学者，您曾教授"文学翻译"这门课，您能谈谈这门课的教学设计和教学理念吗？

张陟： 文学翻译是一门实践性非常强的课程，我在设计这门课程时，主要采取线上线下混合式的方式进行。线上部分以教师提供材料、学生自学、单元考核的方式进行，而线下部分由小组（工作坊）的形式进行。在课程开始前，我会选择若干散文、小说、诗歌与戏剧作品，并在课上引领同学一起动手翻译。通过亲身实践，帮助从未或者少有动手翻译的同学，对文学翻译有切身的认识，力争为学生日后更好地从事各种类型的翻译打下基础。

在实际的翻译过程中，同学们会提出一些比较优秀的译法，当然也会有误译之处，此时我会引导同学们以小组的形式分享各自的译文，并从内容的忠实度、文字的流畅度、风格的再现程度等多个角度提出看法。经过讨论和交流之后，我会让他们继续打磨和完善译文，在这一过程中，同学们逐渐提高了自己的文学鉴赏能力和翻译能力，也培养了自身作为译者的责任感。我希望同学们能够多思、多读、多体会，不断积累自己的文学素养，并通过实践来锻炼自己的翻译能力。在我眼中，文学翻译课是师生交流互鉴的过程，让学生们在做中学，能够达到集思广益、教学相长的效果。

徐晓霞： 非常感谢张老师的分享！

文学是有声音的

——孔亚雷访谈录

张海玲　孔亚雷

受访者简介: 孔亚雷(1975—),现居杭州,毕业于上海对外经贸大学。著有《不失者》(上海译文出版社,2008)、《火山旅馆》(浙江文艺出版社,2013)、《李美真》(上海文艺出版社,2020)等。译有《幻影书》(浙江文艺出版社,2007等)、《渴望之书》(上海译文出版社,2011等)、《然而,很美:爵士乐之书》(浙江文艺出版社,2013等)、

《光年》(广西师范大学出版社，2018)等。作品曾多次入选中国年度最佳短篇小说奖，被译为英、荷、意等多国文字。2013年，获西湖中国新锐小说奖；2014年，获鲁迅文学奖翻译奖提名奖；2018年，获单向街书店文学奖。

访谈者简介：张海玲，浙江大学外国语学院硕士研究生，研究方向为翻译学。

本次访谈时间为 2022 年 9 月 12 日 14:00—16:00，形式为线上视频交流。访谈主要围绕翻译经历、翻译与写作，以及翻译理念三大主题展开。

一、翻译经历

张海玲：首先请您谈一谈您的语言学习和翻译经历。

孔亚雷：我毕业于上海对外经贸大学，也算是英语专业，但真正让我体会到英语之美，让我爱上英语的，是保罗·奥斯特，是他小说中每个句子的那种音乐感，是他偏好使用最简洁单词的写作风格。我记得我看的第一本英文小说是保罗·奥斯特的《神谕之夜》，是陪我太太待产的时候看的，孩子出生之后，我花很多时间带孩子，汉语读物读不下去，但是读英语好像可以。我印象最深刻的是每个英语作家的个人风格都很强烈，你一读就知道这是保罗·奥斯特，那是詹姆斯·索特。接下来我又读了雷蒙德·卡佛、约翰·厄普代克和罗素·班克斯。我觉得简直就像掌握了一种魔法——我可以读"懂"英文小说，而不是阅读理解。

后来翻译其实也是为了写作，写小说需要学习，而翻译是最大程度的精读，是一个词、一个字、一个标点地去读；需要等待，而翻译可以让你有效地保持手热；需要忍耐，翻译可以帮你打发无聊，或者说，习惯无聊。我的第一本书就是译作，保罗·奥斯特的《幻影书》(*The Book of Illusions*)。第二本是长篇小说《不失者》。第三本是莱昂纳德·科恩的诗文绘画集《渴望之书》(2011)。第四本是 2012 年父亲节出版的霍桑亲子日记《爸爸和朱利安、小兔子巴尼在一起的二十天》。第五本是 2013

年出版的短篇小说集《火山旅馆》。就像花色间隔的多米诺骨牌：小说、翻译、小说……我的翻译和写作是交错进行的。事实上，不管是国内还是国外，很多大作家都曾经做过翻译，鲁迅、村上春树都从事过翻译，甚至连陀思妥耶夫斯基、马尔克斯也做过翻译。歌德说过一句很好的话："你只有懂得另外一门外语，才能更好地理解你的母语。"

张海玲： 2007 年，您的首本译作——保罗·奥斯特原著的《幻影书》——由浙江文艺出版社出版，能请您分享一下翻译这本书的缘起和历程吗？

孔亚雷： 我翻译《幻影书》其实是个挺有意思的事情，在那之前我从来没有出版过译作。一直以来，我都认为译者的好坏不是由经验决定的，我现在给出版社推荐译者时，也并不在意他之前有没有出版过译作，而是考虑他的翻译水平。但是如果译者没有出版过翻译作品，还是会让大家觉得担心。我记得很清楚，是我主动联系浙江文艺出版社的编辑曹杰，请求她让我翻译这本书。

其实我之前就向他们推荐过保罗·奥斯特，当时我每天都会上亚马逊网站看很多书的试读。我就会看各种小说的前几页，我大概看了不知道大概有几千几万本书的前几页，就发现保罗·奥斯特的《幻影书》的开头特别迷人。当时奥斯特在西方其实已经很有名气了，但在国内一直鲜为人知。2006 年，奥斯特获得了阿斯图里亚斯王子奖，所以出版社就买下了他的著作，当时我就要求翻译《幻影书》，在那之前我译过一些短篇小说。对于《幻影书》的翻译过程，我有两个特别深刻的印象。一个就是我特别热爱这本小说，甚至一想到我要翻译这本书，我都感到一阵颤栗的幸福，因为翻译就意味着你可以逐字逐句地抚摸你喜欢的这个文本和这个故事。第二个印象就是我翻得非常慢，一天大概只能翻五百字，即使是翻到结尾速度最快的时候，一天也就翻七八百字，不到一千字。翻译的时候我会反复阅读，甚至反复默念，因为奥斯特的句子本身充满着一种音乐感。所以《幻影书》我整整翻译了大概有大半年，快一年时间才翻好。

张海玲：《幻影书》出版后，读者的反响热烈，仅豆瓣平台就收获近 5000 位读者的评分，评分高达 8.4 分。随后的《光年》《然而，很美：爵士乐之书》更是获得了 8.5 分的高分，出版了这么多翻译佳作，可以谈谈您的翻译心得吗？

孔亚雷：读者反响热烈主要是因为《幻影书》《光年》以及《然而，很美：爵士乐之书》（简称《然而，很美》）本身就是非常优秀的著作，而且它们有个共同点，这 3 本书都是我推荐给出版社的，是我像侦探一样在亚马逊上发现的，当然也参考了国外各种书评，我第一次看完之后就特别喜欢。

如果说我有什么翻译心得，我觉得非常重要的有以下几点。第一就是你需要热爱这个文本，热爱这个作品。第二，除了热爱之外，你要有爱的能力，也就是说你有把外语文学作品尽可能完美地转达成中文的能力，这一点要求非常高。第三就是翻译态度。你是想急功近利地很快完成任务，还是想慢慢地把译本打磨得尽可能完美，二者带来的效果是截然不同的。

张海玲：您会关注译著在读书平台（如豆瓣）上的评分吗？会看读者的评论吗？

孔亚雷：我译完一本书之后会非常自信，因为我花了那么多的时间，我是那么热爱那个文本，我倾注了所有的精力和心血。我记得翻译《光年》时我刚做完阑尾炎手术没多久，身体不适，当时我坐在乡下的房子里面，每天翻一点，缓慢推进，当然这也是一段很幸福的经历。所以我认为，如果译者翻完一本书，需要读书平台，比如说豆瓣上的评分来判定自己的水平，就很荒谬可笑，几乎可以断定这不是一个好的译者。在某种意义上，我觉得真正好的译者肯定是个优秀的读者，在翻译完成后，译者非常清楚自己的译作能达到怎样的水平。所以，在我看来，这些读书平台的评分也好，读者的评论也好，在某种意义上是毫无意义的，也不需要关注。

二、翻译与写作

张海玲: 曾经有人评论您"虽然最初是以写小说出道,却以文学翻译而更为人所知",您是怎么看待自己作为翻译家和作家的双重身份的呢?

孔亚雷: 在世界文学史上,翻译家和作家双重身份是非常常见的一个现象。大部分作家都身兼两职,施蛰存、鲁迅、郁达夫都既是作家又是翻译家,还有像马尔克斯、歌德、托尔斯泰和陀思妥耶夫斯基这样的文学大家也都做过翻译。所以作家和翻译家的双重身份,是非常微妙的一种双面体。歌德说过一句很有名的话,人只有懂一门外语,才会更好地理解自己的母语。沃尔夫冈·顾彬则讲过一句更让人印象深刻的话,他说,在德国最好的作家都是翻译家,最好的翻译家都是作家。这句话当然失之偏颇,我也不完全同意,但是却也道出了某些重要的东西:翻译家本身就是作家,而作家在某种意义上也是翻译家。优秀的译者应当具备卓越的母语水平,这一点对翻译来说至关重要,我甚至觉得这也是现在翻译质量参差不齐的原因,不是译者的外语不好,而是他们的母语不够好。

对作家而言,普鲁斯特说过,写作本身就是一种翻译,是一种比喻意向的翻译。作家寻找恰当语言的过程跟翻译有异曲同工之妙,当然二者的具体模式是不一样的。另外一个有名的作家兼翻译家的例子就是村上春树。他曾经在很多访谈里都说过,作为翻译家的时候,他是在用大脑的另一部分工作,虽然翻译也是一种文字处理,但翻译跟写作用的既是同样的一套机制,又是完全不同的机制,这是非常奇妙的。

张海玲: 许多翻译家都说翻译难,甚至比创作还难,您是怎么看待翻译和写作的关系呢?

孔亚雷: 我曾经打过一个比方,译者就像牧师,是在传道,原作就是上帝,译者的任务就是把上帝之道,即作品之道、作品的声音尽可能完美地诠释出来。而作家不一样,作家自己就是上帝,他要创造一个世界,他没有东西可以依靠。曾经有一个西方的谚语叫"上帝难为",这也是为什么在某种意义上创作比翻译更难。因为创作要独自面对创造一个世界的责任感，上帝难为，你怎么信任你创造的世界？怎么信任你自己有能力创造一个世界？你创造的世界怎么可以让别人相信？怎么立得住脚？但是翻译不一样，那个世界已经存在了，神之道已经在那里了，你不过是把它转达出来。

然而，翻译也比创作更难，我自己也有感触。比如说我写小说，虽然我写得很慢，但我写完就写完了，基本不用大改。但是翻译不一样，翻译一稿之后，你会遇到很多问题，我每次翻译一本书，我都有一个专门的本子记录翻译中遇到的几百个问题，包括语法、语义以及文化差异上的问题，但在写作中就从来不会遇到这种情况。——排除这一两百个问题是非常劳心劳神的一件事，所以从这个意义来说，翻译比写作更艰难。写作你可以天马行空，而翻译是"戴着镣铐跳舞"，原作限制着译者，不允许译者随意发挥。

张海玲：有读者认为您之前的作品有"翻译腔"，您也曾坦承自己的小说缺乏中国元素，请问翻译经历是否影响了您的写作风格呢？

孔亚雷：翻译经历当然影响了我的写作，但是我认为写作跟翻译的相互影响是非常微妙、奇特的，很难用具体的东西来表达，是一种润物细无声似的影响。我觉得所有好的影响都是看不见的，是无法量化的、自然而然地发生的，就好像天气的变化，就好像爱情的发生，是无法量化衡量的。而且有个很奇妙的现象，如果写作的人去搞翻译，一开始他写作的汉语会受到影响，他的母语会受到影响。这种现象有一个门槛，过了那个门槛之后，翻译才可能会对你产生好的影响，这是一方面。

另一方面，我最近一直在考虑一个问题，就是翻译和写作的语言问题。我现在再去看施蛰存 20 世纪 30 年代的作品，我觉得他写作的那些文本没有过时，那些语言仍然非常好，用博尔赫斯的话说，好像写于昨天上午。但他的翻译在某种意义上就已经有些过时了。所以我很好奇，为什么同一个作家在同一个时间写作的语言和翻译的语言经受时间考验的程度似乎不一样。不是有这样一种说法吗？每过二十年甚至十年，世界名著就应该有新的译本。但这种语言的过时往往仅是针对翻译的语言而言的。我也很好奇在过若干年后，到底是我的翻译的文字还是我写作的文字更能够经受考验。

我们经常会强调说翻译也是一门艺术。但其实也有很多人会认为翻译不是一门艺术，只是一门技术。但我认为翻译具有艺术特征，特别是好的翻译。因为艺术有个重要的特征，不管是文学翻译、文学写作，还是艺术创作、绘画或者音乐，它们都有一个重要的特征：爱。而且这个爱是一种游戏性的爱。游戏性的爱就是一种脱离了实际日常生存生活需要的爱，是一种超越性的爱，某种意义上，艺术行为像某种游戏，是没有功利心的。这种超越性的爱是艺术的重要标志。翻译也具有这个标志，但是往往被大家忽视，甚至我觉得这也是我的翻译如果说多多少少取得了一点成功，或者引起一些关注的原因所在。因为我是完全出于爱去翻译的。我不是为了评什么职称，也不是为了做一个翻译家，只是因为那些外国文学作品深深地打动了我，而我充满一种好奇感。当我读到那些特别打动我的英语作品时，我总会涌起一种冲动，想用中文把它传达出来，想用中文传达出我阅读原文的这种愉悦、这种深沉的快感，这是我翻译的最基础的动机。每当我读到特别好的诗歌、小说或者其他的文学作品时，如果它深深打动了我，我都会涌起一种好奇心。我想知道，如果我用中文来表达，把它翻译成中文能还原多少效果，能对别的读者甚至中文本身产生怎么样的效果，又或者产生怎么样的改良。当然，我并不是说我有要改良中文的野心。但其实所有这些真正的改良，真正的改革来自一种非功利性的东西，自然而然地就发生了。我作为一个作家，作为一个从事文字艺术的人，最基本的一个职责，就是不断地改进自己的语言，而语言的这种改进它是没有穷尽的。

三、翻译理念

张海玲：我注意到，您往往只会翻译一个作家的一部作品，您的每本译著都来自不同的作家，《然而，很美》的作者杰夫·戴尔曾调侃您："你老说翻译像婚姻，但又不接着翻我的书，看来这是个开放式婚姻。"能谈一谈您翻译选材的考量吗？

孔亚雷：许钧老师讲过一句话很有意思，他说"翻译就像一场艳遇"。我想再引申一下，我觉得翻译也像一场婚姻。就是杰夫·戴尔开玩笑的那句话，因为翻译是一种忠贞，当然这是一种奇妙的婚姻，似乎是开放式婚姻，因为只针对某个阶段。就像我从来不会同时爱两个人，我也不会同时翻两本书。当我翻译那本书的时候，我就彻底地忠于它，我甚至不能像有些作家，比如说村上春树那样，上午写作，下午翻译。我要么翻译一本书，要么写一本书，我没法同时做两件事。当我翻译的时候，我就彻底地想让自己沉浸在那个世界里，彻底地化身为那个写作者，这是一种幸福，也是一种忠贞；是一种投入，也是一种游戏。

所以我的翻译经历跟很多译者都不太一样。我从来没有接受过出版社的邀约。翻译某作者的书，都是我主动要求翻译某个作家的作品，而且几乎所有我翻译的作品都是我推荐给出版社的，不光是这些作品，连作家本身都是我引入、推荐给中国读者的，比如杰夫·戴尔、塞萨尔·艾拉，以及詹姆斯·索特。这些作家都是在世界文学中非常优秀的作家，但又不是广为人知的，他们的作品引入中国后都引起了一定程度的反响甚至轰动，杰夫·戴尔和索特现在都有很多的粉丝。

我一般只会翻译他们作品中我最喜欢的一部，往往也是他最优秀的作品之一，像詹姆斯·索特的《光年》和杰夫·戴尔的《然而，很美》。因为我翻译速度很慢，实在没有多余的精力。而且，也正如我之前所说，我一开始是从写作转向翻译的，然后现在又从翻译回到写作。前两年我出版了新的长篇小说《李美真》，最近也在写新的短篇集，接下来准备写新的长篇。我已经翻译近十年了，2019年我做了一个小小的承诺，希望接下来十年要集中精力写小说，十年之后再开始翻译。因为我觉得我已经到了"上帝难为"，要自己创造世界的阶段。但我仍然特别热爱翻译。对我来说，翻译是一件特别美妙的事，这美妙并不是说它简单，相反，它充满了艰辛和痛苦，但是它有一种奇特的美妙，能给我奇特的安稳感。你有一个文本可以依附，就好像你有一个神的怀抱可以依靠那种感觉。正因为翻译像婚姻，译者和原作的爱还会产生一个接近孩子一样的结晶——即译作。所以我对出版社，对书的装帧都会有很多的介入，我希望每本自己翻译的作品都能有一个很好的出版社，能够良性地进入读者的视野，跟读者见面，以完美的方式呈现给中文读者，不管是在最重要的译文本身还是其他的方面。

张海玲：《幻影书》豆瓣前排短评几乎都未涉及译者，您是怎么看待译者的隐身呢？

孔亚雷： 读者对这个译者的忽视，可以说是一种无知或者误区。其实以前我也是这样，我们小时候根本意识不到译者的存在，觉得译者好像不存在，或者说认为谁都可以译。但当你成为一个译者，或者当你意识到不同的译者之间的差别的时候，你就会意识到译者有多么重要了。

在某种意义上，译者极端重要，因为在我看来，文学翻译中，哪怕是一个标点符号的错译，都会损害一个句子的气韵，很轻易毁掉一部作品。所以很多读者在译者好的时候没有感觉，但在译者差的时候就慢慢会有一些感觉。我觉得大家现在对译者的重要性的认识已经有很大提高，但是还存在很多对译者的误解，这就是译者隐身的弊端，但同时这种隐形也具有两面性，要从两个角度讨论。

从积极的角度来看，我觉得译者当然应该隐形。我记得我刚开始翻译的时候，因为我之前是写小说的，很多人质疑说："你会不会自己编一段话？"但其实我是绝对的直译派，我的原则就是要尽可能还原作品原来的声音。因为每个伟大的文学作品都有它自己的声音，这个声音非常重要。你的译文有没有传达出那种声音，这不仅仅在于有没有把它的含义表现出来。就像每个人讲话有自己的腔调，译者不仅是要把他的含义转达出来，更重要的是把他说话的腔调表达出来，这就是文学与非文学的区别，文学是有声音的。但我也不是死板的直译派，像纳博科夫翻译普希金那么疯狂，一定要以字对字译，但我希望是尽可能地保持原句。

翻译是不同语言之间的一种杂交、一种混血、一种提升、一种改进、一种改良。所以我认为译者这个角色非常重要。我再讲一个例子，伍尔芙的名篇《到灯塔去》是一本非常棒的小说，但也非常难译。我之前看过好几个译本，都无法打动我。我看不下去，进入不了那个声音。但我后来看到一个译本叫《灯塔行》，译者是宋德明，翻译得非常好，是我见过的《到灯塔去》最好的译本，但是鲜为人知。我当时看完之后就彻底被伍尔芙迷住了，所以我认为对译文的重视是怎么重视也不为过的。

张海玲：您在此前的访谈中提到"我体内有中西文化的一个战斗"，能详细谈一谈这是怎样的"战斗"吗？这对您的翻译事业产生了什么影响呢？

孔亚雷：简单来说，这个"中西文化之战"就是一直以来我所有的文学的素养、受到的文学熏陶，基本来自西方文化。但我又是用汉语写作，我是一个中国人，而且随着年纪的增长，我接触了一些明清的文学，我深深震撼于这些美妙的中国古代文学。但是我又对当下的中文写作极端不满，不管是现在的语言风格，还是叙事风格和叙事内容，所以这就形成了一种对抗。同时，我又想写出真正的中国小说。所以这场中西文化之战对我最大的负面影响是在写作上，但对我的翻译来说，影响是正面的。

其实翻译也是这场战斗的一个结果。我是如此痛恨中国现当代文学，所以我转而用汉语去翻译，用汉语去翻译我认为特别美妙的西方文学。在我慢慢地一本本翻译的过程中，我也一直在寻求这两者之间的结合，即怎样把中西文化之战转化为中西文化之爱，让它们结合而不是战斗，让它们成为一个整体，甚至成为一桩婚姻，成为一个美妙的、极其可爱的迷人的混血儿，而不是形成一个两败俱伤的局面。

而且我也意识到我对中国文学的批评是不够客观的，我年轻时的意见太过偏颇。这也很正常，因为每个优秀的年轻作家都会对自己本民族的文学感到不满意。比如苏珊·桑塔格当年就非常讨厌美国文学，她一直很受欧洲文学的影响。翻译本身就是两种不同的文化、不同的语言之间的一种互相融合，我接下来打算做的就是把我体内的中西文化之战变成中西文化之爱。

张海玲：能给未来有志于从事文学翻译的青年学子们一些建议吗？

孔亚雷：我最大的建议就是，如果有可能的话，不要为除了爱之外的原因去翻译，不要为了钱去翻译。我有时候开玩笑会说，翻译稿费低是一件好事，这意味着译者不大可能为了钱去翻译，只会因为特别爱那个文本去翻译。

再者就是希望大家能找到自己热爱的作家和作品。其实每个译者都会有这样的体会，如果翻译一个自己特别不喜欢或者跟自己性情特别相左的一个文本，他会非常痛苦，就像身处糟糕的婚姻内一样痛苦。我觉得现在很多年轻人不知道自己真正爱的作家是谁，这很可怕。这要怎么解决呢？只能通过大量优秀的阅读提升自己。这也是许钧老师说"翻译是一种艳遇"的原因。什么样的作品就会遇到什么样的译者，这也是某种意义上的"门当户对"。优秀的文本，会遇到优秀的译者；糟糕的文本，也只有糟糕的读者和译者喜欢。

我还希望大家要不断提升自己母语的能力。你不仅要读大量的西方文学、西方的原著，也要读大量的翻译文学和中国文学。再用顾彬的那句话说，"如果你要成为一个好的翻译家、好的译者，你在某种意义上要先成为一个作家"。翻译看上去很容易，但其实非常难，甚至比写作更难。写作只需要你成为一个作家，然而翻译不仅要求你成为一个外语很娴熟的人，还要求你成为一个作家。

最后，虽然翻译很难，但也不要畏惧。我希望大家不要太功利，不要希望自己刚开始就能翻译一整本书。你可以先翻一些短篇的东西，翻你自己特别喜欢的东西，慢慢地打磨自己的译文，不要存太多的功利之心，越存功利之心，也就越得不到功利。从事文学翻译是个很幸福的事情，我之前会开玩笑说，很多翻译家都很长寿，就是因为他们很幸福。在某种意义上，比写作还要幸福，因为他们有一个非常美妙的依靠，像神一样的依靠，可以每天不带怀疑地去工作，而写作是充满了自我怀疑的。翻译的自我怀疑当然也有，那就是你对自己句子的打磨，这个就要你通过不停的锻炼，提升自己的水平，那是另外一种痛苦，但这种痛苦本身也是一种快乐。我一直在讲，如果一个事情没有难度，那它也没有价值。所以从这个意义来说，翻译是很难的，但也很有价值，而且翻译带来的快乐也因此和所有的艺术一样，更为持久、激动并抚慰人心。

文学翻译是一种使命

——郑云访谈录

林心怡　郑　云

受访者简介: 郑云(1976 —   ),浙江杭州人。浙江工业大学副教授。译有《幽暗之地》(浙江文艺出版社,2007 等)、《非洲的假面剧》(南海出版公司,2013)、《朝圣者之路》(上海译文出版社,2023)等。在《世界文学》《文景》《书城》《大方》等刊物发表译文数篇。

　　访谈者简介: 林心怡,浙江大学外国语学院硕士研究生,研究方向为翻译学。

本次访谈时间为 2022 年 9 月 16 日，访谈时长约 3 小时。访谈主要分为与译结缘、译作赏析、殖民题材和译路漫漫四大部分。在访谈中，郑云老师分享了他的翻译经历和心得感想，阐述了他对文学翻译多方面的见解与体会。

一、与译结缘：翻译二三事

林心怡： 郑老师好，非常荣幸有机会向您请教。我了解到，您本硕博都是英语语言文学方向，现在的教学和主要研究方向也是英语语言文学，请问您当初是如何与翻译结缘的呢？

郑云： 讲到如何与翻译结缘，还要感谢我攻读博士研究生期间的两次翻译经历。第一次是在我博士一年级的时候。2001 年，奈保尔获得了诺贝尔文学奖，当时中国社会科学院外国文学研究所主办的《世界文学》杂志要围绕奈保尔推出一个专辑，介绍他的生平和作品。我的导师黄梅先生将专辑中的一篇交由我的师姐范岭梅和我来共同翻译。这一篇的题目是 "One out of Many"，当时我们一头雾水，不知道怎么翻。后来经过老师的点拨，我们注意到美元硬币背面有一只白头鹰，鹰嘴里叼着一条绶带，绶带上的拉丁文翻译成英语就是 "One out of Many"，意思是美利坚合众国是由许多民族融合而成的大熔炉。根据这个含义，我们讨论后将这一题目翻译为 "合众于一"。所以译者需要比较丰富的知识积累。

第二次实践发生在 2003 年读博中期，当时我正苦于博士论文的选题，这时，《世界文学》的编辑匡咏梅老师给我介绍了个机会，翻译《大西洋月刊》杂志中由克里斯托弗·希金森撰写的有关吉卜林的评论文章《大英帝国诗人吉卜林》，供上海世纪出版集团旗下《文景》杂志使用。通过这次翻译经历，我对吉卜林产生了浓厚的兴趣，并围绕他撰写了我的博士毕业论文。当机遇来临，我们要迎难而上，不要有畏难情绪。当你抓住了某一次机会并认认真真完成之后，实际上也给下一步研究创造了条件。

读博期间的两次翻译实践经历让我对翻译萌生了浓厚的兴趣，在此之后又陆陆续续翻译了库切的《幽暗之地》（*Dusklands*）、奈保尔的《非洲的假面剧》（*Pilgrims Way*）等等。我最近正在翻译古尔纳的《朝圣者之路》（*The Masque of Africa*）。

林心怡： 在您翻译过的作家中，库切和古尔纳是非洲裔作家，奈保尔则是英国籍印度裔作家，这些作者独特的出身也造就了他们独特的语言风格。请问您在翻译过程中，有没有遇到什么困难？您又是怎么解决这些困难的呢？

郑云： 库切出生于南非，所以他的小说并非纯英文，还混杂着南非荷兰语词汇。古尔纳的《朝圣者之路》也夹杂着大量的斯瓦西里语词，他曾强调斯瓦西里语是他的世界中必须努力保留的另一部分，并明确拒绝将其异化处理。这两种语言都比较小众，相关的词也很难查找，给翻译带来了不小的挑战。

我碰上这些词，第一种方法还是查词典，因为个别词也会被收录于纸质词典中，比如人手一本的《牛津英语词典》。但这毕竟是本英语词典，肯定还是有相当一部分词覆盖不到。古尔纳文集包含十部小说，由多名译者负责，目前已经有五本翻译出版了。上海译文出版社组建了一个译者微信群，方便大家共同交流，共享资源。第一批译者中有一位陆泉枝老师，他翻译时托朋友买了本《斯英词典》，还非常热心地把词典电子版放在群内和大家分享。借助这本词典，我查到了部分词的意思，联系上下文就可以推测出含义。但由于语言的混杂性，某些斯瓦西里语词存在多种含义，难以敲定准确译法。

这种时候就要用到第二种方法了，就是团队合作，寻求他人帮助。上外涵盖的语种非常全面，其中就有斯瓦西里语专业的马骏老师。遇到个别有疑惑的专有名词，马骏老师会给出专业意见。如果翻译时碰到非英语词或者词典中不收录的，可以借助网络，查查网络上是否有对这些词的解释或者类似的用法，也可以见教于专家，如有这方面资源的话。

除了非英语词汇，我手头正在翻译的古尔纳也给我出了个难题，他的作品里面有非常多的高频词。碰上重复的词或表达，我一般会先寻找相对应的中文词来翻译，并且会尽量选择多样的译法来避免重复。但很多情况下，同一个词在不同的语境下的含义是不尽相同的，我通常会先通过查词典掌握这一词的几种意思，根据上下文选取其中一种意思，再找到对应这种含义的中文词进行翻译。词典的作用非常大，但却常常被忽视。《牛津英美文化词典》在我平时翻译中起到了很大作用，这本词典涵盖了很多有关英美文化的内容，详细解说了英美两国的历史、文学、艺术等各个方面，而且是由社科院的权威学者们翻译编纂的，内容非常翔实。陆谷孙教授编纂的《英汉大词典》《中华汉英大词典》等也非常实用。Urban Dictionary 和 Wordnik 线上词典则收录了很多在纸质词典查不到的俚语、流行语等等，对翻译也帮助良多。

电脑的查词功能也非常实用，可以快速统计某一词出现的次数。比如翻译了几章之后，可以输入几个关键词，查一查这些词已经出现了几次。如果出现次数过多，那就要提醒自己在之后的翻译中换一种译法，来避免重复。译者在日常学习中也要广泛阅读各类文本，扩大自己的各类词汇储备，提高中文功底。词汇的多样性还是非常有必要的，不然译文就会显得拙劣、乏善可陈，美感不足。

二、译作赏析：《非洲的假面剧》

林心怡：听您讲述，您曾两度翻译奈保尔的著作，也算是特别的缘分，能为我们介绍一下您心中的奈保尔吗？

郑云：奈保尔曾在他的另一部作品《模仿者》中提及："憎恨压迫者，惧怕被压迫者。"在前殖民地，人们习惯沉浸在受害者话语里，不能正视历史，将一切落后与失败归咎于殖民者，但现实并不然。以非洲为例，非洲的部落间也一直存在着冲突、战争和世仇。《非洲的假面剧》第一章中描写的布干达王国就用残忍暴虐的手段镇压周围部落。奈保尔对殖民问题进行了独到的分析，他的作品揭露了前殖民地国家或民族自身的劣根性，描写了殖民地社会落后及愚昧的现象，敢于挑战后殖民社会的现实，而这是许多西方作家所不敢涉足的。就像 2001 年诺贝尔文学奖颁奖词所描述的那样："奈保尔的著作将极具洞察力的叙述与不为世俗左右的探索融为一体，是驱策人们从被压抑的历史中探寻真实的动力。"

实际上，我曾经有幸和奈保尔有过短暂的交流。2014 年，奈保尔来到杭州，和浙江省作家协会主席麦家在杭州图书馆进行了一场对话，现场座无虚席。活动结束后，我和奈保尔进行了简短的交谈。他没想到自己的著作已经在中国全部出版了，也没想到在中国有那么多对自己感兴趣的读者。同时，他也惊讶于我们年轻的译者队伍，他说其他语种的译员大多年纪较长，但中国受众多为三四十岁的年轻读者。令我非常感动的是，奈保尔当时已经八十多岁了，行动不便，需要坐轮椅。在参加完两三个小时的活动后，他虽然辛苦，但还是为译著留下了亲笔签名。

林心怡：我在阅读《非洲的假面剧》时注意到，奈保尔喜欢巨细无遗地描写植物、天气、景观等，其中许多景致勾勒层次丰富，您的译文也在景色描写方面下了不少功夫。请问老师在翻译这类景色描写时有什么心得或技巧吗？

郑云：我在翻译环境描写时会特别注意三方面：第一是读者代入感的塑造。举例来说，以第一章的一处描写为例，原文是 "Inside the tomb itself, on the left of the entrance, in the abrupt gloom, and not immediately noticeable, was an old woman sitting on a purple-striped raffia mat...", 我将其翻译为："进得墓园来，往左手边走，顿觉眼前一黑，待到缓过神来，才注意到有个老妪坐在一个有条纹的紫色垫子上。"原文的空间感通过一系列介词来塑造，我在翻译时引用奈保尔的观察视角，添加了"进得""顿觉""注意"等动词，让读者更加身临其境，仿佛随叙事者一道观察卡苏比王陵。

第二，用词的多样性也很重要。比如本书第二章对尼日利亚原野的描写，原文一连用了五个 "green"，但却分别代指不同的绿，这让我犯了难。后来受到朱自清先生散文《绿》的启发，我将其翻译为"墨绿""碧绿""绿色"等多种不同表达，还原原文景色层次感的同时也保证了用词的多样性。

第三则是遣词造句的凝练，为了实现这一点，我偶尔会在翻译环境描写时化用一些典故。举例来说，在翻译第一章的黑猩猩岛时，我用了

"林壑优美"一词，取自欧阳修《醉翁亭记》中的"其西南诸峰，林壑尤美"一句。再比如，翻译第一章有关尼罗河源头的景色描写时，我将原文的"the play of water"译为"大河之舞"，这是爱尔兰的著名踢踏舞剧，也是百老汇的常青藤，世界范围内知名度颇高。这部舞剧所展现的恢宏气势和维多利亚湖注入尼罗河的壮丽景色有异曲同工之妙。

林心怡：您提到遣词造句的凝练，我觉得这一特点不仅体现在环境描写上，更是贯穿了您的整体译文。您在《非洲的假面剧》中的文笔呈现半文言的特点，想请问老师这样翻译有何用意呢？

郑云：我个人认为，文学作品译者的语言若是过于白话，则会显得啰唆，也会在审美上有所欠缺，像是和中国过去的文字完全割裂了。译者在用中文进行二度创作的时候不仅是在传达英语原文的意思，也承担了维护中文美感和纯洁性的历史责任。为了实现中文遣词造句的凝练，译者在选词时不宜全白话，当然全文言也行不通。因此我在翻译时会运用半文言的文字风格，也会套用典故里的一些句式和表达，在表意到位的同时延续中文的美感。比如本书第一章第四部分，原文是"For living details of Sunna you have to turn to Stanley."，我将其译为："欲知鲜活的苏纳王故事，还得读读斯坦利。"。在这个例子里，相较直白地译成"如果想知道"，我认为"欲知"一词在表意准确的前提下也更为简洁凝练，而且这种半文言词汇在中国读者日常生活中也较为常见，不会给阅读带来障碍。

在翻译《非洲的假面剧》时，我希望在译著中尽可能体现中文发展的全方面脉络。因此，我的译文有时很文学化，有时又会运用很生活化的词汇，比如"抓狂"。我的用语不局限，只要可以为我所用，该文就文，该白就白，某些情况下还会运用一些网络流行词汇。这些词汇虽然没有被收录于词典中，但读者却很熟悉。我平日里除了品读一些经典著作，还会阅读各类文本。比如看报纸，再比如读文言文，因为这些都是可借鉴的。有时候翻译累了我还会听听歌，看看电视，歌曲的歌词有时候可以在翻译时派上用场，有些新潮表达是词典里查不到的。翻译工作者一定要有一颗年轻的心，与时俱进，积极接触各类新鲜事物，这样自己笔下的文字才能保持活力。虽然译文的高雅与通俗应主要按照原文的风格来进行判断，但是文学翻译应该尽量让文本贯彻生命力，避免让文学翻译成为孤芳自赏的审美活动。

三、殖民题材：展现异质文明

林心怡：《非洲的假面剧》似乎不是您翻译的第一部涉及殖民话题的作品，您此前翻译的《幽暗之地》也涉及殖民主义题材，能简要谈谈这两名作家的不同之处吗？

郑云：《幽暗之地》是我翻译的第一本书，由《越南计划》和《雅各·库切之讲述》两部中篇小说组成。前者从越南战争升级计划参与者尤金·唐恩的视角讲述美国对越南的侵略战争，后者从南非籍荷兰裔殖民者雅各·库切的角度揭露早期荷兰移民在南非的殖民统治，前后篇相辅相成、相互参照。

库切和奈保尔的作品虽然都涉及殖民题材，但两位作家还是有许多不同之处。在家庭背景上，库切生于南非，但他的母亲是英国人，因此他以英语为母语。奈保尔生于中美洲的特立尼达和多巴哥的一个印度婆罗门家庭。他们截然不同的家庭出身造就了两位独具特色的写作风格：库切文风冷峻，学术风较重，多用短句，善于着眼于一个小切口并不断往下深挖；而奈保尔的文风较为铺陈，学术风较轻，凭借冷静的文笔创造巨大的心灵震撼。此外，库切的作品以小说居多，而奈保尔的作品更多是非小说类型的，《非洲的假面剧》就是一部游记。

谈到殖民题材作品，其实我手头正在翻译古尔纳的《朝圣者之路》也带有后殖民主义色彩。古尔纳是 2021 年的诺贝尔文学奖得主。不同于奈保尔冷峻、讽刺的风格，古尔纳的作品充满了对殖民地民族的同理心和对难民的关切。

林心怡：这样来看，您翻译的三本书都涉及殖民话题，请问您在翻译选题方面是否存在某种特定标准呢？

郑云：翻译实际上是一个双向选择的过程。出版社会根据著作来选择合适的译者，而译者也会依据自身兴趣等进行选择。我的确对这类殖民话题和历史体裁感兴趣，有机会翻译自己喜欢的作品对译者来说也是一件美事。但尽管之前有翻译殖民题材著作的经验，但这次翻译《朝圣者之路》还是遇到了不少难题。首先，古尔纳作品的中文译著几乎为零，所以我在翻译时无法借鉴他人的译作。其次，这本书中涉及许多有关桑给巴尔、板球、非英语语言等内容，而我对这些陌生领域也几乎一无所知。这么多个"零"摆在面前，这本书的翻译难度要远超《非洲的假面剧》，对我而言挑战巨大。

林心怡：虽然在翻译过程中遇到了许多个"零"，但将未知变为已知的过程对译者而言也是学习和感悟的过程。老师在翻译这些殖民题材著作时有什么收获吗？

郑云：的确，翻译对我来说是从无知到有知，不仅加深了我对异质文明的了解，还进一步拓宽了眼界。提到殖民，大部分人就会想到西方殖民统治者，但这其实是一种错误的刻板印象。翻译《非洲的假面剧》的时候我了解到，在德国、英国等地的殖民者来到非洲之前，阿拉伯人用廉价的小玩意骗取奴隶和象牙，并传播了伊斯兰教。在此之后欧洲人才来到非洲殖民，传播基督教。其实非洲最早的殖民者是阿拉伯人。古尔纳在他的著作里也提到，在桑给巴尔最早传教的不是基督徒，而是阿拉伯半岛的阿曼人。

此外，很多殖民作家他们自身也经历过流散，奈保尔和古尔纳都离开了自己的原乡，来到异乡。这些经历被融进他们的作品中，体现出文明的冲突和文化的杂交。因此，通过翻译这些作品，可以站在这些作家的角度思考问题，对异质文明产生更深的理解。实际上，一些非洲国家独立以后境况并未好转，人民还是生活在水深火热之中。奈保尔在《非洲的假面剧》里描写了非洲人残忍烹食动物、活人祭祀，将非洲文化愚昧、丑陋的一面暴露无遗。谈及殖民主义，我们应避免文化上的本质主义，避免沉浸在受害者话语之中，否则前殖民地就难以取得真正的进步。

翻译工作者把一本值得读的好书介绍给本国读者时，应该以这些外国作品为镜，让读者用更全面的角度看待事物，改变他们心目中的某些刻板印象。就像奈保尔在《非洲的假面剧》中提到的："The reader has to be sent away with a feeling of purpose, of something achieved." 读者合上书时，应该有所感、有所悟。

四、译路漫漫：翻译是一种使命

林心怡：听了您的回答，我深受感触。要想彻底吃透一本书，翻译不失为一种好办法，因为在翻译的过程中，译者不断地思考、斟酌、推倒重来。翻译是一个精益求精的过程，需要对译文进行不断的润色、打磨，老师您会回看自己的翻译吗？

郑云：会的。作品出版之前，我经常会回看自己的翻译，多琢磨琢磨、推敲推敲，修改一些不是特别到位的地方。很多时候，翻译并不是一步到位的。在翻译的过程中，通常会有几种译法，经过反复的推敲，从中选择最佳的一种。但是过一段时间来回看这段翻译，又常常会觉得另一种译法更合适。我在翻译时会换位思考，站在读者的角度去看我的译文。译者需要有共情能力，只有这样读者才能在阅读时产生共鸣。

每个人的生活经历、家庭背景、求学生涯、性格特征等等都不尽相同，这些都会影响我们的翻译，所以每位译者都有自己独特的翻译风格。但是我还是建议大家不要受限于一种固定的翻译风格。因为某种特定的风格可能不适用于所有类型的源语文本，译者要尽量避免这种冲突。

在练习翻译的时候，我也常常会把自己的译文和其他译者的作品对照对照，带着一分为二的眼光去品读。有些地方别人翻译得更好，我就会学习、吸收。文学翻译不能老是原地踏步、闭门造车，否则很难在翻译能力方面取得进步。语言是有惯性的，如果长期把自己封闭在一个小圈子里，不去参照别人的译文，那么每次翻译时跳出来的就都是那几种表达。要尝试突破，阅读各种不同类型的混杂文本，更新自己的语言储备，从而打破一成不变的翻译风格和思维惰性。

林心怡: 老师,您刚才提到共情能力,站在读者的角度回看译文,但某些情况下过于迁就目的语读者也会在一定程度上偏离源语文本,不利于文化传播。您认为译者应该如何在源语文本和目的语读者之间达成平衡呢?

郑云: 翻译就像天平一样,是一个动态调整的过程。译者要非常灵活,根据原文拿捏好分寸,实现文本契合,有时候是非常难的。举例来说,我在翻译《非洲的假面剧》时,里面有这样一句话:"... he was going to be a white elephant for the firm, since there wasn't much for him to do." 联系上下文,不难看出 "white elephant" 是指 "贵而无用的累赘"。这时候我有两种选择,一是按照原文翻译成 "白象",并加注进行解释;二是翻译成中国读者一眼能懂的表达,比如 "摆设"。我个人认为,不一定要迁就中国读者,不一定要让读者看得很顺溜,因为这样从阅读体验上来说读者没有长进,没有学到源语言及其文化内涵。

所谓的 "信达雅",也不是一味迁就目的语读者,而是一个动态调整的过程。袁伟研究员在《文学翻译文学吗?》这篇文章中把翻译比作 "戴着镣铐跳舞",我觉得这个比喻非常贴切。译者需要跳舞取悦观众,也就是目的语读者,但与此同时也会受到源语文本的限制,不能脱离文本,太过自由发挥。优秀的翻译就在于拿捏好分寸。

林心怡: 最后我想问问,作为一名文学翻译工作者,您在文学翻译领域有没有什么体悟和感受可以分享给大家呢?

郑云: 首先,文学翻译需要译者能够耐得住寂寞,因为大多数时候你需要自己去判断、选择、思考,这一过程需要付出大量的体力和脑力,但多数情况下,文学译者的报酬和付出极度不对等。其次,译者不要自降身份,实际上译者的角色是多面的,肩负着重要的责任。译者将外国文学带给中文读者,这些译著作为参照系,能够促使读者重新审视中国的方方面面。翻译工作者不仅仅是干文字活,文学翻译的价值远不止于经济层面。因此我们不能单纯把文学翻译当作饭碗,而更应该视其为译者身上背负的神圣使命。

迄今为止,我所翻译的文字还很有限,主要涉及奈保尔、库切、古尔纳、吉卜林和多丽丝·莱辛五位诺贝尔文学奖得主的作品，他们的作品都牵涉殖民话题。当一位译者将一种异质文明展现在读者面前，为读者搭建起联结之桥时，他是功德无量的。同时，对译者而言，译事虽难，却也是"美丽的邂逅"。

道阻且长，行则将至

——俞佳乐访谈录

朱金晶　俞佳乐

受访者简介： 俞佳乐（1976——　），浙江杭州人。浙江工商大学外国语学院法语系主任、教授、硕士生导师。译有《平静的生活》（春风文艺出版社，2000）、《东方快车的故事》（作家出版社，2008）、《七日永恒》（上海译文出版社，2011 等）、《读书年代：带上所有的书回巴黎》（广西师范大学出版社，2013）、《艺术或生活：图说伦勃朗艺术和道德》（华东师范大学出版社，2018）等 10 余部作品，共计 100 余万字。其中，《读书年代：带上所有的书回巴黎》获第六届傅雷翻译出版奖新人奖。

访谈者简介：朱金晶，浙江工商大学外国语学院硕士研究生，研究方向为法语笔译。

本次访谈时间为 2022 年 8 月，形式为线上交流。访谈主要围绕俞佳乐教授的文学翻译实践、翻译理论研究及教学经历展开。

一、译书如做人

朱金晶：俞老师，您的法语学习经历十分丰富，很好奇您和法语的缘分是怎么开始的？您在高考填报志愿时为什么选择了法语专业？研究生时又为什么选择了翻译方向呢？

俞佳乐：填报高考志愿是 1995 年的事情了，近三十年光阴恍若白驹过隙……因为学习成绩不错，当时就读的杭州高级中学给了我一份南京大学优先录取推荐表，我报考的第一志愿是国际贸易，在那个年代，所有冠以"国际"之名的专业都相当热门；我自己偏爱外语，毕业于北师大的语文老师对我甚好，她告诉我法语发音好听，说者自带几分优雅，于是第二志愿我就填了法语。最终我的高考成绩超重点线四十多分，但浙江省高考探花也填报了南大国贸专业，我就只好退而求其次了。如今想来，一切都是最好的安排，我喜爱安静与自由，可能并不适合波谲云诡的商业市场，再学一门外语，多读些书，倒不失为一件乐事。大四那年，也是因为专业成绩不错，获得了免试读研的名额，南大的惯例是推免生一般都会跟着许钧教授研读翻译方向，从本科四年级开始听课，两到三年毕业，这样的机会自然是不舍得错过的。

朱金晶：您是从什么时候开始进行翻译实践的？从事翻译的经历又有哪些呢？

俞佳乐：能从大三开始自食其力，靠的就是翻译，我先后给法国几家公司的驻南京商务代表做过文件翻译和会谈口译，真正意义上的文学翻译实践是从研究生阶段开始的。当时虽然没有硬性规定，但南大的法语硕士生一般都有论文或译著等成果问世。1999 年，我在《外国文艺》发表了译文《福克纳：一个施咒祛魔的作家》；2000 年，在《世界文学》发表了关于杜拉斯的四篇评论，我翻译了其中的《杜拉斯主义》一文；2001 年，出版了第一部译著《平静的生活》，这是杜拉斯早期创作的小说之一。我在博士阶段的主要任务是撰写学术论文，翻译实践暂时被搁置。毕业工作以后，为了保持阅读爱好和专业水准，又随性所至地捡了起来，从 2008 年到现在，陆续翻译出版了超百万字的法语文学作品。

朱金晶： 您翻译的作品题材广泛，《七日永恒》是小说，《东方快车的故事》是历史，《读书年代：带上所有的书回巴黎》（*Bouquiner*，简称《读书年代》）是回忆录，《艺术或生活》是文艺批评，《如果生命只剩一小时》是哲学小思……您在接受翻译邀请时是否有偏爱的文本类型？

俞佳乐： 就目前而言，翻译引进的书目主要还是由相关出版社确定，但出色的译者也越来越有话语权，可以凭借自身的专业背景和文学品味推荐选题。你提及的这几本书都是出版社确定引进后联系我的，我自己读书比较杂，从文学经典到网文都能欣赏，所以在体裁上没有给自己太多的设限。一旦翻译出版之后，这些作品也仿佛成为自己的孩子，偏爱总是有的。我自己最喜欢读的是《读书年代》和《艺术或生活》，前者虽可以被称作自传或回忆录，同时又是读书心得，后者则是对艺术家及其作品，以及文学本身的评论。如此看来，我应该比较偏爱评论，可能也是因为文学评述兼具感性和理性的缘故吧。

朱金晶：《读书年代》获得了第六届傅雷翻译出版奖新人奖，您一开始为什么会想到要翻译这本书？

俞佳乐： 能翻译《读书年代》，还是要感谢我的导师许钧先生。2000 年，广西师范大学出版社联系了他，委托他寻找译者翻译此书，许老师把前半部翻译和全书校对的任务给了我，让我带着师妹唐媛圆一起完成。《读书年代》的前身《闲话读书》在 2001 年就问世了。2012 年，我在瑞士日内瓦大学访学，"理想国丛"书的雷韵编辑辗转联系到我，说希望重译再版此书，而唐师妹一直联系不上，所以《读书年代》就由我独立重译了。当时也有过会不会"老调重弹无人听"的担心，但时隔十二年后的重译以及与编辑的通力合作，让我深刻体会到翻译与出版是可以精益求精的。

朱金晶：原来《读书年代》译本完成的背后还有这样的故事。有机会我也要把《闲话读书》找来对比读读，体会一下相隔十二年的两个译本的差别。您有过众多的翻译实践，能否和我们分享翻译过程中令您印象深刻的趣事或是遇到的棘手的困难？

俞佳乐：2021 年，我带领你们尝试翻译绘本，书中讲到了一些法国蜗牛，全世界的蜗牛有几万种，我被蜗牛制裁了好几天，有几种在中文中还是找不到对应的专属名字，不得已之下就根据原文和配图意译了。某天和朋友在校园散步，看到一只鸟，我脱口而出那是戴胜，她很惊讶我怎么认得，我想了想，也是因为在绘本上见过、译过，戴胜的拉丁名字那一刻已经记不起来，它雄赳赳气昂昂的样子却被我铭记在心了……

朱金晶：您这么一说，我也回忆起被蜗牛和蛞蝓支配的痛苦了，但能认识这么多以前完全不了解的动物，真挺有意思，也有成就感，这可能就是翻译之中的痛并快乐着吧！俞老师，您认为作为一名优秀的译者需要具备哪些能力？为了具备这些能力，又需要做出哪些努力呢？

俞佳乐：我觉得译书如做人，还是要保持真诚和温柔。因为真诚，我们可以坦然面对自己，面对翻译实践中的可能和不可能；因为温柔，我们可以坦然面对作者和读者，尽力理解、细致传递。想要具有这两种能力，或者更确切地说拥有这两种品质，需要在专业上不断吸收和精进，在生活中经受锻炼和磨砺。

二、翻译自然有其存在的理由和价值

朱金晶：近年来，除了字里行间的实践，译者群体也越来越注重翻译理论探讨了。在阅读了您的著作和论文后，我发现您对翻译理论的研究集中在翻译的社会性方面，十分好奇您是如何对这一方面产生兴趣并将其作为突破点进行研究的。

俞佳乐：我们知道，翻译研究有语言学派、文化学派、文艺学派等不同的研究方向，但无可否认的是，翻译首先是一种语言行为。硕士阶段读到的社会语言学理论书籍引发了我对翻译的一些思考，我还基于此在《中国翻译》发表了《翻译的社会语言学观》一文，也以相关主题完成了毕业论文。读博了，自然需要一个细化的研究方向，有了前面的经验，我关注到，无论是以语言、文艺或者文化为切入点，还是结合韦努蒂的归化/异化、哈贝马斯的交往行为以及布尔迪厄的场域理论，都能说明翻译是一种社会行为，于是又写了《翻译的文化社会学观——兼评〈翻译文化史论〉》《翻译的文艺社会学观》等文章，博士毕业论文也确定以翻译的社会性为研究主题。既然是一种社会文化行为，翻译自然有其存在的理由和价值，翻译学科的快速发展以及翻译专业硕士学位的设立便是其佐证之一。近年来，我整理了一些不成熟的观点，发表在《新时代背景和学术语境下翻译建设的四个议题》《翻译价值的社会学反思》两篇论文之中，前一篇提出了翻译理论研究多途径化、翻译人才培养专业化、翻译产业运作规范化和翻译批评主体多元化这四个议题，后者则尝试对翻译价值进行理论层面的初步反思。

朱金晶：在翻译的社会性研究中，译者的主观能动性是被反复强调的一点。您认为对译者来说，要如何努力做到在翻译过程既保持深刻的文化意识，又很好地发挥主观能动性呢？

俞佳乐：翻译之难，大部分情况下不是难在语言，而是难在不同文化之间的传递上，因此，我们经常听到翻译是跨越文化天际的彩虹，译者是两岸文化的摆渡者之类的比喻。好的译者一定有能力熟识乡土文化，有能力了解异域文化，也有能力在两种文化之间来回斡旋。这种能力不是天生的，而是要通过不断学习积累。面对人类文化这座无穷无尽的宝藏，译者必须保持谦卑之心，我们不是无所不知的万事通，在翻译中遇到未见之物、未知之人、未经之事是客观情况，需要如你所言地"发挥主观能动性"，仔细搜索考证，尽力准确传达。

朱金晶： 您在给我们上"法国翻译理论与笔译技巧"这门课时说过，即使是您本人，在阅读和学习相关理论著作时也会有类似"墙头草"的心态，即看这个理论时觉得说得好，看另一个时又觉得也不无道理，而不同学者的理念差距很大，有时甚至是完全对立的。对于我们这些翻译理论的初学者来说，很容易"迷失在理论的丛林里"，对此您有什么好的方法或者建议吗？

俞佳乐： "墙头草"是一句玩笑，居然被你们记住了。当然，学者能够为人所知，其著书立说必然有其道理，在一定的语境中能够引发读者共鸣，理论书籍读多了，就会有迷失之感。我觉得最好的方式是带着自己的问题去读别人的书，在某个学术问题的探讨或者论文构思环节，可以先形成一个初步的主张，然后通过了解相关理论或者观点，来证明，也可能是纠正自己最初的想法。在这个过程中，自然也就形成了对其他理论的借鉴或者是批评。

朱金晶： 在之后的理论学习中，我一定会尝试着按这个方法去思考和研究的。接下来的这个问题可能有些笼统，在经过这么多年的理论学习和问题思辨之后，您有形成自己的翻译观吗？

俞佳乐： 这个问题不太好回答，二十多年的翻译学习和实践，可能还不足以让我形成唯一明确的翻译观。不过在翻译时，我经常提醒自己要"知止有度"：阅读原文时尽量做到"无我"，不因为自己在语言认知或者文化常识方面的盲点影响到对原文的理解，不懂就问、不知就查、知错就改；形成译文时尽量做到"有我"，有了忠实原文的"信心"和文化传递的"通达"之后，文学翻译的"风雅"，即译本的文学性，还是要依靠译者的文字功力来铸就的。所以文学译者不仅要做好外语人，更需要具有几分文人气质，具有较高的文化素养和文学造诣。

三、教学相长，共同进步

朱金晶： 俞老师，促使您走上翻译教学之路的契机或者原因是什么？

俞佳乐：我经常说自己是教法语的，翻译类课程始终是我本职工作的一部分。博士毕业以后，因为先生去了北京工作，我也尝试着向首都高校求职，最终落户中国人民大学（简称"人大"）。在人大工作期间，一直教大四的法语综合实践和大三的法语笔译等课程，体会到了高年级语言和翻译类课程在备课讲课、布置批改作业，以及学业成绩评估等所有环节的难度。2008 年，作为独生女的我经不住父母的企盼，调回故乡杭州的浙江工商大学任教，同时负责法语专业的建设工作。那年，法语系还只有六位教师，人数是现在的一半，所以最初几年里，我几乎把所有专业课程都上了一遍。随着教师队伍的壮大，我们逐渐得以结合个人专业所长安排教学任务，我就主要教授法语笔译、法语写作、学术论文写作等课程。法语笔译课程虽然有相关教材，但如果只是照本宣科，同学们可能会学习兴趣不大，所以我希望能够与时俱进，选择鲜活真实的法语或中文语料作为翻译素材，要求同学们中法互译，一起讨论翻译中的得失，也会提供自己的或者官方译本作为批评和借鉴的对象。

朱金晶：这么算来，浙江工商大学法语系从建立到现在，已经是第十五个年头了。在本科稳步发展的同时，法语笔译专业硕士点也在前年申报成功，去年正式开始招生。作为浙江工商大学法语系主任，您是如何对法语笔译专业硕士点进行学科建设和课程规划的？

俞佳乐：与传统的外语学术型硕士相比，翻译硕士（MTI）是一种新生的人才培养方向，但其成长势头迅猛，以我所在的浙江工商大外国语学院为例，翻译专业硕士占了硕士总人数的 80%，几乎所有硕士导师都要指导翻译专业类学生。2000 年，学院领导让我主持法语笔译专业硕士点的申报，说实话是有些压力的，毕竟法语专业能够开设硕士阶段课程的只有六位具有高级职称或者博士学位的老师。巧妇难为无米之炊，幸好我们有米，但口粮确实不多，既要用好法语专业师资，也要借力学校、学院的平台和资源。在法语笔译专业硕士培养方案的确定过程中，学院英语口笔译方向的资深教授给予了我们宝贵的建议和帮助，法语专业同事也都进行了积极响应。最终，我们决定开设中法文化比较与翻译、法国翻译理论与笔译技巧、翻译的语言学基础、高级口译等课程作为法语笔译硕士的学位课和必修课，我们也在积极联系著名学者和业界专家，希望能邀请他们来教授法国文学翻译、翻译与出版、翻译与诗歌等一系列选修课程，努力培养出具备扎实的法语语言基础、系统的翻译专业知识、熟练的翻译技能和良好的跨文化交际能力的专业法语笔译人才。

朱金晶：您向本科生和研究生都开设了笔译课程，这两门课我也都上过。在为这两门课挑选语料时，除了难度上的区别，您在专业领域上有何侧重？

俞佳乐：我教授的本科课程名为"法语笔译"，研究生课程名为"法国翻译理论和笔译技巧"，从题目可以看出，这两门课程的区别不仅仅在于教学素材的选择上。我个人认为，本科阶段的翻译类课程是提高语言运用能力和完善知识结构的一种手段，所以在翻译素材的选择上，注重现实性和实用性，内容涉及文学、政治、经济、社会、文化五大方面，通过具体篇章翻译示例和练习，结合多媒体搜索等辅助手段，使学生掌握一定的翻译技巧，同时帮助他们巩固语法、扩充词汇、掌握句型，全面提高专业素养。到了研究生阶段，我希望学生具有阅读和分析法语理论著作的能力，鼓励他们的批判性思考、对笔译技巧的领会和把握，所以我推荐阅读和翻译的是当代法国翻译研究的论著片段或者代表性文章，在内容上相对集中，但学术性和难度有了较大的提高。

朱金晶：听您这么一说，感觉备课、授课可真是一门大学问，在我们学生看得见的部分之外，老师也花了很多心思和力气。在您的教学过程中，有没有遇到过什么困难？

俞佳乐：教过很多门课，真心觉得每门课要上好都不容易，而且因为课程内容不同、受众不同，遇到的困难也各式各样。比如，近几年，硕博二外班里有几位国际生，不得已只能发挥我有限的英语水平来教法语；再如，法语写作、法语笔译教材选择不多，课时也有限，所以基本上采用了自编教案。此外，学术论文写作课程其实是本科毕业论文写作的辅导课程，学生们第一次面对从选题、内容到格式方面都有诸多规范和要求的学术性论文，老师真是需要事无巨细地——交代、常常提醒。

朱金晶： 在您开设的这么多课程之中，哪门课最受同学们好评？

俞佳乐： 我还真不知道哪门课最受好评，不过，我一直觉得，教书和翻译一样都是良心活儿。作为老师，只要能认真对待课堂，尊重学生个性，展开平等交流，"教学相长，共同进步"这句话就不会沦为口号。当了近20年的老师，我体会到自己的法语水平、教学和翻译能力都得到了提高，是课上课下同学们一个个提问、一次次要求指导、一声声感谢给了我不断学习、纠错和进步的动力。

朱金晶： 如果要让我来选最喜欢您的哪一门课，也确实有点难选，但如果可以选两门的话，就一定是上面提到过的本科时候的"法语笔译"和研究生阶段的"法国翻译理论和笔译技巧"。前者可以说是我法语翻译的启蒙课了，这门课程课堂生动有趣，材料种类丰富，甚至还有我们熟悉的歌曲，让同学们不会在刚接触翻译时就觉得翻译是枯燥的、难为的。大家都挺喜欢这门课！至于"法国翻译理论和笔译技巧"，这门课的确不好学，但正因为不好学，在这门课上我才真正收获到了很多，这又是一次痛并快乐着的经历。在您的学生时代，哪位翻译老师最让您印象深刻？他（她）对您教授翻译课程时的教学方法有什么启发和影响？

俞佳乐： 在翻译方向，许钧老师是我本科翻译课程的授课老师，也是我硕士和博士阶段的导师，他的启蒙和教诲令我终生难忘。许老师让我印象深刻的有两点：一是勤奋，老师是抓住一切时间读书思考的学者，几十年笔耕不辍，著述译作等身；二是信任，他对诸多弟子的个人能力给予了百分百的信任，在我本科还没毕业的时候，老师就选了诺贝尔文学奖得主勒克莱齐奥评论另一位诺奖得主福克纳的文章，让我试着翻译，译文交他审校后竟然就白纸黑字地发表了，这给了我莫大的信心和勇气。自己当了老师之后，在勤奋这一点上可能要愧对恩师了，但我至少要学会像他一样对学生充满信心，永远用微笑与赞许去催人前进。

朱金晶： 最后想请您对正在学习翻译的同学们说几句，提些建议。

俞佳乐：道阻且长，行则将至，行而不辍，未来可期。学好翻译不是一蹴而就的事情，愿同学们能保持心中的喜爱与追求，在奋斗中找到乐趣、看见未来！

朱金晶：感谢俞老师的分享和寄语！

"看·得·懂"的翻译

——刁俊春访谈录

孙　惟　刁俊春

受访者简介: 刁俊春 (1978 —　　), 嘉兴学院外国语学院英语系讲师、中国翻译协会会员、浙江省外文学会理事。累计出版或发表译文近200万字, 译有《国王的全息图》(人民文学出版社, 2016)、《继承者》(浙江文艺出版社, 2016)、《阿斯托里亚》(中国友谊出版公司, 2016)、《暮色将至——伟大作家的最后时刻》(中信出版社, 2018), 参编教材教辅6部, 发表论文10余篇。

采访者简介: 孙惟, 浙江大学外国语学院硕士研究生, 主要研究方向为翻译理论与实践。

本次访谈时间为 2022 年 12 月 8 日 20:30 至 22:00, 由于疫情, 访谈采取线上形式。本次访谈主要围绕刁老师的求学之路、文学译路和翻译教学之路展开。

一、求学之路

孙惟: 刁老师晚上好! 感谢老师在百忙之中抽空接受这次访谈。想请问老师, 回忆过往, 是什么机缘巧合使您与翻译结缘的?

刁俊春: 我走上英语专业教师和文学翻译之路其实是很偶然的。我中考结束后, 没有上高中, 而是进入了一所医学中专学校。我没有上高中, 没有参加过高考, 所以也没有受到全日制的本科教育。直到 2003 年考上安徽大学外国语学院英语语言文学硕士研究生, 我才开始真正的大学学习生活。而我的翻译之路大致可以分成四个阶段:

第一阶段始于写作本科论文, 直到硕士毕业。我自学考试的本科毕业论文选题是有关直译和意译的, 论文是用英语写的, 但是免不了要列举一些汉语译文, 这些译文我记得大部分都是来自冯庆华等老师的翻译教材, 但也有一些是我自己翻译的, 论文答辩的时候也受到了陈正发老师的肯定和指导。这让我后来比较留意一些发表双语文章的杂志, 如《英语世界》, 并学习和思考一些翻译方法和技巧。考上研究生后, 我做过一些翻译实践, 特别是在毕业论文选题确定后, 陈老师让我在安徽大学 (简称"安大") 著名的澳大利亚文学研究所里读了好几部托马斯·基尼利的小说, 陈老师的要求是, 读完要把主要情节翻译出来并写成读书报告。就这样, 我做了不少翻译, 后来硕士论文写的是《辛德勒的名单》。我当时翻译了这部书比较多的文字, 心中想着以后有机会要把整本书翻译出来, 不过冯涛先生 2009 年的译本在上海译文出版社出版了, 不知道以后还有没有机会贡献自己的一个译本。

第二阶段是进入嘉兴学院后参加教学辅导书的编写。我 2006 年从安大硕士毕业后, 来到嘉兴学院外国语学院英语系, 成为一名英语老师。当时的外国语学院教学副院长游玉祥老师组织英语系老师编写上海外语教育出版社英语专业"基础英语"课程的教学辅导书, 先后出版了五部，我积极参与其中，还担任了两部的副主编。辅导书需要把所有课文都翻译出来，所有例句也都要有汉语翻译。这些课文很多都是非常具有文学性的文章，我独立翻译了其中二十到三十篇左右的课文。

第三阶段是在复旦读博期间，这一阶段我真正开始了长篇翻译。2012 年，我考上复旦外文学院英美文学方向的博士研究生，导师是张冲老师。2013 年，我选修了金雯老师的一门给硕士生开设的文学批评课程。有一次，中国美术学院的院刊《新美术》的特约编辑石可老师邀请金雯老师翻译一篇朱迪斯·巴特勒的文章，金雯老师让我试试。我接到这篇难度非常大的文章后，查阅了很多资料，一连在图书馆泡了大半个月，一心一意想要翻好这篇文章。交稿后，《新美术》的编辑对译文的评价是"几乎完美"，这种溢美之词给了我很大鼓舞，估计也让金雯老师比较满意。她随后推荐我翻译 99 读书人的一部长篇小说《国王的全息图》（*A Hologram for the King*）。交稿后，编辑彭伦老师对译文表示认可，他在邮件中给译文的评语是"你翻译得非常好，文字处理得很活"，后来还请我翻译了一篇莫迪亚诺作品的评论文章。彭伦老师当时还有意让我接着翻译另一部长篇小说，但是我因为小孩子正在上幼儿园，需要我参与照顾，加上房贷等经济压力也大，已经提前结束了全脱产读博，回到了嘉兴学院，需要满额完成教学和科研工作量，同时正在翻译《继承者》（*The Inheritors*）和《阿斯托里亚》（*Astoria*），还有博士毕业论文要准备，所以很遗憾没有能继续和彭伦老师合作。另外两个长篇翻译，一个也是因为金雯老师的原因。前面说过因为金雯老师的推荐，我在《新美术》上发表了我的第一篇 C 刊译文。后来《新美术》的编辑张静老师经常和我联系，让我翻译一些文章和做一些校对工作。张静老师在浙江文艺出版社出版过译著，认识一位编辑，推荐我翻译了诺贝尔文学奖获得者威廉·戈尔丁的《继承者》，这个译本 2022 年被上海译文出版社再版了。另外一个是美国文学之父华盛顿·欧文的作品，当时我的导师张冲老师在组织人手翻译华盛顿·欧文的全集，问我有没有兴趣参与其中，我当然愿意，于是认领了四十万字的《阿斯托里亚》。另外，我的博士论文是用汉语写的，主题是狄更斯中短篇小说，写作过程其实也包含了大量原文和参考文献的翻译。

第四阶段是博士毕业后至今。2016 年 6 月，我博士毕业后继续在嘉兴学院工作，陆陆续续做了一些系部行政工作，不过一直没有放下翻译。除了继续在《新美术》上发表译文，也翻译了几本长篇作品。因为《阿斯托里亚》的翻译得到了出版社的认可，经张冲老师的提醒，中国友谊出版社后来又找我翻译了华盛顿·欧文最著名的作品《见闻札记》（*The Sketch Book*）。这本书已经有诸多名家译本，但是我的译本应该是最全的，包括原文中的诗词翻译和引文出处查证等，是我目前为止翻译作品中用时最多的一部。另外，通过金雯老师的推荐，我翻译了中信出版集团出版的《暮色将至：伟大作家的最后时刻》（*The Violet Hour: Great Writers at the End*，简称《暮色将至》），这本书在豆瓣上的评价比较好。以上这些都是我独自翻译的，这两年还参与了一些合译项目，除了这些英译汉之外，我还参与了中国美术学院九十周年校庆一些宣传材料的英文翻译、嘉兴学院外国语学院"红色外译"项目和海盐县政府网站的英译工作。今年国庆期间，刚刚完成了一部很有学术意义、讲述西伯利亚钢琴历史的非虚构著作的翻译，已经交稿，这一部是我找彭伦老师申请的。

孙惟：从医学专业的学习到翻译和语言的世界，这样的转折必然有艰辛之处。回想当时的场景，您觉得在求学道路上遇到的最大瓶颈是什么？而您又是如何克服这样的难关的？

刁俊春：其实我一路走来几乎都在面对"自学考试"，包括硕士、博士阶段；我读博士的时候年龄已经比较大了，张冲老师对我的培养比较宽容，也给了我足够的自由，认为我不需要拘泥于他研究的一亩三分地之中，因此，我的研究一直是以自己的兴趣为主。但按照兴趣来做也就意味着会遇到一些困难。我的头一个困难就是英语基础比较薄弱，由于中专并没有非常规范的英语课程，自学考试的课程设置也不系统，考试通过要求相对较低。这些在我安大求学期间表现了出来，记得洪增流教授在我的一次 presentation 之后点评道："你的单词发音一半以上的重音位置错误。"老师的中肯批评激励我继续努力"自学"，我开始大量阅读、苦练口语，每周五晚上必到安大的英语角。这个英语角是合肥市著名的文化场所，中国科技大学、合肥工业大学等高校的学生，还有社会上的英语爱好者们经常光顾，异常热闹，我在和目的各异的各种英语爱好者的交流中实实在在地提高了自身水平。在安大期间，我还在多所高校兼职担任英语老师，现在想来这样的经历锻炼价值很大。陈正发教授继续担任我的导师，陈老师一开始对我的毕业论文的语言很不满意，我就求他给我改，改不出来就划线提醒我。这个经历让我受益良多，也很感动。到毕业时，我居然是专业总分排名第一、拿到一等奖学金的优秀学生了。

安大外院的英语专业非常注重英语基本功训练和文本细读功夫的培养，我在这里受到了很多优秀老师的指导，除了导师陈老师和前面提到的洪增流教授，还有文学方向的华泉坤、陈兵、戚涛、王晓凌、外教Jill，语言学方向的朱跃、朱小美、胡健，以及翻译方向的周芳珠、范祥涛等老师。

二、翻译之路

孙惟：您的译著多为一些经典文学或者有关著名学者和作家的，如《国王的全息图》《继承者》《阿斯托里亚》《暮色将至》《见闻札记》等，翻译这些作品时，您是否会觉得这些作品对您的生活或是文学思考产生一些影响？

刁俊春：这几年做翻译的经历的确是丰富了我的生活，甚至一定程度上改变了或者说固定了我的性格。在一次次遣词造句、资料搜寻和查证中，一个译者会明白自己的知识是多么的不足，明白自己有许多知识盲点，一些以前自以为熟悉的知识，一经翻译才明白那些知识并没有熟悉到有用的程度，原先只是掌握了一些皮毛而已。翻译让我明白自己永远是学生，这也让自己在生活中比较谦和。学翻译、做翻译在很大程度上会让人变得谦虚，因为到最后要双语对照、白纸黑字，你的翻译好坏，有没有缺漏，一眼就能看出来，因此没有足够的积累是会有问题的。我一开始接到的任务是《国王的全息图》这样一本书的翻译，作家戴夫·艾格斯很年轻，是一个70后作家，他的文字相对来说比较易读。所以，以这本书作为铺垫，对我来说是幸运的，让我可以上手了之后才敢于尝试翻译《阿斯托里亚》《见闻札记》这样难度更大的书，不然我可能要想一想我是否真能翻译好。此外，翻译对我的生活影响也是巨大的。从 2013 年开始，到 2022 年，这些年我几乎一直在做文学翻译，翻译可以说是固定了我的生活方式。从和出版社定好合同开始，接下去的八个月或者九个月之内就要持续地翻译，我把翻译任务分解到每天，至少是每周。看好原著后，确定好难点在哪里，定好计划，否则可能没办法交稿子。比较让我引以为豪的事情是我几乎从来没有拖延过交稿日期。定好交稿日期，划分好工作量之后，我就要依此来计划我的生活，除了保证学校的教学科研和必要的其他事务之外，其他时间几乎都会用在翻译上。

翻译有趣的地方在于，看到一个新的信息之后，你可以顺藤摸瓜，发现一系列有趣的事情。今年夏天，我在翻译《情迷西伯利亚》这本书的时候，看到了网上一个介绍库茨克这个地方的视频，这个地方从 11 月份到 3 月份的最低气温为零下 71 摄氏度。视频里的人讲述道，在雅库茨克根本不需要锤子，你随便拿一根香蕉就可以了。当时我在的地方正值 40 多度的暑热高温，看到这样的视频就有种非常奇妙的感受。翻译《阿斯托里亚》时，我"随着"阿斯特的团队顺着密苏里河逆流而上，跨越落基山脉，再沿着哥伦比亚河，体验了美国早期皮毛贸易者们的艰辛。而在翻译今年这本《情迷西伯利亚》时，我意识到，它所处的地理背景大致是从莫斯科出发，从西往东走，越过乌拉尔山脉，到达俄罗斯远东地区，最后到堪察加半岛，如果越过白令海峡就又快要到美国了。我回想起几年前是从美国出发一直走到太平洋沿岸，而这次是从俄罗斯出发又走到太平洋沿岸，中间隔了一个白令海峡。这场地图的旅行非常有趣，当然，其背后的历史和厚重的文化更加令人着迷。翻译《继承者》的时候，我见证了尼安德特人和早期智人的矛盾冲突。翻译《暮色将至》的时候，我近距离地观察了六位伟大作家生命最后时候的场景……翻译中，我们在体验别样的世界、他人的生活，这可以丰富我们自己的人生。

另外，翻译时我喜欢做对照阅读，如翻译《阿斯托里亚》的时候，我就读一些金庸先生的武侠小说，我看到两者之间有一种相似性，于是我运用了一些非常贴合这本书所描绘的场景的词句，例如"空山寂寂""双峰对峙""一水中流"等等，这些均来自金庸小说。《暮色将至》这本书给我个人的冲击可能要更大一些。这本书是关于苏珊·桑塔格、西格蒙德·弗洛伊德、约翰·厄普代克等著名作家生命最后时刻的非虚构写作。在翻译这本书的时候，我的家庭也遭遇了一些变故，我的母亲突发疾病，生命垂危。我当时的感受很深刻，我在想，这些名人在生命最后的时刻有人为他们著书立传，那么普通人生命最后的时刻是否也值得纪念呢？这本书因为牵涉到太多的作家和著作，翻译起来很有挑战性，好在豆瓣上的反响还算不错。

《继承者》这本书今年由上海译文出版社进行了重印，为了纪念戈尔丁 110 周年诞辰。这本书非常难译，其原因在于它是以尼安德特人的视角书写的。我们人类，又称为智人，是早期在与尼安德特人的斗争中胜利的一方。尼安德特人没有文字，多以图像化的视角来记录，所以这本书虽然只有短短十几万字的文字，但是处理起来困难重重。老实说，每译完一本书，都有点后怕，因为在翻译过程中才明白当初接任务的时候，其实是有许多自己不知道的知识的。这给我提了个醒，今后在接下任务之前一定要多翻几个章节，做一些 homework，看看能不能看得懂，再决定要不要翻译它。

孙惟：那老师觉得，对于一个译者来说最重要的品质是什么？

刁俊春：我认为译者最重要的品质就是三个字——负责任。翻译前的第一步一定是"看"，看这个我能不能翻。比如，在翻译《见闻札记》时，欧文的诗歌，我觉得我没有把握，而现在许多名家译本也并没有将其诗歌全部翻译出来。欧文书写的方式其实非常有趣，他的书中有许多直接引语，但并没有给出来源。有些翻译就直接把引号里的东西翻译出来不加注释，而这些引文很有可能是一些莎士比亚的剧作，或是苏格兰的方言或是民间诗歌，因此需要把它们的出处找到，并适当加以注释，这样的译本或许更加 informative。负责的意义就在于你的译文一定要经得起推敲和查证，在英汉对照的时候要拿得出来，不能毫无根据地乱译。而在"负责任"这三个字的背后则是长年累月的积累，涉及译者的语言功底、哲学思考、美学素养等等。所以一个译者应该做的就是提升自己，尽量做自己能做的事情，而能做的事情也是越多越好的。

孙惟："负责任"对于译者来说确实是很珍贵的品质，这一点我也深有感受。

刁俊春：没错，做自己有把握的事情非常重要。我想到我曾经在阅读《约翰·克利斯朵夫》的时候看到的一个让我印象深刻的情节。约翰是个钢琴家，小的时候他很喜欢写一点钢琴曲，然后自己弹。有一天他叔叔听到了之后对他说："你弹的曲子怎么这么难听？"约翰非常委屈，认为自己已经非常努力了，但是却被如此评价。他叔叔却说："又没有人一定要你写这些曲子。"如果你已经非常努力，可是做出来的东西却不尽人意，那么更好的办法也许是让有能力的人来承担这些工作，这也是一种负责任。

孙惟：文学译者一直在大众的视野里处于"隐身"状态，这一点您是否赞同？作为译者，您认为原文与译文应当是一种怎样的关系？

刁俊春：我并不完全赞同这种观点。首先，文学译者作为一个群体，与作家相比确实不太受到关注。例如，我们听到"冬天来了，春天还会远吗？"这行诗，我们并不会想到是谁译的，而只会想到是雪莱说的。我们在引用的时候，自然而然就觉得，这原本就是如此，并不会想到它其实是经过加工了的。比如，我翻译的《继承者》，有其他研究者以我的译本做了分析，并且在《外国文学研究》上发表，其中用到了一些我在翻译时创造的译文。我觉得很有趣，因为我当时就在想，这其实是译者做出的转换。我也读到过一位《继承者》读者的评论，他非常感动，因为尼安德特人照顾后代的那种温情让他很触动。我看到也很触动，因为这种感动很大程度上是译者传递给读者的。

其次，我常常会发现大家对于翻译存在一种误解，尤其是英语专业的同学，在阅读一些英译本的时候通常会不屑于看译文，认为能看原文尽量看原文，这似乎是一句正确的废话。阅读一部原著花费的精力是何其之大，就算是英文系的教授在几天内看完《苔丝》的原文也是不容易的。这背后的文化意象和历史知识，如果由译者去挖掘和解读，并给读者呈现，这其实为读者省了很大的力气。而作为译者，在读一些译作的时候也是能够从细微之处看到其他译者所下的功夫的。此外，我也从内心中希望译者的身份能够受到重视。季羡林先生说过："中华文化之所以能常保青春，万应灵药就是翻译。"中国文化的"几条河"都与翻译的几次高峰契合，如佛经翻译、西学东渐等。王东风老师也说过："对一个国家来说，翻译是一种文化态度和战略意识，它反映出的是这个国家精英阶层的一种求知的精神、一种包容的胸怀。可以毫不夸张地说，一个不翻译的国家注定是一个没有明天的国家。"[①] 这样看来，译者的身份需要进一步显化。

孙惟：我赞同老师的观点，译者的身份不是也不应该是处于"隐身"状态。但不管在翻译市场上，还是高校的科研评价体系中，对文学翻译的认可度都有一些不尽人意。老师认为在这种现实因素的影响下，译者该如何找到自己的身份认同？

习俊春：其实现在许多文学译者都是兼职译者，他们大多是高校老师，很多时候都是在"为爱发电"。文学译者的报酬并不高，但正因为如此，我们更要完善文学翻译的市场。机器翻译至少到目前为止还不能取代文学译者，出版社必须严格把关文学翻译的质量，要做出精品。出版社要找一些比较靠谱的译者。目前我的一些翻译机会其实都是通过老师和出版社介绍才获得的，那么其实出版社完全可以考虑把这些资源放开，比如，类似于论文的投稿制，把部分章节挂在网站上面让更多译者来试译，最后选择一个最好的译者来完成。通过这种良性的市场环境让译者的身份提高。据我了解，有一些译者一年可以翻译十几本书，甚至涉及十几种不同的语言，这个翻译的过程匪夷所思。这样的充数之作一多，自然就不被人认可了。另外，说到高校的评价体制，其实是以论文和课题为导向的，翻译工作从一定程度上确实让我的科研工作被耽误了，可能一篇文章比我五本译著的认可度都要高。但正如冯庆华老师所

---

① 王东风. 翻译与国运兴衰. 中国翻译，2019（1）：29-41。

言，语言专业到最后总是会走向翻译的。虽然我在评职称时可能会受到一些挫折，可是通过翻译，我认为我的语言水平和专业素养得到了不断提升，这种提升最后会体现到我的课堂教学和学生培养上，从而对专业和学生都大有帮助。

三、寓"译"于教

孙惟：您在作为一名译者的同时也承担了翻译的教学工作。教学对您的翻译产生了怎样的影响？您有什么样的教学理念可以分享吗？

刁俊春：这几年随着自己翻译实践的丰富，我的英语教学更多地偏向了翻译类课程，同时也担任了学院翻译类学科竞赛的负责人和辅导老师，还作为主要成员之一成功申报了浙江省线下一流课程"翻译理论与实践2"。我的翻译教学理念是三个字——看得懂。这三个字可以连在一起，也可以分开，即翻译实践的三个阶段：看、得、懂。"看得懂"，顾名思义，就是要求翻译师生能够看懂翻译材料，一方面教学材料要符合师生的水平，另一方面也需要师生不断提高自身水平，在双语能力和知识积累上不断下功夫，做到能看懂的材料范围越来越广。但是，不管怎样，目前看不懂的材料不要随便翻译，这是违背翻译伦理的。

三个字分开后，第一个字是"看"，相当于翻译的理解阶段。我在教学中，凡是要求学生们做翻译实践的材料，我必然会先认真"看"，做到深入理解。这几年，我在课堂上会比较多地使用自己的翻译作品，因为这是我最熟悉的。让学生在"看"的时候，要看相关历史背景、相关平行材料。如英译汉时要求他们多看相关材料的权威汉语表述，包括已有的高水平译本；汉译英时，就要求他们多看同样主题的英文著作，以及权威期刊和网站上的英文文章。总之，师生在翻译教学中，第一步必须是"看"透原文，在语言表述和知识点掌握上做好准备。第二步是"得"，相当于翻译的动笔阶段。在这一步中，我会要求同学们各自译出初稿，然后在小组内讨论，最终每小组形成一份译稿，然后在课堂上呈现。呈现时，小组代表讲述译文形成过程中遇到的问题、难点，以及处理的策略等，然后接受我和其他小组的点评和"挑刺"。我自己也会交上译文，并从一线译者的角度谈论翻译过程中的喜怒哀乐，这经常能引发同学们的兴趣并拉近师生的距离。我也会邀请同学们对我已出版或即将出版的译文进行评论，就这样在生生互动、师生互动中教学相长，我和同学们都各有所"得"。第三个字是"懂"，相当于翻译的终稿和总结复盘阶段。在"看"和"得"之后，形成一份最终译文，目标是自己读懂译文，并从两种语言词汇、句法和文体等方面深入比较原文和译文，掌握了其中涉及的相关翻译理论和技巧，并尽量做到让"读者"也读懂译文，在复盘中，译者懂得自己的不足之处，从而明确今后努力的方向。"看""得""懂"三个阶段层层递进又相互重叠，是翻译实践中理解、收获和提高的统一。通过这三个阶段，我和同学们形成了一个学习共同体。

孙惟：在翻译教学的过程中有没有什么让您觉得很有成就感的瞬间？或者让您觉得有所收获的时刻？

刁俊春：这种时刻是有的，这也是当老师的乐趣。最大的快乐是能看到学生的逐步提高。我平时给学生布置的作业我自己都会先做，甚至包括鼓励他们去考翻译资格证，我自己也会跟着他们一起去考。我也会和学生们分享我在考试和翻译中的经历，在和大家互相交流的过程中共同进步。有时候在课堂小组的讨论中，同学们会直接和我说，这个译文不好，大家有时候也会产生分歧和争执，到最后虽然不一定能达成一致，但在这个过程中却让我们加深了理解。我们作为长辈，也作为同学们生活中的陪伴者和引路人，要能带给学生真正的引导。就比如"负责任"这一点，除了翻译，为人也应当如此，不管今后是不是会继续从事翻译工作，或是进入其他行业，都应"负责任"地做每一件事情，到哪里都应如此。

孙惟：非常感谢刁老师能够在百忙之中接受这次采访，不管是刁老师勤勉刻苦的求学经历、谦虚谨慎的翻译精神，还是认真负责的教学态度，都令我受益匪浅！非常荣幸能与您一起完成这次访谈。

刁俊春：也非常感谢小孙，和你的聊天也让我想清楚了一些事，谢谢！

翻译，通往更广阔人生的通行证

——傅霞访谈录

朱静文　傅　霞

受访者简介: 傅霞（1978 —　），浙江诸暨人。毕业于浙江大学。浙江理工大学外国语学院副教授、硕士生导师，译审，中国翻译协会专家会员、浙江省翻译协会理事、英国剑桥大学访问学者。已出版译作 7 部，共计约 130 万字，译有《童年》（商务印书馆，2014 等）、《1984》（吉林大学出版社，2017 等）等。

访谈者简介：朱静文，浙江大学外国语学院硕士研究生，研究方向为翻译学。

本次访谈时间为 2022 年 10 月 4 日上午 10:00—12:00，地点为浙江大学的咖啡馆。访谈主要围绕翻译缘起、翻译授业与翻译展望这三大主题展开。

一、翻译缘起

朱静文：傅老师，您能分享一下您是如何与翻译结缘的吗？

傅霞：应该是在我读研究生的时候，我的导师高奋教授介绍了一个与出版社合作的翻译项目，翻译一批文学名著，浙大挑选了几名研究生来做这个项目，我是其中一员。我分配到的任务是《童年》的翻译，这也是我二十年翻译生涯的起点。

朱静文：那么傅老师，在您二十年的翻译生涯中，有没有哪一个翻译实践，给您留下了非常深刻的印象？

傅霞：那一定是《童年》。这是我的第一个翻译实践，也是印象最深刻的一个。我跟我的同学姜希颖合作翻译这本书，整个过程时间非常紧迫。姜希颖在浙大读书的时候就非常优秀，现在也是一名优秀的高校老师。编辑当时只给了我们两三个月的时间，由于时间紧迫，我们将任务一分为二，姜老师负责上半部的翻译，我负责下半部。我记得那时是五一假期前夕，我跟家人早已约定好了要去海南三亚旅行。接到翻译任务时我就非常纠结，也想过放弃旅行，安心翻译，但那次旅行的意义非同小可，可以说是我们的蜜月之旅。一方面，二十年前的三亚人少景美，也着实令我向往，如果我一人放弃，那全家都跟着放弃了，也着实可惜。但另一方面，这个译稿五一假期后不久就要交给出版社，可谓是时间紧任务重。怎么办呢？我犹豫再三，决定在行李箱中装词典，在翻译夹缝中度蜜月。大部分时间，我都把自己关在房间里斟酌译文、翻阅词典，将景点一再压缩，只去了几个最有名的景点。在旅行的过程中，我也是心不在焉，"人在景点、心在《童年》"。所以，这也是我翻译印象最深刻、旅行过程最敷衍的一次经历，我到现在也想不起来当时究竟去过哪几个景点，虽然用当下的流行语来说，它们在当年可都是必到的网红打卡点。模糊了旅行印象，但能与《童年》结缘，收获一段非常宝贵的翻译实践，与有荣焉。

而且，为了争分夺秒赶上截止时间，在旅行之前，我已在家熬夜甚至通宵翻译了一段时间。当时我还很年轻，二十来岁，还觉得熬夜通宵很过瘾，因为深夜无人打扰，文思泉涌，现在看来当然是一个坏习惯，必须改。但当时不懂啊，仗着年轻，有恃无恐地挥霍着夜深人静的静好时光，只有书房里的明灯和窗前的明月，我在翻译过程中仿佛完成了与作者的灵魂对话，而且翻译质量更高。在白天的热闹喧嚣中，我很难感受到原文中传达的悲悯之感，唯有在阒静深夜里，我才能感同身受，仿佛我就是小阿廖沙（高尔基乳名），经历着他童年的悲与喜、苦与痛。

朱静文：傅老师，您刚才谈到，为了完成翻译任务，您可能会熬夜通宵，牺牲自己陪伴家人、休息的时间。所以，您是否觉得翻译是一个苦活呢？或者，您能给翻译下个定义吗？

傅霞：在我看来，翻译不苦，但很孤独。很多人觉得翻译是很神秘的，译者是很幸福的，因为与之对话的都是一流的名家。读者也总羡慕我们译者可以跟世界最智慧的、有趣的灵魂朝夕相对，按其脉络、听其心跳。但是译者经常在深夜里出没，活在与作者神交的世界里。有时候，为了完成与作者的深度对话，我们需要做出牺牲，孤灯一盏到天明也是时常发生的。比如说，我在翻译《1984》的时候，杭州刚好在举办G20峰会，我的家人们都放假了，我就很担心家里的热闹会影响我的翻译工作。因为相较于之前翻译文本的朴实易懂，奥威尔的文笔有光芒，又有锋芒，需要细品方能深入理解。我就想：我怎样才能把家人们"打发"走呢？这样就能潜心翻译，跟奥威尔进行二人对话了。于是我决定，将家人们"发配"至桂林度假。当然，也会有人对此表示不解。比如说，海南蜜月旅行那次，我随身携带大部头词典，大部分时间又都在宾馆里推敲词句，好友说你这简直就是书呆子了！何苦呢？翻译《1984》的时候也是，家人去桂林度假后，傍晚我常常一个人在小区的小河边散步，思考译文中的对话，撞见邻居了，他们就很惊奇："你怎么一个人在河边念念有词啊？怎么不是全家一起出去玩啊？"我就一笑而过，不需要解释。独处有独处的好，最大的好处就是不用做饭，非常节省时间。讲到这，我就想到了我去英国剑桥大学访学的时候，我非常羡慕他们对时间的高效利用：一个汉堡或者三明治，加上一杯牛奶，就是一顿简餐；没有国内人声鼎沸的大食堂或热火朝天的厨房，只有简简单单的自动贩卖机和迷你咖啡吧。如此，他们才能把时间花在更重要的地方。所以，我认为如果翻译有捷径，那就是四个字：孤灯冷炊。纵然是为"译"消得人憔悴，孤灯冷炊终不悔！

朱静文：傅老师，您的作品多为重译，所以您能谈一谈为什么要重译而不是新译一些作品吗？

傅霞：也有不少机会译新书，我剑桥的导师就很希望能与我合作。选择重译主要有两个原因。其一，首译一本新书，出版社对销量没有把握，不易出版，或出版了市场遇冷也有可能，那之前的翻译努力就可能付之东流了。但是，重译的作品往往是经典读物，不用担心市场。出版社决定重译一本书，肯定之前做了大量市场调查，重译作品的销量是有保障的，比如说我重译的《童年》《1984》，销量就很不错。《童年》荣膺百万级的畅销书，《1984》也是，在畅销榜上仅次于《红楼梦》等经典名著。其二，也是更重要的一点，时代在发展，我们要与时俱进。很多经典的电视剧为了追随时代的步伐，进行了翻拍，翻译亦可如此。很多已出版的译本都比较老了，一些语言可能在现在看来过于直译甚至难以理解。重译在尊重首译的基础上，可以更好地推动文本生命的持续发展，克服具体的翻译活动的历史局限。而且，翻译是文明的延续与扩展，任何文化都要延续，都要不断地被翻译。

朱静文：傅老师，您翻译了很多儿童文学，譬如《童年》《柳林风声》等，所以，请问您为什么钟情于这一题材的翻译？您可以分享一下您在翻译儿童文学上的经验吗？

傅霞：选择儿童文学，是因为我在给孩子挑书的时候，发现市场上儿童文学译本虽多，但良莠不齐，总有这样那样的错误，所以我想重译，给孩子们提供更准确的读物。关于翻译的经验，我想说，儿童文学翻译要避免两点：一是故作高深、一本正经的成人腔。译者要俯下身来，以儿童的视角平等地进行交流，而不是高高在上，用教育者的姿态进行说教。其二，我们也要避免矫揉造作、故作天真的娃娃腔。因为孩子对这个世界也是有感悟力的，我们没有必要有意为了"迁就"他们，采用非常幼稚天真的语言。这样做反而会失去儿童文学有营养、有价值的内容。总而言之，就是需要如实翻译。在此我也要分享一段个人的经历，在翻译《假如给我三天光明》这本书的时候，我和我的孩子进行了合作。孩子往往是我译作的第一读者，这些阅读经历潜移默化地影响或者说是熏陶了他。所以，在我接到《假如给我三天光明》这本书的翻译任务时，他跃跃欲试，很想参与翻译。我那时也想看看，以孩子的视角进行翻译，会碰撞出怎样的火花。于是，我让他试译了一段，发现质量不错，虽然我们俩的风格不同，但是这与《假如给我三天光明》的故事线不谋而合。因为这本书本身就由两部分构成，一部分是海伦·凯勒的童年故事，另一部分是海伦的求学生涯。所以说，和孩子讨论或者合作，也是我儿童文学翻译经历中不可或缺的部分。

朱静文：傅老师，您为什么想要翻译《1984》这本书呢？

傅霞：主要有三个原因。第一，这本书引起了我的好奇心，发出了一些非主流的声音。随着我国国力的发展，我们现在已经具备了高度文化自信，能够以海纳百川的心态，接受这些优秀的外国文学作品了。第二，这本书是由钱锺书先生推荐到国内的，我是非常钦佩钱先生的。钱先生评价道："奥威尔的政论、文评和讽刺小说久负当代盛名。至于其文笔，有光芒，又有锋芒，举的例子都极巧妙，令人读之唯恐易尽。"到底是何等力作，让钱先生如此青睐，唯恐读尽？我不禁好奇，谁知读来竟欲罢不能，每每读到神来之笔或精准预言，惊叹之余，相见恨晚。既然读不过瘾，便动了译的念头。幸运的是，我的经纪人帮我争取到了翻译这本小说的机会。《1984》是本政治寓言类小说，与我之前翻译的小说题材大不相同。就我个人而言，我对政治并不十分敏感。但这本书不仅是一本政治小说，更是一本文学名著。我就把它当作文学名著进行翻译，并不过于强调其政治色彩。第三，因为奥威尔英年早逝，所以他的影响可能不如海明威与王尔德等大家深远。但在阅读和翻译的时候，我发现奥威尔的文笔完全可以和世界一流的作家并驾齐驱。这也是促使我下定决心翻译的原因，我想把这本英美大中学生必读的好书带给更多的中国读者。自从 2018 年 2 月首次出版以来，《1984》已重印 12 次，读者好评率 100%，在留言区我看到读者留言，比如"与译者一样，与此书相见恨晚"，能与读者有如此共鸣，是译者最幸福的时刻了。

二、翻译授业

朱静文：傅老师，在翻译教学中，您注意到现在学生在翻译上存在的主要问题是什么？您又是如何解决或帮助学生的？

傅霞：学生的语言功底还是可以的，毕竟他们也经过了多年刻苦训练，也通过了多场选拔考试。但是在我看来，他们的人文素养、审美能力还是有待提高的。比如说，很少有英语专业的学生会去主动研读李白、杜甫的诗歌，甚至会搞混二者的作品。这也是我们外语类学生的通病。很多同学会觉得读懂李白、杜甫，这不是中文专业同学的事情吗？我们只要会翻译就可以了。近几年，由于中华学术外译的兴起、"讲好中国故事"的推动，以及中国文化"走出去"的政策，外语学者已开始把目光转移到中文典籍的外译研究上来。要译好典籍，须先读懂典籍。我现在开设了一门"中国文化典籍英译"的研究生课程，内容涵盖《诗经》风雅、《楚辞》悲歌、孔丘《论语》、兵家谋略、唐宋诗词、明清小说等的翻译研讨活动。

此外，我经常和学生分享最近的文史哲新书与译著，比如刚刚出版的《桑塔格传》就值得一读。苏珊·桑塔格素以其广博的学识和深刻的洞见引领美国文坛，正如英国的弗吉尼亚·伍尔夫和法国的西蒙娜·波伏娃，被誉为现代西方文化界最重要的知识分子之一。翻译被称为是宇宙间最复杂的工作，所以广泛阅读、深入思考必不可少，如此，方能博采众长、融会贯通。

朱静文：傅老师，您刚刚提到了典籍英译的课程。我不禁想到近期中国学界讨论比较多的一个话题，那就是中国文化典籍应该由谁来译，中国人还是外国人呢？

傅霞：我认为二者皆可，各具风采，合作翻译最佳。正如我们党的二十大报告也会邀请多位外籍专家参与外文译本的润色工作，将中国文化、中国声音传递给拥有不同文化背景和语言习惯的外国读者。但如果没有外籍专家来翻译的话，我们自己要先译起来。外籍专家，尤其是一些精通中文的汉学家，是检验译本质量的重要评委，也是最好的读者。他们既了解中国文化，又有语言优势。中译外作品的目标，就是让外语读起来流畅通顺，没有障碍，所以，合作翻译是最好的选择。譬如翻译家杨宪益与夫人戴乃迭伉俪合作翻译的《红楼梦》以及其他文学经典，中西合璧，传为美谈。当然，更为重要的是，我们自己得先行动起来，不能坐以待"译"。

三、翻译展望

朱静文：傅老师，您认为一名合格的译者应该具备哪些素质？

傅霞：主要是三个方面，双语能力、文学修养、艺术感悟力，简称"三位一体"。前两点都不难理解，关于艺术感悟力，我想稍作解释。文学和艺术其实是相通的。比如说，我在国外的时候，会经常参观大英博物馆、卢浮宫等博物馆，也会看很多的艺术展。因为博物馆里有很详细的藏品介绍，采用的语言非常言简意赅，对我们的翻译学习很有帮助。所以，我在欣赏名画的同时，往往会关注下方的介绍，甚至会自己尝试一译。如果想成为一名优秀的译者，开阔的视野以及敏锐的洞察力也必不可少，因为"汝果欲学'译'，工夫在'译'外"。

朱静文：傅老师，在这个数字化信息时代，译者又需要掌握哪些翻译技术呢？您在翻译过程中，是否采用了翻译技术呢？

傅霞：其实说实话，我算是纯手工翻译，在翻译过程中没有采用翻译技术，为此我还经常受到经纪人的"埋怨"，因为我的翻译速度较慢，为此还错过了不少出版机会，但我坚持"慢工出细活"。我平时也在关注机器翻译，学生做毕业论文如果想选择机器翻译主题，我也会大力支持，提供各种前沿信息和技术便利。每年寒暑假，我也会参加一些机器翻译的研讨会，了解其发展趋势，请教该领域的专家和朋友，学习一些新的技术软件。讲到这里，我又想起最近的一个热门话题："翻译会不会被机器取代？"在我看来，至少最近几年，翻译，尤其是文学翻译，机器是无法取代译者的。机器翻译主要是基于双语数据库进行配对，机器或有过人的智慧，但它不可能拥有人的温度。因为我翻译的是文学作品，机器能传其表意，但不能再现其温度。文学翻译也应该是所有翻译题材中，最后被取代的。即使被取代，也不一定是坏事或者死局，我们总有对策。机器总归是人发明的，需要人的智慧来引导这些机器，管理这些技术。

朱静文：那您认为在这个背景下，翻译的前景如何？这也是目前翻译专业同学比较关注的问题。

傅霞：在我看来，翻译专业的前景还是很好的。其一，目前国家大力推动中国文化走出去，增强文化自信，提高文化软实力。在这个大背景下，如何外宣讲好中国故事，如何成功英译中国传统文化备受瞩目。为此，国家也更注重"中国故事讲述人"——翻译专业人才的培养。迄今为止，全国已有 300 多个 MTI 翻译硕士专业学位点，翻译专业建设蓬勃发展。就在今年的 9 月中旬，教育部又颁布了《研究生教育学科专业目录（2022 年）》，将翻译列入文学学科门类专业学位类别，可授予博士专业学位。可见国家以及社会对翻译人才的重视与需求。其二，同学们最大的顾虑，可能就是翻译是否会被机器取代，选择翻译专业是否就等于失业。但是，正如 19 世纪人们发明了汽车，汽车取代了马车，马车夫失业了。但是马车夫可以去当司机，从事新的行业。21 世纪，随着无人驾驶技术的普及，司机也许会感到岌岌可危，但是我们仍需道路通行规划师等职业，无人驾驶技术也是需要人去监管的，这就创造了新的机遇。既然我们改变不了大环境，那我们就改变自己、转变思路。能被取代的只有岗位，而不是人。如此，我们才可以适应环境，迎难而上。正如美国畅销书作家斯宾塞·约翰逊所说："唯一不变的是变化本身。"既然环境的转变是不可逆的，那我们不妨顺势而为，办法总比困难多。遇到新事物或者新变化，我们应该拥抱而非抵触，并与之和谐共存。

朱静文：傅老师，在访谈的最后，您有哪些箴言想要送给翻译学习者？

傅霞：孔子曾说："人无远虑，必有近忧。"如果不想被取代，就要强大自己，提高跨界学习的通才力。翻译是文字间温情的流动，在 AI 时代显得尤为珍贵。即使是像奥威尔这样冷峻、犀利，甚至略显荒诞的语言，背后闪耀的仍是智慧的光芒与人性的温情，就像黑夜中的点点星光，那是人性之光，是指引文明前进的方向。唯有译者，才能传其光芒，达其温度。翻译，让我们照见古今，融通中外，给予我们通往更广阔人生的通行证。祝福翻译学子们在 AI 时代不断提高自身的不可替代性，练就强有力的抗 AI 性！

朱静文：感谢傅老师的分享与祝福！

诗歌翻译是直抵灵魂的艺术

——蔡海燕访谈录

陈玥羽　蔡海燕

受访者简介: 蔡海燕（1982 —　），浙江台州人。浙江财经大学教授、硕士生导师。主要研究领域为欧美文学研究、英语现代诗研究、文学翻译与实践。著有《"道德的见证者"：奥登诗学研究》（中国社会科学出版社，2020）、《奥登诗歌批评本》（华东师范大学出版社，2021）、《20世纪外国文学研究史论》（浙江大学出版社，2014）等，译有《希腊罗马

神话》(浙江大学出版社，2014)、《奥登诗选》(上海译文出版社，2014
等)、《某晚当我外出散步：奥登抒情诗选》(上海译文出版社，2018)。
在《外国文学评论》《外国文学》《国外文学》《当代电影》等核心刊物发
表论文 20 余篇。

访谈者简介：陈玥羽，浙江大学外国语学院硕士研究生，研究方向
为翻译学。

本次访谈时间为 2022 年 8 月 27 日，形式为微信交流及电子邮件
沟通。本次访谈主要围绕诗歌翻译展开。

陈玥羽：请问您是如何与翻译结缘的呢？

蔡海燕：之所以走上翻译之路，当然是因为热爱，翻译是一件极为
考验脑力和体力的事情，如果没有热爱，谁能甘受案牍劳形之苦呢！

要说我最初的翻译实践，严格说来，应该是在大三的翻译课上。那
些有关"信达雅"的翻译理论，在具体的翻译演练中有了真实的载体。
歌德说："理论是灰色的，而生命之树常青。"我想，翻译实践活动，就
是这样丰富了翻译理论教学。对我而言，我这样一个热爱文学阅读和文
学创作的人，第一次体会到英语学习和自身兴趣的结合，开始觉得文学
翻译是一件很有意思的事情，甚至有点跃跃欲试。

很快，机会就来了。我曾参加校园文学大奖赛，结识了一位中文系
师姐，她牵线让我翻译《妙人妙语》，这册小书很快就由东华大学出版社
出版了。这是一本名人轶事和幽默故事的集合，翻译难度不大，但需要
调动自己的幽默和巧智。随后，我进入比较文学与世界文学所学习，师
从吴笛教授。吴老师同时也是著名的翻译家，他对我的翻译之路的影响
当然是深远的。经吴老师引荐，我有幸结识了老翻译家宋兆霖。宋老师
非常关爱年轻后辈，他让我与师姐合译了查斯特菲尔德伯爵的《一生的
忠告》。这是一本书信集，总体翻译难度依然不大，只是篇幅很长，我
终于体会到翻译也是一项体力活。可以说，《妙人妙语》是吉光片羽，而
《一生的忠告》是长途跋涉，我在短时间内感受到了翻译活动的两种极致
体验——脑力和体力。

陈玥羽：您在翻译中会遵循哪些翻译理论呢？例如直译或意译？忠实于原文或创造性翻译？

蔡海燕：所谓实践是检验真理的唯一标准，用在翻译活动中自然是成立的。在宋老师和各位编辑的照拂之下，我接连翻译了一些传记文学作品，积累了一些非常朴素的翻译准则。简言之，我坚持翻译的第一要义是"信"，也就是"忠实"。忠实的第一步是吃透原文，涉及英语能力；第二步是译出原文，涉及汉语能力。两种语言之间很少存在完全匹配的文辞，所以翻译难免要做出一定程度的折中和妥协。但如果因此夸耀译者的风格，将译者个人发挥色彩浓郁的翻译称为"创造性翻译"的话，我是不认可的。我觉得那算是自我创造式的"改写"，如果不是傲慢心作祟的话，便是汉语能力不足的体现。

真正的"创造性翻译"，仍然要建立在忠实的基础上。所谓忠实，并非亦步亦趋，而是像很多译界前辈所说的那样——"从内容到形式（广义的形式，包括语言、风格等）全面而充分的忠实"——这是卞之琳先生说的。从大处而言，把诗歌这一文体译成散文就完全不对味了。风格上，惠特曼和狄金森，一个豪迈，一个婉约，要是乱译就会贻笑大方。还有一些常识，需要译者秉持谦逊的态度，小心求证。比如，我读博的时候，曾有个师兄跟我讲过一个与翻译有关的笑话，我一直引以为戒。他说，他看到有本书里，把梵高的名画译成了"太阳花"，可以推敲得知，原文可能是 sunflower，稍微有些常识的人都知道，这幅画通常译为《向日葵》，而不是《太阳花》。望文生义，实在是要不得。应该说，我们从事翻译的资料查证环节越来越便捷了，为此更应该力求"忠实"。

虽然译者要以"忠实"为第一要义，但译者的能动性和创造性也必不可少。同样一个句子，在忠实的前提下，也会折射出不同的语言光辉。我第一次体会到自己作为译者的"创造性"，是在翻译《邓肯自传》的时候。伊莎多拉·邓肯是一位艺术家，她的语言文字就像她的舞蹈艺术一样自由、跃动，甚至有翩翩起舞的动态之美。例如，她形容自己的爱人时，有这么一段话：

Like Zeus he transformed himself into many shapes and forms, and I knew him now as a Bull, now as a Swan, and again as a Golden Shower, and I was by this love carried over the waves, caressed with white wings delicately, strangely seduced and hallowed in a Golden Cloud.

乍看之下，这句话先是列举了三个意象——公牛、天鹅和金雨，然后列举了三个行为。这些意象和行为其实是一一对应的关系，分别影射了希腊神话故事里天帝宙斯的三桩风流韵事。因此，我在翻译的时候，打破了原语序，将意象与行为连通起来，方便中文读者理解，但原文所要传递的基本信息和情感经验都保留了下来：

他就像宙斯，具有千变万化的能力。他的爱，一会儿是一头公牛，带着我穿过惊涛骇浪；一会儿成了一只天鹅，用白色的羽翼温柔地将我触摸；一会儿化为一场金雨，在那朵金云中将我引诱和宠幸。

陈玥羽：您翻译了很多小说或自传作品，如《希腊罗马神话》《书虫小鼠》《邓肯自传》，也翻译了不少诗歌作品，如英语诗人奥登的《奥登诗选》（上下卷）、《某晚当我外出散步：奥登抒情诗选》，是什么促使您投入诗歌翻译的呢？

蔡海燕：在我的翻译道路上，可能很重要的一个转折点是 2009 年。那时，吴笛老师主编《外国诗歌鉴赏辞典·古代卷》，我负责撰写了六十多篇诗歌鉴赏文，更重要的是，有些诗歌还没有汉译本，吴老师鼓励我翻译。他觉得我既然做外国诗歌研究，就该做做诗歌翻译。我印象比较深的是塞缪尔·约翰逊的一首《悼念罗伯特·勒维特医生》，原诗采用的是四行体，四音步抑扬格，abab 形式的交韵。我仅以第一诗节为例：

Condemned to Hope's delusive mine,
As on we toil from day to day,
By sudden blasts or slow decline
Our social comforts drop away.

我在译的时候，一是注意基本的诗体形式，尤其是韵脚的处理，二是参照译界前辈所说的"顿"，来模仿原诗的音律节奏：

希望如同虚妄的宝藏，
我们辛苦采掘夜夜日日，
戛然而止或逐渐衰亡
生活的慰藉悄然而逝。

这节译诗，我除了想要做到"节的匀称、句的均齐"之外，还力求以"顿"来划分音组，模拟原诗的四音步。如果用"/"表示"顿"，大致是这样的节奏：

希望 / 如同 / 虚妄的 / 宝藏，
我们 / 辛苦 / 采掘 / 夜夜日日，
戛然 / 而止 / 或逐渐 / 衰亡
生活的 / 慰藉 / 悄然 / 而逝。

吴老师看完我的稿子后说，诗歌译得挺好的，尤其是把韵律译出来了。因为这个肯定，也因为研究所的诗歌翻译传统，我在做英语诗人奥登研究时，便有了翻译奥登诗歌的粗浅想法。我把自己的译诗和研究心得发在网上，苏州的马鸣谦先生通过网络找到了我，提议合译奥登诗歌。于是，我们从 2009 年春携手合作，很快就与上海译文出版社的黄昱宁主任达成了出版共识。

陈玥羽：众所周知，诗歌翻译的难度是相当高的，您在诗歌翻译过程中有什么坚持的观点可以跟我们分享吗？另外，诗歌的可译性这方面一直以来争论颇多，您对此有什么看法吗？

蔡海燕：译事艰辛，诗歌翻译尤其困难，这主要源于诗歌作为一门语言艺术的独特之处。诗节、诗行等元素，还是比较容易再现的，但节奏、韵式、诗意的语言、高密度且复义性的措辞等，都在挑战译者的能力。

英国诗人雪莱认为"巴比伦通天塔遭受天罚的咒语"致使"诗歌的翻译是徒劳无功的"。一个世纪以后，我的研究对象，也就是英语诗人奥登，他别出机杼地看待这个"天罚"："由于巴别塔的诅咒，诗歌成了一门最为狭隘的艺术，但时至今日，当社会文明在世界各地日渐趋同而变得单调时，人们倾向于认为这不是诅咒而是福音。至少在诗歌中，不可能有一种'国际风格'。"在他看来，巴别塔事件对于诗歌这门艺术而言可谓祸福相依，诗歌的抗译性成就了它的独有临界。然而，奥登又公然宣称弗罗斯特的那句"诗歌就是翻译中失去的东西"经不起仔细推敲。言下之意，诗歌并非不可译。

奥登自己除了是一位著名的诗人、剧作家、批评家、文章家以外，还是一位译者，虽然这个身份鲜少被人提及。他主张"诗歌的内容和形式、声和意，如同身体和灵魂一样，是不可分割的整体"，任何诗歌的翻译都是"可译"和"不可译"的结合：可译之处在于，"诗人的意象通常可以准确地译出来，因为它们源自所有人共同的感官知觉，无论人们操持何种语言"；不可译之处在于，"依赖于语言的效果，如押韵和双关语，是不可复制的"，而且"韵律和节奏也会构成问题"。简言之，"任何不是基于语音经验的因素""任何有关世界的独特看法"都可以被翻译出来。

我基本上也认同奥登的诗歌翻译观。以英语诗歌汉译为例，一些简单的诗体形式是可以被还原的，比如诗行的数量、长度，韵脚，乃至行间韵等，但基于语音要素的复杂诗体是不可能被精准地还原的。我曾写文章讨论过奥登的诗体实验，他对英国自盎格鲁-撒克逊时代以来的大部分诗歌形式均有研究，屡有创获，甚至还开发了新诗体，绝对是诗歌形式上的"变色龙"。我们在翻译奥登诗歌的时候，无可奈何地认识到这个层面的奥登诗歌是不可翻译的。

比如，奥登曾为六节六行诗（sestina）的现代复兴做出了重要贡献。这种诗体的特点不仅体现在篇幅上，还在于韵脚重复出现的六个单词必须按照特定的顺序依次出现，在文艺复兴后几乎不再有人尝试，直到奥登重新挖掘了它，才引得一些痴迷于诗艺的现代诗人竞相挑战，比如美国诗人毕肖普。奥登以sestina的形式写过多首诗歌，最出名的便是《寓意之景》，我曾专门写过一篇论文，讨论这首诗的形式与内容的高度统一。在具体的翻译环节，这首诗的内容倒不难处理，关键是形式上无法完全复刻。原诗韵律的核心是六个单词在每一诗节的行尾以韵脚的形式依次出现，现以第一诗节为例：

Hearing of harvests rotting in the **valleys**,

Seeing at end of street the barren **mountains**,

Round corners coming suddenly on **water**,

Knowing them shipwrecked who were launched for **islands**,

We honour founders of these starving **cities**

Whose honour is the image of our **sorrow**.

这是我们的初稿：

听闻庄稼正腐烂，在座座**山谷**，

眼睛望着街道尽头的荒芜**山峦**，

转过街角，赫然发现**临水**，

知道他们已遇难于划向**海岛**，

我们崇敬构建了这些饥饿**城市**

的奠基者，其荣誉映衬了我们的**悲哀**。

初稿虽然努力贴合 sestina 的形式特点，但整个语调和节奏很生硬。事实上，两种语言之间的结构肌理不可能对等，我们不能机械地"忠实"，还要考虑到"达"（通达，可诵，这对于诗歌这门艺术而言尤其重要）和"雅"（文雅，诗歌语言的复义性和高密度形成了"意在言外"的效果，正如瓦雷里所说的"诗歌的力量"，这是对译者的母语驾驭能力的考验）的成分。用奥登的话来说，诗歌译者的任务，是"写出一首好的诗歌"。

我们最终的处理方式是，舍弃那些基于语音要素的东西，但在注释中解说给读者听，全诗尽量模仿原诗的"演说"语调——奥登在 20 世纪 30 年代早期写了很多带有"演说"意味的诗歌，这跟他早期的政治倾向和社会化写作有关。基于此，在我们的出版稿里，读者应该能听出抒情主人公颇为"高调"的演说，而且是滔滔不绝的：

听闻庄稼正在座座**山谷**里腐烂，

一边望着街道尽头的荒芜**群山**，

转过街角，忽然面临一处**水面**，

知道那些流放**海岛**的人已遭遇了海难；

我们崇敬这些饥饿**城市**的奠基者，

他们的荣誉映射了我们的**悲伤**，

总体而言，在诗歌翻译中，首先要忠实于内容——"世界的独特看法"；其次要忠实于形式，但形式性要素是很丰富的，既包括语音要素，也包括语调和风格。我想，在不能兼顾的情况下，首先要保证语调和风格，而对不能兼顾的部分进行补充说明。

陈玥羽：我拜读您的译作时了解到，您会在译作中增加许多译者注释，这是很费时费力的一件事情，您是出于什么想法而写那么多充实的注释的呢？

蔡海燕：我非常看重诗歌翻译中的注释：一是解说原诗的诗体形式；二是解释基于语音的双关语内涵；三是诠释与这首诗相关的背景材料。我和诗友马鸣谦翻译的《奥登诗选》，曾寄给奥登的文学遗产受托人门德尔松先生，他在写给我的邮件中说，虽然不懂汉语，但看到这么多注释，他能感受到我们在翻译奥登诗歌过程中的用心。虽然有些读者对于我们的翻译风格未必认同，这是正常的，因为审美是个性化的，但普遍认可我们的注释，甚至有读者说，即使为了注释也值得收藏这套诗选。

陈玥羽：您同时进行文本译介与学术研究，那您是如何看待研究与翻译的关系呢？

蔡海燕：我逐渐认为，翻译不是简单的语言对接，而是在尽可能地忠实于原语音要素的基础上的语言传达行为，也就是思想上的对接。因此，翻译的前提是研究，也就是说，要对翻译对象的历史语境、语言风格和思想脉络有一定的考察与研习，如此才能更贴近原文。

以奥登的名诗 The Fall of Rome 为例，不少译界前辈给出了优秀的译本。仅就标题而言，因为对"fall"的不同理解，主要有两类译法，《罗马的倾覆》和《罗马的秋天》。如果抛开诗人的历史语境，两者似乎都可以。然而，如果我们清楚奥登其人其作的话，便会知道"fall"在这里更应该是"灭亡、衰亡"的含义。

奥登一直以来对古典文明兴趣浓厚，写给多篇有关古罗马帝国的散文，其中有一篇散文就叫《罗马的衰亡》，该文结尾处完整地引用了他早年的同题诗歌 *The Fall of Rome*。基于这些背景材料，我们可以有更为"忠实"的翻译。我们不妨看看几位前辈对第一诗节的翻译：

The piers are pummelled by the waves;
In a lonely field the rain
Lashes an abandoned train;
Outlaws fill the mountain caves.

波涛拍击码头；
荒野上大雨
抽打一辆废弃的火车；
歹徒们挤满了山洞。　　　　　　（王佐良，《罗马的秋天》）

码头在经受波浪的扑打；
偏僻的原野上，雨水
鞭打着一列被遗弃的火车；
逃犯们填满了山里的洞穴。　　　（薛舟，《罗马之秋》）

码头被一阵阵浪潮冲击；
雨在寂寥的旷野
抽打一列弃置的火车；
匪徒们拥挤在山洞里。　　　　　（黄灿然，《罗马的灭亡》）

我手头只有这三个译本，所以以它们为参照。我当然没有资格置喙前辈的译本，但深耕奥登研究多年了，对于这首诗的翻译还是能说道一二的。相较而言，黄灿然先生的译本更好一些，不仅是对诗歌内容的理解更准确一些，韵律上也更贴合。以下是我和诗友马鸣谦的《罗马的衰亡》第一个译本：

> 浊浪拍击着码头；一处
> 荒地里，雨水抽打着
> 一辆废弃的列车；
> 山洞里挤满了歹徒。

但这个翻译，连同以前各位前辈的翻译，都还有一个严重的问题。第3行的"train"，无论是火车，还是列车，都是比较现代的元素，有悖于古典文明。当然，你也可以说，奥登此处是借古喻今、古今相融的写法。然而，只消通读全诗，便会发现这首诗里的其他意象都是罗马帝国晚期的，他不太可能唯独留这么一个"缺口"。而且，更重要的是，我后来翻译奥登的散文《罗马的衰亡》，发现这篇长文完全可以与同题诗对读。基于资料的新发现，我对这首诗的译本做了一些修改。以下是第一诗节：

> 浊浪拍击码头；一处
> 荒地里，雨水抽打着
> 一辆废弃的**辎车**；
> 山洞里挤满了**亡命徒**。

"train"不应该是现当代意义上的列车、火车，而是古早时期的军事用语，类似于行军打仗时的辎重，奥登将之用作可数名词，故译为"辎车"。另外，我发现"outlaws"也并非一般意义上的歹徒、逃犯，而是影射了早期基督徒在古罗马帝国受迫害的历史，有学者指出，可能与早期基督教历史上的一个山洞里的灵异传说有关。为此，我给这两个词都加了注释。

类似于这样的超出字面意义的内涵，译者不可能通过临时抱佛脚来获取，只有在长期的研读中才能偶得。我之所以说"偶得"，是因为研究会正向激励你的翻译，但不一定体现在每一个具体的翻译情境。

陈玥羽：有人认为原作与译作是一种对话关系、美的统一体，也有人认为译作源于原作、高于原作，您如何看待译作与原作之间的关系呢？

蔡海燕：各种翻译理论中，有人追求译者的隐身，也有追求译者的再创作。我觉得无法进行严格的要求。

于我而言，本雅明的"花瓶"说法很动人心弦，他说原作和译作都是"纯语言"花瓶上的碎片，都是不断迈向"纯语言"的过程性努力。剔除了其中的宗教性成分之后，我们或许可以说，译者调用了"内在的眼睛"，无限地接近了原作者的存在与经验，双方隔着时间和空间展开了对话与交流，都在破译世间的奥义。

这是译者在私人经验层面上无限接近作者的过程，译作和原作由此形成了一种潜在的对话关系。更重要的是，原作经由译作获得了"新生"，用本雅明的话来说，"译作因为原作而产生——然而却不是原作的现世，而是原作的来世"。我们在此可以通过奥登的一节诗来观察这种延续和创生：

> 此刻，在一百座城市间被传诵，
> 他全然置身于那些陌生的爱意，
> 要在另一种树林里找寻他的快乐，
> 还须领受异域良知法则的惩治。
> 一个死者的言辞
> 将在活人的肺腑间被改写。

陈玥羽：奥登词汇量巨大，早期的作品晦涩难懂，翻译诗歌也有一定的难度，是什么支撑您坚定地专注于诗歌翻译的呢？

蔡海燕：诗歌翻译是直抵灵魂的艺术。我最近在翻译奥登的散文《文学传承》，里面讲述了哈代的诗歌创作与影响，全文以哈代的一首《雨天的日暑》结尾。我们在哈代的诗歌里可以分明感受到他的敏锐、深刻和诚恳——他身处传统农业社会瓦解、工业文明和城市价值观日益渗透的时代，信仰被科学主义和物质主义取代，诗歌失去了可以参照的永恒坐标系。在这种难免令人沮丧的背景之下，他以陈旧的"日晷"自拟，字里行间投射了一种失去信仰同时也失去了天真而美丽的世界的哀伤，但一种继续持守"自己的行当"的孤勇精神也力透纸背。

奥登也以诗歌的形式传达过类似的诗论，但他采用的意象和风景显然具有自己的独家特色，主要是带有现代工业景观性质的矿场和石灰岩风景。从少年习作期到艺术成熟期，这一贯穿他诗学生涯的诗歌命题，虽然不同于哈代描写的风景，但直抵灵魂的诗学精神是一脉相承的，比如他在《对场域的爱》里所宣称的，"不管浅薄的世人／如何一而再再而三地／诋毁它、遗弃它、／对它抱以冷眼与怀疑"，他都"永不弃绝"。

我想，诗歌打动人心的，不仅仅是切中肯綮的辞藻，还有诗性的精神和力量，让我们在哲理上受到启迪，在美学上得到滋润。我做文学翻译与研究也有十多年了，在出版学术专著《"道德的见证者"：奥登诗学研究》时，我似乎更坚定了自己一直以来的选择："所谓学问，如若不能滋养真实的人生，又有何意义呢？务虚和务实，原是一体。"

陈玥羽：有人感叹说，过去翻译家像是时代先驱，人们所熟知的译者大都是老一辈的翻译家：傅雷、杨绛、草婴、朱生豪、钱春绮、柳鸣九……而译者地位今不如昔。作为一名青年译者，您怎么看待呢？

蔡海燕：老一辈翻译家是我们这些年轻译者的楷模，也是我们在踌躇与迷茫时的"定海神针"。像我们师门的飞白老师，能熟练地运用英语、法语、俄语、意大利语、拉丁语等多种语言进行外国诗歌翻译。听说他晚年为了翻译希腊诗，还特地自学了希腊语，这种超凡的学习能力和奋进精神，放在当今时代，又有几人能具备呢？

除了个人能力和人格魅力之外，译者地位的没落其实是时代的产物。几十年前，从事翻译行当的人并不多，当年的外语各专业可都是高分考生才能上的，可是现在，很多学校的外语专业毕业生就业前景不容乐观，高考上线分也屡创新低。虽然外语学生不一定是译者的主力，但这从一个侧面说明外语能力不再是一个稀缺资源，译者队伍无限壮大，自然会出现良莠不齐的现象，在总体上"败坏"了译者的形象。

另外，出版环境恶化，译者稿酬与其工作量完全不匹配，译者工作得不到学术界认可，也都是客观存在的事实，具备潜在的优秀翻译能力的人不会把时间用在这个吃力不讨好的领域，"好译者"流失严重。在过去，译者的翻译稿酬几乎可以维持生计，但现在，绝大多数译者都不可能靠翻译来谋生，他必须依附于某一个"正当"的工作，在有限的业余时间里从事翻译。我去年在《奥登传》的译后记里写道：

> 大学"青椒"的忙碌应该是众所周知之事，我虽然年届"老椒"，但在很多统计数据里仍然忝列"青年"，有安身立命所需的日常教学和科研工作量要完成。如若想要在职称上走得更远的话，那么翻译绝不是一个首选，尤其是这么厚的一本书。但这是"亲爱的 A 先生"啊！我说服自己将课题和论文全都往后排，把会友和娱乐能省则省，从此"清心志于一事"。

我面临的困境与选择，其实也代表了大多数青年译者的现状。据我观察，青年译者主要由博士生和高校教师组成，但很多高校都不认为翻译成果属于科研成果，就连不少外语学院也是这么规定的。在如此恶劣的时代环境之下，从事翻译真当是兴趣使然，我曾戏称，译者"靠爱发电"。那么，与全力以赴、全神贯注于翻译事业相比，现在的青年译者靠挤牙膏一样挤出的时间与精力，如何能创造出引领时代的翻译作品，或更确切地说，如何能持续产出优秀的翻译作品？我朋友圈里的几位青年译者最近都没在翻译了，他们或说"等实现学术自由了"就捡起翻译的活，或说"等退休了"再翻译。我的情况也差不多，主要精力还是在本职工作上，虽然仍有翻译成果陆续出来，但付出了身体健康和个人生活方面的一些代价。

不过，据说每个时代的人都会觉得自己所处的时代是最糟糕的，但其实各个时代都有独特的问题与困境。与其在意外界的环境，不如想想自己在有限的天地里能够做些什么，以及能够做到何种程度。因此，译者地位今非昔比又如何，不如看清楚自己的初心。

陈玥羽：感谢蔡老师的分享！

从心读写，译笔随行

——陈以侃访谈录

郑贝柠　陈以侃

受访者简介： 陈以侃（1985 —　），浙江嘉善人。自由译者、书评人。曾在上海交通大学和复旦大学学习英文，2012—2015 年在上海译文出版社担任编辑。著有文学评论集《在别人的句子里》（上海人民出版社，2019）。译有《海风中失落的血色馈赠》（上海文艺出版社，2015）、《撒丁岛》（上海译文出版社，2018）、《寻找邓巴》（北京联合出版公司，

2018)、《致愤青》(华夏出版社,2019)、《毛姆短篇小说全集》(四卷本)(广西师范大学出版社,2016、2018、2019、2020)、《川流复始》(上海译文出版社,2023)、《刀锋》(北京日报出版社,2023)等。

访谈者简介: 郑贝柠,浙江大学翻译学硕士,研究方向为翻译理论与实践。

本次访谈时间为 2023 年 8 月 24 日,地点为嘉善县一家咖啡馆内,访谈时长约 2 小时。在访谈中,陈以侃老师分享了自己从文学爱好者到职业译者和书评人的经历,谈论了自己对于翻译、写作以及语言学习的认识和看法,也对有志从事翻译和写作的年轻人提出了宝贵建议。

一、译旅之初

郑贝柠: 陈老师您好,您 2019 年来浙大给翻译专业的同学做过一次讲座,我看了录像,那次算是我第一次认识您。很荣幸今天能有机会采访您。作为一名自由译者和文学评论人,您翻译的《毛姆短篇小说全集》(四卷本)、《海风中失落的血色馈赠》等作品都获得了不错的反响,您的文学评论集《在别人的句子里》也引起了不少读者的共鸣。您能介绍一下自己的学习和工作经历吗?

陈以侃: 刚上大学时,我学的是理工科,平时会利用业余时间看书,后来发现自己不适合学理工科,就转学英语了。大四的时候误打误撞了解到有保研的机会,就去试了试,然后就到了复旦大学学习英美文学,随着性子读了三年书。我本来想或许可以去国外继续文学方向的研究,但后面一直没有规划,这个想法也就被搁置了。到研究生毕业的时候,偶然碰到了一个到出版社工作的机会,虽然当时并不了解编辑部的工作内容,我还是暂时先开始了这份工作。后来逐渐发现这份工作还挺有意思,因为可以把平时涉猎的新作推荐给读者,不知不觉就做了三年的编辑。到 2015 年的时候,我就想试试能不能靠翻译和写作养活自己,就辞职回了家乡专心做翻译,一晃就已经过去了八年。

郑贝柠：也就是说，您一开始并没有明确打算以文为生，而是跟随内心读书和写作。那么您后来又是如何与翻译结缘，并坚持走翻译这条路的呢？

陈以侃：其实并没有选择，就一直是抱着仰视、崇拜的心情在看书。在本科和研究生阶段，我根本就没有想过我可以让别人为我的文字花钱，一直到研究生毕业进了出版社，我还是没有觉得自己可以靠写字挣钱。后来，出版社有一些老师鼓励我去写东西、翻东西，我才开始慢慢的有作品翻译和写作发表。

郑贝柠：您从事翻译工作是由于出版社老师的指引，此外还有哪些内在动因吗？

陈以侃：除了翻译之外，我很享受写作的状态。当有一个我很感兴趣的作家时，我可以安排一两周甚至一个月的时间去读他的作品，然后把自己阅读的感受汇总起来，写成一篇文章。我的兴趣爱好只是阅读，之所以从事翻译和写作，可能是因为我向往译者和作者的那种生活。我研究生毕业是 2012 年左右，那时候微博刚刚流行起来，我在网上可以欣赏那些编辑、译者和文学评论者日常的阅读和生活。他们会说我最近在卖哪本书，我最近在看哪本书，我最近在写怎样的文章……要说我是怎么走上翻译这条路的，其实主要是源自想成为他们中一员的冲动。我第一次做翻译是因为彭伦老师，当时他在网上找托宾的译者，我想试试，就联系了他。后来就翻译了麦克劳德的《海风中失落的血色馈赠》。当时没有人告诉我，我可以成为一名译者，但是我想成为译者应该是一件蛮有意思的事情，我也希望可以在外国文学领域里，与其他译者和编辑一起工作、交流。

郑贝柠：在翻译的诸多作品中，令您印象最深刻的是哪一部？您可以分享一下翻译这部作品时遇到的瓶颈以及翻译后的感受吗？

陈以侃：没有印象特别深的某一部作品。其实我很难描述自己在翻译过程中的感受，因为翻译对于我来说是一种比较平缓、周而复始的过程。翻译就像一条绵长的河流，河面上没有船只，没有人在游泳，甚至没有一段漂浮的枯木，它就这样平缓地从我脑海中流过。所以我觉得每一部作品，甚至每一段翻译对于我来说几乎都是类似的。在我看来，翻译就是在每一个词、每一个分句上去重现某种印象。以前聊翻译的时候，也有很多人会问这部分翻译有什么难以攻克的难关，我也想不起来，因为每一个点都有小小的阻力，但是我并不觉得翻译有什么难以逾越的东西。当然，翻译始终是不可能达到 100% 再现原文的，所以它所谓的不可逾越，是每一句话都无法真正展现你在阅读时候的那种印象。这就是为什么翻译特别让人沮丧、让人想要放弃的原因。因为在每一个小小的节点上你都是让自己失望的，同时你没有办法重现作者想要得到的东西，所以你也会让作者失望。你可能翻了两三个小时，或者甚至半个小时、一个小时就会放弃，转头去做别的事情，因为翻译过程中积累的"frustration"（沮丧）很强烈。所以，如果一个译者自身对翻译这个工作抱有特别美好的预期，那么当他发现自己翻译的每一句话都让自己失望的时候，这种失落感就是无法逾越的鸿沟。

二、译评心得

郑贝柠：我们来聊一聊翻译和写作的过程和心得吧。我了解到，您在翻译时完全不看其他译本，不让其影响自己的行文和判断；翻译毛姆的几年里，您用了几乎一半的时间阅读和翻译毛姆的作品。这是您翻译的一种习惯吗？

陈以侃：是的。翻译的时候我不仅不会看同一个作者的其他书，我甚至不会看别的翻译文学。比如说我今天上午三小时翻译，下午三小时翻译，吃中饭的时候我就不看翻译文学。但如果有一本我很感兴趣的翻译文学，或者我想要了解其他语言的作家，就只能通过翻译去了解，那么在一天工作结束的时候或是周末，我还是会阅读相关的翻译作品。但对于我来说，阅读翻译文学只能大致了解一个作者，而对于真正触动我的作家，只能从原文中去寻找他。所以即使是读了翻译作品，我在开始翻译之前也会找一些跟这部作品风格相近的中文作家去读一读，让自己回到中文的语感当中。

在翻译完并对照着原文修改过后，我会到处找各种各样的译本。比如现有的毛姆译本有很多，我会尽可能从网上找到这些译本。比如一部短篇小说集，我会自己做一个表格，里面每一个故事，有哪些好的译文，我会把他们列出来。然后就会发现大概三分之二的作品都是有别的译本可以参考的，甚至有些是非常好的译本。我就在那些译文中挑一些好的作品，逐句对照着看，从中可以获得很多启示，还会在这个过程中发现自己翻译时的理解错误，或者发现明明可以处理得很好的地方自己一开始处理得比较笨拙，然后就会感激涕零地把这些错误改掉。

郑贝柠：您翻译一部作品大致会经过哪些流程呢？

陈以侃：首先当然是了解这个作家、这部作品，确认这个活儿在自己能力范围之内，然后就开始着手翻译了。我知道有的译者会先通读这部作品，甚至是这部作品的译本，然后再开始翻译。但我不是这样的，我甚至不会去通读那本书，而是从第一句开始，看一句翻一句。因为我觉得第一次阅读时候的那种意外、那种震撼，或者说那种新鲜感是很重要的。我始终认为译者的工作都在局部，因为每一句话呈现给你的印象都应该是鲜明的，都应当可以被呈现出来。读者在读你的译本的时候，他也是逐字逐句读的，那么这句话所呈现给读者的体验，应该对应着你第一次读到它的体验。当然，你在翻译完整部作品之后可能有一个新的理解，这个时候可以再去改。但是那种与一个句子初次见面的印象应当在第一次阅读的时候捕捉，并在译文中呈现。

郑贝柠：您在翻译的过程中是否会借助机器翻译呢？

陈以侃：做文学翻译的时候肯定不会，但是有一些朋友需要我帮忙翻英文邮件，我可能会直接把中文放到 ChatGPT 里翻译，然后修改一下就好了。很多商业翻译的初级操作基本可以交给人工智能来做了，我只要做最后的修改审校工作。

但是翻译文学作品是一个比较微妙的过程。就像我刚才说的，我的操作办法是，首先捕捉到我作为读者首次阅读原文时的印象和感受，然后让它尽量鲜明地流淌在我的中文里面。如果这个时候有第三个人参与进来，比如，人工智能在旁边告诉我说这句话的中文应该怎么翻，你就会被它的中文带走，你的译文就会掺杂一些本不应该在场的东西，这对我来说是一种干扰。不过现在有一个新的情况，就是我提到过很多作品是没有现存译本的，人工智能可以帮你检查自己发现不了的错误。

郑贝柠：也就是说，机器翻译主要是在检查语法等简单错误方面发挥了积极作用，但是在处理文学作品的语言情感方面，机器翻译还不能取代人工翻译？

陈以侃：其实，在我看来，译者的情感也没有那么神圣，交流当中的情感也没有那么不可逾越。差的译者翻译简单的文本可能翻出七八成，那机器翻译未必就做不到。甚至可以到书店里面去找一些翻译的书来，让 ChatGPT 给你翻译一遍，你甚至会觉得现在最先进的人工智能比那些译者翻译的准确率要高，因为至少有一到两成的译者，其错误率是非常高的。尽管机器翻译不够有文采，但至少它的准确率会达到九成以上。真正好的文学，即使碰到没有文采的译文，只要译文准确度还可以的话，读者还是能感受到原文的魅力。在我看来，也不是说一个翻译达到 85 分就算得上文学翻译，85 分以下就不是文学翻译了，它是一个浮动的区间。机器翻译可能在某方面差一点，但是在准确度方面高一点，它是在这个区间内浮动的，差的人工译者未必能达到机器翻译的准确度。而且我们目前对于机器翻译的讨论折旧率是很高的，可能过个五年、十年，目前机器翻译存在的问题都成了过往的云烟了。

郑贝柠：您翻译的《毛姆短篇小说全集》（四卷本），在国内首次以精彩译文再现了毛姆短篇作品全貌。您能分享一下翻译毛姆的心路历程吗？

陈以侃：因为翻译毛姆的时间线很长，从第一卷到第四卷用了五六年的时间，所以我翻译的过程也伴随着个人成长的过程。就像一开始是刚离开出版社的时候，怀着对生活的憧憬，所以翻译第一卷的时候有一种面对未知的感觉。到第四卷的时候，已经收到了反馈——很多人喜欢这部作品，所以当你在完成别人想要阅读的作品的时候，心态就会更放松愉悦一些。

通常在翻译的过程中会有字与字之间的搏斗，我可能会想怎么快点结束，然后去看我想看的，写自己想写的东西。但是在翻译毛姆的时候，我觉得会比翻译别的作家更快乐一些。因为毛姆的语言基本上是一种谈天式的口吻，而且里面有很多对话，对话是我翻得最快的东西。因为你完全代入了他的角色，就像自己在演那个场面一样，加上他们说的都是很直白的语言，你就可以很流畅地翻下来。我最讨厌的是毛姆的风景描写，因为毛姆的风景描写虽然不是特别华丽的笔触，但却是很考究的，它可以用简单的几句话呈现一个你完全没有到过的地方，比如一个南太平洋的小岛、一个南亚的山洞、或者一个英国的客厅等，这都是些你经验之外的场景。毛姆可以用寥寥几句英文就呈现那个场面，让你身临其境，翻译这种文字的时候就得花一点心思。但是你绝对不能抱怨毛姆给译者施加的压力，因为它总体是一个非常轻松愉悦的过程。毛姆是一个很聪明的作家，他很能代入一个读者的心态，所以在跟随着毛姆的笔触前进的时候，你完全可以想象读者的快乐和作者的快乐，这种快乐可以间接地转化为一种翻译的快乐。

郑贝柠：除了译者的身份之外，您还是一名文学评论人。在您所著的《在别人的句子里》一书中，您从一位读者的角度，带领我们走近名家，感受名作直击心灵的某个瞬间。如果说纳博科夫善于"从日常中抽离每个时刻，把它摩挲成颤动的欣喜"，那么您在书中分享的就是自己在阅读中捕捉到的每一次动心，把它摩挲成颤动的欣喜与读者分享。您写这些评论文章的初衷或者动力是什么？

陈以侃：我在序言里面也总结了写这种阅读体验类文章最大的推动力来源于什么。厄普代克说，写作带给他最大的愉悦是印象变成文字的过程。这个是一个很神奇、很美妙的东西。我在读一个伟大作品的时候，它带给我的体验，和我的生活、那位作家的生活是纠缠在一起的。你在读这个作家的时候，可能会联想到其他作家对他的评论，如此种种元素会在你脑海中变成一个场，它们彼此勾连、彼此冲撞，形成一个很朦胧很迷幻的印象。怎么去把这种朦胧的印象重新组织成为一段话、一篇文章，怎么让读这篇评论文章的人感受到你在读原作的时候体会到的乐趣、厌恶、无聊或者激动的心情？这件事对我来说是很有吸引力的。就像我在看足球或者喝咖啡的时候一样，有的时候我甚至不是真正享受那个比赛或者饮料本身，而是很喜欢听赛后播客里对这场球赛的讨论。我很喜欢观察那些好的解说员是怎么把激动人心的瞬间用语言表述的。就像一个好的咖啡师，他在给你做咖啡的时候，他会形容这个咖啡的风味，然后你可以感受，你体会的跟他的文字表达是不是对应的；他又是怎么用微妙的文字区别不同咖啡豆之间的口感差别的。怎么让人类的体验在文字当中重生和传递，这点对于我来说非常有趣。这就是我写文章的一个内在冲动，我认为这也是阅读和翻译的魅力所在。

郑贝柠：在读过的作家中，有没有一位让您产生了彼此心灵契合的感觉？

陈以侃：我很难说与哪位作家十分契合，很多时候我只是纯粹地享受我喜欢的作家给我带来的乐趣而已。从某种角度来说，你在所有的阅读中得到的乐趣都是某种与作家心灵上的联接。但是单纯说心灵契合，在中文里似乎具有排他性，但是，我想实际上应该不是说你与某个作家心灵契合，和别的作家就不那么投契了。比如，我最近在读一位英国女作家德博拉·利维的作品，她讲了自己在殖民地生活的经历，以及作为一名女性是怎么在英国成长的。她的体验以及女性化的叙事，是完全在我经验之外的。但因为她写得好，带给我的体验就非常真切。我觉得这也是心灵上的一种契合。你在真正感受到作者想表达的东西的时候，就会和作者产生一种沟通和联接。而这种联接并不是因为你跟他的风格或兴趣相近，而是当这位作家的艺术水平达到了某种高度之后，你自然就能被其文字和体验感染到了。

三、翻译理念

郑贝柠：接下来我们谈谈翻译理念吧。翻译首先要选择合适的作品。有译者认为，译者应当选择与自身风格相近的作者和作品，这样才能使

356 / 中華譯學館·中华翻译研究文库

译作更好地再现原作的风貌。您怎么看待这一观点，您在选择译本的时候是否会倾向于选择和自己文风相近的作家和作品呢？

陈以侃：这就是英文里的 "rule of thumb"（拇指法则），大致上它当然是一个很好的建议，也就是选一个跟你本身写作风格相近的，或者说跟你平常阅读习惯比较有交集的一个作品去翻译。但是归根结底，我认为没有那么细致的考量。在我看来，翻译最基本的原则是这部文学作品想要呈现的风格应当是译者所能够驾驭的。比如，一位 16 世纪的英国诗人的作品，你希望用中国古诗的风格来翻译，如果做不到这一点的话就不应该接这份工作。

但是在现代的语境之下，不管是一个二十多岁的风格清脆的女作家，还是一个五六十岁的文风比较深沉的男作家，在我看来，都应该是一个合格的译者能够驾驭的。当然，有的人会说我自己文字风格比较像毛姆，所以翻毛姆合适。但是麦克劳德的风格跟我完全不一样。我一直说，麦克劳德是一个非常深沉的作家，他的充满气血的这种文字风格跟我的这种轻松的文风是完全不匹配的，但是你至少可以在风格上试图表达麦克劳德想要呈现的东西。所以，我觉得在译者的能力范围内，并不存在一个译者风格。我是一个什么风格的译者，这根本就是无关紧要的。你所有要做的事情就是怎么去呈现作者的风格，你能做到就去尽力呈现，做不到就不要去接这个活，大体上就是这个考察的标准。

我们总是很喜欢探讨译者的风格。在我能听见、看见的范围里面，网上的不管是知名的读者还是普通的网友，他们都很喜欢探讨自己喜欢的译文风格，这是从读者角度考虑的。有人喜欢带一点翻译腔的译文，有人喜欢更流畅的译文；有人喜欢直译，有人喜欢意译，但读者或译者倾向于什么风格的译文跟这个译文好不好是完全无关的。一个译者他应该考虑的就是原作者是什么风格，你是一个透明的传递者，你的透明度是你想要追求的、你想要提高的、你想要在工作中完成的，也就是怎么让原作尽可能透过译者这个介质传递给读者。而读者在考虑、考察这个译文好不好的时候，你喜欢什么样的译文也是无关紧要的，唯一的考量就是你是否了解原作者的风格，这句话在原作当中是什么风格，然后去看译文是不是贴近这种风格，而不是说读者喜欢什么风格，或者译者擅长什么风格，就把它硬去套在对译文的评判上。

郑贝柠：市面上毛姆作品的译著不在少数，但您翻译的《毛姆短篇小说全集》（四卷本）赢得了许多读者的喜爱。您认为您的译笔是如何在一众译者当中脱颖而出的呢？您认为哪些标准是一个好的译本必须达到的？

陈以侃：对于我来说，评判的标准就是是否呈现出了作者想呈现的东西。我之所以这样翻译毛姆，是因为我觉得毛姆就是这么写的，他想呈现的就是这样的一种语气、口吻和叙事的腔调，英文里面叫"register"，也就是语体风格。在我看来，毛姆写下某句话的时候带着怎样的意图，我作为译者的职责，就是把它在中文里呈现出来而已。我相信每个读者在说喜欢这个译本的时候，他所考量的东西也并不是完全一样的，但对于我来说，评判一个译本是不是好的时候，应该是看它是否贴合原文作者想要表达、想要呈现的东西。

郑贝柠：有翻译家提出，作者与译者之间，是一种不安、互惠互利，且偶尔脆弱的关系；也有翻译家主张"翻译竞赛论"，认为翻译应当"青出于蓝而胜于蓝"。您认为译者和作者之间是怎样一种关系呢？

陈以侃：我一直认为有的译者存在一种幻觉，觉得自己的翻译反过来给原作带来了帮助，或是给了作者一些加成，达到所谓的"互惠互利"。也有很多人说我翻译的麦克劳德比原作更具魅力之类的，但对于我来说，这根本就不是夸奖。因为作为译者，我唯一要做的就是忠实呈现原作的魅力，我呈现出的任何额外的东西都是我作为译者的失职。不能说译者的文采比作者更好就可以那样翻；如果原作的文笔差，译者就应当忠实地把它差在哪里给翻译出来。所以译者与作者也不存在互惠互利的关系，译者唯一的不安或脆弱感就在于没法忠实地呈现原文。我认为在翻译的过程中，译者应该尽量消灭自己，让作者尽可能多地透过来。要竭尽自己的母语和外语的能力去做到这件事情，但是在这个能力之外不应该带有任何个人的创作和表达，这个是不在翻译工作之内的。

四、译路展望

郑贝柠： 您认为阅读和翻译对您产生了怎样的影响？

陈以侃： 没有特别显著的影响，主要还是一个潜移默化的过程。不能说我要是没有当译者，或者我没有变成一个喜欢看书的人会什么样，因为那已经成为一个不可想象的平行宇宙。生活中我会很期待阅读和认识一些新的作家。像毛姆说的，阅读是种"瘾"，如果几个礼拜没有碰到一本好书或者认识一个好的作家，我就会有种空落落的感觉。阅读的愉悦感会给我的生活带来一种期待，我可以告诉自己，如果我继续在网上看纽约书评，或者继续读乔治·斯坦纳，聊某个德国的哲学家，我可能会在其中找到下一个对我有很大意义的作家，会找到下一本能让我快乐两个月的书。我就在这种期待中生活。

阅读和翻译对我来说是生活中的一种乐趣。对于一个真正热爱阅读的人说，应该很难想象如果自己不是个爱阅读的人会怎样。一个热爱阅读的人，他可能已经吸收了一百本好书了，抽掉其中任何一本对他来说应该是没有什么变化的。因为思考阅读、寻找阅读、探讨阅读的人生已经成为他的一部分，很难说如果没有阅读、没有哪一个作家，或者没有哪一本书，会使他产生变化。

郑贝柠： 您之前也说了，做翻译会尽可能选择自己能够掌控的作品，但就个人兴趣而言，您更倾向于富有语言魅力的文字，这类作品的翻译通常也更具挑战性，那您有没有想过未来突破一下，尝试翻译这类作品？

陈以侃： 应该不会。如果说是两个星期能完成的工作，我还可能会接这个活。但是如果要翻译一个好的作品，翻译它需要几个月甚至更长的时间，那我一开始可能就不会接下这个任务。当然，如果突然有一个我特别喜欢的作家，他有一本特别精彩的、我特别喜欢的书，那说不定我还会动心的。其实像翻译艾尔曼的《川流复始》，对我来说就有一点突破。当时没有认清这个任务包含了什么，只觉得这是我非常喜欢的一个文学评论家写的评论集，评论的又是我很关心、很喜欢的作家，然后就答应翻译这本书了。但文学评论在翻译的时候确实不太好处理。

郑贝柠：完成《川流复始》这类作品的翻译之后，您会不会很有成就感？

陈以侃：对我来说翻译只有挫败感，因为你没有把它翻好，你也没办法把它翻好，整体上只有这种感觉。翻译是每一个句子上的工作，即使你有整体的、宏观的想法，也早已经在漫长的日夜相处中被磨掉了。就像是共同生活多年的夫妻，最初的美好预期都逐渐化作平淡的日常了。

翻译不像是一个从无到有的创造。比如，一个诗人、一个小说家，他通过每天的劳作，把自己一开始很美好、很强烈的想法写出来，创造出一部小说或者诗作，那他可能会有欣喜之感。但是翻译的话其实不是你创造的东西。译者只是转述已有的文章，完成这份工作之后的满足感，当然完全比不上你在读到原作时候的那种欣喜。翻译完成后更多的是有一种释然感。比如《致愤青》和《川流复始》，以及我最喜欢的小说家马丁·艾米斯——我最近在翻译他的最后一部作品——这几部原作都写得非常好，我在翻译的时候就会觉得自己的译文完全配不上原作。

郑贝柠：关于阅读和写作，您对现在的年轻人有哪些建议？

陈以侃：第一点是大量地阅读，去找到你自己喜欢的东西，靠这种乐趣和爱好来推动你去寻找、吸收更多作品。第二点是如果想要做这一行的话，就多尝试。你要在尝试当中，也就是在对失败的恐惧之中，努力迈出前进的步伐。在艺术创作的行当里面，大多数有才华的人都是因为害怕失败，所以被束缚住。当你真正朝前迈出了一步，真正做出了自己的东西，写出了自己的第一篇文章，你就会发现自己已经领先了同行。所以首先不要怕失败，不要因为翻译不出原作的韵味而放弃。

有一位我很尊敬的老师办了书评教学的训练营，我之前有参加过，也去上了几节课，教别人怎么写书评。但是我并不知道写书评或者学写书评有什么方法，我只能告诉学员，你得真正喜欢阅读才能写出好的书评。如果要写书评的话，你得找到五到十个你认可的、真正给你愉悦感的书评作家，然后找到每个书评家的十到二十篇甚至五十篇好的文章，真正去吸收它，知道它的每一句话有什么功能。当你完全吸收了十几位作家的书评，你自然而然就知道怎么写了。写作的模板和范式或许在一开始可以教会你最基本的写作手段。但是就像要真正学会一门外语是不能仅仅通过语法规则去掌握的，要真正走进这一领域，成为一个好的写作者、书评人，只能靠不断地吸收你喜欢的、让你感兴趣的东西，来成为能真正使用一门外语的人，成为一个写作者，成为一个好的译者。

传承匠人精神，彰显自律个性

——林晓筱访谈录

茅 慧 林晓筱

受访者简介：林晓筱（1985 — ），浙江青田人。浙江传媒学院文学院讲师。主要研究领域为英美文学研究。译有《所谓好玩的事，我再也不做了》（湖南文艺出版社，2017）、《永远在上》（人民文学出版社，2022）、《弦理论》（湖南文艺出版社，2019）、《黑男孩》（浙江人民出版社，2022）、《马与人》（人民文学出版社，2021）、《林中之死》（人民文学出版社，2021）。在《国外文学》等核心期刊上发表论文数篇，并在《书城》《上海文学》等杂志上发表专业评论多篇。

访谈者简介：茅慧，浙江传媒学院国际文化传播学院讲师，研究方向为英汉翻译、外语教学。

本次访谈时间为 2022 年 5 月 26 日 9:00 至 11:00，地点为杭州日落咖啡馆。访谈主要围绕翻译精神、翻译作品和风格、翻译和生活三个方面展开。

一、翻译是一种不断传承的匠人精神

茅慧：林老师，您是外国文学专业的，能说说是出于什么契机才开始从事翻译工作的吗？您翻译的第一部作品是什么？

林晓筱：我最早做翻译是受了许志强老师的鼓励，他对我的人生和学问都有很大影响。许老师对翻译有着精益求精的匠人精神。杭州以前有一个做独立出版的机构叫"联邦走马"，出版诗歌和文艺作品，转型后依旧活跃在市面上。在博士一年级的时候，我翻译了萨尔曼·拉什迪的《东方，西方》，于 2013 年由"联邦走马制作"出版。当时是带着好玩的心态完成的第一次翻译尝试，许老师看完后说："你完全可以去做翻译。"这样的评价给了我很大的信心。他是一个实话实说的老师，当他说你能够做什么的时候，对学生的鼓励是很大的。翻译这部小说集的过程非常令人开心，从此我便走上了翻译这条路。

后来我就开始在翻译上花很多时间，有意识地去提高自己水平。我不是科班出身，翻译对我来说有一定的难度，全靠自学。但是浙大中文系的比较文学与世界文学研究所素来就有翻译的渊源，很多学生都会从事翻译。

研究所最初由飞白老师开创，前身是做诗歌研究的。飞白老师是一位翻译家，我最初对翻译的认识也源自于他。他有着非常强大的语言天赋，会多门外语。他曾和我分享他的翻译趣事，他以前在部队里从事与密码打交道的工作，需要保持对文字的符号性敏感度。早上起来洗漱的时候，他会迅速地背诵一首莎士比亚的十四行诗，记在脑海里。然后出去跑步，一边跑一边想怎么把这首诗翻译成中文，跑完之后第一时间就把脑子里想好的中文誊写出来，所以他开玩笑说自己的诗歌非常有节奏感。这些老翻译家对翻译有一种执念，把它当成一件非常有趣的事情在做。他的翻译生涯非常励志，很多国外诗人都是他第一次译介过来的。他有厚厚两卷本的《诗海——世界诗歌史纲》，对国内读者了解诗歌来说是不可多得的经典。我记得有一次他接受电视台采访，对方问他为什么这么高龄了身体还这么好，他说因为我是学习外国文学的。

还有就是吴笛老师对我的影响，他是一个上课非常有趣的老师，挺着大肚子，风趣幽默。他讲别的作家的时候可能会开开玩笑，但是只有讲到一个作家的时候很严肃并且声情并茂，那就是普希金。他会含泪用俄文背诵普希金的诗歌。有时候，他为了翻译一首诗歌工作到很晚，犯了痛风，但他会说这是值得的。我从他身上看到的不仅仅是一种理性，更多的是一种对诗歌最初的爱。老先生传递给我们更多的不是技巧，而是对文学的一种最初之爱。不管他年龄有多大，依旧怀有这种热情。做翻译如果没有这股热情，很难坚持下来，很容易打退堂鼓。

如果吴笛老师是热的话，我的导师张德明老师就是冷的。张老师也做过翻译，他说做学问和翻译一样都需要坐冷板凳。学术就是一场感冒，如果学术没有冷热交替，你可能无法进入这种"病态"当中。专注是一种病态，别人看译者的生活，觉得很不可思议。这种病态的生活我觉得挺好。翻译尤其如此，要甘于为他人做嫁衣。坚持翻译几十年如一日，尤其是专攻一个作家，是很了不起也是很难坚持的一件事情。

总的来说，飞白老师的专注和专业、吴笛老师的热情、许志强老师的细致，还有张德明老师的专注，对我的影响非常大。中文有个词非常好：徒弟。"徒"就是白白地做一件事情，比如"无期徒刑""徒劳"。好学生的学习其实都是应该是"偷来的"，偷学老师的技艺。学生有时候会给老师做一些没有报酬的工作，是"白白"做的，但有心的学生就会在"白白"做的基础上，"偷偷"学一点老师的东西。

茅慧：看得出几位老师对您走上翻译道路影响很大，那您做翻译的目的主要有哪些呢?

林晓筱： 一方面是为了满足我自己的阅读需求。研究外国文学往往有这样一种情况，我们看了一些参考书，知道了一个作者，然而国内却没有译本，只能自己去看原著，看完后就会产生一种翻译的冲动。

另一方面也有出于外国文学传播的考虑。基于大量的阅读基础，我平时会关注国外书籍的出版，也会订阅《纽约书评》《纽约时报》之类的报纸的书评版，了解国外动态，给一些编辑推荐一些值得买的、风评不错的作品，分析这些书与国内当下的阅读契合点，也会有一些人委托我来翻译。

此外，翻译也可以提升国内读者的阅读层次和阅读结构。目前国内读者的阅读结构比较单一，长时间都受意识形态和一些编辑个人趣味的影响，并不能够建立一种层层分级的阅读趣味。相对来说，我们拥有一种视野，可以让更多的人有机会看到不同的东西。当然也有很多国内优秀读者的阅读领先于我们这些所谓的外国文学研究者之上。能推荐书给更多的读者，是一件非常有幸的事。

二、文学翻译是信息译和风格译的统一

茅慧： 我发现您翻译的大部分作品是大卫·福斯特·华莱士的作品，能说说您是怎么开始翻译华莱士作品的吗?

林晓筱： 2013 年，上海浦睿文化传播有限公司在(简称"浦睿公司")招募华莱士的《所谓好玩的事，我再也不做了》这本书的译者。他们采用了一个打擂的形式，因为华莱士的作品太难了，找不到好的译者，也没人愿意接，他们就索性采用半宣传半招募的方式进行了征选。我的一个朋友建议我试译一下，最后浦睿公司定下来由我翻译。从那时候起，我接触到了华莱士的作品，走上了这条"不归路"，翻译了很多华莱士的作品。

茅慧： 华莱士"三位一体"的才华使得他的作品难以理解，翻译更是不易，例如，《弦理论》这本书涉及很多网球术语、几何代数、地理知

识等，您能否详述下华莱士作品的翻译之难，以及您是如何克服这些困难的？

林晓筱：翻译华莱士的每一部作品对我来说难度都非常大。自从翻译了浦睿公司委托的《所谓好玩的事，我再也不做了》之后，慢慢地，国内就有其他机构来找我翻译华莱士的作品了。每一次翻译华莱士的作品，都是不同程度的一个小进步。

最初翻译华莱士的几本书，老实说，错误比较多，也让我受到了一些批评。华莱士作品的翻译之难主要在于三个方面。第一是语言习惯，语句超级繁复。译者往往会去找意群的断点，但是华莱士的作品往往让人找不到句号、问号、叹号这种类似于终结性的标点符号。他的写作方法已经超出了语法分析，句子结构十分复杂。一天只翻译两三段话，也是非常稀松平常的事。好在我收到的一些反馈基本上没有批评语法错误，都是用词错误和信息错误，这是我必须坦诚交代最初翻译华莱士的一些失误的地方。

第二是大量的陌生信息。他使用的很多词在中文世界中不太常见，还有些词是合成的，这对信息检索造成了非常大的困难，有时候甚至会卡在一个词上寸步难行。

第三，涉及的领域很偏门。他写作的内容基本上是哲学、文学和体育这三块。文学这块还结合了电影跟哲学，不仅深奥，而且偏门。比如，《弦理论》这本书，很多专业的网球读者指出网球术语上的错误，但我在翻译的时候参考了权威的网球术语表，比如裁判和运动员发球之类的相关术语。我很佩服那些读者，他们的反馈对译者真的很重要。

茅慧：好的，那在翻译实践中您有什么印象深刻的难事或趣事吗？

林晓筱：比如在《永远在上》这本书的最后一篇，有一排数字密码"→NMN.80.418"。我当时查了半个月，找了很多华莱士的资料才查到。查到这个信息后，我发现前面有相关的内容犯了错误。这件事鼓励我们，作者给出的每一个信息，都不能放弃，它可能真的是非常重要的，找到以后也会非常有成就感。还有一次，我在翻译过程中碰到了几个数字，这个数字在原文中怎么也说不通，查了很多资料都找不到。最后，一位资深的翻译告诉我说这个是美式的女版鞋码，属于市场上非常不常见的鞋码。这样译文一下子就一通百通了，因为不把它攻克的话，前后逻辑就无法衔接。可能最后读者看到的只不过是小小的一个结果，但是其中包含着很多译者背后的努力。

茅慧：您翻译的《永远在上》是重译，与之前的版本相比做了哪些努力或改进？您在翻译前或翻译中会去参考之前的版本吗？

林晓筱：《永远在上》是我翻译到现在最满意的一本书，也是我翻译的时候最有把握的一本书，其中第一篇《永远在上》是我认为迄今为止自己翻译的最好的短篇小说。前几本书被读者指出的错误比较多，当时在翻这本书的时候心想一定要减少错误，把它做得好一点。这本书不是我首译，各个篇目都是有别的译者翻译过的。在整个翻译过程中，我一直和自己说，千万别去看原译，因为会受到之前版本的影响。

过去了这么多年，国内对华莱士的了解已经不再是过去的水平了。读者的反馈，包括整个外国文学研究的跟进，以及读者对时代的把握，肯定比以前更好了。裹挟于这样一种信息再去翻译，其实是对译本的一个推陈出新。我们有很多经典的译本，每个人都会在每一个时代对一部作品产生不同的理解，我们的语言也在更新。从这个角度上来说，其实每过十年就应该有一个不同的译本，这从外国文学作品译介的角度来说，绝对是一件好事情。但不是说新的译本要推翻旧的译本，因为翻译不仅仅是传递信息，也是经典的阐释和再阐释。

茅慧：您在《永远在上》译后记中提到，自己远远没有达到一个合格译员的水平，那么您认为一个合格或优秀的译者应该具备什么样的条件？尤其是文学翻译。

林晓筱：我觉得做文学翻译最难的不是语言，不是单纯的英语水平高或者是中文表达好就能做文学译者。借助飞白老师的一个建议，译者其实就是要做好两块——信息译和风格译。

如果信息译达不到标准的话，译者就不要端这个饭碗。不能给读者传递准确的信息，比如，有些陈述性的描写段落都翻译错的话，那就不是一个合格的译者，毫不夸张地说，是可以被判"死刑"的。在此基础上，再去追求风格译，这才是最难的一点。风格体现在能尽可能把作家在另外一种语言当中形成的风格加以保留，通过中文传递出来。有时候，这与第一点相互违背——信息译要保证百分之百准确，风格译则可能为了传递风格，不得不破坏一点原来的行文语句。

信息译跟风格译是文学翻译最重要的两大格局。飞白老师在翻译诗歌的时候，提到了一个非常简单的词"everywhere"，可能我们会翻译成"每处、到处"，但是他结合诗人的世界观，翻译成"大千世界"，立刻就跟古典诗人的胸襟结合起来，再现了作者的风格。再比如在翻译教学中，可能会把定语从句从左到右拆解进行翻译，但一旦牵扯到文学翻译的时候，一定要小心再小心。有些作家写这句话的时候，他就是想要滔滔不绝，把它拆开的话，相当于在对方长舒一口气的时候给它断气。

三、阅读是生活中不可或缺的部分

茅慧：您能说说翻译对您的生活有什么影响吗？

林晓筱：翻译对我生活的影响，阅读其实就是一部分。阅读是不可以缺少的一部分，什么都可以割舍，但不能割舍阅读。我每天阅读，无论是还是翻新书还是翻旧书，对我的翻译都有影响。因为译者必须具有百科全书式的知识，尤其是华莱士的作品，有很多东西都超出我的水平，比如几何、地理等很难的知识，你要逼迫自己去学一点东西。另外，你大脑里要有一个 references 或 bibliography，能够迅速知道要去查什么，最怕的就是你都不知道去哪找。

我从小就有阅读的习惯，我喜欢看我妈妈收藏的书，都是他们那一代人看的书，比如《呼啸山庄》《钢铁是怎样炼成的》，尤其是普希金的诗歌，诸如《假如生活欺骗了你》等。家庭环境对我的阅读影响比较大，培养了我的阅读习惯。

我读的书其实非常杂，中英文阅读并行不悖。我不会仅仅读文学作品，还比较喜欢看历史类、人类学、哲学类的书。我越来越觉得，如果哲学底子不好的话，做文学翻译就无从谈起。我会去追一些新书，每年看的新书要比老版的书多很多。但是疫情期间，国外的书过不来，有些新书又没有电子版，对我们阅读来说就是一个致命的打击，在我看来，可能比病毒更可怕。我喜欢读书，一年大概读 170 本书左右，有很多书我都是在校车上读完的。很多同事都在校车上睡觉，我基本上在看书，而且有时候还会坐过站。

另外，翻译对我生活的影响是给我呼吸，给我一种生活的节奏。每天按照节奏去尝试一个月到两个月，你就会享受到它其中的乐趣。状态好的话多翻译一点，不好的话就少翻一点，不能一个字都不翻。状态不好我会逼自己先翻译出来，再进行修改，不能零产出。好的译文和好的文章都是改出来的，不要迷信天才。我相信飞白老师说的："翻译届没有天才，只有努力的人。在翻译上只有勤快的匠人，没有天生的天才。"

茅慧：那您会关注和在乎当当或豆瓣的读者反馈吗？读者一般通过什么途径反馈呢？

林晓筱：我觉得无论是作者还是译者，一旦面向公众，就要能够承受批评。读者评价非常重要，译者不可能不去面对读者，面对读者所做的修改其实是对自我的一种改进。

读者的反馈主要分成四类。第一类是网络读者的反馈，比如，在豆瓣等网络阅读社区上会有很多反馈。我会自信满满，觉得自己翻译了这么多成书，被读者指出错误会让我感到羞愧。虽然图书质检中允许一定的容错率，但是有些读者并不认可。有些网络读者会抨击你，还会来私信你。他们不理解翻译——做翻译改错的练习很容易，但是做全篇的翻译很困难，作为一个译者，要兼顾的东西有很多。也有一些读者比较真诚，会赞扬我翻译好的地方，也会指出不足的地方，希望我能改进。

第二类是现场读者的反馈。在读书会和新书推广会上，读者已经看过书，会当面提问。有一次，一个现场读者说书中有个地方不理解，问我原文是什么？当时原文不在我手边，我只能大致回忆。事后我在想，一些老翻译家对文本的把握应该是非常轻车熟路的，但为什么我说不出来，可能我对文本的把握还是不够敏感、不够细致。所以，在现场你要经得起质问。

第三类就是一些专业的读者，包括一些老前辈翻译家的反馈。他们会告诉我一些翻译需要用力的地方。做文学翻译跟做其他翻译不一样，前面说过，要兼顾信息译和风格译。我非常感谢豆瓣上的一个专业的读者，他（她）的分析非常详细而且到位，他（她）不仅是华莱士的粉丝，而且英语功底非常扎实。这个读者对比了一些我翻译到位的地方和别人犯错的地方，对我的鼓励非常大。

第四类就是作品的第一位读者——编辑，也是共读的读者的反馈。一个好的编辑真的非常重要，可以引领译者一起成长！我非常喜欢看编辑给我的反馈稿，这是做翻译最幸福的一件事，也是一个见招拆招的过程。我的编辑渡边很认真，他会把发现的每一个问题写出来，一本书可能有几百条的修改意见。

这四类相结合，网络读者挑错纠错，现场读者考验精准，专业读者提出专业意见，编辑反复反馈与修正。

茅慧：您现在有在进行什么翻译工作，接下来是否还会继续翻译华莱士或舍伍德·安德森的作品呢？

林晓筱：首先，我想花时间巩固一下英语。以前我会觉得英语学习应该是已经成型的结果，现在发现每过一段时间还是要把英语重新捡起。尤其是翻译华莱士受到过批评和指正之后，我觉得英语能力是一个螺旋形上升的过程。许志强老师曾提到，一门语言没有学四十年，千万不要觉得自己好到什么程度。

此外，我想去翻译一些我认为比较重要的学术类书籍，但不求出版。比如说文学评论、文学批评，包括一些文化史方面的书，这些对我们学术研究来说是非常重要的一环。翻一些自己想要去翻译的东西和翻别人委托的东西，带来的成就感和快乐是完全不一样的。

我觉得译者要有自己的小抽屉，放着自己想要去翻的一些东西。我的小抽屉里现在大概有四十多本书，都已经翻译完了。我在做一个非常偏门的课题，目前主要感兴趣的是 20 世纪初的英国现代主义，研究小杂志 "little magazine"，涉及一些很有趣的东西，比如文人之间的小八卦。接下来我就专攻这本学术类图书的翻译。

茅慧： 华莱士提到"书籍的存在是为了让人们不再感到孤独"，但是他的作品和个人经历给人一种作家群体是"孤独"的感觉，您觉得翻译家是否也是孤独的呢？

林晓筱： 作家太孤独了，翻译家是"孤独 plus"。有时候你会抓狂到想放弃，因为你既体会到了作者的孤独，自己还要再经历一遍翻译的孤独。翻译中想放弃的次数太多了，每时每刻都会有想要放弃的冲动，尤其是翻译华莱士这样的作者。

坚持下去的方法就是细化翻译工作。不要想着一次性把它翻译完了，把工作分配到每一天就能有效防止抑郁、防止孤独。我会选择自律的生活方式，前面我也说到了我会给自己规定每天的工作量，不能零产出。

茅慧： 您曾在讲座中提到鲍勃·迪伦歌手、诗人、公众人物的三种面相，并且提出"不要千人一面，而是一人千面"的观点，您对自身的标签——翻译家、文学评论家、教师三者，是如何自我定位的？

林晓筱： 我觉得自己是个野路子，有一个英文单词很贴切——outlaw。我并不是一个翻译家，我在翻译界更像读者，在读者当中可能更像评论者，在老师届则更像朋友，可以和学生们打成一片。借用学生给我的定义来总结一下身份问题——"一本正经的野路子"，干任何事情我都是一本正经的野路子。我不希望自己囿于某一个具体的身份而沾沾自喜，或享受名声之类的东西，我太知道背后的危机。译者天生不应该在幕前工作，译者就是一个默默无闻的幕后工作者，一旦露面太多，就容易出事儿。老师也是如此。对我来说，最幸福的事情就是读书、教书、译书、写书，没有任何快乐能够与此相媲美。

豆瓣上我给自己的定位就是读者、译者，没有花里胡哨的介绍。我不想成为一个"家"，成为一个"家"太大了。我享受自己的状态，喜欢有个性的一切事物，在自律中执彰显个性。我的个性不是无法无天的那种个性，华莱士比较对我的路子，他享受孤独，又很有个性。

茅慧：感谢您能抽空完成访谈，从您身上我学到了很多，相信今天的访谈对年轻的译者和学生都能有所启发。

林晓筱：大家互相学习，共同进步！

翻译是一种语言与另一种语言的"亲密兑换"

——张逸旻访谈录

刘昕如　张逸旻

受访者简介：张逸旻（1986 —　　），浙江临海人。浙江大学文学院特聘研究员。主要研究领域为美国现当代诗歌，跨媒介诗学。译有安妮·塞克斯顿诗集《所有我亲爱的人》（人民文学出版社，2018）、《秘密花园》（浙江文艺出版社，2021）等。在《外国文学评论》《外国文学》《读书》《书城》《上海文化》等期刊发表批评文章多篇。

访谈者简介：刘昕如，浙江大学外国语学院硕士研究生，研究方向为翻译学。

本次访谈于 2022 年 8 月 16 号线上进行，后续于 9 月 7 日再做了一次简短追访。在访谈中，张逸旻老师仔细回顾了她的学生生涯和工作生涯，以诗人和译者的双重身份为我们深入解读了美国现当代诗歌翻译和儿童文学翻译，分享了自身的翻译风格与翻译体悟，重点谈到了女诗人塞克斯顿及其作品，以及著名儿童文学《秘密花园》，这对于美国现当代诗歌和儿童文学的理解与翻译都能提供有益借鉴。

刘昕如：张逸旻老师您好，非常感谢您能抽空接受这次采访。首先我想请教一下您的学习经历。我了解到您本科是在浙大学习汉语言文学的，后面硕士与博士选择的是本校的世界文学与比较文学方向，请问您是如何转到这个领域，如何将美国现当代诗歌作为您的研究方向，又是为何选择当一名译者的呢？

张逸旻：谢谢昕如。你的了解很准确，我一直是在中文系，这里不存在"转"，比较文学本来就在中文系。我刚读本科的时候，其实一心要念对外汉语。可能从小学英语学得比较得心应手，所以从语言上渴望靠近英汉交集的专业。从大二下开始，我们有了世界文学课，有机会进到各种各样的西方小说里去，我觉得那是一个信号灯的光源在调亮。另外，文艺学的课，从柏拉图开始，也让我觉得前所未有的愉悦，进去得快。一个是辨识出来了，另一个是自己也受到了辨识，就是这种感觉。于是，到了大四保研选择方向时，一切就都顺理成章了。比较文学这个专业要读不少原典，我对此一直觉得心动和兴奋。当然，读研究生时最珍贵的是可以和同学们一起讨论，各自读了书后，畅所欲言、拼命汲取。到了毕业论文选题时，我回到了导师的学术土壤。我的恩师吴笛教授是诗歌翻译"出道"，做俄语文学和英语文学研究。我不会俄语，就把自己并入了英美诗歌研究的长轨。至于成为译者，也主要是因为老师的影响。翻译是最好的阅读，吴老师在这一点上言传身教，从来就是我们的榜样。而且，要研究塞克斯顿，只能是自己译，这也是当时国内译介生态决定的。

刘昕如：我了解到，您在硕士毕业论文撰写时就已经开始研究安妮·塞克斯顿这位女诗人，包括您后来翻译她的诗集以及后续针对她展开的研究，可以说是做到了专一且深入，将这位诗人以一个非常饱满的形象带给大众。那么您选择这位诗人是通过何种契机呢？这位诗人身上又有哪些思想或是特质吸引了您呢？

张逸旻：接着上一题。吴老师在选题方面给予我们的自由度是特别大的。他当时以师姐蔡海燕为例（她是做奥登研究的）鼓励我们且译且研，直至抵达专深。我就当真了，心性很高，以为海燕师姐是可以效法的。于是决定引介一位国内无甚声名的重要美国诗人，以翻译和研究作为一种"认领"。但其实在遴选研究对象的时候，多是兴之所至，只觉得塞克斯顿很容易切近，徒手就能攀，后来发现并非如此。这可能才是你说的"契机"，以为简单，做完硕士论文就差不多了。没想到越探越深，塞克斯顿身上的话题好像从来不会枯竭。她可能称不上一流的诗人，但绝对是个一流的诗歌执业者。方方面面，以诗歌为轴，话题的辐射区域十分广博。而且在她身上，生平传奇和诗歌作品相互刺激，双双日渐增长，从20世纪60年代到今天，不断产生新的话语结晶。所以你说"专一且深入"，既是也不是。我可以一直读她、写她，从硕论到博论，到国家课题，每次都以为要完结了，但却好像难以完结。她在创作的各阶段都有很强的实验意识。她出名是因为自白诗，但其实她在不断反叛自己，尝试宗教诗、童话改编诗等；而且她不仅写诗，也做诗歌表演；诗歌文本内外的媒介意识都很强烈；到头来你会发现，她的自白诗是对自白诗的讽拟和闪避。这种游戏达人的内核，我一开始读时几乎毫无预见。这也是她为什么那么有趣——她始终在逼退那种一览无余的企图。

刘昕如：诗歌的翻译其实是很难的，既要深刻体察诗人的心境与意图，又要让译出来的语言同样像诗。您认为在译诗的时候最需要注意的是哪几点？您是否有一些译诗的技巧可以传授呢？

张逸旻：你说的两个难处，恕我无法苟同。在传统意义上，诗确实比小说更与作者的个人经验相缠绕，诗更直接和脆弱，特别是抒情诗。但体察作者心境是渗透在读解中的。翻译当然是一种读解，却比读解稍微回退一些，需要站在一个更赤裸的交接者的位置。我不是说诗人的意图是次要的，而是，关于诗人的意图是什么，这几乎不可确知。但翻译却要求你在众多可能性中做出选择。翻译是一种不得已而为之的确知，这是真正的难点所在。

你说的另一个难处也完全在我经验之外。我想，如果一个人还要担心自己的译本效果是否像诗，那说明他（她）还远未做好准备。翻译是一种语言与另一种语言的"亲密兑换"，你接应了，再予以转化和表达。出来的语言怎么可能不像诗呢？这担心是多余的。我谈不上有什么可传授的技巧，找到"亲密兑换"的感觉，这可能是我的一个关键词。

刘昕如：您提到"体察诗人的心境与意图"以及"让译出来的语言同样像诗"，这两点于您而言其实并不难，那么您在译诗时有没有觉得比较难的地方呢？您是怎样克服与解决的？您觉得译诗为您带来的最大收获是什么？

张逸旻：我刚才说的"亲密兑换"，是一个动态的、在母语中追赶源语言之对应者的过程。这个过程会不断推迟，甚至倒退的。那个你所追索的答案——舍此而别无选择的词语——永远在逃跑，或者说，我们注定只能找到它的分身或造影。翻译就是在这样一种健康的无能为力之中完成的作品。最近看到文德勒谈狄金森时说："诗人存在的意义是在智性的音节里重构那可归属于上帝的非智性的声音。"译者的存在是对这层重构的重构。经历这双重"重构"带来的挑战，是翻译对我的馈赠。具体而言，语感的翻新、意象的铺展、词组的重造，就像你站在海边，等候一个接一个扑上来的排浪，有时候它对着你的胫骨冲刷、抚慰；有时候它浸湿了你的上衣角，在你毫无防备之时；有时候它尚未离近你就平息了；有时候它爆炸式地承托你，或让你摔倒在地。词语以各色各样的方式作用于你，引领着你，使我们的感受应有尽有。

刘昕如：读了您翻译的安妮·塞克斯顿诗集《所有我亲爱的人》，我

也尝试着去了解了一下这位患有心理疾病的女诗人。她所写的许多作品
都在表现人性黑暗扭曲的一面，可以看出她的文字有力量，也有深度。
您在翻译这些作品时，是如何调节心情，让自己也能最大化地感受诗人
的内心呢？

张逸旻：还是我刚才说的，译诗的首要前提并不是与诗人本人同声
共气。把握作者的写作风格和语言习惯，这与你把握诗人在生活中的真
情实感是两回事。塞克斯顿一直受心理疾病困扰，这也成为她身上的标
签。但她写诗并不是只给同病相怜的人（我是指临床诊断意义上的同病
相怜）。这个道理是不言而喻的。自白诗之所以成功，是因为她写自己
的同时也能召唤和显影出读者的不同自我。说实在的，我一点儿也没有
因为翻译她或研究她而进入某种难以自拔的精神困境。恰恰相反，这是
对我自己精神地貌的一次勘探，是一次必要的成长经历。

刘昕如：除了作为一个诗歌译者，您同时也是一个诗人。您怎样看
待和平衡这样双重身份的互相影响呢？也就是说，您所创作的诗是否在
一定程度上受到了您所读诗、所译诗的风格影响？而您所译的诗，其译
本风格是否又带有您自身的创作风格呢？

张逸旻：不可否认，诗歌翻译与研究对我来说是一种技艺的积累和
练习。同时也是一种创作欲望的准备。做任何事情都有一个场域，哪怕
离经叛道、与之抗衡，也无非是对这个场域的扩充或更新。翻译和阅读
使我出身于这个场域：英美诗歌及其汉译，横向、纵向，一个特定的坐
标轴域。我的创作是在这个故乡漫游，从一个点位挪移至另一个。可能
与此相关，有人认为我的写作太西化了。我的确不是在中国现当代诗歌
的谱系上写作的，但我从来不觉得"西化"是个需要纠偏的问题。西化
有高下之分，精到的西化是唤醒汉语活力的重要驱动之一，而语言背后
有一个更大的精神史的传统，应该让这些传统互相"窜逃"，而不是被锁
定在某地。精神不应该以东方或西方去加以界别。

刘昕如：我了解到您除了译诗，还译了一本名为《秘密花园》的书。
这本书的类型其实偏向儿童文学，与您所译诗歌的文本类型有很大区

别。请问您是因为何种契机而翻译这本书的呢？

张逸旻：是诗人周公度找到我，他们公司的一个长期项目是重译经典名作。当时我译的塞克斯顿诗集刚刚问世，他可能因此关注到我，然后就将这个跨界的重任交给了我。《秘密花园》是名副其实的儿童文学，与我的研究没什么关联。但他们给的稿酬相当可观，我当时刚从美国访学回来，还有些意气风发，觉得能靠翻译挣钱（特别是在中国）是一个值得去亲历和见证的壮举。况且接下来的作品还是儿童文学。

刘昕如：这本《秘密花园》英文首版时间是 1911 年，这一百多年其实已经产生不少译本。您能谈谈在这样的情况下依旧选择复译的理由吗？您在复译的时候是否会参考其他比较经典的中译本呢？您在这个复译的过程中，还有哪些比较深刻的体会呢？

张逸旻：我想，出版公司做经典重译，一个很显然的原因是，有那么一批曾经的译本，不管在何种意义上，都不太适合今天的读者了。我因为有了小朋友后，大规模地接触到童书，深知国内译著质量堪忧，在儿童文学方面尤甚。国外的学术建制中，儿童文学还是一门科目，但在国内学术界几乎没有容身之处。而翻译资源上的投入与高校的研究力度、学术话语权等等，还是直接相关的。所以，一方面，面对这样一个无法绕开的世界范围上的儿童名著，我有一点使命感。另一方面，出于私心，想给儿子一个妈妈的译本。

我回答上一个问题时留了个尾巴。儿童文学，大多数人可能和我想的一样，至少语言上相对浅白，行文无多艰涩、弯绕之处，理应好译。但是，没想到翻译时苦不堪言。这个我在译序中谈得比较具体，主要还是语境离得远。语言上我最害怕流俗，不信奉所谓的"活泼"或口语化就适合小朋友。少儿阅读，更应该让他们"遭遇"文学性的美（越多越好），不应是故事好玩就满足了，也不应只是像他们平时说话的样子就是好。但毕竟，考虑到读者是小朋友，我也不能像翻译塞克斯顿那样用词。所以，译语的格调要一直拿捏着，这对我是最主要的磨炼。可见没有哪种翻译是容易的。

刘昕如：您谈到翻译儿童文学不仅仅是让孩子们觉得故事好玩就满足了，同时也要最大程度地将文学的美带给儿童，这一点令我深受启发！所以语言的选择与把握就变得尤为重要，我也注意到，您在回答中多次提到了这一问题。那么就语言选择这一方面，您可否以译《秘密花园》作为例子，具体给我们分享一下您是如何做的呢？在翻译这本书的过程中，是否还有其他让您印象深刻的经历呢？

张逸旻：先回答第一个问题。有心的读者如果以其他译本作对照，或者哪怕仅仅打开我的译本通读，会发现我的词汇光谱是偏雅致和醇谨的。这不是自夸，而是理念有别。好的儿童文学，理应释放一种美感上的超纲。也就是说，在传递价值、开蒙心智的同时，融会贯通文学意义上的美育：诸如词语的选择和声音的排布。这种"超纲"，绝非翻译的超纲，而是译者尽力还原作者本身的超纲意识。对此，仅举一例，小说第21章的开篇一段，这是对我所说的"超纲"的生动诠释：

关于人生在世有很多怪事，其中之一便是，你只在某些时刻才确知你会活到永远的永远。有时候是在某个温柔而肃穆的黎明，当你起床走到外面独自站着，头尽情地后仰，观望灰蒙蒙的天色逐渐变化、染红，奇迹般的不明之事发生着，直到整个东方使你热泪盈眶，你的心在奇异、永恒而至上的日出前停止了跳动——就是千百万年来，每个晨间都会发生的一幕。你在那一刻，或那一段时间是确知的。有时候是在日落时，当你独自站在林间，那神秘的、暗金色的静谧斜斜地穿过树梢洒了下来，仿佛在那枝丛的底下一遍遍轻诉，喃喃声使你无法听辨。有时候，是在万籁俱寂的夜晚，深蓝色的夜空中点缀着百万颗星辰，它们等候着、俯视着，使你感到确信；还有些时候，一段动听的音乐也会使这一点变得真切；有时候则是因为人们看你的一个眼神。

在《秘密花园》刚上市的时候，我们家小朋友在上大班。他之前读的都是英语绘本，中文阅读几乎还没有启程。所以我的父母、外婆、我父母朋友的适龄孙辈，便成了我身边最早的一批读者。这种体验很特别。我父母的朋友，只知道我在大学教书，拿到这本书后，他们对我的看法变得具体了。虽然肯定也是一种误读，但我挺乐于被他们误读的。我的邻居们也是，他们有些甚至分不清翻译和写作，只是因为小朋友喜欢看，就特别感激，还鼓励我继续"写"第二本。还有我的外婆，她从前是高中语文老师，终生热爱且鼓励我们阅读。外婆说，现在年纪大了，无法看字很小的书，而且时间看不长，只能靠日复一日的"啃读"。《秘密花园》因为是给小朋友设计的，字体明朗适中，配有插画作为补益，而且整个故事也并不太稠密奇峻，外婆很喜欢，打了几次电话说。我没想到有一天，我能以这种方式回赠给外婆一些"光亮"。通过翻译，两个世界可以这样重新接触。

刘昕如：在译儿童文学和译现代诗歌时，您觉得最大的区别是什么？您所选择的翻译策略有何不同？分别需要注意的点是哪些？

张逸旻：注意力不一样。和诗歌相比，儿童文学的语言对我来说缺乏弹性和渗透性。语言的浅白恰恰成了一种阻隔、一种单向度的重压，回馈我的乐趣远远在诗歌之下，是不可比的。我刚才说，翻译是"亲密兑换"，那种感觉是，你通过另一种语言和自己交谈，你追着线头，你搭造洞穴，你和词语缠绵；但是换作儿童文学，这个模式就是失效的。在翻译《秘密花园》的时候，我自认为做得最好的就是节制。保持克制，就是对语言流量的把控。怎么解释呢？我在生活中很警惕流行用语，在翻译时也常怀戒心，始终抗拒滑入流行用语的惰性。流行用语的确方便沟通。但久而久之，你会发现这个词的意义是被掏空和消抹的。举个最通俗的例子，我们今天很爱用"内卷"这个词，什么领域、什么专业，横行无阻。但是内卷有很多层次、很多内外因素和价值面向，当你试图用"内卷"这个词向人倾吐，它作为介质是漆黑一团的，它没有让人真正地靠近你。

刘昕如：除了诗人和译者，您同时也是一个批评家。我看了您写的一些诗歌相关的评论文章，请问您是否也会考虑写一些翻译相关的批评文章呢？可否请您谈谈您对翻译批评的思考？

张逸旻：几年前，我发现写论文和写诗、做翻译并不矛盾。它也是对词语的精挑细选，是抓着一个问题，在海域上冲浪。由于工作时间的挤压，我没有余力尝试小说写作，但发现论文可以当作小说写（尤其是在心理意义上）。两者有一定的镜像关系：都是为了说明一个问题。你得克服那些表述上的障碍，得把故事说得动听、有说服力，得让叙事结构显得别致，等等，两者有很多互为象征的地方。目前我的翻译实践还很粗浅，远未成熟到可以动手写翻译批评的程度。我在这里谈的也只是基于经验而生发的感触，同样粗浅。如果要写翻译批评，就得进入一门学科、一个经过学理化的场域，并和其中的观点对话。目前我还没有产生这样的渴望。

刘昕如：您之后是否还会翻译其他类型的文本作品呢？您最近的翻译活动是什么？可以分享一下吗？

张逸旻：前阵子有出版社找我翻译狄金森书信集，其实很合我意，但他们对翻译周期的要求太严苛。半年完成 300 多页，于我而言，这么做是不负责任的。当然，我也能理解，版权期五年，翻译不可能花去两三年，否则很难回本，也许这是一个更大的关于图书译介市场机制的问题吧。可能我在近期会和中信大方合作一套美国 20 世纪中叶新诗译丛，也算是我现阶段研究课题的一个衍生物。当然，翻译是一桩乐事，希望不要因为学术占去太多时间而变得"无福消受"。

刘昕如：最后，您作为一名青年译者，能为广大正在学习翻译，并且将来想继续从事翻译的学子提供一些建议吗？非常感谢您。

张逸旻：一般而言，翻译的契机是你得懂一门外语，识别出对方的语言气质；但我的体会是，或许中文好才更重要。在表述时找不到最恰切的词，这是我最常经历的焦虑。也可能与之有关，我对任何读物的语言质感都非常挑剔，不管是汉译作品还是母语原创，用词是否精确，词语的厚度是否被保留，句子是否动听，节奏是否独特，这些都是结构性的。事实上，不管是否学外语出身，真正脱颖而出的译者，一定是那些时刻保持母语意识的人。这在我的一些译者朋友身上都已经得到印证。俄罗斯犹太裔诗人布罗茨基曾和大学毕业生说，不管从事什么行业，注意你的词汇量，要像人们把钱存入银行一样存储你的词语。这里的词语，当然是母语意义上的词语。要做到这一点并不像看上去那么简单，它要求的是智性上的精进。就这一点和大家共勉吧。

生人临门

——赵苓岑访谈录

陈科宇　赵苓岑

受访者简介：赵苓岑（1987 —　），浙江大学外国语学院讲师。译有《艺术家的责任》（华东师范大学出版社，2015）、《未来之书》（南京大学出版社，2015）、《精灵的生活》（南京大学出版社，2016）、《阿尔塔蒙之路》（南京大学出版社，2017）、《河的女儿》（南京大学出版社，2017）、《吉尔·德·莱斯案——蓝胡子事件》（南京大学出版社，

2018)、《供词与放逐》(广西师范大学出版社,2023)等。另有原创小说《爪蟾》(《青春》,2020 年第 8 期)、《图书馆与月季园》(《青春》,2019 年第 11 期)等。在《小说评论》《外语学刊》《文艺报》等期刊发表论文多篇。2017 年,获第六届江苏省紫金山文学奖文学翻译奖;2019 年,入选南京市第二期"青春文学人才计划"签约作家扶持项目。

访谈者简介:陈科宇,浙江大学外国语学院法语专业本科生。

本次访谈时间为 2022 年 6 月 22 日中午,地点为西溪湿地"月芽"。访谈主要围绕译者的文学翻译之路、翻译批评及翻译的陌生性等方面展开。对自称"无名译者"的青年翻译家赵苓岑来说,她常年经历着翻译的陌生性和自身的错乱感,使得翻译总如"生人临门"。

一、译者身份与文学翻译之路

陈科宇:小赵老师,您是什么时候开始接触文学翻译的?

赵苓岑:这就要提到我很喜欢的一位中国作家,有人曾说他的文章是水,遇到水草都要抚摸;朱光潜形容他小说的视角内倾;汪曾祺说,他把晚唐诗的超越理性、直写感觉的象征手法移到小说里来了……他不写故事,写意境。我说的这位作家就是废名。你问我如何走上翻译之路的,我为什么提这位作家呢?首先你看他的名字,废名。这位作家从名字到作品,再到人生都在废除自己的姓名。读者对他作品的接受是一个滞后到遗忘的过程,但受他影响的作家忘不了他的一派天真。综上,他完整地比喻了我的翻译之路:不断地自我否定与拖延,却仍然无法阻碍我像从来没有翻译过一样一再地重新爱上翻译。

当时我本科留学法国,所学的专业是当代文学。有位老师在比较文学课上讲布朗肖和中国的道家思想,我便会多注意些,还因为有一种自信。原本我在法国或许会自卑,觉得没有那么多的主动权。但通过这门课程,我感觉到在某些部分上,我拥有话语权,于是就想扩大或者延伸这样一种自信。我想把当时的课程教材《未来之书》(*Le livre à venir*)翻译成中文,了解后发现,南京大学出版社已经购买了那本书的版权。之后我便回国、考研，进入南京大学。

考进南大后，我主动和法语系张新木老师提出，想翻译这本《未来之书》。张新木老师也没有觉得我这学生唐突，欣然把我推荐给出版社。但有一段时间我中断了翻译，那时翻译似缺氧的水一般，让我无法透气，而我仍然是水中鱼，无法逃脱。我从主动奔赴翻译到逃离。然后，我"翻开一页 FOLIO"推荐的齐奥朗，齐奥朗整个黑色幽默的文风扑面而来，将我席卷入更多相关的资料中。我再次因为文字中的浮沉而欣喜，我想，我的生活中，翻译再也不会出走了。因为就像史铁生《命若琴弦》中所说："第一，人生于人群，活在他人的地狱中孤独；第二，人的欲望的实现赶不上它的勃发；第三，人活着，必然向死。"而在这永恒孤独的向死之生中，翻译是我欲望的实现与勃发。

陈科宇：在翻译《未来之书》前，您翻译的第一本书是《艺术家的责任》，当时有什么样的体会呢？

赵苓岑：法兰西院士让·克莱尔在《艺术家的责任》中主要反思的是二战后艺术家责任的问题。他讨论的切入点是：如果德国纳粹讹用的传统符号，在已然被玷污的同时也传染了艺术以及传统的时候，我们要如何看待并对待这些被讹用的传统和符号。艺术家应不应该泾渭分明地区别这些符号，淘汰符号是不是艺术家的一种责任；更进一步地说，艺术家有没有责任？如果有，又包括什么？因为战时与暴力以及非法政权合污的艺术家及事件也不是没有，在这个时候我们应怎么样去反思自己的身份？如何避免沦为帮凶或抱手围观者？这是我翻译的第一本书，拿到书时我第一次感到自己的无知。我不懂艺术，而书中的大量篇幅涉及各类雕塑、音乐、绘画及艺术家，并深刻地关联历史及政治。翻译的过程非常痛苦，一个人触类旁通地去学。虽然是带有目的地去学，但是特别辛苦，因为没有其他人参与这个过程。翻译以及翻译的文本，就像一个陌生人一样，突然地出现在自己家里，不跟我打任何招呼，但他就是坐在那里，面目模糊，占据着我家里的空间。我不能把他赶出门，只能逐渐地去熟悉他，熟悉他的存在。在熟悉的过程中，我需要克服对他的恐惧，习惯他在我的身边，然后认识到他的美好和他存在的原因。翻译的过程，相当于认识并接受一个占据了自己熟悉空间的模糊面孔的过程，并且，你会逐渐地发现，他已经成为你家庭的一员。

陈科宇：所以您从接触翻译开始就认定了要走文学翻译这条道路？

赵苓岑：我想借用策兰的《语言的栅栏》来回答这一问题，没有任何道路是预定了线路的，我们所能决定的只是跨出第一步的勇气，以及接下来被动的观看。策兰说："给目光放行……我如果像你，你如果像我。"翻译典型地体现着目光的交互——他在看向我的同时，我也看向了他。而翻译这样一种交互的目光，他是不干预的，他是温柔的。这意味着，我看向翻译是出于我感性中脆弱的一面，而翻译所带给我的也恰好是感性的丰盈。其实，最初我只想翻译理论，因为我觉得自己太虚弱了，没有主动性。翻译理论似乎能够让我更接近科学和理性，然后将其当作武器去对抗偏见，或者说让我自己看得上我自己。所以我在选择的时候，其实就是想要自我完善，缺什么就想补什么，于是我就想学翻译理论。但是在文论翻译的过程中，我发现补充我的并不是理性，更多的反而是感性。比如说《艺术家的责任》，你觉得是什么在推动克莱尔写这样一本书的？因为他对自己的身份有怀疑，他也感受到了周遭艺术家内心的撕裂和自我否定。越到后来我越想翻译出这份脆弱和柔软。这样一种感性的分享，它是没有门槛。当然，这也需要翻译的打磨，翻译让我们更有同理心。一个人反复地经历另一个人、另一个世界。然后你会更加温柔。我觉得，如果你通过翻译不能让自己更加温柔和包容的话，可能你在做的就不是翻译。因为正是温柔包容了陌生性的存在，也包容了不为人知的自己。

陈科宇：在《未来之书》后，您为什么选择了两本加拿大文学作品进行翻译呢？

赵苓岑：确切地说，是两位加拿大魁北克作家的小说。我为什么要强调魁北克呢？因为这很特殊，魁北克是一个没有久远历史的法裔移民区，面对悬崖峭壁与高山河流、海洋与湖泊，魁北克这份漂泊的忧只能用朗阔的哲思来解。这一地域最具代表性的小说，比如《岁月在漂泊》

《艾玛尼埃尔人生一季》，从标题就能看出飘零之感，但它又很治愈。

不同于日式治愈系的留白，《阿尔塔蒙之路》所代表的魁北克式治愈愿意再现每一个关于生活之忧的细节，借着哲思宽容了每一个误会、争执、遗憾，甚至悔恨，定了温暖的调子。不同于日式治愈系看后想要拥抱自然和生活中细微却美好的事物，魁北克式治愈系让你看了想要马上拥抱身边爱着的每一个人，这并非一种诗意的审美，而是越过自我的一份厚重，如同金色的黏稠的枫糖浆。而我翻译《阿尔塔蒙之路》有三个原因：女性题材、代际关系和自我和解。书中一家三代女性之间的羁绊，以及为了实现理想而远走他乡的无奈，这是我想要和自己与作品对话的部分。另外就是我所缺失而书中感人的部分：隔辈情。书中辽阔莽原中并不熟悉的一对亲人：外婆和"我"相互的守望与对峙。看《阿尔塔蒙之路》，我会想到史铁生，他说："人所拥有的第一认知并非源于出生一刻，而是偶然的一天你突然地看向自己的周遭，再看向自己，感到陌生，不知来路与去向。"我们人生中第一次疑问的时刻便是我们认知之初：有一种和命运不期而遇的感觉。

至于另一本魁北克小说《秋季环游》，因为一些因素，最终并非由我翻译。但原著我很喜欢，因为看完后会觉得，即便是飘零的落叶，也会因为偶然被人拾起来。当然，也有可能没有人被拾起来，而是顺着河流冲向其他的地方，或者融入土壤。所以我很喜欢自然而然飘零，又自然而然这样消散的状态。

陈科宇：您翻译了乔治·巴塔耶的《吉尔·德·莱斯案——蓝胡子事件》，据我所知，这本书更侧重于历史档案，很多读者表示阅读体验不同于其余的巴塔耶作品。您能从本书译者的角度谈一谈这本书的特殊性吗？

赵苓岑：历史场域与文学场域是相互影响的，选择怎样一个人物去代表这个时代更具有典型性，"蓝胡子"吉尔·德·莱斯因为拥有怎样的特质而典型地代表着巴塔耶眼中的中古世纪，同时又呼应着文学的需求，这是我们在看待这本书时首要提出的问题。因为很明显，"蓝胡子"吉尔·德·莱斯是巴塔耶为文学选取的一个隐喻——"在狂热和痛苦中追问（检验）一个人关于存在之事实所知道的"，这个人物具化了巴塔耶所说的"另一种神圣"——上帝死后属于人的神性、无目的性地对生命及金钱的耗费、中世纪战争的娱乐性，以及对宏大场面的贪恋，都反映着这个人物暴力的反抗，反映着整个人类普遍的错乱及不可逆转，这一暴力反抗冲破了肉身及规则的限制，所以引发了围观。而文学恰恰就是暴力反抗的产物，必然带有不可逆转的错乱，也因而表达着冲破限制的无限。应该说，巴塔耶从吉尔·德·莱斯身上窥见了文学性。从我翻译的过程看，这本书也确实比较特殊，因为涉及大量中古时期的裁判文书和卷宗，术语及行文得尽量贴合时代及特定领域的语境，各种人名、地名及事件的翻译也得经得起考证。

陈科宇： 您既翻译文论，又翻译小说。就您的经验而言，您认为文论翻译和小说翻译的区别在哪里？

赵苓岑： 文学作品更像是秘密花园，它有非常多的灌木、非常多层次的植物，但它的光线非常晃。文学翻译在于你能不能捕捉到它的氛围，还有温度。理论翻译更多时候在于你思想的深度。但翻译文学作品，你需要感知温度，要看你有没有感知温度的这种能力。但无论是理论翻译还是文学翻译，最关键的一个问题是选择怎样的作品来进行译介。前面我说了太多都在谈选择，最后我稍带一下译介的问题。译者需要创造译介的渠道，翻译的过程并不开始于译文之初，也不结束于译文之终，它考验的是一个译者整个的译介过程：你选择什么样的文本译介，什么样的文本才有资格有价值译介，即作为一个译者，你有没有作品的价值判断，又或者你能不能赋予作品价值。

二、读者评价与翻译批评

陈科宇： 译作出版后，您会关心读者对它的评价吗？

赵苓岑： 与其说关心读者的评价，不如说是自己的得失心重。我在有意识地控制自己的得失心，因为我很容易利用自己教师的身份和讲台去灌输自己所谓的翻译经验，这或许会给学生压迫感。当然，这不会影响我的翻译过程，因为每一次翻译，即便是同一文本，每次提笔翻译，对我而言都是第一次，翻译在我这里是一再重新开始而始终陌生的经历。在翻译的过程中，我始终谦卑。

翻译之初，译者署名是我在意的事，偶然间在某家书店看到自己的译著我会开心。看到读者对译文的批评我会不开心，我甚至想从前辈翻译家那里得到理论支撑，有的翻译前辈或许是出于安慰，表示翻译批评本来就是有门槛的，并不是人云亦云。但我后来不这么看。翻译批评本身就是对翻译本质的研究，译文如何被接受的讨论本身就是翻译批评的一部分。再者，译者有什么理由占有译本？译本的自由是自我成长与自我丰满的自由，他所面临的读者和他的时代以及批评就是他该面对的。当译者享有署名权，译者一并承担的还有责难和批评。翻译本身就带有译者对作品的观点和看法，那么，作为既得利益者，译者有什么资格剥夺读者同样的权利。从始至终，我都不太愿意在译著上签上自己的名字，因为到了现在我仍然认为译著不是我的创作，只有创作者才有资格在扉页上签上自己的名字，而我只是为它服务。

陈科宇：作为译者，您是如何看待翻译批评呢？

赵苓岑：翻译批评是对翻译本体的研究，翻译究竟是怎么样的一个过程。翻译批评在于我们用不同的翻译的文本、不同的译者主体和不同的翻译的背景，试图去了解什么关键因素在影响翻译，常用翻译美学、接受美学、图式理论、格式塔等理论，现在也开始谈翻译的伦理，大概就是译者及译文有没有遵循翻译的本质需求——跨文化交流中语言的生成。怎么去理解跨文化交流中语言的生成呢？大家常举一个例子，王小波读王道乾版的杜拉斯《情人》，王小波写道："我读到了王道乾先生译的《情人》，就知道了小说可以达到什么样的文字境界。道乾先生曾是诗人，后来做了翻译家，文字功夫炉火纯青……回想我年轻时，偷偷地读到过傅雷、汝龙等先生的散文译笔，这些文字都是好的。但是最好的，还是诗人们的译笔；是他们发现了现代汉语的韵律。没有这种韵律，就不会有文学……我既不懂法文，也不懂意大利文，但我能够听到小说的韵律。这要归功于诗人留下的遗产……带有一种永难忘记的韵律，这就是诗啊。对于这些先生，我何止是尊敬他们——我爱他们。他们对现代汉语的把握和感觉，至今无人可比。一个人能对自己的母语做这样的贡献，也算不虚此生。"一个写出《黄金时代》《白银时代》《青铜时代》《黑铁时代》的中文创作者、一个具有跨时代意义的作家，他说因为译文不仅感受到了母语之美，甚至听到了小说的韵律，创作更深受其影响，那么翻译就不只是跨文化，而更是跨界的生成。

一般来说，翻译批评、文学创作、文学理论由不同人群实践，但你会发现 20 世纪很大一部分法国作家兼顾了这三重身份，归根结底是回归了语言本身，他们从更为广义的角度看翻译：创作也是一种翻译，理论也是一种翻译……和语言相关又涉及转换的都可以视为翻译。比如布朗肖、本雅明、巴特。所以翻译批评到了现在也不是一个闭环研究，它的视域越来越广。

陈科宇：对于译者而言，投入更多的时间研究原作者和原作品是提高翻译水平的有效途径吗？

赵苓岑：投入的时间是多是少和你翻译的结果怎么样，并没有一个必然的联系，研究者就一定能把文本翻译好吗？你对这个作品倾注了毕生的经历，并不意味着你离这个作品越来越近，反而有可能越来越远。我翻译《未来之书》时看了不下二十遍原文，针对"espace"一个法语词，我就要阅读布朗肖自己的作品《文学空间》、巴什拉《空间的诗学》以及列斐伏尔的《空间的生产》；就另一术语"récit"的翻译问题，我甚至写了一篇硕士论文，但我仍然无法保证我所投入的时间与经历是否更逼近最恰当的译文。

三、翻译的陌生性

陈科宇：您认为影响翻译的关键因素是什么？

赵苓岑：很多人觉得鲁迅的译文不好，相反，我觉得鲁迅的译文特别好。他翻译的出发点，现在在我看来，更接近翻译的本质。当时他想要的是革新，从中文的革新开始，所以他要尽可能地再现日语的本色。无论是本雅明还是布朗肖，谈翻译实际上已经远远超出翻译学科。他们和鲁迅一样，将翻译看作最典型的语言生成的过程，所以翻译能够解释各种文化和文学现象。因为翻译最本质地体现了语言的生成——陌生性。另外，再回到鲁迅的译文。除却他翻译的初衷，他的译文最打动我的地方在于深刻地让我感受到了中文之美。他的译文富有节奏感地上演了整个文本内容，他的译文是动态的有节奏的。

陈科宇：您反复提到翻译的陌生性，应当如何理解呢？

赵苓岑：借由外语，借由陌生的通道重新认知物和人，这是一种陌生性；借由不同语言的转换，对母语感到陌生，这是一种陌生性。最开始做翻译的时候，你会发现自己的译文明明是中文却很不像中文，那就是我们第一次对母语感到陌生的时刻。但这同时也是一种回归，因为语言最原本的特质就是陌生性。

陈科宇：如果作为译者都认为翻译具有陌生性，作为读者，在阅读译作的时候还能感到语言带来的亲切感吗？

赵苓岑：你所说的陌生性与亲切感，其实就是刚才所说的第二点，对母语感到陌生。就翻译而言，无论之于译者还是读者，陌生性与亲切感并非相互排斥，而是相互兼容甚至同时产生的。我硕博期间的研究对象莫里斯·布朗肖谈翻译的陌生性时举了一个例子，他说，翻译所自带的陌生性并不限于外来语对一个人的冲击，也表现为一个人到了陌生地突然听到自己母语时陌生的感觉。我也以最近一次自己的亲身经历为例。前天秋夜，我与友人夜游下满觉陇的石屋洞，走到石兽右侧，耳畔突然传来陌生人的声音，黑暗里我循着声音摸索说话人的模样。在那样的时刻，是四川方言在勾勒说话人的身形。模糊中看出她大概样貌时，我有些错乱，她似乎与我记忆中某些熟悉的面庞重叠，而幽草间错落的桂树却与四川老家无关，这就使得她每个字眼甚至停顿都像被桂叶的尖齿摩擦，在我听来那么突兀，可我祖籍是四川。现在想来，或许这就是布朗肖所说的翻译的另一种陌生性吧，竟然在自己最熟悉的语言中听出了陌生性。

陈科宇：您在翻译过程中是如何与翻译的陌生性共存的呢？

赵苓岑：常年经历着翻译的陌生性，我身上的错乱感很明显，尤其是边界的错乱感。有两次经历比较明显。第一次是为《未来之书》写译者序，似乎抢占了译者序的空间表达自己落空的写作欲望；第二次就发生在最近，似乎利用了课堂为自己的"翻译经"布道。陌生性是翻译的本质属性，它之于我就像生活本身，是甜蜜的历练，但我必须承认，翻译的陌生性让我焦虑，我时刻处于一种想象与游牧的状态，尤其当这一想象与游牧是被逼无奈时。

首先是翻译的过程，很多时候，我一整天都无法翻译一句话，甚至一个词，我连做梦都在解这道难题。其次是译文完成后，有一种和孩子告别的失落感，还有一种时刻处于被检视的战战兢兢的焦灼感、不甘心，以及译文结束后这一年反复徘徊于过去没翻译好，未来会被批评的陌生性中，对自己及译文没有明确的定位。

当我翻译全新的文本时，每一次都在体验"生人临门"的陌生感，感觉像冰山上的融水突然又开始涌动了，你又听到它的声音一样。但是，当然，过程当中你也会觉得疲惫，因为有的时候冰川的融水它会阻碍你行进，更多时候会让你感觉一切冻结。没有人知道你在翻译什么，没有人知道那书现在在由谁翻译，没有人知道那本书什么时候能够结束翻译，没有人知道那本书什么时候可以面世，即便是编辑也不知道，即便是作者本身也不知道。这个过程就是你和这本书的秘密，你们之间好像建立起了一种沟通的秘密的渠道，这个渠道就是保护你日常琐碎当中不被人包容的你自己，而且自己不被人包容的或者被人遗忘的，你自己在做一件创新的事情、一件理所应当的事情、一件正当的事情，你没有在荒废自己的时光，也没有在虚度你自己或者浪费你自己。你的自我不仅被你所关怀着，也被这个作品的关怀所关怀着。

所以说，从翻译之前、翻译的过程到翻译结束再重新开始，翻译是多层次的陌生性及其温暖。任何时间地点我都可以翻译，翻译可以是最艰难的时刻把我扶起来的那个谜，也可以是日复一日、年复一年陪伴我的琐碎日常。逐渐地，看着我们成长的已经不再是我们的父母，而是我们所做的事情。对我而言，翻译就是不断参与并见证我成长的生命体。翻译也是唯一让我能够马上进入的"地方"。生活中遇事，我稳定情绪的方式是打开电脑翻译，耳机里大部分时间是巴赫与后摇。

如鸦饮水，如山忆梦

——叶紫访谈录

黄采苹　叶　紫

受访者简介：叶紫（1989 —　），浙江杭州人。2011 年毕业于外交学院，2018 年毕业于鲁迅文学院。译有《献给艾米丽的一朵玫瑰》（浙江文艺出版社，2017）、《老负鼠的猫经》（人民文学出版社，2020）、《梦见爱情》（浙江文艺出版社，2021）、《冬日花粉》（广西人民出版社，2021）、《牧歌》（江苏凤凰文艺出版社，2021）、《月亮与六便士》（浙江文艺出版社，2021）、《神的舞者：致 T. S. 艾略特》（广西人民出版社，2022），其他译作散见于《世界文学》等杂志。

访谈者简介：黄采苹，杭州职业技术学院讲师，浙江大学外国语学院访问学者，研究方向为文学翻译。

本次访谈时间为 2022 年 5 月 27 日 10:00 至 13:00，形式为线上半结构式访谈。叶紫作为浙江译坛新生代力量代表之一，译笔精美、译风严谨，具有独特的翻译理念。访谈主要围绕对诗歌翻译的见解、经典作品重译的价值等话题展开。

一、译路之始

黄采苹：您的翻译生涯始于何时？迄今为止完成了多少部作品？

叶紫：大学毕业我回杭州，做语言教育，工作时间很有弹性。后来，一家出版社有一本书要找译者，问到我一个同事，她没时间，就来问我，我就开始翻了。时间是 2015 年年中，书是女性主义作家夏洛特·吉尔曼的短篇小说集《黄色墙纸》，这是我的第一本译作。可惜因为各种原因，出版计划中断，书还没出版，到现在已经七年，我也牵挂了七年，毕竟是第一个"孩子"，我很想让它"出生"。

到 2021 年底，我总共译了十一本书。八本已经出版。两本和后浪文学合作的书，不出意外的话，今年都会出版：一是柯勒律治的《古舟子咏》；二是《莎士比亚悲剧集》，但这本书是校译，不完全算翻译。还有 1 本就是《黄色墙纸》。除了这十一本，还有五本是在计划中的。

黄采苹：像您这样三十岁出头就已翻译了这么多部经典作品的译者，相当少见。迄今为止，您翻译过的作品中，哪部作品可以作为您的代表作？

叶紫：只选一本的话，我选特德·休斯的《冬日花粉》（*Winter Pollen*）。一部诗论集，内容庞杂，从原始文学到现代诗歌，都谈到了，而且谈得很深，角度都很独特，文学价值很高。书很厚，中文版 600 多页，是我投入时间和精力最多的一本，从 2018 年初到去年，花了三年多才译完。挺不容易的三年，其间压力很大，困难重重，但还是坚持下来了。

黄采苹： 您是怎么排除干扰，保持对翻译的专注的？

叶紫： 我有一台翻译专用的电脑，是个小米笔记本，不贵，两千多块，只装了 WPS，没其他东西。这是我对我自己的限制，也是解放。我的家人都很理解我，看到我翻译，都会给我时间、空间，当然我必须把家务做好——我的特长是洗碗。但有时候，同事、朋友和诈骗犯，他们可能不知道我在翻译，会无意间造成一定干扰，只有尽可能设置"飞行状态"。

黄采苹： 您译一部作品大致要经过几个阶段？

叶紫： 大致四个阶段。第一，阅读理解，总体把握。第二，实际翻译，完后得到一稿。第三，一稿有了，要立即从头到尾核查一遍，修正错漏，完后得到二稿。第四阶段，分两部分，先是"冷却"，把稿子送进"冰箱"，因为这时候，我还是这份稿子的译者，冷却期的作用就是把自己从译者冷却成一个读者；然后，我要作为读者来做出修改。只有我作为译者和读者都觉得舒服的稿子，我才会交给编辑。

黄采苹： 翻译完一部作品后，您是否特别有成就感？

叶紫： 成就感肯定有。但更大的成就感来自过程。一个句子或词组难译，可能在电脑上敲了又删，颠来倒去，弄老半天也译不舒服，很痛苦的，我经常这样。比如《古舟子咏》里有一段诗，我原本译成"一天一天，一天一天，/ 船儿纹丝不动。/ 静得像艘画里的船，/ 停在画里的海中 /"。这里的表意、押韵都没问题，但一直到今天，这部诗集交稿小半年了，我还在纠结"船儿"的"儿"要不要加，因为这部诗的原文大体是"四 / 三"拍的，四重音加三重音排列，第一、二、四句我认为节奏都很舒服，但第二句，"船儿纹丝不动"和"船纹丝不动"，哪个更能体现三拍？有时候，晚上计划译完一段后看个电影，吃个夜宵，因为一句话卡住，就拖到一两点钟。很多译者不会"卡"着上床，译不出来就睡不了觉，心有牵挂，气血不畅。所以我现在觉悟了，都是先看电影，夜宵提早。

但肯定的是，哪怕只有一句话，从十一点想到凌晨两点，只要我真能译舒服了，我就吹我自己，牛、厉害、天才！哈哈！一本书译下来我可能要吹自己好多次，有时候一吹，就兴奋了，也不用睡了，译到天亮，抬头一看，一盏台灯、一台电脑、一杯冷茶，我一个人，天蒙蒙亮，好孤独啊，简直悲壮！我是个英雄，好，那就继续译！又一埋头，一摸烟盒，空了，那就没办法继续了，这时候才肯停下。下楼买烟的时候，我最有成就感。

还有一些如有神助的时候。比如，福克纳的短篇《山间的胜利》里有一句话，描述一个内战老兵的眼睛，说他的眼睛有"sight"，但没有"view"了，意思就是能看见，但他的眼睛不会运作或者理解他看见的东西了，很难译好，我脑子空白了一个礼拜，你说他"目光死了"也不太好，他还是能看见，死了怎么看见？我记得那时我母亲重病，医生说她只有多少多少时间了，那一刻我像钉子一样被钉在地上，我感觉我的一部分死了。后来我母亲坚强地活下来了，但我死掉的那一部分也不会复活了。当时我母亲虽然在家人面前显得很乐观、很振作，但她一个人的时候，平躺在床上，眼睛直直望着天花板，轻轻叹一口气，胸口微微一抬，那种悲伤、失落和委屈会爆炸一样填满整个房间。我有次走过她房间门口，看到了，感受到了，又钉子一样被钉在那儿，那时候我突然想出福克纳这句话怎么译了，脑子里好像突然发芽一样，出现了八个大字——"目虽可见，心已无象"。我不敢说这是最好的翻译，但我觉得它是伟大的翻译，是真正的艺术，因为它虽然在脑子里发芽，但根在心里。再比如，我给出版社试译过《艾玛》，书后来因为各种原因没由我译，但试译的时候有一句话，叫"Sorrow came—a gentle sorrow–but not at all in the shape of any disagreeable consciousness"，也卡了很久，译不好，后来又不知道什么原因，钉在地上，发芽了，译出来了，叫"悲伤袭来，一抹轻柔的悲伤，却悲无不快、伤而不痛"。这句译文还被上外的《新经典英汉互译教程》选作了范例，进教科书了，你说是不是很有成就感。

二、诗人译诗

黄采苹：您觉得翻译诗歌和翻译小说、散文等等有什么不同之处吗？

叶紫：译诗是一气呵成的。但一气呵成前，需要较长的酝酿期。因为诗歌，特别是一些现代诗，需要理解，这个过程就像乌鸦喝水。乌鸦看到水瓶，瓶里水装得不多，它就必须去衔石子过来，往瓶子里丢，来来回回好多趟，才能喝到水。这个过程是相对漫长的。一首诗，可能最终从头到尾译出来只要五分钟，但为了这五分钟，可能要五天、五个星期，甚至五个月的来来回回。据说有些诗人、译者五年都译不好一首诗，有些诗译了几百年，都还在重译，就是这么回事。

黄采苹：有翻译家提出"诗人译诗"的主张，您怎么看？

叶紫：理想的诗歌翻译是由一位同时也是诗人的译者来创作另一首在效果上和原作接近的诗歌。诗的"效果"，用一个词概括，就是诗的"声音"，英语叫"voice"，一首诗的"voice"就是它的心跳，它由意义效果、情感效果、音乐效果等众多"效果"构成。我觉得某种意义上，要译好一首诗，译者也必须成为诗人——注意，不是"是诗人"，而是"成为诗人"。但什么叫诗人？是要能做出预言，才能叫诗人？还是会把句子分行写的，就叫诗人？对身份的界定是问题的关键。

但就像我刚才说的，译诗好比乌鸦喝水。这个"同时也是诗人的译者"必须是一只聪明的、勤奋的乌鸦。诗歌翻译需要的首先是这只乌鸦，语言能力（主要是效仿能力）倒在其次，发表过多少作品，得到过多少承认，根本不重要的。

黄采苹：我拜读过您写的诗。您在 T. S. 艾略特的诗集《老负鼠的猫经》的译后记里为走丢的爱猫写了一首诗。作为"猫奴"，养猫的经历是否给您的翻译带来过灵感？

叶紫：翻译的过程中，我有三个最好的朋友：一是烟，二是茶或咖啡，三就是我的猫，我对猫是感激的。我因为翻译认识了我的爱人，但认识她之前，很多孤独的时候，只有猫在。

猫的性格是我最欣赏，也最想接近的。我觉得它是一种 "mysterious and unhiding" 的存在：神秘而坦然——"unhiding" 这个词是我自己造的。每一只猫都是一首诗。我觉得艾略特也感觉到了，所以才写了"猫经"，写得还很成功，被制作成了著名的音乐剧。

每一首诗也都是一只猫。我自己写诗，也很向往这种"神秘而坦然"。我觉得很多诗、很多人，能做到其中一点，但做不到另一点。但猫能做到。好的诗歌也能：神秘，要你像乌鸦一样丢石子喝水；坦然，它就是一个诗人最本真的表达。

黄采苹：艾略特的名作《荒原》已有多个译本，能否谈谈您的《荒原》译本的不同之处？

叶紫：我的《荒原》译本收在休斯的《神的舞者：致 T. S. 艾略特》里。休斯对《荒原》的解读侧重它的音乐性，所以我首先考虑的也是对"音乐效果"的还原。我试着通过切割句子、调整重音分布等等，去还原那种节奏：从一开始，像是世界经历大灾变后，第一个拾荒者，带着混乱的记忆，走在无人的荒野上，脚步一声、一声，沉得好像丧钟，到后来的癫狂、迷失、错乱的声音，各种变调，以及最后的雷霆之声；它在很大程度上就是一部音乐作品。

我还在细节上下了些功夫。举个例子，《荒原》开头有这么一句："冬天温暖着我们，给大地盖上一层 forgetful snow。" "forgetful snow" 很难译：荒原一片死寂，如果直接译成"健忘"，虽然"健忘"就是"容易忘记"，但这个"健"字给人的第一感觉，就是一种活力，很微妙，这雪好像一下就"活"了。我琢磨了很久，经过了这么个过程："健忘——容易遗忘——易忘——习惯忘记——惯忘"。到"易忘"，已经很接近了，没那种"健"的感觉了。但"易忘"拗口，就改成"习惯忘记"，最后才到了"惯忘"——没有活力，读来顺口。所以这句话我译成了"给大地盖上一层惯忘的雪"。我特别追究了一些词和词组的译法，争取同时保留"效果"和"意义"，但我必须指出，所谓"意义"，并不是一个特定的、精确的意义，它是一个意义范畴。就像画圆一样，艾略特写下 "forgetful"，他不是点了一个点，而是画了一个圈，所以译者也要画一个圈，尽可能让这两个圈重合。

我认为这个《荒原》译本是众多诠释里的一种，一种有其侧重的诠释。

黄采苹： 和长诗相比，您翻译的《牧歌》《爱已成诗》和《梦见爱情》里的诗歌都相对较短，翻译这些短诗是否相对简单？

叶紫： 长短不是关键。首先，我刚才说了，词语的意义不是点，是圈，一行诗下来，就是圈套着圈。一首诗呢？诗不像小说，诗里有些词的意义范畴很大。某种意义上，短诗就是富于省略的长诗，长诗就是富于省略的超级长诗。《荒原》就是这样，艾略特写完，被庞德删了一通，变成现在这样。一百个圈套在一起，隐去四十个，你觉得这四十个圈就不在了吗？不是的，它们还在，只是你看不见了，你得先脑补、想象、推理、考证，谨慎，甚至尽可能保守地动笔翻译。"forgetful snow"就是这样，它的意义受到了这首诗里的每一个词的牵制；当然，也正是因为这种牵制，它不再是一朵飘忽不定的云，它有了明确的界限。

其次，有些诗人的作品，一首一首，虽然独立成诗，但这些诗里会有一些共通的东西，比如，跨诗歌的意象体系。威廉·布莱克的"tiger"就是典型，它是直通"诗人自我"的一个意象。那么，如果要翻译布莱克的一首出现了"tiger"的诗，你就得读他的其他诗作，去了解"tiger"到底是怎么来的，甚至得读他的传记和他的诗歌解析，追究在这首诗里"tiger"扮演着什么角色，理解在另一首"tiger"没出现的诗里，"tiger"又对这首没出现"tiger"的诗造成了什么影响。

最后，诗和诗集的关系，译者也要考虑。同一首诗，单独存在和存在于一部诗集里，是不一样的。诗有"效果"，有"voice"，诗集也有。朗·丽芙的情诗单独拿出来看，每首都很直白，但按一定顺序放进一个集子，诗和诗就会互相牵制、利用，甚至互相解放，构成总体效果，也就是诗集的"voice"。《牧歌》也是一样的道理。翻译的时候，译者必须先把握总体效果，接受它对个体诗歌的限制，让这种限制影响甚至决定每一个细节的处理。

黄采苹：理想的诗歌翻译该符合怎样的标准？或者说，您译诗，会以什么标准来要求自己？

叶紫：简单说有两大标准。第一，我译出来的东西必须也是一首诗。第二，翻译意味着改动原作，这是绝对的。这时候，不去"增加"，比不去"减少"更重要。诗是凝练的，本身富于省略。如果你"增加"了，就扰乱甚至破坏了一首诗的内在逻辑和结构。加一点意思，就可能就"double""triple"甚至"millionfold"了整首诗的意思，会导致杂乱，会败坏原诗晶体般的质地，等于有杂质了。但"减少"所带来的影响要小得多，某些情况下甚至可以大胆地减少。因为一块晶体少了一点，还是一块晶体。

三、重译经典

黄采苹：您译的书里有一些是经典名著，您觉得经典作品的重译价值何在？

叶紫：我很认同它的价值。首先，母语和人们对母语的感受、认识在变化，现代汉语是不断发展的，很多新元素，包括流行语、网络语言甚至新方言，以及一些新潮的话语方式，都在不断被创造、被接受，不断融入现代汉语的"正统"中。所以经典作品的译本也需要更新。对大多数读者来说，读书是学习、娱乐，是日常生活的一部分，翻译的一大责任，就是为读者带来更高效、更舒服的阅读体验。同一部作品，21世纪的译文和19世纪的译文带给读者的体验是不一样的。我不是说19世纪的译文会失效，好的译作仍然会作为一份好的译作受到珍重。但我们不能否认21世纪的好译作存在的价值和理由。

其次，译者的个性应当受到尊重。任何经典都可以且值得翻译。好的译本虽已存在，但很多时候，译者的目标不是要成为一座更高的山，而是另立山头，哪怕只是一座小山。山头多了，就是文学繁荣的表现。不过，我很反感抱着给前辈的译作纠错的心态去重译，没有译者是不犯错的，杨绛译的《堂吉诃德》也有值得商榷的地方，但你读它的时候，你依然从头到尾都被那种既接地气，又微妙典雅的语言气质深深打动，你读的既是《堂吉诃德》，也是杨绛。有时错误才是"human effort"的证据。我每每看到一些图书推介，说某某译本最最精准、最最贴近原作，而且纠正了前人错误的，就觉得难过；纠正错误可以，但不要为了纠正错误去重译，你能保证你不犯错吗？真的存在最精准、最贴近原作的译本吗？当然，重译要有一定的标准，比如，它要避免最基本的错误，保持最基本的忠实。

最后，经典重译在母语和外语的交流过程中会给母语带来启示。举个简单的例子："The red flowers are there on the tree."大多数人都会译成"红色的花开在那边的树上"。再来一句："The flowers are red there on the tree."变成这样的话，翻译的时候就存在变数了。我依然可以译成"红色的花开在那边的树上。"但一个敏锐的译者会发现，第二句话，可以译成："花红在那里的树上。"这么译是不是更好，尽在不言中吧。我觉得这种译法比前两种更贴切。这个"红"字的词性一下变得丰富了，既有动词的感觉，又保留着形容词的特质。这种词性变化，我们古已有之，"春风又绿江南岸"的"绿"字就是这样。这就是一种启发，至少是一种提醒。对译者来说，如果能在翻译过程中让这样的变化合情合理，甚至不动声色地发生，让母语本身对这样的变化更加敏感，那么，我认为我们在做的一件事情，其实就是在刷新现代汉语，这样一个"红"字看似简单，但它不仅是对古典意识的回忆、回归，也是对现代语言的发展。

黄采苹：朱生豪译的莎剧一直受到高度评价，能否聊聊您校译《莎士比亚悲剧集》的缘由？

叶紫：校译的目的不是修改，而是保护。我对朱生豪译本中的一些特别生僻、拗口的表达和略显杂乱的句子组织进行了一定程度的修改，让他的天赋、才华和个性显得更加明亮。朱生豪译莎士比亚的时候，只有两本词典，生计的艰难、战争的压迫和病痛的折磨往他的译笔里注入了一些仓促。我想做的，就是消除这些仓促，在保留原汁原味的同时，让他的译作更容易被现代读者接受，我觉得这是一种保护，而不是篡改。

有一些有争议的译法，我也没改动。比如，"生存还是毁灭"，很多人说这种译法偏离了原作，我倒觉得这即便是偏离，也是美丽的偏离，意义上可能确实偏离了"to be or not to be"，但"六字"对"六词"、"六音"对"六音"，以及"平（生）—平（存）—平（还）—仄（是）—仄（毁）—（仄）灭"的平仄方式是对原文情绪和节奏的完美呈现。你都能想象哈姆雷特说这句台词的时候，莎士比亚给他安排的调子就是，"to be or"——上扬，像乌云在聚拢，"not to be"——下顿，像三声雷霆。

黄采苹： 直译和意译，哪一个更贴近您的选择？您在翻译方式上有自己坚持的原则吗？

叶紫： 意译和直译不是非此即彼的。我的原则是，不管翻译什么，译文都要在"效果"上靠近原文。比如《牧歌》，它最重大的创新在于，虽然讲的都是通俗的民间故事，但采用的韵律是"六步格"。这是一种非常庄严的韵律，一般只有侍奉神明、赞美英雄的诗歌才会用它。所以，《牧歌》其实是一种"不协调"的诗歌，内容通俗，但韵律庄严。但在某种意义上，《牧歌》的伟大之处就在于它在赋予通俗故事以庄严格律的同时，也赋予了世俗以神性。这就是译者面临的最大挑战：既要照顾神性，译出庄重感；又要照顾情节的活泼。所以，你至少要做到让词句的组织和诗行的切割为节奏服务，同时在选词择句的时候优先考虑内容。

福克纳小说的翻译，也是类似的道理。福克纳的语言是"粗糙"的，这种"粗糙"就是"意识"的粗糙。你千万别以为福克纳不懂语法，有时候他那些不符合标准语法的表达就是对"意识"的确切呈现。就像你回忆一件事情，你想专注，但就是有各种各样的思绪会不时冒头、捣乱。这种语言风格怎么翻译？我觉得它其实就不太适合直译，不能一板一眼地译，要让译文相应地"粗糙"起来，像意识一样涌动起来。

四、译路展望

黄采苹： 在文学翻译过程中，您有没有陷入困境的时刻？

叶紫： 困境肯定有。第一个就是经济困境，文学翻译的收入偏低，光靠翻译反正我是活不下去的，我最喜欢给我爱人发红包，我一年译三本书，也发不了几个红包。我译《冬日花粉》的三年，每个月都是月光族。现在我有经验了，准备"肝"翻译前，我会先存一点钱，少做几次足疗，所以经济问题不会太严重。第二个，就是书出不了。《黄色墙纸》是我永远的痛，哈哈！第三个，译久了，社交会减少。我喜欢打麻将，瘾大得很，自从我做了翻译，麻将搭子都不理我了。第四个，就是技术性困难。有时候要做大量的查阅和分析工作，柯勒律治在诗里写，海上爬满了"千千万万的黏滑之物"——"slimy things"，不知道它是什么，你哪敢翻译，这又是诗，诗人没必要给你解释，你只能尽可能查，查来查去，要查到柯勒律治去北美荒野旅行的时候写的笔记，你才找到对应：哦，原型八成是荒野泥沼里的鳄鱼。确实很费精力，熬夜是家常便饭。

黄采苹：很多人认为"翻译是一门吃力不讨好的活"，您有同感吗？

叶紫：这个因人而异。我觉得肯定有"讨好"的时候，它让我认识了很多老师、朋友，他们帮我、制衡我。译者是很需要"制衡"的，我有时候把我的译稿当亲儿子，什么都觉得好，但这时候我最需要的，就是老师、朋友指出我的问题，而且是坚持指出问题。我译《牧歌》的时候，章祖德老师对我影响很大。他说你翻译的时候不要一门心思斟词酌句，要先投入自己，解放感官，去感受那个时代的情感——真是醍醐灌顶。还有雷淑容老师，蒙她牵线，我认识了我的爱人——一生挚爱，这是再造之恩。我和我爱人第一次见面，送她我译的书，我写了句话，叫"Road I took to you"。没毛病，就是这样。

黄采苹：您一直专注于"外译中"，您是否有"中译外"的想法？另一个就是，现在 AI 技术发展很快，您觉得未来，译者会被 AI 取代吗？

叶紫：第一问很简单，我连中文都没整明白呢，哪有"中译外"的本事。第二问，我觉得至少文学翻译不会被取代。假设 AI 发展到极致，它就和人一模一样，但即便如此，它也只是一个人。总有其他人存在的，有人存在，就有"human effort"存在，"human effort"不会被取代。

学哲学，做新闻，也译诗

——许舜达访谈录

蔡正伍　许舜达

受访者简介：许舜达（1991 —　　），浙江东阳人。本科毕业于兰州大学哲学系，研究生毕业于中国人民大学西方哲学专业。新华社浙江分社记者。译有诗集《紧急中的冥想》（四川文艺出版社，2019）、《跳蚤市场》（天津人民出版社，2019）等。

访谈者简介：蔡正伍，浙江大学外国语学院硕士研究生，研究方向为诗歌翻译。

本次访谈时间为 2022 年 9 月 2 日，地点为杭州市浙江大学紫金港校区旁的一家咖啡馆内，访谈时长约 1.5 小时。访谈中，许舜达先生主要分享了自己在哲思中抵达诗意、从严肃中获得译趣、在现实中追求理想的独特跨界经历，其中不乏他对诗歌阅读、创作和翻译的深刻认识，也有他对哲学与诗歌、翻译与出版、工作与爱好等几组关系的独到见解。

一、在哲思中抵达诗意

蔡正伍： 许先生您好，很荣幸有机会向您请教。实际上，您是一位"跨界"翻译家，大学期间主修哲学，工作领域又是新闻，而学习工作之余的诗歌翻译同样卓有成就。您能介绍一下自己的学习、工作经历吗？

许舜达： 首先，我认为自己谈不上是翻译家，充其量就是一名翻译爱好者。作为爱好者，我离真正的翻译家还有相当长的距离。

我自身的经历比较简单。我是浙江人，一直在浙江念书，直到去兰州大学读了哲学专业。哲学专业是个大类，我在本科阶段接触了哲学的各个子学科，感觉哲学这个系统很庞杂，虽然都有所涉猎，但又不算了解得特别深入。那时候我的想法比较单纯，只是想着留在哲学专业继续往上读，所以就考研到了中国人民大学，进一步学习西方哲学专业。

读研期间，在导师的学术训练下，我窥见了严格意义上的学术水准，明白了真正的学术之路是很难走的，要想有所产出、有所建树的话，需要达到很高的标准，并不是一般人能够轻易做到的。因此，2017年毕业后，我就来到了杭州，在新华社的浙江分社工作至今。

蔡正伍： 不管是在哲学专业学习，还是在新闻领域工作，抑或利用业余时间里翻译，您一直都在跟文字打交道。您能介绍一下自己是如何与文学，特别是诗歌结缘的吗？

许舜达： 我从小学阶段起就读了很多外国小说，这要特别感谢我的母亲。我记得是在小学二三年级的时候，我母亲要给我买儿童节礼物，就带我去了一个书店，让我在外国名著的书架前自己选书。我看哪本书的标题比较有意思，就把哪本拿下来，最后一共选了大概二三十本的世界名著。我还记得那时候《哈利·波特》系列小说正在出版，每新出一本，我就催我母亲赶紧买回来，一拿到手里，我就废寝忘食地读起来。也许是因为当时的娱乐方式比较少，所以我特别喜欢找这些小说来读。

中学时期，我接触到的外国作家更多一点，包括菲茨杰拉德、村上春树、米兰·昆德拉等。我也不管能不能读懂，反正就囫囵吞枣地读了一大堆。那时候在学校里，老师不会要求我们读课外书，更多时候还是抓着课业不放。课业当然比较枯燥无聊了，所以我会读一些小说，因为小说能给我打开新世界的大门，我虽然身子坐在书桌前，思想却仿佛已经进入另一个世界了。让我印象最深的是，在高中时候的一个晚自习上，我拿了陀思妥耶夫斯基两卷本的《罪与罚》来读，我完全被小说给吸引进去了，放学时才发现第一本已经读完了一半。我当时全想着主人公杀人前的心理挣扎，脑子昏昏沉沉，甚至都不知道自己身在何处。除了阅读，很少有其他事情可以让我如此专注投入，并让我产生如此强烈的感受。

要说读诗，我开始得算有点晚的。在初中的时候，比起小说，诗歌却没法打动我，我便不太懂得诗歌的美感，自然也就不知道诗歌的价值何在。直到高中的某一天，我读到了海子和顾城，好像开窍一般，突然能理解诗歌为什么好了，这才开始正经地读诗。

我喜欢的诗人很多，比如波兰的扎加耶夫斯基、俄国的曼德尔施塔姆等，包括一直很喜欢的叙利亚诗人阿多尼斯。阿多尼斯喜欢用诸如太阳、大地此类的大词，而且用得恰到好处，足见其语言把握能力之强。因为这种词汇一般是很难驾驭的，用不好就很容易使诗歌流于空洞。另外，不得不说的是，阿多尼斯和我一样，也是哲学专业出身。

蔡正伍：听您说起阿多尼斯的教育背景，我好奇的是，哲学学习是不是会让人的诗心更加敏感？您喜欢诗歌是不是也是受了哲学的影响？

许舜达：倒不能说学了哲学就一定会对诗歌更加敏感，因为两者的思维方式不尽相同，虽然在我看来也确实有一些共通之处。就像我刚才说的，哲学存在很多流派，其传统主流是以康德和黑格尔为代表的理性主义，它偏向于用概念和逻辑去建构思维框架。而诗歌则更多的是一些具体意象的组合。但哲学和诗歌也是有共通之处的，那就是两者都会区别化地对待生活中习以为常的一些概念。比如，哲学家会把日常词语挪过来用作哲学概念；诗人也有类似的陌生化做法，对于我们生活中很常见的一些词，他们会用另一种组合去形成一种新的联系。

另外，除了这种理性主义哲学，哲学里其实还有一种反抗的潮流，那就是非理性的哲学。我硕士阶段研究的尼采，就是近代哲学的反叛者。在他之前，康德认为人的认识是逐渐上升的，而感性只是一个最基础的层面，人要从感性上升到知性，甚至达到理性。但尼采不同，他更多地强调人的感性层面，在他看来，理性可能只是一种幻觉，自认为把握了真理的人其实并没有把握真理。恰恰相反，人的感知虽不一定是真理，却可能更接近真实。

发展到后来的现象学，一些哲学家提出回到事实本身，更多地强调认识的方式，认为对事物的认识越多，对事物的还原也就越多。而"还原越多，给予越多"。这跟诗歌的认识模式其实是很相似的，也就是诗人要去生活中观察很多细节，读者要去诗中观察很多细节，并对它们进行还原、想象和扩充。这也能部分解释为什么我觉得诗歌很有意思：它没有明确的结论，却可以让人展开很多联想，重视感性层面，强调主观介入以及人的主体性。

蔡正伍：如果说读诗是对诗人所处世界的想象，那么写诗则是对自身所处世界的思考。听说您自己也会写诗，能谈谈对诗歌创作的看法吗？

许舜达：我自己也写诗，不过充其量就是一个业余的诗歌爱好者，只是写着玩玩，没有想过要发表出来。我将诗歌创作视为一种自我交流、自我对话的方式。日常生活中，每个人都会有一些情感比较强烈、想要抒发的时刻，这时候就可以把这些情感通过作诗记录下来。诗歌是纯形式的语言游戏，不需要加入太多别的东西，单纯只是一种语言的连接和情感的体现。诗歌当然可以像荷马史诗一样有具体的故事，但也可以没有完整的剧情，而只是呈现生活中的某个瞬间。

从现实层面讲，诗歌和小说的创作还不太一样。现在很多小说的创作，会偏向跟影视进行嫁接，是不太纯粹的。但诗歌创作就比较纯粹，有些人真的是在"为爱发电"。据我的观察，目前国内正在进行的诗歌创作，其实不亚于小说，甚至比小说会更强一点。中国其实活跃着很大一批较高水准的诗歌写作者，西方的汉学界和诗歌圈对中国当代诗歌写作的关注程度也是很高的。只不过现在不是诗歌的"年代"，他们没有进入大众的视野，而只是默默地蓬勃发展。

二、从严肃中获得译趣

蔡正伍：现在我们来谈谈翻译吧。您最初翻译诗歌是出于什么原因呢？

许舜达：我翻译诗歌完全是源于个人兴趣。我最早开始翻译诗歌是在大学期间，因为在大学里做学术，特别是哲学的学术，相对来说是比较枯燥的，而且对脑力的消耗也比较大，所以我会在业余时间里读一点文学作品，也算是跟兴趣爱好相结合的一种调剂了。我喜欢西方的现代诗，有时候会自己找一些外文原版的诗歌来读读。在阅读的过程中，难免会碰到障碍，这时候我就会做一些功课，翻翻词典、查查资料，努力去把这首诗的意思搞明白。但是如果不把这些功课记录下来，过两天可能就忘掉了，因此我想着倒不如顺便把这些诗歌翻译出来。

阅读、查证和翻译的过程是很有意思的，因为我可以从中接触到很多新的东西，进而从某一个点扩充到另一个点，逐渐丰富自己的感知世界。在这个充满着偶然和不确定性的过程中，我不必遵循逻辑的框架，而是可以沿着自己的兴趣点不断扩充，就像走在迷宫中，虽然不知道方向，但最终却会到达自己意想不到的地方。

另外，我一直没有整块的时间去做翻译，只能利用零碎的时间，之前作为学生如此，现在作为记者更是如此。诗歌翻译更多的是一种碎片化的工作模式，我不需要为此特别制定一个系统性的计划，而是可以随性一点，先翻译一些放在这里，过段时间再回过头看一下。我可以先读一首，花半天时间就翻译这一首，过了半个月，等我感兴趣了，再读一首，再翻译一首，反正上下两首诗之间一般是没有直接关系的。这种模式是比较适合我的。

蔡正伍：您似乎是第一位在将奥哈拉的《紧急中的冥想》（*Meditations in an Emergency*）译介到国内的译者。您为什么会选择翻译这本诗集？

许舜达：其实，在我之前，网上已经零零散散有不少对奥哈拉诗歌的翻译，新华出版社还出了一本《纽约派诗选》，其中也有对奥哈拉的翻译。只是就奥哈拉的完整诗集而言，我这个还算是国内第一本。

我之所以了解、喜欢、翻译奥哈拉，都是源于我大学期间看的一部叫作《广告狂人》的美剧。剧里的主人公在面临人生困境的时候，就找了奥哈拉的《紧急中的冥想》来读。那时我对奥哈拉其实并不了解，只是很想知道主人公在阅读这本书的过程中，到底有什么体验。于是我马上就去亚马逊上买了这本诗集的英文原版来读。

奥哈拉给我的感觉是，他更多地结合了现代商业社会的现象，对普通人的日常生活进行了描绘。比起传统诗人优美高雅的古典创作，他描绘了很多日常的，甚至低俗的东西。我的理解是，文学艺术作品承担着这样一种使命：当我们的生活发生了巨大改变的时候，我们就不可能再守着传统去描绘过去人的精神世界，而是应该用全新的语言和方式去呈现现代人所面临的思想和生活困境。简单来说，作为现代人，生活在现代的语境中，我们当然要用现代的语言去介入这个世界。文艺工作者需要不断做出尝试，实现人类的自我安顿和自我理解。

对于那个时代人们的精神生活，奥哈拉至少做到了比较好的呈现和扩充。其实，当下中国社会的发展，跟奥哈拉所处的20世纪五六十年代的美国，是有一些接近之处的：商品的极大丰富，生活娱乐化等等。所以，从介入阅读的层面来说，奥哈拉理解起来会相对容易一点，不管是他表达的主题，还是他的思想背景，我们都更能感同身受一些，翻译起来难度自然也会小一些。

蔡正伍： 您刚才提到了奥哈拉容易理解、方便翻译的地方，但不知道您在翻译过程中，是否也遇到了一些困难？

许舜达： 在翻译方面，我肯定是有不足的。文学翻译其实是一个技术性很强的工作，既需要大量的实践积累，也需要很多文学知识和翻译理论去支撑。我没有经过系统的学习和训练，在这方面肯定是很薄弱的。比如，莎士比亚的十四行诗我是完全不敢去翻译的。

就奥哈拉来讲，我碰到的问题，更多的并不是技术层面的，而是背景层面的。奥哈拉曾任纽约现代艺术博物馆的副馆长，自身艺术素养很高，做了很多艺术策展工作，因此他的诗歌会涉及很多绘画作品、音乐作品，以及美国那个年代的知名人物。这些背景信息其实是一个很庞杂的知识体系，作为译者，我需要为此搜集很多资料。我虽然很享受这个不断接触新事物的过程，但还是觉得即使自己花了很大力气去梳理背景，也终究达不到百分之百的完善，肯定还是有所缺失。比如说，诗歌里面也许存在一个艺术符号，这对于奥哈拉那个时代和他所在的特定圈子来说，是有特殊意味的，甚至是耳熟能详的，但因为我不在那个语境下，我不知道自己所理解的是不是他所理解的那个东西，我也就不确定自己能不能完美地将其呈现出来。

对于这样的问题，我也没有更好的办法，只能多查资料。我一般会查一些英文的网站，如果有条件，也会去下载一些研究奥哈拉的学术论文。我觉得这些学术论文对奥哈拉的解读是比较深入的，对我的理解、翻译也有很大帮助。不过，我在这方面的功课还是不足的。理论上，我应该大量阅读学习学术界对于这些英语诗人的研究，但由于时间和精力有限，我还是没能做到最好。

蔡正伍： 尽管您只当翻译是项业余爱好，却依旧如此严肃认真，这份精神真是让人敬佩！想必您在翻译过程中，对先前的译本也有所参考。在您看来，这些译本是否存在共性的问题呢？对此您又是怎么处理的？

许舜达： 我觉得有一个问题在于，先前的一些译本往往对诗句的背景性信息处理得比较草率，导致一般的读者很难看懂。对于这个问题，就如我刚才所言，译者需要大量地查阅资料，在此基础上多做一些注释，解释诗歌里面出现的某些重要概念和意象，尽可能让大家了解它们背后的信息。另外，在注释中，我会对一些意象做一些勾连。比如，有些诗的上下文里出现了两个不同的人物，但这两个人物之间可能是存在关联的，这时译者就不能只去介绍单个的人物，而是要把人物之间的关联揭示出来。做好注释是非常重要的，因为很少读者有精力进行再次查证，大部分读者要尝试理解诗歌，就只能借助于译者所做的注释。

另一个问题是，奥哈拉是一位以口语表达为主的诗人，虽然口语诗的字面意思往往不是特别难，先前的译本也都能把大意翻译出来，但是它们在诗歌性上会差一些，通俗来讲，就是语言没有那么美。目前很多翻译到中文的外国口语诗，以及中文创作的口语诗，都存在这样类似的缺陷。就如网上批评者所说，日常的一句话，简单做一个分行，难道就是一首诗了吗？其实，口语诗也有自身的诗歌性，也需要满足一个很高的潜在要求。就翻译来说，一方面需要对整个诗歌有大体把控，另一方面需要对语言本身有所雕琢。在翻译过程中，我有意地使用整齐的句式，就是希望用一些诗歌的"建筑学"，去补偿先前译本中诗歌性不足的问题。

还有一个问题是，奥哈拉的不少诗歌是带有潜在观点的，如果没有把他的想法传递出来，而只是逐字逐句地翻译，读者就会不知所云，无法领会诗歌中那些有趣的、俏皮的，让人会心一笑的点。对于诗人原本想要呈现的东西、想要烘托的主题，翻译时千万不能藏起来或是进行误导，而应该加以凸显。比如，我可以通过断句的方式，将一个长句子进行分割，把藏在其中的重点意思单独放在一行，以此明确表达出来。虽然这种处理方式可能在一定程度上背离了原来的结构，但如果原来的长句子可能会淹没主要观点，这时候倒不妨做出一些取舍，我觉得这样的牺牲是可以接受的。当然，这些取舍既不是强行的过程，也不存在一以概之的方法，其实还是仁者见仁，智者见智。

蔡正伍：《紧急中的冥想》在 2017 年由联邦走马独立出版时，您还在硕士研究生阶段。您能分享一下这本译著出版的故事吗？

许舜达：从阅读这本诗集，到着手翻译，再到最后出版，其实都是机缘巧合。我做了这本集子的翻译后，被一个做独立出版的朋友看了去，他觉得我翻译的这本诗集挺好的，加上他认识很多出版社的朋友，就帮我推荐了一下。当时出版社正好也有意向出版一些外国诗歌，而奥哈拉的诗歌很巧，一是在当时国内还没有过完整、系统的引进，二是正好过了版权期，进入了公版领域，因此就不需要就版权问题专门跟国外出版社对接，可以省下不少版税和精力。我翻译的《紧急中的冥想》就是这样出版的。

目前我手头还有奥哈拉的另一本诗集《午餐诗》，以及德国作家君特·格拉斯的一本诗集，一直没有出版。我是通过几个朋友在联系，由他们帮我推荐到出版社。这些诗歌自身比较小众，直接带来的经济效益不会很大，出版社出于自身盈利的考虑，很难将这些诗集设为明确的出版项目。更多的时候，出版社只有在具有品牌打造或是系列引进的整体规划时，才会将这些诗集纳入考虑。

三、向现实中追求理想

蔡正伍：听了您对诗歌和翻译的见解，我越发觉得您和奥哈拉很像，虽然只是把诗歌作为业余爱好，却不乏独到的见解，而且对此充满热情。奥哈拉曾坦言"我不是一个画家，我是一个诗人"，那么您是否考虑过，在将来辞去现在的新闻工作，成为一名职业的诗人或者译者？

许舜达：对于未来发展的问题，我很难说有一个明确的规划，但还是想先做好目前手头的事情。最理想的当然是完全按照自己的想法，达到爱好和工作的平衡，但实际上这是很难的。既然不存在那么理想的工作，我觉得不如把眼下的工作做好，并留出一定的时间、精力去保持自己的业余爱好，这就是比较理想的状态了。毕竟哲学也好，艺术创作也好，对于社会生产并没有直接的价值，基本上是有钱有闲了才去干的。所以还是要先保证基本的生存和经济独立，到后面再去考虑一些其他的问题。

但也不是说要先实现了某个理想，再去完成我真正的理想，我觉得这也是不太现实的。好比有人说自己的理想是拍电影，但是却要先做生意，等赚到了足够多的钱，再去拍电影，这就有点南辕北辙了。倒不如一开始就从事一项与拍电影相关的工作，在工作中慢慢地接触到电影创作的核心环节。如果从毫不相关的行业转过来，难度也会比较大。

蔡正伍：看起来您很满意现在这份职业。想必记者的工作与写诗、译诗还是具有一定相关性的，那么您从中获得了什么呢？

许舜达：目前来说，我对自己的工作状态还算满意。记者的工作是我比较向往的，因为它有一个好处，就是我可以去接触社会的方方面面，跟不同的人和事物去打交道，这让我的人生经历得到了比较大的拓展和补充。而且记者是一项比较平衡的职业：一方面，跟一些互联网大厂比起来，我的工作强度没那么高，也就有一定的时间和自由度去自我调节，做一些自己想做的事情；另一方面，跟政府、事业单位、高校比起来，我接触的层面会更多一些，可以跟社会产生更多的联系。

当然，记者也有一些不太好的地方，比如工作时间不太规律，很难将工作和生活完整地切分开，即使在休息的时候我也有焦虑，担心工作会闯进来。再如就是写作的问题了。我就职单位的新闻语言是用于传统新闻写作的，跟文学性的表达不太一样，如果长期从事单一的新闻写作，可能会陷入表达的固化。按照海德格尔的说法，语言是存在的家，语言不是脱离于我们的表象对象，不是我们的工具；语言与我们密不可分，我们居于语言中。甚至可以说，"词语破碎处，无物存在"。而当一个人的语言表达方式陷入某个比较固定的范畴里的时候，他的思维也就固化了。所以我很珍视自己的文学爱好，希望通过更多接触各类文艺作品，防止自己陷入固定的语言范畴。

这个问题，我在研究生阶段其实就意识到了。当时我阅读了不少学术著作，受到了很多学术规训。那些严谨规范、中规中矩的语言表达，对灵活的文学性表达其实是有些伤害的。所以，我一直很佩服那些能够用优美的语言进行专业学术表达的学者，他们的著作既有学术性、思想性，又有可读性、文学性，读起来真是一种享受。诗歌其实也是如此，一定要兼备诗歌性和思想性。

蔡正伍: 最后,我们来聊聊 "诗和远方" 吧。作为青年译者,您在翻译方面有怎么样的规划和理想?有没有设想过自己几十年后的退休生活?

许舜达: 我也很难说有一个确切的规划或者理想,近期就是打算把手头译好的诗再打磨一下,争取出版。要说退休后,我倒是想到了在北京读研时时常会去的中国电影资料馆,里面常常放一些文艺电影,我常常买票去那里观影。观众里大部分是像我这样的年轻学生,还有小部分是头发花白的老爷爷、老奶奶。那时候,我就觉得他们非常酷,觉得他们到了那把年纪,也还能够耕耘一片属于自己的精神园地,很值得羡慕,令人心向往之。

虽然退休离我还很遥远,但我还是希望自己那时能够与年轻人一样,保留一些精神文化层面的自我交流,保持一些敏感的情绪和感知,若是行有余力,能够继续追求自己的文学艺术爱好。

中華譯學館·中华翻译研究文库

许　钧◎总主编

第一辑

第二辑

第五辑

翻译与文学论稿　许　钧　著

翻译选择与翻译出版　李景端　著

翻译教育论　仲伟合　著

翻译基本问题探索：关于翻译与翻译研究的对谈　刘云虹　许　钧　著

翻译研究基本问题：回顾与反思　冯全功　著

翻译修辞学与国家对外话语传播　陈小慰　著

跨学科视角下的应用翻译研究　张慧玉　著

中国网络翻译批评研究　王一多　著

中国特色话语翻译与传播研究　吴　赟　编著

异域"心"声：阳明学在西方的译介与传播研究　辛红娟　费周瑛　主编

翻译文学经典的影响与接受——傅译《约翰·克利斯朵夫》研究
　　（修订本）　宋学智　著

第六辑

文学翻译探索　王理行　著

浙江当代文学译家访谈录　郭国良　杜　磊　主编

《道德经》英译文献目录考　辛红娟　邰谧侠　著

安乐哲中国哲学典籍英译路径研究：以《中庸》英译本为中心　郭　薇　著

中国古典文学在西班牙语世界的翻译与传播　李翠蓉　著

中国当代小说英译的文学性再现及中国当代文学形象语际重塑　孙会军　等著

中国古代科技术语英译研究　刘迎春　季　翔　田　华　著

中国武术外译话语体系构建研究　焦　丹　著

中国文学经典翻译批评研究　王树槐　著

译脉相承：翻译研究新探索　卢巧丹　张慧玉　主编

图书在版编目（CIP）数据

浙江当代文学译家访谈录 / 郭国良，杜磊主编. --
杭州 ：浙江大学出版社，2024.1
（中华翻译研究文库 / 许钧总主编）
ISBN 978-7-308-24503-6

I. ①浙… II. ①郭… ②杜… III. ①翻译家－访问
记－中国－现代 IV. ①K825.5

中国国家版本馆CIP数据核字 (2023) 第250140号

浙江当代文学译家访谈录

郭国良　杜　磊　主编

出 品 人	褚超孚
丛书策划	陈　洁　包灵灵
责任编辑	杨诗怡
责任校对	田　慧
封面设计	程　晨
出版发行	浙江大学出版社

（杭州市天目山路148号　　邮政编码　310007）
（网址：http：//www.zjupress.com）

排　　版	杭州林智广告有限公司
印　　刷	杭州高腾印务有限公司
开　　本	710mm×1000mm　1/16
印　　张	27
字　　数	402千
版 印 次	2024年1月第1版　2024年1月第1次印刷
书　　号	ISBN 978-7-308-24503-6
定　　价	108.00元